Building
Machine Learning
Pipelines

살아 움직이는 머신러닝 파이프라인 설계

살아 움직이는 머신러닝 파이프라인 설계

텐서플로와 함께하는 머신러닝 프로젝트 자동화

초판 1쇄 발행 2021년 10월 11일

지은이 하네스 하프케, 캐서린 넬슨 / **옮긴이** 송호연 / **베타리더** 이요셉, 손규빈, 허린, 김용현, 김낙일, 소준섭, 최규남, 박찬성
펴낸이 김태헌
펴낸곳 한빛미디어(주) / **주소** 서울시 서대문구 연희로2길 62 한빛미디어(주) IT출판부
전화 02-325-5544 / **팩스** 02-336-7124
등록 1999년 6월 24일 제25100-2017-000058호 / **ISBN** 979-11-6224-481-4 93000

총괄 전정아 / **책임편집** 서현 / **기획 · 편집** 안정민 / **교정** 김가영
디자인 표지 이아란 내지 박정화 / **전산편집** 도담북스
영업 김형진, 김진불, 조유미 / **마케팅** 박상용, 송경석, 한종진, 이행은, 고광일, 성화정 / **제작** 박성우, 김정우

이 책에 대한 의견이나 오탈자 및 잘못된 내용에 대한 수정 정보는 한빛미디어(주)의 홈페이지나 아래 이메일로 알려주십시오. 잘못된 책은 구입하신 서점에서 교환해드립니다. 책값은 뒤표지에 표시되어 있습니다.

한빛미디어 홈페이지 www.hanbit.co.kr / 이메일 ask@hanbit.co.kr

지금 하지 않으면 할 수 없는 일이 있습니다.
책으로 펴내고 싶은 아이디어나 원고를 메일(writer@hanbit.co.kr)로 보내주세요.
한빛미디어(주)는 여러분의 소중한 경험과 지식을 기다리고 있습니다.

Building Machine Learning Pipelines

살아 움직이는 머신러닝 파이프라인 설계

O'REILLY® 한빛미디어
Hanbit Media, Inc.

머신러닝 실무 환경에서는 학습 대상 데이터가 새롭게 추가되거나, 형식이 바뀌는 경우가 많습니다. 원본 데이터가 변경되면 전처리나 모델링 등 뒷단 업무도 따라서 수정되어야 합니다. 따라서 많은 기들이 데이터 수집부터 검증, 전처리, 학습, 분석, 배포에 이르는 머신러닝 전 단계를 일원화하려 합니다. 머신러닝 파이프라인을 구축하여 자동화하는 거죠. 이 책에서는 TFX^TensorFlow Extended와 관련 생태계를 이용하여 머신러닝 파이프라인을 구축해봅니다. 데이터 전처리와 모델링 외에 머신러닝 실무의 큰 그림을 알고 싶은 사람은 꼭 읽어볼 만한 책입니다.

이요셉, 지나가던 IT인

딥러닝 모델의 성능을 높이는 것 이상으로 학습한 모델을 실제 서비스에 적용할 때 지침서가 되어줄 책입니다. 데이터 파이프라인의 데이터 버저닝부터 전처리, 수집, 분포 관리까지 엔지니어의 수고를 최소한으로 줄이면서 엔지니어가 중요한 일에 집중할 수 있도록 만들어주는 다양한 기법을 알려줍니다. 실제 서비스 환경에서 사용할 수 있는 TFX 기반의 데이터 파이프라인부터 서빙까지 따라 해보면서 공부하기 정말 좋은 책입니다.

손규빈, 연구소 엔지니어

머신러닝 기술을 실무에 적용하고 지속적인 제품을 만들기 위해 반드시 파이프라인 구축이 고려되어야 합니다. 데이터의 버저닝, 파이프라인을 구축부터 보안이 필요한 데이터를 고려하는 법까지 관련 프레임워크가 제공하는 파이프라인 구축 방법에 대한 개괄 및 개념을 설명합니다. 또한 실무 코드를 곁들여 머신러닝 기술에만 집중했던 개발자의 시야를 넓혀주어 성공적인 제품을 구축하기 위한 필수적 기술을 안내하고 있습니다.

김용현, 마이크로소프트 MVP

이 책은 머신러닝 입문자에게 머신러닝의 연구 성과가 서비스나 제품에 적용될 때 어떠한 과정이 필요한지를 상세히 설명합니다. 만일 머신러닝을 적용할 계획이 있거나, 이미 적용 중이라면 파이프라인을 공부하기 위해 이 책을 선택한 것을 후회하지 않을 것입니다.

허린, 머신러닝 입문자

TFX는 텐서플로에서 제공하는 프로덕션 ML 파이프라인 배포를 위한 플랫폼으로, 강력한 기능을 제공합니다. 이 책은 TFX를 사용하기 위한 워크플로와 각 분야별 사용 가능한 기능을 잘 정리했습니다. 추가로 쿠브플로 등 다양한 부분을 소개해주고 있으니, 이 책으로 머신러닝 파이프라인 구축에 대한 내용을 구현해보시길 바랍니다.

소준섭, 모두의연구소 Rubato Lab., 팡퍼니

머신러닝을 공부하고, 이를 실무에 적용하고자 했던 분들이 고민했던 것을 명확하게 가이드하는 책입니다. 실제 예를 들어서 각 단계에 필요한 각종 툴과 팁을 소개하고 있습니다. 이 책으로 자신의 머신러닝 프로젝트를 리빌드하는 것을 추천합니다.

최규남, 가천대학교 인공지능헬스케어연구센터

TFX는 머신러닝 프로젝트를 구성하는 일련의 구성요소에 들어맞는 컴포넌트를 제공할 뿐만 아니라, 손쉽게 커스텀 컴포넌트를 작성할 방법을 제공합니다. 또한 머신러닝 파이프라인의 핵심은 확장성에 있습니다. TFX는 데이터와 모델의 규모에 따라 유연하게 늘어나고 줄어드는 인프라를 쉽게 제어할 수 있는 고수준 API를 제공합니다. 이 책을 통해 TFX로 머신러닝 파이프라인의 개념, 자신만의 파이프라인 구축 방식을 바라보는 경험을 얻기 바랍니다.

박찬성, ML GDE

지은이 · 옮긴이 소개

지은이 **하네스 하프케**Hannes Hapke

SAP Concur의 Concur Labs 수석 데이터 과학자입니다. 머신러닝을 사용하여 비즈니스 여행자의 경험을 개선하는 혁신적인 방법을 연구합니다. SAP Concur에 합류하기 전에는 의료, 소매, 채용, 재생 에너지 등 다양한 산업 분야의 머신러닝 인프라 문제를 해결했습니다. 또한 자연어 처리와 딥러닝에 관한 출판물을 공동으로 집필했으며 다양한 콘퍼런스에서 딥러닝과 파이썬Python에 대해 발표했습니다. 그는 wunderbar.ai의 창시자이기도 합니다. 또한 오리건 주립 대학교에서 전기공학 석사 학위를 받았습니다.

지은이 **캐서린 넬슨**Catherine Nelson

SAP Concur의 Concur Labs 수석 데이터 과학자입니다. 특히 개인 정보 보호 머신러닝과 기업 데이터에 딥러닝을 적용하는 데 관심이 있습니다. 이전에는 지구물리학자로서 고대 화산을 연구하고 그린란드에서 석유를 탐사했습니다. 더럼 대학교에서 지구물리학 박사 학위를 받았고 옥스퍼드 대학교에서 지구과학 석사 학위를 받았습니다.

옮긴이 **송호연**sjhshy@gmail.com

현재 인공지능 튜터 산타토익을 개발한 뤼이드의 VPVice President of AIOps로 머신러닝 파이프라인 구축을 총괄합니다. 네이버에서 AI 연구 엔지니어로 근무했으며, 카카오에서 데이터 엔지니어로 일한 경력이 있습니다. 국내 최대 인공지능 커뮤니티인 텐서플로 코리아Tensorflow-KR와 머신러닝옵스 코리아MLOps-KR 운영진입니다.

1913년, 헨리 포드 회사에서 포드의 전설적인 모델 T 생산용 첫 조립 라인을 만들었습니다. 조립 라인 덕분에 자동차 조립 시간이 12시간에서 3시간으로 줄었습니다. 비용이 대폭 절감되어 모델 T는 최초의 저렴한 자동차가 되었습니다. 또한 대량 생산이 가능해져서 도로에 모델 T가 넘쳐났습니다.

생산 공정을 '잘 정의한 단계(파이프라인pipeline)'로 정립했기 때문에 여러 단계 중 일부를 자동화해서 시간과 비용을 절감했습니다. 현재 자동차는 대부분 기계로 만듭니다.

그러나 시간과 비용만의 문제는 아닙니다. 반복 작업에 있어서는 기계가 인간보다 일관된 결과를 만들어 예측 가능하고 신뢰할 수 있는 제품을 만들 수 있습니다. 노동자가 중장비를 다루는 업무를 줄일 수 있어서 안전하면서 더 높은 수준의 작업을 수행하게 되었습니다(하지만 많은 노동자가 일자리를 잃었습니다).

한편, 조립 라인을 설정하는 과정은 길고 비용이 많이 들 수 있습니다. 소량이나 개인화된 제품을 생산한다면 적합하지 않습니다. 그러나 포드는 "어떤 고객이라도 원하는 색깔로 자동차를 칠할 수 있습니다"라는 말을 했습니다.

지난 몇십 년 동안 소프트웨어 업계에서 자동차 제조의 역사는 반복됐습니다. 현재 중요한 소프트웨어는 대부분 젠킨스Jenkins나 트래비스Travis와 같은 자동화 도구를 사용하여 제작하고 테스트하여 배포합니다. 하지만 이제는 모델 T 비유로는 충분하지 않습니다. 소프트웨어는 단순히 배포한 뒤 끝나는 것이 아니라 정기적으로 모니터링, 유지 관리, 업데이트되어야 합니다. 소프트웨어 파이프라인은 정적 생산 라인보다는 동적 루프에 가깝습니다. 소프트웨어(파이프라인 자체)를 손상하지 않고 신속하게 업데이트할 수 있어야 합니다. 소프트웨어는 T 모델보다 훨씬 더 사용자 지정할 수 있고, 어떤 색이든 칠할 수 있습니다(예: MS 오피스 제품군을 대체할 수 있는 제품의 수를 세어 보세요).

'전통적인' 자동화 도구는 전체 머신러닝 파이프라인을 처리하기에 적합하지 않습니다. 사실 머신러닝 모델은 일반적인 소프트웨어가 아닙니다.

1 대부분의 작업은 훈련된 데이터에 의해 구동되기에 학습 데이터 자체를 코드로 취급해야 합니다(예: 버전 관리). 새로운 데이터는 매일 (자주 대량으로) 나타나며, 시간이 지나면서 진화하고 표류하며, 개인 데이터를 포함하며, 감독된 학습 알고리즘에 공급하기 전에 레이블을 표시해야 하므로 까다로운 문제입니다.

2 모델의 동작은 매우 불투명합니다. 모델은 일부 데이터에서는 모든 테스트를 통과하지만 다른 데이터에서는 완전히 실패할 수 있습니다. 따라서 테스트에서 모델이 프로덕션에 사용될 모든 데이터 도메인을 포함하는지 확인해야 합니다. 특히 일부 사용자를 차별하지 않도록 해야 합니다.

이런 이유로 데이터 과학자와 소프트웨어 엔지니어는 먼저 머신러닝 모델을 수동으로 제작하고 학습하기 시작했습니다. TFX^TensorFlow Extended와 쿠브플로와 같은 새로운 자동화 도구가 점차 개발되어 머신러닝 파이프라인의 과제를 해결했습니다. 더 많은 조직에서 이런 도구를 사용하여 머신러닝 모델 구축 및 학습에 관련된 대부분의 단계를 자동화하는 머신러닝 파이프라인을 만들기 시작했습니다. 이런 자동화의 이점은 대부분 자동차 업계와 같습니다. 시간과 비용을 절약할 수 있죠. 또한 더 우수하고 더 안정적이고 안전한 모델을 제작하며, 데이터를 복사하거나 학습 곡선을 보는 일보다 더 유용한 작업을 수행하는 데 더 많은 시간을 할애합니다. 그러나 머신러닝 파이프라인을 구축하는 것은 사소한 일이 아닙니다. 그럼 어디서부터 시작해야 할까요?

바로 여기입니다!

하네스와 캐서린은 머신러닝 파이프라인 자동화를 시작하는 명확한 지침을 제공합니다. 저는 이 책에서 처음부터 끝까지 단계별로 구체적인 예제 프로젝트를 안내하는 방식이 마음에 들었습니다. 많은 코드 예제와 명확하고 간결한 설명 덕분에, 여러분의 머신러닝 파이프라인을 가동하고 자신의 사용 사례에 맞게 조정하는 데 필요한 개념적 도구를 사용할 수 있을 것입니다. 노트북을 가지고 여러분이 배운 내용을 실제로 사용해 보기를 강력히 추천합니다.

저는 2019년 10월 캘리포니아주 샌타클라라에서 열린 텐서플로 월드 콘퍼런스에서 하네스와 캐서린을 처음 만났습니다. TFX를 사용한 머신러닝 파이프라인 구축에 관한 강연을 할 때였죠. 하네스와 캐서린도 같은 주제로 이 책을 집필하고 있었고, 우리는 같은 편집자와 작업했기에 자연스럽게 많은 이야기를 나누었습니다. 제 강의의 참가자들은 TFX에 관한 기술적인 질문을 던졌고, 하네스와 캐서린은 제가 찾던 모든 답을 가지고 있었습니다. 하네스는 TFX에 포함되어 있는 텐서플로 서빙TensorFlow Serving의 고급 기능에 관한 저의 강연 초청을 수락했습니다. 그의 강연은 통찰력과 유용한 조언의 보물창고였습니다. 이 책에서는 더 많은 보물을 찾을 수 있을 것입니다.

이제 전문적인 머신러닝 파이프라인을 만들 때입니다!

오렐리앙 제롱 Aurélien Géron
전 유튜브 동영상 분류 팀장
『핸즈온 머신러닝(2판)』의 저자

옮긴이의 글

저는 삶의 방향에 대해 많이 고민합니다. 어떤 질문을 머릿속에 넣고 끊임없이 고민하고 숙성시키다 보면, 어느 순간 제 삶의 방향에 도움이 되는 힌트를 얻게 됩니다. 이런 고민의 결과인 '컴퓨팅 성능에 기반한 인공지능AI leveraging computation'에 대해 이야기해보겠습니다.

제 커리어의 방향은 크게 2가지로 정의됩니다.

- 컴퓨팅 성능에 기반한 인공지능
- 범용 인공지능

'컴퓨팅 성능에 기반한 인공지능'은 강화학습의 아버지인 리처드 서튼 교수님의 '쓰라린 교훈'이라는 글에서 강한 영향을 받았습니다.

> 쓰라린 교훈에서 배워야 할 한 가지는 일반적인 목적의 방법론, 즉 사용할 수 있는 계산이 매우 커짐에 따라 계속해서 확장되는 방법의 위대한 힘이다. 이렇게 마구 확장하는 것처럼 보이는 두 가지 방법은 바로 탐색과 학습이다.
>
> 리처드 서튼

프로젝트를 진행하면 항상 자동화를 먼저 생각합니다. 계속 자동화에 집중하다 보니, 자동화할 수 있는 업무의 패턴을 익히기 시작했습니다. 그리곤 인공지능 프로젝트는 상당히 많은 부분을 자동화 소프트웨어로 대체할 수 있다는 사실을 깨달았습니다.

저는 인공지능 회사의 핵심 역량이 '탐색'과 '학습'의 영역에 있다고 믿습니다.

지금은 어려워 보이지만, 사실 지도 학습supervised learning으로 분류되는 대부분의 문제는 쉬운 편입니다. 시간과 돈의 문제일 뿐이죠. 그리고 대부분 자동화될 것입니다.

제가 생각하는 인공지능 프로젝트의 미래는 이렇습니다.

1 인공지능 비즈니스를 하는 프로젝트 매니저가 문제를 정의하여 프로젝트를 등록합니다.
2 AutoML을 수행하는 인공지능 에이전트가 해당 문제를 확인합니다.
3 해당 태스크에 얼마만큼의 리소스를 사용할지 사람에게 컨펌받습니다.

4 결국 사람이 문제정의만 해두면 인공지능 에이전트가 스스로 모델을 디자인합니다.

5 피처 엔지니어링을 수행해 사용할 기능을 정의합니다.

6 하이퍼파라미터를 최적화합니다.

7 학습한 모델을 평가합니다.

8 가장 좋은 모델을 배포합니다.

9 라이브 모델의 성능을 지속해서 모니터링합니다.

우리는 문제를 정의해주고, 데이터와 목푯값을 정해주면 됩니다. 너무 이상적인가요? 하지만 분명히 미래에는 대부분의 간단한 문제가 다 저렇게 풀릴 겁니다.

사실 위의 시나리오를 가능하게 하려면, 기본적으로 '머신러닝 파이프라인'을 세팅해야 합니다. 또한 메타 방법이라고 볼 수 있는 AutoML 기술에도 신경 써야 하죠. 그리고 우리는 AutoML 에이전트에게 학습하는 방법을 가르쳐주게 됩니다. 우리는 메타 방법들을 만들어야 합니다.

저는 카카오와 네이버 그리고 현재 재직 중인 뤼이드에서 여러 머신러닝 프로젝트를 경험했고 계속 배워나가고 있습니다. 그리고 이런 경험을 통해 인공지능 회사가 경쟁력과 핵심적인 진입 장벽을 구축하는 역량이 바로 머신러닝 파이프라인에 있다는 점을 깨달았습니다. 이 책을 시작으로 언젠가 여러분을 인공지능 업계에서 만나길 기대합니다.

송호연

뤼이드 VP of AIOps

이 책에 대하여

모두가 머신러닝에 대해 말하고 있습니다. 자율주행차의 동영상 피드를 이해하는 작업에서부터 개인화된 의약품에 이르기까지 모든 산업에서 중요해지고 있습니다. 모델 아키텍처와 개념은 많은 관심을 받았지만, 머신러닝은 소프트웨어 산업이 지난 20년 동안 경험한 프로세스를 아직 표준화하지 못했습니다. 이 책에서는 재현 가능한 자동화 모델을 만드는 표준화된 머신러닝 시스템을 구축하는 방법을 보여드리고자 합니다.

머신러닝 파이프라인이란?

지난 몇 년 동안 머신러닝 분야는 놀랍게 발전했습니다. 그래픽 처리 장치Graphics Processing Unit(GPU)의 광범위한 가용성과 BERTBidirectional Encoder Representations from Transformers와 같은 트랜스포머transformer나 DCGANDeep Convolutional GAN과 같은 GANsGenerative Abidarical Networks 등 새로운 딥러닝 개념의 등장으로 AI 프로젝트의 수가 급증했습니다. AIArtificial Intelligence 스타트업의 수는 어마어마합니다. 최신 머신러닝 개념을 조직의 모든 종류의 비즈니스 문제에 더 많이 적용하고 있습니다. 가장 뛰어난 머신러닝 솔루션으로 급급해진 가운데, 관심을 덜 받은 몇 가지를 관찰했습니다. 데이터 과학자와 머신러닝 엔지니어가 개발 속도를 높이고, 재사용하고, 관리 및 배포하는 데 활용할 개념과 도구에 관한 좋은 자료가 부족함을 확인했습니다. 필요한 것은 머신러닝 파이프라인의 표준화입니다.

머신러닝 파이프라인은 머신러닝 모델을 가속, 재사용, 관리 및 배포하는 프로세스를 구현하고 표준화합니다. 10여 년 전 지속적인 통합Continuous Integration(CI)과 지속적인 배포Continuous Deployment(CD)를 도입하면서 동일한 변화를 겪었습니다. 예전에는 웹 앱을 테스트하고 배포하는 데 오랜 시간이 걸렸습니다. 오늘날 이런 프로세스는 몇 개의 도구와 개념 덕분에 크게 간소화되었습니다. 이전에는 웹 앱을 배포할 때 데브옵스DevOps 엔지니어와 소프트웨어 개발자 간의 협업이 필요했습니다. 오늘날에는 몇 분만에 앱을 안정적으로 테스트하고 구현할 수 있습니다. 데이터 과학자와 머신러닝 엔지니어는 소프트웨어 엔지니어링에서 워크플로에 대해 많이 배울 수 있습니다. 우리는 독자들이 머신러닝 파이프라인 전체를 처음부터 끝까지 따라 하여 머신러닝 프로젝트의 표준화에 기여하길 바라며 이 책을 집필했습니다.

개인적인 경험으로 볼 때, 모델을 프로덕션에 배포하는 것을 목표로 하는 대부분의 데이터 과학 프로젝트는 대규모 팀을 갖추지 못했습니다. 따라서 처음부터 사내 전체 파이프라인을 구축하기가 어렵습니다. 이는 머신러닝 프로젝트가 시간이 지나면서 성능이 저하되거나, 데이터 과학자가 기본 데이터가 변경되었을 때 오류를 수정하는 데 많은 시간을 할애하거나, 모델이 널리 사용되지 않는 일회성 작업으로 변한다는 뜻입니다. 자동화되고 재현 가능한 파이프라인은 모델의 배포를 도와줍니다. 파이프라인에는 다음 단계가 있어야 합니다.

- 데이터를 효율적으로 버전화하고 새로운 모델 학습 실행을 시작
- 새로운 데이터의 유효성을 확인하고 데이터 드리프트를 확인
- 모델 학습 및 검증을 위해 데이터를 효율적으로 전처리
- 머신러닝 모델을 효과적으로 학습
- 모델 학습을 추적
- 학습시키고 튜닝된 모델을 분석하고 검증
- 검증된 모델을 배포
- 배포된 모델을 스케일링
- 피드백 루프를 사용해 새로운 학습 데이터를 수집하고 성과 지표를 모델링

이 목록에는 모델 아키텍처 선택이라는 중요한 사항이 없습니다. 우리는 여러분이 이미 이 단계에 관한 훌륭한 실무 지식이 있다고 가정합니다. 머신러닝이나 딥러닝을 시작할 때 다음과 같은 자료가 훌륭한 출발점이 됩니다.

- 『딥러닝의 정석』(한빛미디어, 2018)
- 『핸즈온 머신러닝(2판)』(한빛미디어, 2020)

대상 독자

이 책의 주요 독자는 일회성 머신러닝 모델 학습을 넘어 데이터 과학 프로젝트를 성공적으로 출시하고자 하는 데이터 과학자와 머신러닝 엔지니어입니다. 기본적인 머신러닝 개념에 익숙해야 하며 하나 이상의 머신러닝 프레임워크(예: 파이토치PyTorch, 텐서플로TensorFlow, 케라스Keras)에 익숙해야 합니다. 이 책의 머신러닝 예시는 텐서플로와 케라스를 기반이지만, **핵심 개념**은 어떤 프레임워크에도 적용할 수 있습니다.

이 책의 두 번째 대상 독자는 데이터 과학 프로젝트 관리자, 소프트웨어 개발자, 데브옵스 엔지니어입니다. 조직이 데이터 과학 프로젝트를 가속화할 수 있도록 지원하는 분들이죠. 자동화된 머신러닝 생애 주기와 이런 주기가 조직에 어떤 도움이 되는지 더 잘 이해하고 싶은 분들을 위해, 이 책은 이를 정확히 달성하는 툴체인toolchain을 소개합니다.

텐서플로와 텐서플로 익스텐디드를 사용한 이유

이 책의 모든 파이프라인 예제는 텐서플로 생태계, 특히 텐서플로 익스텐디드TensorFlow Extended(TFX)의 도구를 사용합니다. 이 프레임워크를 선택한 이유는 다음과 같습니다.

- 텐서플로 생태계는 머신러닝에 가장 광범위하게 사용할 수 있습니다(집필 당시 기준). 텐서플로 개인 정보 보호 및 텐서플로 프로바빌리티Tensorflow Probability와 같은 핵심 라이브러리 외에도 여러 유용한 프로젝트와 지원 라이브러리를 포함합니다.
- 소규모 및 대규모 프로덕션 환경에서 널리 사용되며 사용자 커뮤니티가 활발하게 형성되어 있습니다.
- 학술 연구에서부터 프로덕션의 머신러닝에 이르기까지 사용 사례가 다양하게 지원됩니다. TFX는 프로덕션 활용 사례를 위한 핵심 텐서플로 플랫폼과 긴밀하게 통합됩니다.
- 텐서플로와 TFX는 모두 오픈 소스 도구이며, 사용에 제한이 없습니다.

이 책에서 설명하는 모든 원칙은 다른 도구와 프레임워크와도 관련이 있습니다.

각 장의 개요

각 장에서는 머신러닝 파이프라인을 구축하는 구체적인 방법을 단계별로 소개하고 파이프라인이 예제 프로젝트에서 어떻게 작동하는지 시연합니다.

- **1장 머신러닝 파이프라인**

  머신러닝 파이프라인을 소개하고 파이프라인을 사용해야 하는 시기와 파이프라인을 구성하는 단계를 설명합니다. 책 전반에 걸쳐 사용할 예제 프로젝트도 소개합니다.

- **2장 TFX – 텐서플로 익스텐디드**

  TFX 생태계를 소개하고 태스크가 서로 통신하는 방법과 TFX 구성 요소가 내부적으로 작동하는 방법을 설명합니다. 또한 머신러닝 메타데이터스토어MetadataStore와 TFX의 맥락에서 이를 어떻게 사용하는지, 아파치 빔Apache Beam이 뒤에서 어떻게 TFX 컴포넌트를 실행하는지도 살펴봅니다.

- **3장 데이터 수집**

  일관된 방식으로 데이터를 파이프라인으로 가져오는 방법을 살펴보고 데이터 버전 지정 개념을 설명합니다.

- **4장 데이터 검증**

  파이프라인으로 유입되는 데이터를 텐서플로 데이터 검증TensorFlow Data Validation을 사용하여 효율적으로 검증하는 방법을 설명합니다. 모델 성능에 영향을 미칠 수 있는 방식으로 새 데이터가 이전 데이터에서 크게 변경될 때 경고를 표시합니다.

- **5장 데이터 전처리**

  원시 데이터를 머신러닝 모델을 학습하는 데 적합한 기능으로 변환하기 위해서 텐서플로 변환TensorFlow Transform을 사용하여 데이터를 전처리하는 데 초점을 맞춥니다.

- **6장 모델 학습**

  머신러닝 파이프라인 내에서 모델을 학습하는 방법을 설명합니다. 모델 튜닝의 개념도 살펴봅니다.

- **7장 모델 분석 및 검증**

  모델 예측의 편향을 파악하는 지표를 비롯하여 프로덕션에서 모델을 이해하는 데 유용한 지표를 소개하고 모델 예측을 설명하는 방법을 다룹니다. 7.5절 'TFX에서의 분석과 검증'에서는 새 버전의 지표가 개선될 때 모델의 버전 관리를 제어하는 방법을 다룹니다. 파이프라인의 모델은 새 버전으로 자동 업데이트될 수 있습니다.

- **8장 텐서플로 서빙을 사용한 모델 배포**

  머신러닝 모델을 효율적으로 구축하는 방법에 초점을 맞춥니다. 간단한 플라스크 구현부터 시작하여 이런 사용자 지정 모델 애플리케이션의 한계를 강조합니다. 텐서플로 서비스 및 서비스 인스턴스를 구성하는 방법을 소개합니다. 또한 배치 처리 피처에 대해 설명하고 모델 예측을 요청하는 클라이언트 설정을 안내합니다.

- **9장 텐서플로 서비스를 사용한 고급 모델 배포**

  모델 배포를 최적화하는 방법과 모니터링 방법을 설명합니다. 텐서플로 모델을 최적화해서 성능을 높이는 전략을 다룹니다. 또한 쿠버네티스를 사용한 기본 배포 설정도 안내합니다.

- **10장 고급 TFX**

  TFX의 표준 컴포넌트에 제한받지 않도록 머신러닝 파이프라인의 사용자 지정 컴포넌트 개념을 소개합니다. 데이터 수집 단계를 추가하거나 내보낸 모델을 텐서플로 라이트^{TensorFlow Lite}(TFLite)용으로 변환하여 컴포넌트를 생성하는 데 필요한 단계를 안내합니다.

- **11장 파이프라인 1부: 아파치 빔 및 아파치 에어플로**

  이전 장들과 연결하여 컴포넌트를 파이프라인으로 전환하는 방법과 원하는 오케스트레이션 플랫폼에 맞게 구성하는 방법을 설명합니다. 또한 아파치 빔과 아파치 에어플로에서 실행되는 전체 엔드 투 엔드 파이프라인을 안내합니다.

- **12장 파이프라인 2부: 쿠브플로 파이프라인**

  11장에 이어 쿠브플로 파이프라인과 구글의 AI 플랫폼을 이용하여 엔드 투 엔드 파이프라인을 안내합니다.

- **13장 피드백 루프**

  최종 제품 사용자의 피드백을 활용해 모델 파이프라인을 개선하는 사이클로 전환하는 방법을 설명합니다. 향후 버전의 모델을 개선하기 위해 캡처할 데이터 유형과 데이터를 파이프라인에 다시 공급하는 방법을 알아봅니다.

- **14장 머신러닝을 위한 데이터 개인 정보 보호**

  개인 정보 보호 머신러닝 분야를 소개하고 이에 도움이 되는 세 가지 주요 방법(차등 개인 정보 보호, 연합 학습, 암호화된 머신러닝)을 설명합니다.

- **15장 파이프라인의 미래와 다음 단계**

  미래의 머신러닝 파이프라인에 영향을 미칠 기술의 전망과 향후 몇 년간 머신러닝 엔지니어링에 대해 어떻게 생각할지를 보여줍니다.

- **부록 A 머신러닝에 유용한 인프라 소개**

  도커와 쿠버네티스를 간략하게 소개합니다.

- **부록 B 구글 클라우드에 쿠버네티스 클러스터 설정하기**

  구글 클라우드에서 쿠버네티스 클러스터를 설정하는 방법에 관한 보충 자료를 제공합니다.

- **부록 C 쿠브플로 파이프라인 조작 팁**

  TFX 명령줄 인터페이스의 개요를 포함하여 쿠브플로 파이프라인 설정을 조작하는 데 유용한 팁을 제공합니다.

> **WARNING_** 터미널의 주석은 실제 터미널에 적용하면 제대로 동작되지 않습니다. 그저 설명으로 표기해 놓은 부분이니, 도커 터미널 실행 시 주석 내용을 넣지 마세요.

CONTENTS

CHAPTER **1** 머신러닝 파이프라인

CONTENTS

CHAPTER 6 모델 학습

CHAPTER 7 모델 분석 및 검증

CONTENTS

CHAPTER **8** 텐서플로 서빙을 사용한 모델 배포

CONTENTS

CHAPTER 9 **텐서플로 서비스를 사용한 고급 모델 배포**

CHAPTER 10 고급 TFX

CHAPTER 11 파이프라인 1부: 아파치 빔 및 아파치 에어플로

CONTENTS

CHAPTER **14 머신러닝을 위한 데이터 개인 정보 보호**

CONTENTS

머신러닝 파이프라인

이번 장에서는 머신러닝 파이프라인을 소개하고 구축 단계를 간략하게 살펴봅니다. 머신러닝 모델을 실험에서 강력한 프로덕션 시스템으로 옮기려면 어떻게 해야 하는지 설명하겠습니다. 또한 책의 나머지 부분에서 설명하는 원칙을 보여주는 데 사용할 예제 프로젝트를 소개합니다.

1.1 머신러닝 파이프라인의 필요성

모델 생애 주기Model Lifecycle 단계를 자동화할 수 있다는 점은 머신러닝 파이프라인의 주요 이점입니다. 새로운 훈련 데이터를 사용하려면 데이터 검증, 전처리, 모델 훈련, 분석 및 배포를 포함하는 워크플로를 재설정해야 합니다. 많은 데이터 과학팀이 이런 단계를 수작업으로 수행합니다. 하지만 비용이 많이 들고 오류를 발생시키기도 하죠. 우선 머신러닝 파이프라인의 이점을 자세히 살펴보겠습니다.

- **기존 모델 유지보수에서 벗어나 새 모델에 집중할 수 있는 능력**

  자동화된 머신러닝 파이프라인을 사용하면 데이터 과학자가 기존 모델을 유지보수하지 않아도 됩니다. 많은 데이터 과학자가 이전에 개발한 모델을 최신 상태로 유지하는 데 많은 시간을 소비합니다. 스크립트를 수동으로 실행하여 학습 데이터를 전처리하거나, 일회성 배포 스크립트를 작성하거나, 모델을 수동으로 조정해왔죠. 자동화된 파이프라인을 사용하면 불필요한 반복 작업에서 벗어나 본질적인 업무인 새로운 모델 개발에 더 많은 시간을 투자할 수 있습니다. 궁극적으로는 직업 만족도가 높아지고 구직 시장에서 높은 경쟁력을 유지하게 해줍니다.

- **버그 예방**

  자동화된 파이프라인은 버그를 예방합니다. 새로 생성된 모델은 버전이 지정된 데이터셋에 연결되고 전처리 단계는 개발된 모델에 연결됩니다. 즉, 새 데이터가 수집되면 새 모델이 생성됩니다. 전처리 단계가 업데이트되면 학습 데이터가 무효화되고 새 모델이 생성됩니다. 수동 머신러닝 워크플로에서 버그는 일반적으로 모델이 학습된 후 변경되는 전처리 단계 때문에 발생합니다. 이때 모델을 학습할 때와 다른 처리 지침으로 모델을 배포합니다. 여전히 모델은 추론하지만, 부정확하기 때문에 이런 버그는 디버깅하기 어렵습니다. 자동화된 워크플로를 사용하면 이런 오류를 방지할 수 있습니다.

- **버전 관리 문서화**

  실험 추적과 모델 배포 관리는 모델 변경에 관한 버전 관리 문서를 생성합니다. 실험 추적은 모델의 하이퍼파라미터, 사용된 데이터셋과 결과 모델 측정 항목(예: 오차, 정확도)의 변경 사항을 기록합니다. 모델 배포 관리는 궁극적으로 어떤 모델을 선택하고 배포했는지를 추적합니다. 이런 버전 관리 문서는 데이터 과학팀이 모델을 다시 생성하거나 모델의 성능을 추적할 때 특히 유용합니다.

- **표준화**

  표준화된 머신러닝 파이프라인은 데이터 과학팀의 경험을 개선합니다. 표준화된 설정 덕분에 업무 적응이 빨라지고 팀 간 이동 시에도 동일한 개발 환경에서 일을 이어갈 수 있습니다. 따라서 효율성이 높아지고 새 프로젝트를 설정하는 데 소요되는 시간이 줄어듭니다. 머신러닝 파이프라인을 구축하는 데 시간을 투자하면 프로젝트의 수명을 높이는 데도 도움을 줄 수 있습니다.

- **파이프라인의 비즈니스 사례**

  자동화된 머신러닝 파이프라인의 구현이 데이터 과학팀에 미치는 주요 영향은 다음과 같습니다.
  - 새로운 모델 개발 시간 확보
  - 기존 모델을 더 간단한 프로세스로 업데이트
  - 모델 재현에 소요되는 시간 단축

이런 측면은 데이터 과학 프로젝트의 비용을 절감해줍니다. 또한 자동화된 머신러닝 파이프라인은 다음을 수행합니다.

- 데이터셋이나 학습된 모델에서 잠재적인 편향을 감지하는 데 도움이 됩니다. 편향을 발견하면 모델과 상호 작용하는 사람들의 피해를 방지할 수 있습니다. 예를 들어, 아마존Amazon의 머신러닝 기반 이력서 평가 시스템은 여성에 대한 안 좋은 선입견을 가지고 있었습니다.

- EU의 일반 데이터 보호 규정General Data Protection Regulation(GDPR)과 같은 데이터 보호법과 관련한 질문이 있을 때 도움이 되는 문서 추적을 (실험 추적과 모델 배포 관리를 통해) 만듭니다.

- 데이터 과학자의 개발 시간을 확보하고 업무 만족도를 높입니다.

1.2 머신러닝 파이프라인을 고려해야 할 시기

머신러닝 파이프라인은 다양한 이점을 제공하지만, 모든 데이터 과학 프로젝트에 필요하지는 않습니다. 데이터 과학자들은 때때로 단순히 새로운 모델을 실험하거나, 새로운 모델 아키텍처를 조사하거나, 최신 논문을 재현합니다. 이런 때에는 파이프라인이 유용하지 않습니다. 그러나 모델에 사용자가 있다면(예: 앱에서 사용 중) 지속적인 업데이트와 세부 조정을 해야 합니다. 이런 상황에서는 모델을 지속적으로 업데이트하고 데이터 과학자의 작업의 부담을 줄여야 한다는 점에서 머신러닝 파이프라인이 유용합니다.

머신러닝 프로젝트의 수가 증가할수록 머신러닝 파이프라인이 더욱 중요해집니다. 데이터셋이나 리소스 요구 사항이 크다면 앞에서 논의한 접근 방식을 사용해 인프라를 쉽게 확장할 수 있습니다. 반복성이 중요할 때는 머신러닝 파이프라인의 자동화와 감사 추적을 통해 이를 제공합니다.

1.3 머신러닝 파이프라인 단계

머신러닝 파이프라인은 새로운 학습 데이터 수집으로 시작하여 새로 학습된 모델이 어떻게 작동하는지에 관한 피드백 받기로 끝납니다. 이 피드백은 프로덕션 성능 지표나 제품 사용자의 피드백일 수 있습니다. 파이프라인에는 데이터 전처리, 모델 학습과 모델 분석, 모델 배포 등 다양한 단계가 포함됩니다. 이런 단계를 수동으로 수행하기란 번거롭고 오류가 발생하기 쉽습니다. 이 책에서는 머신러닝 파이프라인을 자동화하는 툴과 솔루션을 소개합니다.

[그림 1-1]에서 볼 수 있듯이 파이프라인은 반복되는 주기입니다. 데이터를 지속적으로 수집할 수 있으므로 머신러닝 모델도 지속적으로 업데이트할 수 있습니다. 일반적으로 데이터가 많을수록 모델이 개선됩니다. 이런 지속적인 데이터 유입 때문에 자동화가 핵심입니다. 실제 애플리케이션에서는 모델을 자주 재학습합니다. 그렇지 않으면 모델이 예측하는 새 데이터와 학습 데이터가 달라서 정확도가 낮아지겠죠. 재학습이 새로운 학습 데이터를 수동으로 검증하거나 업데이트된 모델을 분석해야 하는 수동 프로세스일 때, 데이터 과학자나 머신러닝 엔지니어는 전혀 다른 비즈니스 문제에 적용할 새로운 모델을 개발할 시간을 내기 어렵습니다.

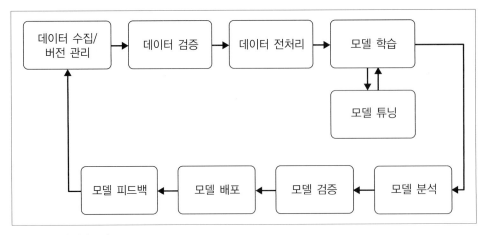

그림 1-1 모델 생애 주기

머신러닝 파이프라인은 보통 다음의 단계로 구성됩니다.

1.3.1 데이터 수집과 데이터 버전 관리

데이터 수집은 모든 머신러닝 파이프라인의 시작입니다(3장 참고). 이 단계에서는 이어지는 이후 컴포넌트가 소화할 수 있는 형식으로 데이터를 처리합니다. 데이터 수집 단계에서는 피처 엔지니어링을 수행하지 않습니다(데이터 유효성 검사 단계 후에 수행합니다). 또한 들어오는 데이터의 버전을 관리하여 데이터 스냅샷을 파이프라인 끝에 있는 학습된 모델과 연결하는 점도 중요합니다.

1.3.2 데이터 검증

새 모델 버전을 학습하기 전에 새 데이터를 검증해야 합니다. 데이터 검증(4장)은 새 데이터의 통계가 예상대로인지 확인하는 데 초점을 맞춥니다(예: 범주의 범위, 범주의 수와 분포). 또한 이상 징후가 감지되면 데이터 과학자에게 경고합니다. 예를 들어, 이진 분류 모델을 학습할 때 학습 데이터에 클래스 X 표본의 50%와 클래스 Y 표본의 50%가 포함된다고 가정해보죠. 데이터 검증 도구는 (새로 수집된 데이터가 두 클래스 간에 70/30으로 분할될 때처럼) 클래스 각각의 비율이 변경될 때 경고해 줍니다. 모델이 불균형한 훈련 집합으로 훈련되고 있는데 데이터 과학자가 모델의 손실 함수를 조정하지 않거나 X나 Y 범주를 과소 샘플링하지 않는다면, 모델 예측은 가장 수가 많이 존재하는 범주로 편향될 수 있습니다.

공통 데이터 검증 도구를 사용하여 다양한 데이터셋을 비교할 수도 있습니다. 클래스 간 데이터의 수가 불균형한 데이터셋을 학습과 검증 집합으로 분할할 때는 두 데이터셋 간 레이블 분포가 거의 동일한지 확인해야 합니다. 데이터 검증 도구를 사용하여 데이터셋을 비교하고 이상 징후를 강조할 수 있습니다.

검증에서 특이한 점이 발견되면 파이프라인을 중지하고 데이터 과학자에게 경고를 보낼 수 있습니다. 데이터 과학자나 머신러닝 엔지니어는 데이터 드리프트가 감지되면 개별 클래스의 샘플링을 변경하거나(예: 각 클래스에서 같은 수의 예만 선택) 모델의 손실 함수를 변경하고 새 모델 학습 파이프라인을 다시 시작할 수 있습니다.

1.3.3 데이터 전처리

새롭게 수집한 데이터를 그대로 사용하면 머신러닝 모델을 학습시키기 어렵습니다. 일반적으로 모델 학습에 사용하려면 데이터를 전처리해야 합니다. 레이블은 원-핫 또는 멀티-핫 벡터 multi-hot vector[1]로 변환해야 할 때가 많습니다. 모델 입력도 마찬가지입니다. 텍스트 데이터에서 모델을 학습할 때는 텍스트의 문자를 인덱스로 변환하거나 텍스트 토큰을 단어 벡터로 변환할 수 있습니다. 모든 학습 에포크epoch마다 전처리할 필요는 없습니다. 모델 학습 전에 처리하기만 하면 되므로, 모델 학습 전에 처리하면 되므로, 각자가 가진 모델 생애 주기 단계에서 모델을 학습하기에 앞서 전처리를 실행하는 것이 가장 합리적입니다.

데이터 전처리 도구는 단순한 파이썬Python 스크립트부터 정교한 그래프 모델에 이르기까지 다양합니다. 대부분의 데이터 과학자는 각자가 선호하는 도구로 피처를 처리하는 데 집중하지만, 전처리 단계를 수정하면 데이터셋에 영향을 주고 반대로 데이터셋도 전처리 단계에 영향을 줍니다. 즉, 처리 단계를 수정하면(예: 원-핫 벡터 변환에서 추가 레이블 허용), 이전에 학습된 데이터가 더 이상 유효하지 않게 되고 전체 파이프라인을 강제로 업데이트해야 합니다. 5장에서 이 파이프라인 단계를 설명합니다.

---

1 여러 클래스를 출력으로 하는 지도 학습 분류 문제에서는 범주를 원-핫 벡터(예: [0, 1, 0])로 변환하거나 범주 목록에서 멀티-핫 벡터 (예: [1, 1, 0])로 변환해야 할 때가 많습니다.

1.3.4 모델 학습과 튜닝

모델 학습 단계(6장)는 머신러닝 파이프라인의 핵심입니다. 이 단계에서는 가능한 한 가장 작은 오차를 만드는 모델을 학습합니다. 대규모 모델과 특히 대규모 학습 데이터에서는 이 단계를 효율적으로 관리하기가 어려워지곤 합니다. 일반적으로 학습에 사용하는 컴퓨팅 자원은 한정되어 있으므로, 모델 학습 세션의 효율적인 분배가 중요합니다.

모델 튜닝은 성능을 개선하고 경쟁 우위를 제공할 수 있다는 점에서 최근에 많은 관심을 받았습니다. 머신러닝 프로젝트에 따라 머신러닝 파이프라인을 고려하기 전에 모델을 튜닝하거나 파이프라인의 일부로 튜닝할 수도 있습니다. 머신러닝 파이프라인 아키텍처는 확장 가능하기에 다수의 모델을 병렬 또는 순차적으로 학습시킬 수 있습니다. 이를 통해 최종 모델에 적합한 모델 하이퍼파라미터를 선택합니다.

1.3.5 모델 분석

일반적으로 정확도나 손실을 사용하여 최적의 모델 파라미터 집합을 결정합니다. 그러나 모델의 최종 버전을 결정한 후에는 모델의 성능을 더 심층적으로 분석하면 매우 유용합니다(7장에서 설명합니다). 여기에는 정밀도, 리콜 및 AUC^Area Under the ROC Curve와 같은 다른 지표를 계산하거나 학습에 사용되는 검증 집합보다 더 큰 데이터셋에서 성능을 계산하는 작업이 포함됩니다.

심층적으로 모델을 분석하면 모델의 예측이 공정한지 확인할 수 있습니다. 데이터셋을 분리하고 각 슬라이스의 성능을 계산한다면 모델이 여러 사용자 그룹에서 어떻게 작동하는지 알 수 있습니다. 또한 학습에 사용되는 피처에 대한 모델의 의존도를 조사하고 단일 학습 예제의 피처를 변경하면 모델의 예측이 어떻게 변화하는지 살펴볼 수 있습니다.

모델 튜닝 단계나 최고 성능의 모델을 최종 선택하는 단계와 마찬가지로, 이 워크플로 단계에서는 데이터 과학자의 검토가 필요합니다. 다만, 최종 검토만으로 전체 분석을 자동화하는 방법을 시연하겠습니다. 자동화는 모델 분석의 일관성을 유지하고 다른 분석과 비교할 수 있는 상태를 유지하도록 합니다.

1.3.6 모델 버전 관리

모델 버전 지정과 검증 단계의 목적은 다음 버전으로 어떤 모델, 하이퍼파라미터 세트, 데이터셋이 선택되었는지 추적하는 것입니다.

소프트웨어 엔지니어링의 시맨틱 버전 관리 도구를 사용하려면 API에서 호환되지 않는 변경을 수행하거나 주요 피처를 추가할 때 메인 버전이나 서브 버전 숫자를 올립니다. 모델 배포 관리에는 데이터셋이라는 파라미터도 있습니다. 학습 프로세스에 훨씬 더 많거나 더 나은 데이터를 제공함으로써 모델 파라미터나 아키텍처 설정을 변경하지 않고도 모델 성능이 향상되기도 합니다. 성능 향상이 주요 버전 업그레이드를 보장하나요? 이 질문의 답변은 데이터 과학팀마다 다를 수 있지만, 모든 입력을 새 모델 버전(하이퍼파라미터, 데이터셋, 아키텍처)으로 문서화하고 릴리스 단계의 일부로 추적해야 합니다.

1.3.7 모델 배포

모델을 학습, 튜닝, 분석한 후에는 모델을 배포할 수 있습니다. 유감스럽게도 일회성으로 구현한 모델이 너무 많다면, 모델 업데이트 프로세스가 어려워집니다.

최신 모델 서버를 사용하면 웹 서버 프로그램 코드를 작성하지 않고도 모델을 배포할 수 있습니다. 레스트representational state transfer(REST) 또는 원격 프로시저 호출remote procedure call(RPC) 프로토콜과 같은 여러 API 인터페이스를 제공하여 동일한 모델의 여러 버전을 동시에 호스트할 수 있을 때가 많습니다. 여러 버전을 동시에 호스팅한다면 모델 A/B 테스트를 실행하면서 모델 개선 사항에 관한 귀중한 피드백을 얻을 수 있습니다.

또한 모델 서버를 사용하면 애플리케이션을 다시 배포하지 않고도 모델 버전을 업데이트할 수 있습니다. 따라서 애플리케이션 다운타임이 줄고 애플리케이션 개발팀과 머신러닝팀 간의 회의에 소모되는 시간도 줄어들겠죠. 모델 배포는 8장과 9장에 자세히 설명합니다.

1.3.8 피드백 루프

머신러닝 파이프라인의 마지막 단계인 피드백 루프는 간과하기 쉽지만, 데이터 과학 프로젝트의 성공에는 매우 중요한 주제입니다. 피드백 루프를 만들어야 새로 배포된 모델의 효과와 성능을 측정할 수 있습니다. 이 단계에서 모델의 성능에 관한 중요한 정보를 측정할 수 있습니다. 때로는 새로운 학습 데이터를 수집해서 데이터셋을 늘리고 모델을 업데이트할 수 있습니다. 사람이 개입하거나 자동화할 수도 있습니다. 피드백 루프는 13장에서 논의합니다.

두 가지 수동 검토 단계(모델 분석 단계와 피드백 단계)를 제외한 전체 파이프라인을 자동화할 수 있습니다. 데이터 과학자는 기존 모델의 업데이트와 유지를 자동화하여 새로운 모델을 개발하는 데 집중할 수 있어야 합니다.

1.3.9 개인 정보 보호

개인 정보 보호에 관한 고려 사항은 표준 머신러닝 파이프라인 외부에 있습니다. 데이터 사용과 관련한 소비자의 우려가 커지고 개인 데이터의 사용을 제한하는 새로운 법률이 도입됨에 따라 향후 이런 상황이 달라질 것이라 예상합니다. 개인 정보 보호 기법이 머신러닝 파이프라인 구축 도구로 통합될 가능성이 높습니다.

14장에서는 머신러닝 모델에서 개인 정보 보호를 강화하는 최신 옵션 몇 가지를 다룹니다.

- **차등 개인 정보 보호**differential privacy: 수학 연산을 활용해 모델 예측이 사용자의 데이터를 노출하지 않도록 보장합니다.
- **연합 학습**federated learning: 원시 데이터가 사용자의 장치로부터 다른 곳으로 이전되지 않도록 합니다.
- **암호화된 머신러닝**encrypted machine learning: 전체 학습 프로세스를 암호화된 공간에서 실행하거나 원시 데이터에서 훈련된 모델을 암호화합니다.

1.4 파이프라인 오케스트레이션

앞에서 설명한 머신러닝 파이프라인의 모든 컴포넌트를 실행하거나, 컴포넌트가 올바른 순서로 실행되도록 조정해야 합니다. 컴포넌트를 실행하기 전에 해당 컴포넌트의 모든 입력값이 준비되어야 합니다. 이런 단계 조정은 아파치 빔Apache Beam, 아파치 에어플로Apache Airflow(11장에서 설명함), 쿠버네티스Kubernetes 인프라용 쿠브플로Kubeflow 파이프라인(12장에서 설명함)과 같은 도구로 수행합니다. 데이터 파이프라인 도구가 머신러닝 파이프라인 단계를 조정하는 동안, 텐서플로TensorFlow ML 메타데이터스토어MetadataStore와 같은 파이프라인 아티팩트artifact 저장소는 개별 프로세스의 산출물을 저장합니다. 2장에서는 TFX 메타데이터스토어의 개요를 제공하고 TFX와 TFX 파이프라인 컴포넌트를 자세히 살펴봅니다.

1.4.1 파이프라인 오케스트레이션의 필요성

2015년, 구글의 머신러닝 엔지니어 그룹은 머신러닝 프로젝트가 실패하는 주요 원인으로 대부분의 프로젝트가 머신러닝 파이프라인 단계 사이를 연결할 때 커스텀 코드를 사용한다는 점을 밝혔습니다.[2] 커스텀 코드는 한 프로젝트에서 다음 프로젝트로 쉽게 연결되지 않습니다. 「머신러닝 시스템의 숨겨진 기술적 부채Hidden Technical Debt in Machine Learning Systems[3]」라는 논문에 관련 연구 결과가 요약되어 있습니다. 이 논문에서는 파이프라인 단계 사이의 **글루 코드**glue code는 불안정하며 커스텀 스크립트가 특정 사례 이상으로 확장되지 않는다고 주장합니다. 시간이 지나면서 아파치 빔, 아파치 에어플로, 쿠브플로 파이프라인과 같은 도구가 개발되었습니다. 이런 도구를 사용하여 머신러닝 파이프라인 작업을 관리하고 표준화된 오케스트레이션과 작업 간 글루 코드를 추상화할 수 있습니다.

처음에는 새로운 도구(예: 빔, 에어플로)나 새로운 프레임워크(예: 쿠브플로)를 배우고 머신러닝 인프라(예: 쿠버네티스)를 추가로 설정하기가 번거롭겠지만, 시간을 투자한 만큼 성과를 거둘 것입니다. 표준화된 머신러닝 파이프라인을 채택하지 않으면 데이터 과학팀은 프로젝트별로 각기 다른 설정, 제멋대로인 로그 파일의 위치, 개인 취향에 맞춘 디버깅 방법 등과 같은 수많은 문제를 직면하게 됩니다.

1.4.2 방향 비순환 그래프

아파치 빔, 아파치 에어플로, 쿠브플로 파이프라인과 같은 파이프라인 도구는 작업 종속성의 그래프 표현을 사용해 작업 흐름을 관리합니다.

---

2 구글은 2007년에 내부 머신러닝 생산 파이프라인 관리용 프로젝트인 시빌(Sibyl)을 시작했습니다. 2015년에 스컬리(D. Sculley)가 이를 맡으면서 더 많은 관심을 얻었습니다. 스컬리 외 연구진은 머신러닝 파이프라인 학습 내용인 「머신러닝 시스템의 숨겨진 기술적 부채」(https://oreil.ly/qVlYb)를 발표했습니다.

3 D. Sculley et al. (2015). 머신러닝 시스템의 숨겨진 기술적 부채. Google, Inc.

[그림 1-2]의 예제 그래프처럼 파이프라인 단계에 방향성이 있습니다. 즉, 파이프라인은 작업 A로 시작해서 작업 E로 종료되므로 태스크의 의존성에 따라 실행 경로가 명확하게 정의됩니다. 방향 비순환 그래프Directed Acyclic Graph(DAG)는 모든 의존성이 완전히 계산되지 않은 상태에서 일부 작업이 시작되지 않도록 합니다. 예를 들어 우리는 모델을 학습하기 전에 학습 데이터를 전처리해야 한다는 점을 알죠. 방향 비순환 그래프로 표현하면 전처리 단계가 완료되기 전에 학습 작업이 실행되지 않습니다.

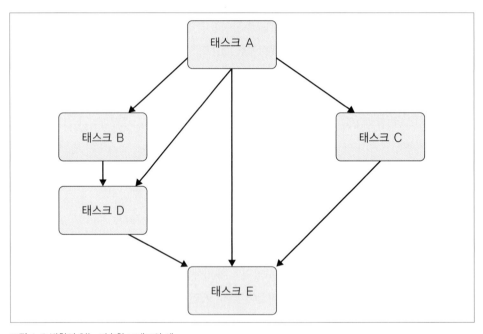

그림 1-2 방향이 있는 비순환 그래프의 예

파이프라인 그래프도 비순환적이어야 합니다. 즉, 그래프가 이전에 완료된 태스크에 연결되지 않아야 합니다. 그렇지 않으면 파이프라인이 끝없이 실행될 수 있으므로 워크플로가 완료되지 않게 됩니다.

방향성 및 **비순환성**이라는 두 가지 조건 때문에 파이프라인 그래프를 **방향 비순환 그래프**라고 합니다. 방향 비순환 그래프는 대부분의 워크플로 도구들이 가지고 있는 가장 핵심적인 개념입니다. 11장과 12장에서 이런 그래프를 실행하는 방법을 자세히 설명하겠습니다.

1.5 예제 프로젝트

여기서는 오픈 소스 데이터를 이용하는 예제 프로젝트를 사용합니다. 데이터셋은 미국 금융 제품 관련 소비자 불만 사항 모음(출처: 미국 소비자 금융 보호국, `https://oreil.ly/0RVBG`)입니다. 정형 데이터(범주/숫자 데이터)와 비정형 데이터(텍스트)가 혼합된 데이터셋입니다.

[그림 1-3]은 해당 데이터셋의 예시입니다.

	product	issue	consumer_complaint_narrative	company	state	company_response	timely_response	consumer_disputed
0	Mortgage	Loan servicing, payments, escrow account	My mortgage servicing provider (XXXX) transf...	SunTrust Banks, Inc.	TX	Closed with non-monetary relief	Yes	No
1	Debt collection	Cont'd attempts collect debt not owed	I HAVE NEVER RECEIVED ANY FORM OF NOTIFICATION...	ERC	CA	Closed with non-monetary relief	Yes	No
2	Debt collection	Disclosure verification of debt	i contacted walmart and the manager there said...	Synchrony Financial	MA	Closed with non-monetary relief	Yes	No
3	Credit reporting	Credit reporting company's investigation	I have filed multiple complaints XXXX on this ...	TransUnion Intermediate Holdings, Inc.	NY	Closed with explanation	Yes	Yes
4	Bank account or service	Account opening, closing, or management	Sofi has ignored my request to stop sending me...	Social Finance, Inc.	TX	Closed with explanation	Yes	No

그림 1-3 데이터 예시

머신러닝 문제는 불만 사항 데이터를 통해 소비자가 불만 사항을 통해 이의를 제기했는지 여부를 예측할 수 있습니다. 이 데이터셋에서는 30%의 소비자가 이의를 제기하므로 불만 사항을 제기한 소비자와 그렇지 않은 소비자 데이터셋의 균형이 맞지 않습니다.

1.5.1 프로젝트 구조

예제 프로젝트는 깃허브 저장소(`https://github.com/chris-chris/building-machine-learning-pipelines.git`)에 있으며, 다음 명령으로 복제할 수 있습니다.

```
$ git clone https://github.com/chris-chris/building-machine-learning-pipelines.git
```

예제 프로젝트는 다음을 포함합니다.

- 독립 실행형 노트북 예제(3장, 4장, 7장, 14장)
- 모델 정의와 같은 일반 컴포넌트 코드가 있는 컴포넌트 폴더
- 완벽한 대화형 파이프라인
- 파이프라인의 시작점인 머신러닝 실험의 예
- 아파치 빔, 아파치 에어플로, 쿠브플로 파이프라인으로 조정한 전체 파이프라인의 예
- 데이터를 다운로드하는 스크립트가 있는 유틸리티 폴더

다음 장에서는 머신러닝 예제(여기서는 케라스 모델 아키텍처를 갖춘 주피터 노트북)를 완벽한 머신러닝 파이프라인으로 바꾸는 데 필요한 단계를 안내해 드리겠습니다.

1.5.2 머신러닝 모델

딥러닝 프로젝트 예제의 핵심은 프로젝트의 components/module.py 스크립트에 있는 get_model 함수로 생성한 모델입니다. 이 모델은 다음 피처를 사용하여 소비자가 이의를 제기했는지를 예측합니다.

- 금융 상품
- 하위 제품
- 불만 사항에 관한 회사의 답변
- 소비자 불만 사항
- 미국 주(州)
- 우편번호
- 불만 사항의 텍스트(설명)

여기서 머신러닝 파이프라인을 구축할 때는 모델 아키텍처 설계가 완료되었다고 가정하고 모델을 수정하지 않겠습니다. 모델 아키텍처는 6장에서 자세히 설명합니다. 하지만 이 책은 이미 만들어진 모델로 무엇을 할 수 있는지를 다루므로, 모델 아키텍처에 중점을 두지 않습니다.

1.5.3 예제 프로젝트의 목표

이 책에서는 머신러닝 모델을 지속적으로 학습하는 데 필요한 프레임워크, 컴포넌트, 인프라 요소를 시연합니다. [그림 1-4]의 아키텍처 다이어그램에서 보여지는 기술 스택을 사용합니다.

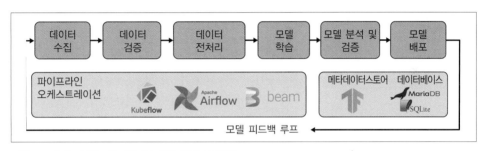

그림 1-4 예제 프로젝트의 머신러닝 파이프라인 아키텍처

여러분이 직면한 머신러닝 문제에 쉽게 응용할 수 있도록 일반적인 머신러닝 문제를 구현하려고 노력했습니다. 머신러닝 파이프라인의 구조와 기본 설정은 그대로 유지한 채 각자의 프로젝트에 적용할 수 있습니다. 각 컴포넌트에는 어쩔수 없이 각자의 환경에 맞춰 수정해야 할 부분(예: 데이터 수집 위치)이 있지만, 매우 제한적이고 많지 않습니다.

1.6 요약

이번 장에서는 머신러닝 파이프라인 개념을 소개하고 개별 단계를 설명했습니다. 프로세스 자동화의 이점도 살펴봤죠. 또한 다음 장의 단계를 설정했으며 예제 프로젝트와 각 장의 간략한 개요를 알아봤습니다. 다음 장에서는 파이프라인 구축을 시작합니다!

## CHAPTER 2

TFX – 텐서플로 익스텐디드

앞 장에서는 머신러닝 파이프라인 개념을 소개하고 파이프라인을 구성하는 요소를 설명했습니다. 이 장에서는 TFX를 소개하면서 설치 과정과 다음 장의 발판이 되는 기본 개념과 용어를 설명합니다. TFX 라이브러리는 머신러닝 파이프라인에 필요한 모든 구성 요소를 제공합니다. TFX를 사용하여 파이프라인 작업을 정의한 후 에어플로나 쿠브플로 파이프라인과 같은 파이프라인 오케스트레이터로 실행할 수 있습니다. [그림 2-1]은 파이프라인 단계의 개요와 다양한 도구를 함께 사용하는 방법을 보여줍니다.

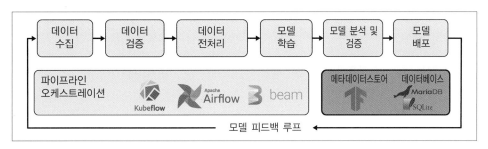

그림 2-1 머신러닝 파이프라인의 일부인 TFX

이 장에서는 TFX 생태계 소개와 더불어 머신러닝 메타데이터스토어와 TFX의 맥락에서 이를 어떻게 사용하는지, 아파치 빔이 뒤에서 어떻게 TFX 컴포넌트를 실행하는지도 살펴봅니다. 뒤에서 설명하겠지만 간단하게 말하자면 아파치 빔은 데이터 처리 작업을 정의하고 실행하는 오픈 소스 도구입니다. 아파치 빔은 TFX 파이프라인에서 두 가지 용도로 사용됩니다. 첫째, 데이터 유효성 검사나 데이터 전처리같은 처리 단계를 TFX 컴포넌트 내부에서 수행합니다. 둘째, 1장에서 논의한 바와 같이 파이프라인 오케스트레이터로 사용할 수 있습니다. 여기에서 빔을 소개하는 이유는 TFX 컴포넌트를 이해하는 데 도움이 되기 때문입니다. 또한 사용자 지정 컴포넌트를 작성하려면 반드시 빔이 필요합니다(10장 참고).

2.1 TFX 소개

머신러닝 파이프라인이 매우 복잡해져서 작업 의존성을 관리하는 데는 더 많은 시간과 노력이 필요합니다. 또한 머신러닝 파이프라인은 데이터 검증, 전처리, 모델 학습, 학습 후 작업 등 다양한 작업을 포함합니다. 1장에서 논의한 바와 같이, 업무 간의 연결은 취약해지기 쉬우며 파이프라인의 고장을 일으킵니다. 이런 연결을 글루 코드라고도 합니다.

연결이 취약하다는 말은 프로덕션 모델이 자주 업데이트되지 않음을 의미합니다. 데이터 과학자와 머신러닝 엔지니어는 오래된 모델을 업데이트하기 꺼려하죠. 또한 파이프라인에는 잘 관리되는 분산 처리가 필요하므로 TFX는 아파치 빔을 활용합니다. 이는 특히 대규모 시스템에서 중요합니다.

구글은 내부적으로 이 같은 문제에 직면했고, 이를 해결하기 위해 파이프라인 정의를 단순화하고 작성할 업무에 기본적으로 필요한 코드의 양을 최소화하는 플랫폼을 개발하기로 결정했습니다. 구글 내부 머신러닝 파이프라인 프레임워크의 오픈 소스 버전은 TFX입니다.

[그림 2-2]는 TFX를 사용한 일반적인 파이프라인 아키텍처입니다. 파이프라인 오케스트레이션 툴은 작업을 실행하는 기반입니다. 오케스트레이션 도구 외에도 중간 파이프라인 결과를 추적하는 데이터 저장소가 필요합니다. 개별 컴포넌트는 데이터 저장소에서 필요한 입력 데이터를 가져와서 작업을 하고, 그 결과물을 다시 데이터 저장소에 저장합니다. 이렇게 저장된 결과물은 다음 작업의 입력 데이터로 사용됩니다. TFX는 이런 모든 도구를 결합하는 계층을 제공하며, 주요 파이프라인 작업에 대한 개별 구성 요소를 제공합니다.

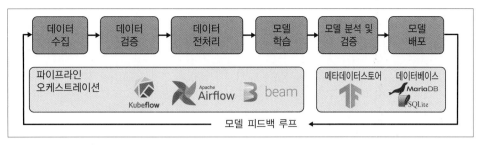

그림 2-2 머신러닝 파이프라인 아키텍처

처음에 구글은 TFX 라이브러리의 산하에 파이프라인 피처 중 일부를 오픈 소스 텐서플로 라이브러리(예: 8장에서 설명할 텐서플로 서빙)로 출시했습니다. 2019년에는 라이브러리를 하나로 묶고 오케스트레이션 도구(예: 아파치 플로, 아파치 빔, 쿠브플로 파이프라인)의 파이프라인 정의를 자동으로 만드는 데 필요한 모든 파이프라인 구성 요소를 포함하는 오픈 소스 글루 코드를 발행했습니다.

TFX는 많은 사용 사례를 포괄할 수 있는 다양한 파이프라인 컴포넌트를 제공합니다. 이 책을 작성할 당시에는 다음과 같은 컴포넌트를 사용할 수 있었습니다.

- **ExampleGen**: 데이터 수집
- **StatisticsGen, SchemaGen, ExampleValidator**: 데이터 검증
- **Transform**: 데이터 전처리
- **Trainer**: 모델 학습 실시
- **ResolverNode**: 이전에 학습한 모델 확인
- **Evaluator**: 모델 분석 및 검증
- **Pusher**: 모델 배포

[그림 2-3]은 파이프라인의 구성 요소와 라이브러리의 구성 요소가 어떻게 조화를 이루는지 보여줍니다.

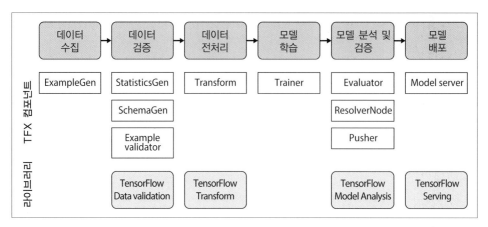

그림 2-3 TFX 컴포넌트 및 라이브러리

컴포넌트와 라이브러리는 앞으로 더 자세히 설명하겠습니다. 보편적으로 사용하지 않는 기능이 필요하다면 사용자 지정 파이프라인 컴포넌트를 생성하는 방법을 설명하는 10장을 참고하시기 바랍니다.

> **WARNING_ TFX 안정 버전**
> 여기서 언급하는 TFX API는 향후 업데이트될 수 있습니다. 이 책의 모든 예는 TFX 버전 1.2.0에서 작동합니다.

2.2 TFX 설치

다음 파이썬 설치 명령을 실행하면 TFX를 쉽게 설치할 수 있습니다.

```
$ pip install tfx==1.2.0
```

위에서 설치되는 TFX 패키지에는 의존성이 있는 다른 여러 라이브러리가 포함되어 있고, 자동으로 함께 설치됩니다. 개별 TFX 파이썬 패키지(예: 텐서플로 데이터 검증)뿐만 아니라 아파치 빔과 같이 의존성이 있는 라이브러리도 설치합니다.

TFX를 설치한 후, 파이썬 소스코드에서 import 문을 사용해서 개별 파이썬 패키지를 사용할 수 있습니다. 파이썬에서 import를 이용해 라이브러리를 사용하는 일반적인 방법처럼 개발 TFX 패키지(예: 텐서플로 데이터 검증을 사용하여 데이터셋 검증하기, 4장 참조)를 가져옵니다.

```
import tensorflow_data_validation as tfdv
import tensorflow_transform as tft
import tensorflow_transform.beam as tft_beam
...
```

가져온 라이브러리 내 컴포넌트를 아래와 같이 불러와 사용합니다(파이프라인의 콘텍스트에서 컴포넌트를 사용할 때).

```
from tfx.components import ExampleValidator
from tfx.components import Evaluator
from tfx.components import Transform
...
```

2.3 TFX 컴포넌트 개요

컴포넌트는 단일 태스크의 실행보다 더 복잡한 프로세스를 처리합니다. 모든 머신러닝 파이프라인 컴포넌트는 메타데이터스토어에서 입력 아티팩트를 가져옵니다. 그런 다음 메타데이터스토어에서 제공한 경로에서 데이터가 로드되고 처리됩니다. 그리고 컴포넌트의 출력인 처리된 데이터가 다음 파이프라인 컴포넌트에 제공됩니다. 따라서 컴포넌트의 내부에서는 다음과 같은 작업이 처리된다고 볼 수 있습니다.

- 입력 수신
- 작업 수행
- 최종 결과 저장

컴포넌트 내부에 있는 세 부분을 TFX 용어로 **드라이버**driver, **실행자**executor, **배포자**publisher라고 합니다. 드라이버는 메타데이터스토어에서 입력 데이터를 가져오는 부분을 담당합니다. 실행자는 컴포넌트의 작업을 수행하며 배포자는 최종 결과의 메타데이터를 메타데이터스토어에 저장하는 것을 관리합니다. 드라이버와 배포자는 데이터를 이동시키지 않습니다. 대신 메타데이터스토어에서 데이터의 주소를 읽고 씁니다.

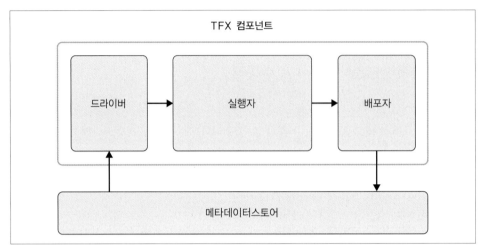

그림 2-4 컴포넌트 개요

컴포넌트의 입력 및 출력을 **아티팩트**라고 합니다. 아티팩트의 예로는 원시 입력 데이터, 전처리된 데이터, 학습된 모델이 있습니다. 각 아티팩트는 메타데이터스토어에 저장된 메타데이터와 연결됩니다. 아티팩트 메타데이터는 아티팩트 유형과 아티팩트 속성으로 구성됩니다. 이 아티팩트 설정을 통해 컴포넌트가 데이터를 효과적으로 교환할 수 있습니다. TFX는 현재 10가지 유형의 아티팩트를 제공하며, 다음 장들에서 살펴보겠습니다.

2.4 ML 메타데이터

TFX 컴포넌트는 **메타데이터**로 '의사소통'을 합니다. 파이프라인에 있는 컴포넌트들은 서로 직접 아티팩트를 주고받는 대신 파이프라인에서 만들어지는 아티팩트에 대한 참조를 주고받는다. 아티팩트는 원시 데이터셋, 변환 그래프, 학습된 모델일 수 있습니다. 따라서 메타데이터는 TFX 파이프라인의 아주 중요한 요소입니다. 파이프라인에 있는 컴포넌트가 아티팩트를 주고받는 대신 메타데이터를 사용하면 모든 정보를 한 곳에 저장하고 관리할 수 있다는 이점이 있습니다.

실제 워크플로는 다음과 같이 진행됩니다. 컴포넌트를 실행할 때 MLMD^{Machine Learning Metadata} 라이브러리의 API를 사용하여 실행에 해당하는 메타데이터를 저장합니다. 예를 들어 컴포넌트 드라이버는 메타데이터스토어에서 원시 데이터셋의 참조를 수신합니다. 컴포넌트를 실행한 후 컴포넌트 게시자는 컴포넌트 출력값의 참조를 메타데이터스토어에 저장합니다. MLMD는 스토리지 백엔드에 연결을 구성하여 메타데이터를 메타데이터스토어에 끊임없이 저장합니다. 현재 MLMD는 세 가지 유형의 백엔드를 지원합니다.

- (SQLite를 통한) 메모리 내 데이터베이스
- SQLite
- MySQL

TFX 컴포넌트는 지속적으로 끊임없이 추적하고 관리하기 때문에 ML 메타데이터는 유용한 기능을 다양하게 제공합니다. 동일한 컴포넌트의 두 아티팩트를 비교할 수 있습니다. 7장에서 모델 유효성 검사를 다룰 때 관련 예제를 확인합니다. 이때 TFX는 현재 실행하는 모델 분석 결과를 이전 실행에서 나온 모델 분석 결과와 비교합니다. 이를 통해 더 최근에 학습을 받은 모델이 이전 모델보다 정확도나 손실이 더 나은지 확인합니다. 메타데이터를 사용하여 이전에 생성한 다른 아티팩트 기반의 모든 아티팩트를 확인할 수도 있습니다. 이는 머신러닝 파이프라인에 관한 일종의 기록 데이터를 만듭니다.

[그림 2-5]는 각 컴포넌트가 메타데이터스토어와 상호 작용하고, 메타데이터스토어는 제공된 데이터베이스 백엔드에 메타데이터를 저장하는 모습입니다.

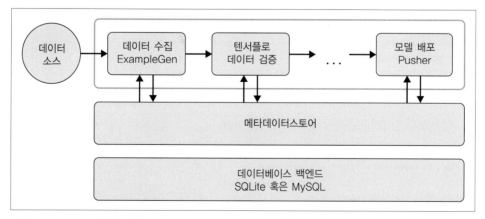

그림 2-5 MLMD를 사용한 메타데이터 저장

2.5 대화형 파이프라인

머신러닝 파이프라인을 설계하고 구현하는 일은 때때로 좌절감을 줍니다. 예를 들어 파이프라인 내에서 컴포넌트를 디버깅하기가 어려울 수 있습니다. 대화형 파이프라인이 TFX의 기능으로 도입된 이유기도 하죠. 다음 장에서는 머신러닝 파이프라인을 단계별로 구현하고 대화형 파이프라인을 사용한 구현을 시연할 예정입니다. 파이프라인은 주피터 노트북에서 실행되며, 구성 요소의 아티팩트를 즉시 검토할 수 있습니다. 파이프라인의 전체 피처를 확인한 후, 11장과 12장에서는 아파치 에어플로에서 실행할 수 있도록 대화형 파이프라인을 실제 제품 단계 수준의 파이프라인으로 변환하는 방법을 설명합니다.

모든 대화형 파이프라인은 주피터 노트북이나 구글 코랩Google Colab 세션의 콘텍스트에서 프로그래밍됩니다. 11장과 12장에서 다룰 **오케스트레이션** 툴과는 달리, 대화형 파이프라인은 사용자가 명령을 입력하고 실행합니다.

필요한 패키지를 가져와 대화형 파이프라인을 시작해 보겠습니다.

```
import tfx
import tensorflow as tf
from tfx.orchestration.experimental.interactive.interactive_context import \
    InteractiveContext
```

요구 사항을 가져오면 콘텍스트 객체를 만들 수 있습니다. 콘텍스트 객체는 컴포넌트 실행을 처리하고 컴포넌트의 아티팩트를 표시합니다. 이때 InteractiveContext는 간단한 메모리 내 ML 메타데이터스토어도 설정합니다.

```
context = InteractiveContext()
```

파이프라인 컴포넌트(예: StatisticsGen)를 설정한 후 다음 예제와 같이 콘텍스트 객체의 run 함수로 각 컴포넌트 개체를 실행할 수 있습니다.

```
from tfx.components import StatisticsGen

statistics_gen = StatisticsGen(
    examples=example_gen.outputs['examples'])
context.run(statistics_gen)
```

컴포넌트 자체는 생성자의 매개변수로 이전 컴포넌트(여기서는 데이터 수집 컴포넌트 ExampleGen)의 출력을 수신합니다. 컴포넌트의 태스크를 실행한 후, 컴포넌트는 출력 아티팩트의 메타데이터를 메타데이터스토어에 자동으로 기록합니다. 일부 컴포넌트 출력은 노트북에 표시될 수 있습니다. 결과를 즉시 확인하고, 바로 시각화할 수 있어 매우 편리합니다. 예를 들어 StatisticsGen 컴포넌트를 사용하여 데이터셋의 피처를 검사할 수 있습니다.

```
context.show(statistics_gen.outputs['statistics'])
```

이전 콘텍스트 피처를 실행한 후에는 노트북에서 데이터셋 통계를 시각적으로 요약하여 볼 수 있습니다(그림 2-6).

때로는 컴포넌트의 출력 아티팩트를 프로그래밍 방식으로 검사하는 편이 유리합니다. 컴포넌트 개체를 실행한 후에는 다음 예제와 같이 아티팩트 속성에 액세스할 수 있습니다. 속성은 아티팩트에 따라 달라집니다.

```
for artifact in statistics_gen.outputs['statistics'].get():
    print(artifact.uri)
```

결과는 다음과 같습니다.

```
'/tmp/tfx-interactive-2020-05-15T04_50_16.251447/StatisticsGen/statistics/2'
```

다음은 완성된 예제입니다.

```
import os
from pathlib import Path

import tfx
from tfx.components import StatisticsGen
import tensorflow as tf
from tfx.orchestration.experimental.interactive.interactive_context import \
    InteractiveContext


context = InteractiveContext()
```

```python
DATA_PATH = 'https://raw.githubusercontent.com/tensorflow/tfx/master/tfx/examples/
chicago_taxi_pipeline/data/simple/data.csv'

dir_path = Path().parent.absolute()
data_dir = os.path.join(dir_path, "..", "..", "data", "taxi")

Path(data_dir).mkdir(parents=True, exist_ok=True)

# 원시 데이터를 다운 받습니다.
filepath = tf.keras.utils.get_file(
    os.path.join(data_dir, "data.csv"),
    DATA_PATH)


example_gen = tfx.components.CsvExampleGen(input_base=data_dir)
context.run(example_gen)

statistics_gen = StatisticsGen(
    examples=example_gen.outputs['examples'])
context.run(statistics_gen)

context.show(statistics_gen.outputs['statistics'])

statistics_gen = StatisticsGen(
    examples=example_gen.outputs['examples'])
context.run(statistics_gen)

for artifact in statistics_gen.outputs['statistics'].get():
    print(artifact.uri)
```

코드 위치: chapters/chapter2/2-1.ipynb

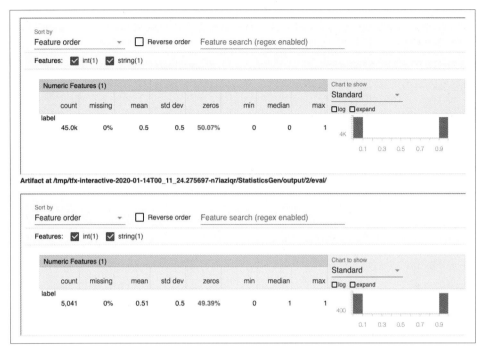

그림 2-6 대화형 파이프라인을 사용해 데이터셋의 요약을 확인할 수 있습니다.

다음 장들에서는 대화형 콘텍스트에서 각 컴포넌트를 실행하는 방법을 설명합니다. 그리고 11장과 12장에서는 완전한 파이프라인을 보여주고, 에어플로와 쿠브플로가 파이프라인을 어떻게 다루는지를 설명합니다.

2.6 TFX의 대체 솔루션

다음 장에서 TFX 컴포넌트를 자세히 살펴보기 전에 TFX의 대안을 살펴보겠습니다. 머신러닝 파이프라인 오케스트레이션은 지난 몇 년 동안 엔지니어링의 중요한 과제였습니다. 주요 실리콘 밸리 기업들이 파이프라인 프레임워크를 자체 개발했다는 점은 놀랄 일이 아닙니다. 다음 표에서 오케스트레이션 프레임워크의 예를 확인할 수 있습니다.

회사	프레임워크	링크
에어비앤비AirBnb	에어로솔브AeroSolve	https://github.com/airbnb/aerosolve
스트라이프Stripe	레일야드Railyard	https://stripe.com/blog/railyard-training-models
스포티파이Spotify	루이지Luigi	https://github.com/spotify/luigi
우버Uber	미켈란젤로Michelangelo	https://eng.uber.com/Michelangelo-machine-learning-platform
넷플릭스Netflix	메타플로Metaflow	https://metaflow.org/

프레임워크는 기업에서 비롯되었기에 특정 엔지니어링 스택을 염두에 두고 설계되었습니다. 예를 들어 에어비앤비의 에어로솔브는 자바 기반 추론 코드, 스포티파이의 루이지는 효율적인 오케스트레이션에 초점을 맞춥니다. TFX도 마찬가지입니다. 이때 TFX 아키텍처와 데이터 구조는 사용자가 텐서플로(또는 케라스)를 머신러닝 프레임워크로 사용한다고 가정합니다. 일부 TFX 컴포넌트는 다른 머신러닝 프레임워크와 함께 사용할 수 있습니다. 예를 들어, 데이터를 텐서플로 데이터 검증(TFDV)으로 분석한 뒤 사이킷런scikit-learn 모델에서 사용할 수 있습니다. TFX 프레임워크는 텐서플로 또는 케라스 모델과 밀접하게 연관되어 있습니다. TFX는 텐서플로 커뮤니티의 지원을 받으며 스포티파이와 같은 많은 기업이 TFX를 채택했습니다. 우리는 TFX가 궁극적으로 더 광범위한 머신러닝 엔지니어에 의해 채택될 안정적이고 성숙한 프레임워크라고 생각합니다.

2.7 아파치 빔 소개

다양한 TFX 컴포넌트와 라이브러리(예: 텐서플로 변환Tensorflow Transform)는 아파치 빔을 사용하여 파이프라인 데이터를 효율적으로 처리합니다. TFX 생태계가 중요하기 때문에 TFX 구성 요소에서 아파치 빔이 어떻게 작동하는지 간략히 소개하려고 합니다. 그리고 11장에서는 아파치 빔을 파이프라인 오케스트레이션 도구로 사용하는 방법을 설명하겠습니다.

아파치 빔은 제작자나 공급자에 구애받지 않고 다양한 환경에서 실행할 수 있는 데이터 처리 단계를 설명하는 오픈 소스 방식을 제공합니다. 아파치 빔은 매우 다재다능해서 배치 프로세스, 스트리밍 작업, 데이터 파이프라인을 설명하는 데 사용할 수 있습니다. 실제로 TFX는 아파치 빔에 의존하며 다양한 컴포넌트(예: 텐서플로 변환, 텐서플로 데이터 검증) 안에서 사용됩니다. 4장에서 텐서플로 데이터 검증, 5장에서 텐서플로 변환을 다룰 때 TFX 생태계에서 아파치 빔의 구체적인 사용에 대해 논의하겠습니다.

아파치 빔은 지원하는 런타임 도구에서 데이터 처리 과정을 추상화하며 여러 분산 처리 런타임 환경에서 실행될 수 있습니다. 즉, 파이프라인을 변경하지 않고 아파치 스파크Apache Spark나 구글 클라우드 데이터플로Google Cloud Dataflow에서 동일한 데이터 파이프라인을 실행할 수 있습니다. 또한 아파치 빔은 배치 프로세스 설명과 더불어 스트리밍 작업을 원활하게 지원하기 위해 개발되었습니다.

2.7.1 설치

아파치 빔 설치는 간단합니다. 다음 명령을 사용하여 최신 버전을 설치할 수 있습니다.

```
$ pip install apache-beam
```

아파치 빔을 구글 클라우드 플랫폼Google Cloud Platform 상에서 설치하려면 다음과 같이 설치해야 합니다. 예를 들어 구글 빅쿼리Google BigQuery의 데이터를 처리하거나 구글 클라우드 데이터플로에서 데이터 파이프라인을 실행할 때죠(4.4절 'GCP를 사용한 대용량 데이터셋 처리' 참고).

```
$ pip install 'apache-beam[gcp]'
```

AWSAmazon Web Services 상에서 아파치 빔을 설치하려면(예: S3 버킷에서 데이터를 로드할 때) 다음과 같이 설치해야 합니다.

```
$ pip install 'apache-beam[boto]'
```

파이썬 패키지 관리자 pip으로 TFX를 설치하면 아파치 빔이 자동으로 설치됩니다.

2.7.2 기본 데이터 파이프라인

아파치 빔의 추상화는 컬렉션과 변환이라는 두 가지 개념을 기반으로 합니다. 아파치 빔의 컬렉션은 지정된 파일 또는 스트림에서 데이터를 읽거나 쓰는 작업을 설명합니다. 반면에 아파치 빔의 변환은 데이터를 조작하는 방법을 설명합니다. 모든 컬렉션과 변환은 파이프라인의 콘텍스트에서 실행됩니다(콘텍스트 매니저context manager 명령을 통해 파이썬으로 표시됨). 다음 예제에서 컬렉션 또는 변환을 정의할 때 실제로 로드되거나 변환되는 데이터는 없습니다. 이 문제는 파이프라인이 런타임 환경(예: 아파치 빔의 DirectRunner, 아파치 스파크, 아파치 플링크Apache Flink, 구글 클라우드 데이터플로)의 콘텍스트에서 실행될 때에만 발생합니다.

기본 컬렉션 예제

데이터 파이프라인은 대개 데이터를 읽거나 쓰며 시작하고 끝납니다. 데이터 파이프라인은 보통 PCollections라는 컬렉션을 통해 아파치 빔에서 처리됩니다. 그런 다음 컬렉션을 변환하고 최종 결과는 다시 컬렉션으로 표현되어 파일 시스템에 기록할 수 있습니다.

다음 예는 텍스트 파일을 읽고 모든 행을 반환하는 방법입니다.

```
import apache_beam as beam

with beam.Pipeline() as p:  # 콘텍스트 관리자를 사용하여 파이프라인을 정의합니다.
    lines = p | beam.io.ReadFromText(input_file)
    # 텍스트를 PCollection(PCollection)으로 읽습니다.
```

아파치 빔은 ReadFromText와 마찬가지로 텍스트 파일(예: WriteToText)에 컬렉션을 쓰는 피처를 제공합니다. 일반적으로 쓰기 작업은 모든 변환이 실행된 후에 수행됩니다.

```
with beam.Pipeline() as p:
    ...
    output | beam.io.WriteToText(output_file)  # 출력을 output_file 파일에 씁니다.
```

기본 변환 예제

아파치 빔에서는 변환을 사용해 데이터를 조작합니다. 이 예와 5장 뒷부분에서 볼 수 있듯이, 변환은 파이프 연산자(¦)를 사용하여 체인으로 연결할 수 있습니다. 같은 유형의 여러 변환을 연결하려면 ¦와 >> 사이의 문자열 식별자로 표시되는 작업 이름을 제공해야 합니다. 다음 예에서는 텍스트 파일에서 추출된 행에 모든 변환을 순차적으로 적용합니다.

```
counts = (
    lines
    ¦ 'Split' >> beam.FlatMap(lambda x: re.findall(r'[A-Za-z\']+', x))
    ¦ 'PairWithOne' >> beam.Map(lambda x: (x, 1))
    ¦ 'GroupAndSum' >> beam.CombinePerKey(sum))
```

코드를 자세히 살펴보겠습니다. 예를 들어 "Hello, how do you do?"와 "I am well, thank you"라는 문구를 사용해보죠.

분할 변환은 re.findall을 사용하여 각 행을 토큰 목록으로 분할하여 다음과 같은 결과를 제공합니다.

```
["Hello", "how", "do", "you", "do"]
["I", "am", "well", "thank", "you"]
```

beam.FlatMap은 결과를 PCollection에 매핑합니다.

```
"Hello" "how" "do" "you" "do" "I" "am" "well" "thank" "you"
```

다음으로 PairWithOne 변환은 beam.Map을 사용합니다. 모든 토큰과 카운트(각 결과당 1개)에서 튜플을 만들도록 매핑합니다.

```
("Hello", 1) ("how", 1) ("do", 1) ("you", 1) ("do", 1) ("I", 1) ("am", 1)
("well", 1) ("thank", 1) ("you", 1)
```

마지막으로 GroupAndSum 변환은 각 토큰에 대한 모든 개별 튜플을 요약합니다.

```
("Hello", 1) ("how", 1) ("do", 2) ("you", 2) ("I", 1) ("am", 1) ("well", 1)
("thank", 1)
```

파이썬 함수를 변환의 일부로 적용할 수도 있습니다. 다음 예에서는 함수 `format_result`를 이전에 생성한 합계 결과에 적용하는 방법을 보여줍니다. 이 함수는 결과 튜플을 텍스트 파일에 쓸 수 있는 문자열로 변환합니다.

```python
def format_result(word_count):
    """튜플(token, count)을 문자열로 변환합니다."""
    (word, count) = word_count
    return "{}: {}".format(word, count)

output = counts | 'Format' >> beam.Map(format_result)
```

아파치 빔은 미리 정의된 다양한 변환 피처를 제공합니다. 여러분이 원하는 변환이 없다면 Map 연산자를 사용하여 직접 만들 수 있습니다. 런타임 환경의 피처를 최대한 활용하려면 분산된 방식으로 작업을 실행할 수 있어야 합니다.

다음은 완성된 예제입니다.

아파치 빔 파이프라인의 개별 개념을 살펴본 후, 이를 하나의 예제로 모았습니다. 이전 스니펫과 다음 예는 아파치 빔 튜토리얼의 수정된 버전입니다. 읽기 쉽도록 예제를 최소 아파치 빔 코드로 축소했습니다.

```python
import re

import apache_beam as beam
from apache_beam.io import ReadFromText
from apache_beam.io import WriteToText
from apache_beam.options.pipeline_options import PipelineOptions
from apache_beam.options.pipeline_options import SetupOptions

# 텍스트 파일은 구글 클라우드 스토리지 버킷에 저장됩니다.
input_file = "gs://dataflow-samples/shakespeare/kinglear.txt"
output_file = "/tmp/output.txt"

# 파이프라인의 옵션 객체를 정의합니다.
pipeline_options = PipelineOptions()
```

```python
# 아파치 빔 파이프라인을 설정합니다.
with beam.Pipeline(options=pipeline_options) as p:
    # 텍스트 파일을 읽거나 파일 패턴을 PCollection으로 변환합니다.
    # 텍스트 파일을 읽어서 데이터 콜렉션을 만듭니다.
    lines = p | ReadFromText(input_file)

    # 각 단어의 등장 횟수
    # 콜렉션에서 변환을 수행합니다.
    counts = (
        lines
        | 'Split' >> beam.FlatMap(lambda x: re.findall(r'[A-Za-z\']+', x))
        | 'PairWithOne' >> beam.Map(lambda x: (x, 1))
        | 'GroupAndSum' >> beam.CombinePerKey(sum))

    # 각 단어의 등장 횟수를 문자열로 변환해 PCollection에 저장합니다.
    def format_result(word_count):
        (word, count) = word_count
        return "{}: {}".format(word, count)

    output = counts | 'Format' >> beam.Map(format_result)

    # "Write" 트랜스폼 명령으로 결과를 출력합니다.
    output | WriteToText(output_file)
```

코드 위치: chapters/chapter2/2-2.py

이 파이프라인은 셰익스피어의『리어왕』을 다운로드하고 전체 말뭉치에서 단어의 등장 횟수를 세는 파이프라인을 수행합니다. 결과는 텍스트 파일(`/tmp/output.txt`)에 기록됩니다.

2.7.3 기본 파이프라인 실행

예를 들어 다음 명령을 실행하여 아파치 빔의 `DirectRunner`로 파이프라인을 실행할 수 있습니다(이전 예시 코드를 `basic_pipeline.py`로 저장했다고 가정합니다).

아파치 스파크나 아파치 플링크와 같은 다른 아파치 빔 실행기에서 이 파이프라인을 실행하려면 `pipeline_options` 개체로 파이프라인 구성을 설정해야 합니다.

```
$ python basic_pipeline.py
```

변환 결과는 지정된 텍스트 파일에 있습니다.

```
$ head /tmp/output.txt*
KING: 243
LEAR: 236
DRAMATIS: 1
PERSONAE: 1
king: 65
...
```

2.8 요약

이 장에서는 TFX를 살펴보고, 메타데이터스토어의 중요성과 TFX 구성 요소의 일반적인 작동
방식에 대해 논의했습니다. 또한 아파치 빔을 소개하고 빔을 사용하여 간단한 데이터 변환을
수행하는 방법도 알려드렸습니다. 이 장에서 논의한 내용은 파이프라인 컴포넌트(3~7장)와
파이프라인 오케스트레이션(11~12장)을 이해하는 데 도움이 될 것입니다.

다음 장에서는 데이터를 파이프라인으로 가져오는 방법을 다루겠습니다.

## CHAPTER 3

데이터 수집

이 장에서는 기본 TFX 설정과 ML 메타데이터스토어를 사용하여 데이터셋을 다양한 컴포넌트에서 활용할 수 있도록 파이프라인으로 데이터를 수집하는 방법을 중점적으로 다룹니다. [그림 3-1]처럼 말이죠.

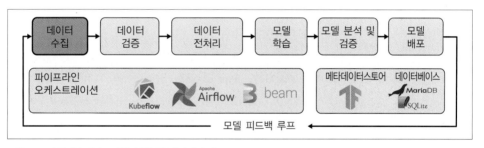

그림 3-1 머신러닝 파이프라인의 일부인 데이터 수집

TFX는 파일이나 서비스에서 데이터를 수집하는 컴포넌트를 제공합니다. 이 장에서는 기본 개념을 개괄적으로 살펴보고, 데이터셋을 학습 및 평가 하위 집합으로 분할하는 방법을 설명합니다. 또한 추출된 여러 데이터를 하나의 포괄적인 데이터셋으로 결합하는 방법을 시연합니다. 그런 다음 이전 사용 사례에서 유용함이 입증된 다양한 형태의 데이터(정형 데이터, 텍스트, 이미지)를 수집하는 몇 가지 전략을 논의합니다.

3.1 데이터 수집의 개념

이 단계에서는 외부 서비스(예: 구글 클라우드 빅쿼리)에서 실행되는 파이프라인의 데이터 파일을 읽거나 데이터를 요청합니다. 수집된 데이터셋을 다음 컴포넌트로 전달하기 전에 가용 데이터를 별도의 데이터셋(예: 학습 및 검증 데이터셋)으로 나눕니다. 그런 다음 데이터셋을 tf. Example로 표시된 데이터가 포함된 TFRecord 파일로 변환합니다.

TFRecord

TFRecord는 대용량 데이터셋 **스트리밍**에 최적화된 경량 형식입니다. 실제로 텐서플로 사용자는 대부분 직렬화된 프로토콜 버퍼를 TFRecord 파일에 저장하지만, TFRecord 파일 형식은 실제로 다음과 같이 모든 바이너리 데이터를 지원합니다.

```
import tensorflow as tf

with tf.io.TFRecordWriter("test.tfrecord") as w:
    w.write(b"First record")
    w.write(b"Second record")

for record in tf.data.TFRecordDataset("test.tfrecord"):
    print(record)

# tf.Tensor(b'First record', shape=(), dtype=string)
# tf.Tensor(b'Second record', shape=(), dtype=string)
```

코드 위치: chapters/chapter3/3-1.py

만약 TFRecord 파일에 tf.Example 레코드들이 있다면, 각 레코드에는 데이터의 피처들이 포함됩니다. 그런 다음 데이터가 바이너리 파일에 저장되므로 효율적으로 소화할 수 있습니다. TFRecord 파일을 더 자세히 알고 싶다면 텐서플로 문서(https://oreil.ly/2-MuJ)를 참조하시기 바랍니다.

데이터를 TFRecord 및 tf.Example로 저장하면 다음과 같은 이점이 있습니다.

1 데이터 구조는 교차 플랫폼이자 교차 언어 라이브러리인 프로토콜 버퍼에 의존하여 데이터를 직렬화하므로 시스템 독립적입니다.

> 2 TFRecord는 대량의 데이터를 빠르게 다운로드하거나 쓰도록 최적화되었습니다.
>
> 3 tf.Example(TFRecord 내의 모든 데이터 행을 나타내는 데이터 구조)은 텐서플로 생태계의 기본 데이터 구조이므로 모든 TFX 컴포넌트에서 사용합니다.

데이터셋을 수집, 분할, 변환하는 프로세스는 ExampleGen 컴포넌트가 수행합니다. 다음 예에서 볼 수 있듯이 데이터셋은 로컬 및 원격 폴더에서 읽을 수 있을 뿐만 아니라 구글 클라우드 빅쿼리와 같은 데이터 서비스에서 요청할 수도 있습니다.

3.1.1 로컬 데이터 파일 수집

ExampleGen 컴포넌트는 CSV(쉼표로 구분된 값 파일), 사전 계산된 TFRecord 파일, 아파치 아브로Apache Avro, 아파치 파케이Apache Parquet의 직렬화 출력 등 몇 가지 데이터 구조를 수집할 수 있습니다.

쉼표로 구분된 데이터를 tf.Example로 변환하기

정형 데이터나 텍스트 데이터가 있는 데이터셋은 CSV 파일에 저장된 경우가 많습니다. TFX는 이런 파일을 읽고 tf.Example로 변환하는 피처를 제공합니다. 다음 코드는 예제 프로젝트의 CSV 데이터를 포함하는 폴더의 수집을 보여줍니다.

```
import os
from pathlib import Path
from tfx.components import CsvExampleGen
from tfx.orchestration.experimental.interactive.interactive_context import
InteractiveContext

context = InteractiveContext()

dir_path = Path(__file__).parent.absolute()

# 데이터 경로를 정의합니다.
input_base = os.path.join(dir_path, "..", "..", "data", "taxi")
# 파이프라인 컴포넌트를 인스턴스화합니다.
example_gen = CsvExampleGen(input_base=input_base)
```

```
# 대화식으로 컴포넌트를 실행합니다.
context.run(example_gen)
```

코드 위치: chapters/chapter3/3-2.ipynb

컴포넌트를 대화형 파이프라인의 일부로 실행하면 실행 메타데이터가 주피터 노트북에 표시됩니다. 컴포넌트의 출력은 [그림 3-2]와 같으며, 학습 및 평가 데이터셋의 스토리지 위치를 강조 표시합니다.

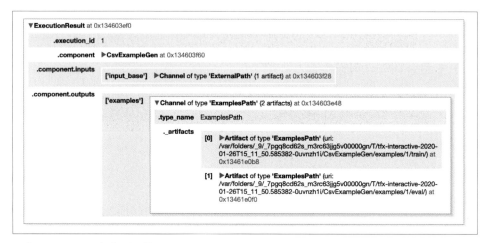

그림 3-2 ExampleGen 컴포넌트 출력

TIP **폴더 구조**

ExampleGen의 입력 경로에는 데이터 파일만 포함될 것으로 예상됩니다. 컴포넌트는 경로 수준 내의 기존 파일을 모두 사용하려고 합니다. 컴포넌트에서 추가 파일(예: 메타데이터 파일)을 사용할 수 없으며 컴포넌트 단계가 실패합니다. 또한 컴포넌트는 입력 패턴으로 구성되지 않는 한 기존 하위 디렉터리를 거치지 않습니다.

기존 TFRecord 파일 가져오기

때로는 CSV가 데이터를 효율적으로 표현하지 못합니다(예: 컴퓨터 비전computer vision 문제의 이미지, 자연어 처리 문제의 대규모 말뭉치corpora). 이때는 데이터셋을 TFRecord 데이터 구조로 변환한 다음 저장된 TFRecord 파일을 ImportExampleGen 컴포넌트로 로드하면 좋습니다. 데이터를 파이프라인의 일부로서 TFRecord 파일로 변환하려면 10장을 살펴보세요. 10장에서는 데이터 수집 구성 요소를 포함한 사용자 지정 TFX 구성 요소의 개발에 대해 설명합니다. TFRecord 파일은 다음 예제와 같이 수집할 수 있습니다.

```python
import os
from pathlib import Path
from tfx.components import ImportExampleGen
from tfx.orchestration.experimental.interactive.interactive_context import
InteractiveContext

context = InteractiveContext()

dir_path = Path(__file__).parent.absolute()
tfrecord_dir = os.path.join(dir_path, "..", "..", "data", "tfrecord_data")

example_gen = ImportExampleGen(input_base= tfrecord_dir)

context.run(example_gen)
```

코드 위치: chapters/chapter3/3-3.ipynb

데이터셋은 이미 **TFRecord** 파일 안에 **tf.Example** 형태로 저장되어 있기 때문에 다른 형태의 변환은 필요 없습니다. **ImportExampleGen** 컴포넌트가 이 단계를 수행합니다.

파케이로 직렬화된 데이터를 tf.Example로 변환하기

2장에서는 TFX 구성 요소의 내부 아키텍처와 실행자가 구동하는 컴포넌트의 동작을 설명했습니다. 새 파일 형식을 파이프라인에 로드하려면 완전히 새로운 컴포넌트를 작성하는 대신 **executor_class**를 재정의해도 됩니다.

TFX에는 파케이^{Parquet}로 직렬화된 데이터를 비롯한 다양한 파일 형식을 로드하는 실행자 클래스가 포함됩니다. 다음 예는 **executor_class**를 재정의해서 파일을 읽어 들이는 동작을 변경하는 방법입니다. **CsvExampleGen**이나 **ImportExampleGen** 컴포넌트를 사용하는 대신 일반 파일 로더 컴포넌트 **FileBasedExampleGen**을 사용하여 **executor_class**를 재정의할 수 있습니다.

```python
from tfx.components.base import executor_spec
# 일반 파일 로더 컴포넌트를 가져옵니다.
from tfx.components import FileBasedExampleGen
```

```
# 파케이 관련 실행자를 가져옵니다.
from tfx.components.example_gen.custom_executors import parquet_executor

parquet_dir_path = "parquet_data"

# Executor를 재정의합니다.
example_gen = FileBasedExampleGen(
    input_base=parquet_dir_path,
    custom_executor_spec=executor_spec.ExecutorClassSpec(
parquet_executor.Executor))
```

코드 위치: chapters/chapter3/3-4.ipynb

아브로로 직렬화된 데이터를 tf.Example로 변환하기

executor_class를 재정의하는 개념은 대부분의 파일 형식으로 확장할 수 있습니다. TFX는 아브로로 직렬화된 데이터를 로드하는 추가 클래스를 제공합니다. 다음 예제를 살펴보죠.

```
from tfx.components.base import executor_spec
# 일반 파일 로더 컴포넌트를 가져옵니다.
from tfx.components import FileBasedExampleGen
# 아브로 관련 실행자를 가져옵니다.
from tfx.components.example_gen.custom_executors import avro_executor

avro_dir_path = "avro_data"

# Executor를 재정의합니다.
example_gen = FileBasedExampleGen(
    input_base=avro_dir_path,
    custom_executor_spec=executor_spec.ExecutorClassSpec(
        avro_executor.Executor))
```

코드 위치: chapters/chapter3/3-5.ipynb

다른 파일 형식을 로드하려면 파일 형식에 따라 사용자 지정 실행자를 작성하고 이전에 실행자를 재정의할 때와 같은 개념을 적용하면 됩니다. 10장에서는 사용자 지정 데이터 수집 컴포넌트와 실행자를 작성하는 두 가지 예를 보여줍니다.

사용자 지정 데이터를 TFRecord 데이터 구조로 변환하기

우선 웹 상에서 필요한 데이터를 다운로드한 후 우리의 용도에 맞게 전처리를 진행하겠습니다. 아래 코드를 실행하면, 예제 프로젝트의 data 폴더에 데이터셋이 다운로드되고 전처리됩니다.

```python
import os
import tensorflow as tf
import pandas as pd
import numpy as np
import shutil
from pathlib import Path

# 원시 데이터를 다운 받습니다.
filepath = tf.keras.utils.get_file(
    "complaints.csv.zip",
    "http://files.consumerfinance.gov/ccdb/complaints.csv.zip")

dir_path = Path(__file__).parent.absolute()
data_dir = os.path.join(dir_path, "..", "..", "data")
processed_dir = os.path.join(dir_path, "..", "..", "data", "processed")
Path(processed_dir).mkdir(parents=True, exist_ok=True)

# 압축을 해제합니다.
shutil.unpack_archive(filepath, data_dir)
# pandas로 csv 파일을 읽어 들입니다.
df = pd.read_csv(os.path.join(data_dir, "complaints.csv"))

df.columns = [
    "date_received", "product", "sub_product", "issue", "sub_issue",
    "consumer_complaint_narrative", "company_public_response",
    "company", "state", "zip_code", "tags",
    "consumer_consent_provided", "submitted_via",
    "date_sent_to_company", "company_response",
    "timely_response", "consumer_disputed", "complaint_id"]

df.loc[df["consumer_disputed"] == "", "consumer_disputed"] = np.nan

# 주요한 필드가 비어있는 경우 레코드를 제외합니다.
df = df.dropna(subset=["consumer_complaint_narrative", "consumer_disputed"])

# Label 필드인 consumer_disputed를 Yes, No에서 1, 0 으로 변경합니다.
df.loc[df["consumer_disputed"] == "Yes", "consumer_disputed"] = 1
df.loc[df["consumer_disputed"] == "No", "consumer_disputed"] = 0
```

```
df.loc[df["zip_code"] == "", "zip_code"] = "000000"
df.loc[pd.isna(df["zip_code"]), "zip_code"] = "000000"

df = df[df['zip_code'].str.len() == 5]
df["zip_code"] = df['zip_code'].str.replace('XX', '00')
df = df.reset_index(drop=True)
df["zip_code"] = pd.to_numeric(df["zip_code"], errors='coerce')

# 팬더스 DataFrame을 csv 파일로 다시 저장합니다.
df.to_csv(os.path.join(processed_dir, "processed-complaints.csv"), index=False)
```

코드 위치: chapters/chapter3/3-6.py

'기존 TFRecord 파일 가져오기'에서 설명한 대로, 기존 데이터셋을 TFRecord 데이터 구조로 변환한 다음 ImportExampleGen 컴포넌트로 수집하는 방법이 더 간단할 때도 있습니다. 이 접근 방식은 효율적인 데이터 스트리밍이 가능한 데이터 플랫폼을 통해 데이터를 사용할 수 없을 때 유용합니다. 컴퓨터 비전 모델을 학습하는 중 다수의 이미지를 파이프라인에 로드하는 상황을 예로 들어보죠. 먼저 이미지를 TFRecord 데이터 구조로 변환해야 합니다(3.3.3 '컴퓨터 비전에서 사용하는 이미지 데이터' 참고).

다음 예에서는 정형 데이터를 TFRecord 데이터 구조로 변환합니다. 데이터가 CSV 형식이 아니라 JSON 또는 XML로만 제공된다고 가정해 보십시오. 다음 예를 약간 수정해서 활용하면 이런 데이터 형식을 변환할 수 있습니다. ImportExampleGen 컴포넌트를 사용하여 파이프라인으로 데이터를 수집하기 전에 말입니다.

모든 유형의 데이터를 TF 레코드 파일로 변환하려면 데이터셋의 모든 데이터 레코드에 대해 tf.Example 구조를 만들어야 합니다. tf.Example은 키-값 매핑 으로 간단하지만 유연성이 높은 키-값 매핑 데이터 구조입니다.

```
{"string": value}
```

TFRecord 데이터 구조의 경우 tf.Example에서는 키-값 매핑이 포함된 피처 Dictionary을 사용할 수 있는 tf.Features 객체를 포함합니다. 키는 항상 피처 열을 나타내는 문자열 식별자이며 값은 tf.train.Feature 객체입니다.

```
Record 1:
tf.Example
    tf.Features
        'column A': tf.train.Feature
        'column B': tf.train.Feature
        'column C': tf.train.Feature
```

tf.train.Feature는 다음 3가지 데이터 타입을 허용합니다:

- tf.train.BytesList

- tf.train.FloatList

- tf.train.Int64List

데이터 레코드를 tf.Example에서 사용하는 올바른 데이터 구조로 변환하는 데 도움이 되는 헬퍼 함수를 정의해서 코드 중복을 줄입니다.

```python
import tensorflow as tf


def _bytes_feature(value):
    return tf.train.Feature(
        bytes_list=tf.train.BytesList(value=[value.encode()])
    )


def _float_feature(value):
    return tf.train.Feature(
        float_list=tf.train.FloatList(value=[value])
    )


def _int64_feature(value):
    return tf.train.Feature(
        int64_list=tf.train.Int64List(value=[value])
    )
```

코드 위치: chapters/chapter3/3-7.py 일부

헬퍼 함수를 사용하여 데모 데이터셋을 TFRecord 데이터 형식의 파일로 변환하는 방법을 살펴보겠습니다. 먼저 원본 데이터 파일을 읽고 모든 데이터 레코드를 tf.Example 데이터 구조로 변환한 다음 모든 레코드를 TFRecord를 통해 파일로 저장합니다.

```python
import os
import re

import tensorflow as tf
import pandas as pd
from pathlib import Path


def _bytes_feature(value):
    return tf.train.Feature(
        bytes_list=tf.train.BytesList(value=[value.encode()])
    )


def _float_feature(value):
    return tf.train.Feature(
        float_list=tf.train.FloatList(value=[value])
    )


def _int64_feature(value):
    return tf.train.Feature(
        int64_list=tf.train.Int64List(value=[value])
    )


def clean_rows(row):
    if pd.isna(row["zip_code"]):
        row["zip_code"] = "99999"
    return row


def convert_zipcode_to_int(zipcode):
    nums = re.findall(r'\d+', zipcode)
    if len(nums) > 0:
        int_zipcode = int(nums[0])
    else:
        int_zipcode = 99999
```

```python
        return int_zipcode


dir_path = Path().parent.absolute()
data_dir = os.path.join(dir_path, "..", "..", "data")
tfrecord_dir = os.path.join(dir_path, "..", "..", "data", "tfrecord")
df = pd.read_csv(os.path.join(data_dir, "processed-complaints.csv"))

Path(tfrecord_dir).mkdir(parents=True, exist_ok=True)

tfrecord_filename = "consumer-complaints.tfrecord"
tfrecord_filepath = os.path.join(tfrecord_dir, tfrecord_filename)
# tfrecord_filename에 지정된 경로에 저장하는 TFRecordWriter 객체를 만듭니다.
tf_record_writer = tf.io.TFRecordWriter(tfrecord_filepath)

for index, row in df.iterrows():
    row = clean_rows(row)
    # 모든 데이터 레코드를 tf.train.Example로 변환
    example = tf.train.Example(
        features=tf.train.Features(
            feature={
                "product": _bytes_feature(str(row["product"])),
                "sub_product": _bytes_feature(str(row["sub_product"])),
                "issue": _bytes_feature(str(row["issue"])),
                "sub_issue": _bytes_feature(str(row["sub_issue"])),
                "state": _bytes_feature(str(row["state"])),
                "zip_code": _int64_feature(convert_zipcode_to_int(str(row["zip_
code"]))),
                "company": _bytes_feature(str(row["company"])),
                "company_response": _bytes_feature(str(row["company_response"])),
                "timely_response": _bytes_feature(str(row["timely_response"])),
                "consumer_disputed": _float_feature(
                    row["consumer_disputed"]
                ),
            }
        )
    )
    # 데이터 구조를 직렬화
    tf_record_writer.write(example.SerializeToString())
tf_record_writer.close()
```

코드 위치: chapters/chapter3/3-7.py

이제 생성된 TFRecord 파일 consumer-complaints.tfrecord를 ImportExampleGen 구성 요소로 가져올 수 있습니다.

3.1.2 원격 데이터 파일 수집

ExampleGen 컴포넌트는 구글 클라우드 스토리지Google Cloud Storage나 AWS S3Simple Storage Service[4] 와 같은 원격 클라우드 저장소 버킷에서 파일을 읽을 수 있습니다. TFX 사용자는 다음 예시와 같이 external_input 함수에 대한 버킷 경로를 제공할 수 있습니다.

```python
from tfx.components import CsvExampleGen
example_gen = CsvExampleGen(input_base=("gs://example_compliance_data/"))
```

코드 위치: chapters/chapter3/3-8.py

개인 클라우드 스토리지 버킷에 액세스하려면 클라우드 제공자 자격 증명을 설정해야 합니다. 설정은 제공자에 따라 다릅니다. AWS는 사용자별 액세스 키와 암호로 사용자를 인증합니다. 개인 AWS S3 버킷에 액세스하려면 사용자 액세스 키와 암호를 생성해야 합니다.[5] 한편 구글 클라우드 플랫폼(GCP)은 서비스 계정으로 사용자를 인증합니다. 개인 GCP 스토리지 버킷에 액세스하려면 액세스 권한이 있는 서비스 계정 파일을 생성해야 합니다.[6]

3.1.3 데이터베이스에서 직접 데이터 수집

TFX는 데이터베이스에서 직접 데이터셋을 수집하는 두 가지 컴포넌트를 제공합니다. 다음 섹션에서는 빅쿼리 테이블의 데이터를 쿼리하는 BigQueryExampleGen 컴포넌트와 프레스토 presto 데이터베이스의 데이터를 쿼리하는 PrestoExampleGen 컴포넌트를 소개합니다.

구글 클라우드 빅쿼리

TFX는 구글 클라우드의 빅쿼리 테이블에서 데이터를 수집하는 컴포넌트를 제공합니다. 이는

---

4 AWS S3에서 파일을 읽으려면 TFX 버전 0.22 이후 지원되는 아파치 빔 2.19 이상이 필요합니다.

5 AWS 액세스 키 관리에 관한 내용은 설명서(https://oreil.ly/Dow7L)를 참조하세요.

6 서비스 계정을 생성하고 관리하는 방법은 설명서(https://oreil.ly/6y8WX)를 참조하세요.

GCP 생태계에서 머신러닝 파이프라인을 실행할 때 정형 데이터를 매우 효율적으로 수집하는 방법입니다.

구글 클라우드 자격 증명

BigQueryExampleGen 컴포넌트를 실행하려면 로컬 환경에서 필요한 구글 클라우드 자격 증명을 설정해야 합니다. 필요한 역할(최소한 빅쿼리 데이터 뷰어BigQuery Data Viewer 및 빅쿼리 잡 유저BigQuery Job User)로 서비스 계정을 생성해야 하죠.

아파치 빔이나 아파치 에어플로를 사용하여 대화형 콘텍스트에서 컴포넌트를 실행한다면, 환경 변수 GOOGLE_APPLICATION_CREDENTIALS로 서비스 계정 인증 파일 경로를 지정해야 합니다. 다음 코드 조각처럼 말이죠. 쿠브플로 파이프라인으로 컴포넌트를 실행하면, 12.2.1의 'OpFunc 함수'에서 소개하는 OpFunc 피처를 사용해 서비스 계정 정보를 제공할 수 있습니다.

파이썬에서는 다음과 같이 이 작업을 수행합니다.

```python
import os
os.environ["GOOGLE_APPLICATION_CREDENTIALS"] = "/path/to/credential_file.json"
```

코드 위치: chapters/chapter3/3-9.py

자세한 내용은 구글 클라우드 문서(https://oreil.ly/EPEs3)를 참고하시기 바랍니다.

다음 예는 빅쿼리 테이블을 쿼리하는 가장 간단한 방법입니다.

```python
from tfx.extensions.google_cloud_big_query.example_gen.component import
BigQueryExampleGen

query = """
    SELECT * FROM `<project_id>.<database>.<table_name>`
"""
example_gen = BigQueryExampleGen(query=query)
```

코드 위치: chapters/chapter3/3-10.py

물론 더 복잡한 쿼리(예: 여러 테이블 연결)를 만들어서 데이터를 선택할 수도 있습니다.

프레스토 데이터베이스

프레스토 데이터베이스에서 데이터를 수집하려면 PrestoExampleGen을 사용하면 됩니다. 사용법은 데이터베이스 쿼리를 정의한 다음 쿼리를 실행한 BigQueryExampleGen과 매우 유사합니다. PrestoExampleGen 컴포넌트를 사용하려면 데이터베이스의 연결 세부 정보를 지정하는 추가 구성이 필요합니다.

```
$ pip install presto-python-client
```

```python
from tfx.examples.custom_components.presto_example_gen.proto import presto_config_pb2
from tfx.examples.custom_components.presto_example_gen.presto_component.component
import PrestoExampleGen

query = """
    SELECT * FROM `<project_id>.<database>.<table_name>`
"""
presto_config = presto_config_pb2.PrestoConnConfig(
    host='localhost',
    port=8080)
example_gen = PrestoExampleGen(presto_config, query=query)
```

코드 위치: chapters/chapter3/3-11.py

3.2 데이터 준비

각 ExampleGen 컴포넌트를 사용하여 데이터셋의 입력 설정(input_config)과 출력 설정(output_config)을 구성할 수 있습니다. 데이터셋을 점진적으로 수집하려면 스팬span을 입력 구성으로 정의할 수 있습니다. 또한 데이터를 분할하는 방법도 구성할 수 있습니다. 평가 및 테스트 데이터셋과 함께 학습 데이터셋을 생성할 때가 많은데, 출력 구성으로 이런 전처리 작업을 정의할 수 있습니다.

3.2.1 데이터셋 분할

파이프라인 후반부에는 학습 중에 머신러닝 모델을 평가하고 모델 분석 단계에서 테스트하려고 합니다. 따라서 데이터셋을 필요한 하위 집합으로 분할해두면 좋습니다.

단일 데이터셋을 하위 집합으로 분할

다음 예제는 데이터 수집을 확장하는 방법을 보여줍니다. 학습, 평가, 테스트 데이터셋을 각각 6:2:2의 비율로 분할합니다. 비율 설정은 hash_buckets로 정의합니다.

```python
import os
from pathlib import Path

from tfx.orchestration.experimental.interactive.interactive_context import
InteractiveContext
from tfx.components import CsvExampleGen
from tfx.proto import example_gen_pb2

context = InteractiveContext()

dir_path = Path().parent.absolute()
data_dir = os.path.join(dir_path, "..", "..", "data", "taxi")
output = example_gen_pb2.Output(
    # 선호하는 분할을 정의합니다.
    split_config=example_gen_pb2.SplitConfig(splits=[
        # 비율을 지정합니다.
        example_gen_pb2.SplitConfig.Split(name='train', hash_buckets=6),
        example_gen_pb2.SplitConfig.Split(name='eval', hash_buckets=2),
        example_gen_pb2.SplitConfig.Split(name='test', hash_buckets=2)
    ]))

# output_config 인수를 추가합니다.
example_gen = CsvExampleGen(input_base=data_dir, output_config=output)
context.run(example_gen)

for artifact in example_gen.outputs['examples'].get():
    print(artifact)
```

코드 위치: chapters/chapter3/3-12.ipynb

example_gen 객체를 실행한 후 아티팩트 목록을 출력하여 생성된 아티팩트를 검사할 수 있습니다.

```python
for artifact in example_gen.outputs['examples'].get():
    print(artifact)
```

코드 위치: chapters/chapter3/3-12.ipynb 일부

다음 장에서는 데이터 파이프라인을 위해 생성한 데이터셋을 조사하는 방법을 살펴보겠습니다.

기존 분할 보존

때로는 데이터셋의 하위 집합이 이미 잘 구분되어 데이터셋을 수집할 때 기존 분할을 그대로 가져오고 싶을 수 있습니다. 입력 구성을 정의하여 이를 보존할 수 있습니다.

다음 구성에서는 데이터셋을 외부에서 분할해 하위 디렉터리에 저장했다고 가정하겠습니다.

```
└── data
    ├── train
    |   └── 20k-consumer-complaints-training.csv
    ├── eval
    |   └── 4k-consumer-complaints-eval.csv
    └── test
        └── 2k-consumer-complaints-test.csv
```

이 입력 구성을 정의하여 기존 입력 분할을 유지할 수 있습니다.

```python
import os
from pathlib import Path

from tfx.components import CsvExampleGen
from tfx.proto import example_gen_pb2

from tfx.orchestration.experimental.interactive.interactive_context import
InteractiveContext

context = InteractiveContext()

dir_path = Path().parent.absolute()
data_dir = os.path.join(dir_path, "..", "..", "data", "tfrecord")

tfrecord_filename = "consumer-complaints.tfrecord"
```

```
tfrecord_filepath = os.path.join(data_dir, tfrecord_filename)

# 기존 하위 디렉터리를 설정합니다.
input = example_gen_pb2.Input(splits=[
    example_gen_pb2.Input.Split(name='train', pattern='train/*'),
    example_gen_pb2.Input.Split(name='eval', pattern='eval/*'),
    example_gen_pb2.Input.Split(name='test', pattern='test/*')
])

# input_config 인수를 추가합니다.
example_gen = CsvExampleGen(input_base=data_dir, input_config=input)
context.run(example_gen)
```

코드 위치: chapters/chapter3/3-13.py

입력 구성을 정의한 후 `input_config` 인수를 정의하여 ExampleGen 컴포넌트에 설정을 전달할 수 있습니다.

3.2.2 데이터셋 스패닝

새로운 데이터가 제공될 때 머신러닝 모델을 업데이트할 수 있다는 점은 머신러닝 파이프라인의 중요한 사용 사례입니다. 이 시나리오에서는 ExampleGen 컴포넌트를 사용하여 스팬을 사용할 수 있습니다. 스팬을 데이터의 스냅샷으로 간주하세요. 시, 일, 주마다 배치 추출, 변환, 로드extract, transform, load (ETL) 프로세스가 이런 데이터 스냅샷을 만들고 새 스팬을 생성할 수 있습니다.

스팬은 기존 데이터 레코드를 복제할 수 있습니다. 다음과 같이 export-1에는 이전 export-0의 데이터와 export-0 이후 새로 생성된 레코드가 포함됩니다.

```
└─ data
   ├── export-0
   │   └─ 20k-consumer-complaints.csv
   ├── export-1
   │   └─ 24k-consumer-complaints.csv
   └── export-2
       └─ 26k-consumer-complaints.csv
```

이제 스팬의 패턴을 지정해보죠. 입력 구성에서는 **{SPAN}** 자리 표시자를 사용할 수 있으며, 이는 폴더 구조에 표시된 숫자(0, 1, 2, …)를 나타냅니다. 이제 입력 구성을 사용해 ExampleGen 컴포넌트가 '최신' 스팬을 선택합니다. 이 예에서는 **export-2** 폴더에서 사용할 수 있는 데이터입니다.

```python
import os

from tfx.components import CsvExampleGen
from tfx.proto import example_gen_pb2
from tfx.orchestration.experimental.interactive.interactive_context import
InteractiveContext

context = InteractiveContext()

base_dir = os.getcwd()
data_dir = os.path.join(os.pardir, "data")

input = example_gen_pb2.Input(splits=[
    example_gen_pb2.Input.Split(pattern='export-{SPAN}/*')
])

example_gen = CsvExampleGen(input_base=os.path.join(base_dir, data_dir), input_
config=input)
context.run(example_gen)
```

코드 위치: chapters/chapter3/3-14.ipynb

이미 분할된 데이터라면 입력 정의에서 하위 디렉터리를 정의할 수도 있습니다.

```python
input = example_gen_pb2.Input(splits=[
    example_gen_pb2.Input.Split(name='train',
                                pattern='export-{SPAN}/train/*'),
    example_gen_pb2.Input.Split(name='eval',
                                pattern='export-{SPAN}/eval/*')
])
```

3.2.3 데이터셋 버전 관리

머신러닝 파이프라인에서 우리는 머신러닝 모델을 학습하는 데 사용한 데이터셋과 함께 생산된 모델을 추적하려고 합니다. 이때 데이터셋을 버전화하면 유용합니다.

데이터 버전 관리를 사용해 수집한 데이터를 더 자세히 추적할 수 있습니다. 즉, 수집한 데이터의 파일 이름과 경로를 ML 메타데이터스토어에 저장하며(현재 TFX 컴포넌트에서 지원하기 때문에), 수집한 데이터의 해시와 같은 원시 데이터셋에 관한 더 많은 메타 정보를 추적할 수 있습니다. 이런 버전 추적을 통해 학습 중에 사용한 데이터셋이 학습 이후 시점의 데이터셋과 동일한 지 확인할 수 있습니다. 이런 피처는 엔드 투 엔드^{end-to-end} ML 재현성에 매우 중요합니다.

그러나 현재 TFX `ExampleGen` 컴포넌트에서는 이를 지원하지 않습니다. 데이터셋을 버전화하려면 타사 데이터 버전 관리 도구를 사용하여 데이터셋을 파이프라인으로 수집하기 전에 데이터를 버전을 지정해야 합니다. 그러나 안타깝게도 메타데이터 정보를 직접 TFX ML 메타데이터스토어에 쓰는 도구는 없습니다.

데이터셋을 버전화하려면 다음과 같은 도구를 사용할 수 있습니다.

- **데이터 버전 제어(DVC)**
  DVC(https://dvc.org/)는 머신러닝 프로젝트용 오픈 소스 버전 제어 시스템입니다. 전체 데이터셋 자체 대신 데이터셋 해시를 커밋할 수 있습니다. DVC는 머신러닝 프로젝트를 위한 오픈 소스 버전 제어 시스템입니다. 전체 데이터셋 자체 대신 데이터셋의 해시를 커밋할 수 있습니다. 따라서 데이터셋의 상태는 깃^{git} 등을 통해 추적되지만 리포지토리는 전체 데이터셋 단위로 적재되진 않습니다.

- **파키덤**
  파키덤^{Pachyderm}(https://www.pachyderm.com/)은 쿠버네티스에서 운영하는 오픈 소스 머신러닝 플랫폼입니다. 이는 데이터 버전 관리(데이터용 깃)라는 개념에서 시작했지만 이제는 데이터 버전을 기반으로 하는 파이프라인 조정을 포함한 전체 데이터 플랫폼으로 확장되었습니다.

3.3 수집 전략

지금까지 머신러닝 파이프라인으로 데이터를 수집하는 다양한 방법을 살펴봤습니다. 완전히 새로운 프로젝트로 시작할 때는 올바른 데이터 수집 전략을 선택하기가 어렵습니다. 다음 절에서는 세 가지 데이터 유형(정형 데이터, 텍스트 데이터, 이미지 데이터)에 관한 몇 가지 제안을 제공합니다.

3.3.1 정형 데이터

정형 데이터는 데이터베이스나 디스크에 파일 형식으로 저장될 때가 많으며 표 형식의 데이터를 지원합니다. 데이터가 데이터베이스에 있다면 CSV로 내보내거나 `PrestoExampleGen` 또는 `BigQueryExampleGen` 컴포넌트(서비스를 사용할 수 있을 때)로 데이터를 직접 사용할 수 있습니다.

표 형식 데이터를 지원하는 파일 형식으로 저장된 디스크에서 사용할 수 있는 데이터는 CSV로 변환하고 `CsvExampleGen` 컴포넌트를 사용하여 파이프라인으로 수집해야 합니다. 데이터양이 수백 메가바이트 이상으로 증가할 때는 데이터를 TFRecord 파일로 변환하거나 아파치 파케이로 저장해야 합니다.

3.3.2 자연어 처리를 위한 텍스트 데이터

텍스트 말뭉치^{corpus}는 눈덩이처럼 상당한 크기로 불어날 수 있습니다. 이런 데이터셋을 효율적으로 수집하려면 데이터셋을 TFRecord나 아파치 파케이 포맷으로 변환하는 것이 좋습니다. 수행 데이터 파일 형식을 사용하면 말뭉치 문서를 효율적이고 점진적으로 로드할 수 있습니다. 또한 데이터베이스에서 말뭉치를 수집할 수도 있지만, 네트워크 트래픽 비용과 병목 현상을 고려해야 합니다.

3.3.3 컴퓨터 비전에서 사용하는 이미지 데이터

이미지 데이터셋을 이미지 파일에서 TFRecord 파일로 변환하는 것은 좋지만, 이미지 디코딩은 권장하지 않습니다. 고도로 압축된 이미지를 디코딩하면 중간 `tf.Example` 레코드를 저장하는 데 필요한 디스크 공간만 증가합니다. 압축한 이미지는 **tf.Example** 레코드에 바이트 문자열로 저장할 수 있습니다.

```python
import os

import tensorflow as tf

base_path = "/path/to/images"
filenames = os.listdir(base_path)


def generate_label_from_path(image_path):
    pass
    # ...
    # return label


def _bytes_feature(value):
    return tf.train.Feature(bytes_list=tf.train.BytesList(value=[value]))


def _int64_feature(value):
    return tf.train.Feature(int64_list=tf.train.Int64List(value=[value]))


tfrecord_filename = 'data/image_dataset.tfrecord'

with tf.io.TFRecordWriter(tfrecord_filename) as writer:
    for img_path in filenames:
        image_path = os.path.join(base_path, img_path)
        try:
            raw_file = tf.io.read_file(image_path)
        except FileNotFoundError:
            print("File {} could not be found".format(image_path))
            continue
        example = tf.train.Example(features=tf.train.Features(feature={
            'image_raw': _bytes_feature(raw_file.numpy()),
            'label': _int64_feature(generate_label_from_path(image_path))
        }))
        writer.write(example.SerializeToString())
```

코드 위치: chapters/chapter3/3-15.py

예제 코드는 제공된 경로 /path/to/images에서 이미지를 읽어서 tf.Example에 바이트 문자열로 저장합니다. 파이프라인의 이 시점에서는 이미지를 전처리하지 않겠습니다. 디스크 공간을 상당히 절약할 수 있지만, 이런 작업은 나중에 수행하려고 합니다. 이 시점에서 전처리를 진행한다면 잠재적인 학습-서빙 왜곡이 발생할 수 있습니다.

우리는 tf.Examples에 레이블과 함께 원시 이미지를 저장합니다. 여기서는 파일 이름에서 generate_label_from_path 함수를 사용하여 각 이미지의 레이블을 추출합니다. 레이블 생성은 데이터셋에 따라 다르므로 이 예제에는 포함하지 않았습니다.

이미지를 TFRecord 파일로 변환한 후에는 ImportExampleGen 컴포넌트를 사용하여 데이터셋을 효율적으로 소비하고, '기존 TFRecord 파일 가져오기'에서 살펴본 전략을 적용할 수 있습니다.

3.4 요약

이 장에서는 머신러닝 파이프라인으로 데이터를 수집하는 다양한 방법을 살펴봤습니다. 또한 데이터베이스 못지 않게 디스크에 저장된 데이터의 수집을 강조했습니다. 이 프로세스에서는 수집된 데이터 레코드가 다운스트림 구성 요소의 사용을 위해 tf.Example(TFRecord 파일에 저장)로 변환되는 것에 대해서도 논의했습니다.

다음 장에서는 생성된 tf.Example 레코드를 파이프라인의 데이터 유효성 검사 단계에서 사용하는 방법을 살펴보겠습니다.

데이터 검증

3장에서는 다양한 소스에서 파이프라인으로 데이터를 수집하는 방법을 살펴봤습니다. 이 장에서는 [그림 4-1]과 같이 데이터를 검증하여 사용하려고 합니다.

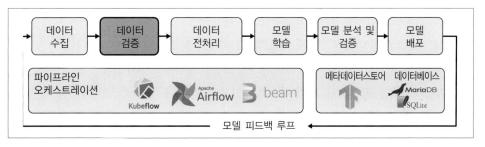

그림 4-1 머신러닝 파이프라인의 일부인 데이터 검증

데이터는 모든 머신러닝 모델의 기본입니다. 또한 모델의 유용성과 성능은 모델을 학습, 검증, 분석하는 데 사용하는 데이터에 따라 달라집니다. 강력한 데이터가 없으면 강력한 모델을 구축할 수 없습니다. "쓰레기를 넣으면, 쓰레기가 나온다Garbage in, Garbage out(GIGO)"라는 말을 들어본 적이 있으신지요? 기본 데이터를 선별하고 검증하지 않으면 모델이 제대로 학습하지 못합니다. 따라서 머신러닝 파이프라인의 첫 번째 워크플로 단계인 데이터 검증을 거쳐야 합니다.

이 장에서는 먼저 데이터 검증이라는 아이디어의 필요성을 언급합니다. 그리고 텐서플로 익스텐디드 생태계에서 제공하는 파이썬 패키지인 TFDVTensorFlow Data Validation를 소개합니다. 데이터 과학 프로젝트에서 패키지를 설정하고, 일반적인 사용 사례를 안내하며, 매우 유용한 워크플로를 강조 표시하는 방법을 살펴봅니다.

데이터 검증 단계는 파이프라인의 데이터가 피처 엔지니어링 단계에서 기대하는 데이터인지 확인합니다. 이는 여러 데이터셋을 비교하는 데 도움이 됩니다. 또한 시간이 지나면서 데이터가 변경될 때도 강조 표시합니다. 예를 들어 학습 데이터가 추론용으로 모델에 제공한 새 데이터와 크게 다를 때 강조 표시하죠.

이 장의 마지막 부분에서는 첫 번째 워크플로 단계를 TFX 파이프라인에 통합합니다.

4.1 데이터 검증의 필요성

머신러닝에서는 데이터셋의 패턴에서 학습하고 이를 일반화하려고 합니다. 따라서 데이터는 머신러닝 워크플로에서 가장 중요한 역할을 하며, 데이터의 품질은 머신러닝 프로젝트 성공의 핵심 요소입니다.

머신러닝 파이프라인의 각 단계는 워크플로를 다음 단계로 진행할 수 있는지, 전체 워크플로를 폐기하고 재시작해야 하는지(예: 새로운 학습 데이터가 쌓였을 때)를 결정합니다. 데이터 검증은 시간이 오래 걸리는 전처리 및 학습 단계에 도달하기 전에 머신러닝 파이프라인에 들어오는 데이터의 변화를 포착하므로 매우 중요한 체크포인트입니다.

머신러닝 모델 업데이트를 자동화하려면 데이터 검증이 필수입니다. 특히 검증이란 데이터에 관한 다음과 같은 확인을 의미합니다.

- 데이터 이상치를 확인합니다.
- 데이터 스키마가 변경되지 않았는지 확인합니다.
- 새 데이터셋의 통계와 이전 학습 데이터셋의 통계가 일치하는지 확인합니다.

파이프라인의 데이터 검증 단계는 이런 검사를 수행하고 모든 오류를 강조 표시합니다. 오류를 감지하면 워크플로를 중지하고 (새 데이터셋을 큐레이션하는 등의 방법으로) 데이터 문제를 직접 해결할 수 있습니다.

또한 파이프라인의 다음 단계인 데이터 처리 단계에서 데이터 검증 단계를 참조할 수도 있습니다. 데이터 검증은 데이터 피처에 관한 통계를 생성하며 피처에 높은 비율의 결측값이 포함되는지, 혹은 피처와 높은 상관관계가 있는지를 강조 표시합니다. 이 정보는 전처리 단계에 포함할 피처와 전처리 형식을 결정할 때 유용합니다.

데이터 검증을 활용해 여러 데이터셋의 통계를 비교할 수 있습니다. 이 간단한 단계가 모델 문제를 디버깅하는 데 도움이 되죠. 예를 들어, 데이터 검증은 학습 통계와 검증 데이터를 비교할 수 있습니다. 코드 몇 줄만 있으면 데이터셋 간에 어떤 차이가 있는 지 확인할 수 있습니다. 양의 레이블 50%와 음의 레이블 50%로 완벽하게 분할하여 이진 분류 모델을 학습할 수 있지만, 검증 집합에서는 레이블 분할이 50:50이 아닙니다. 레이블 분포의 이런 차이는 궁극적으로 검증 성능에 영향을 미칩니다.

데이터 검증은 데이터셋이 계속 증가하는 환경에서 특히 중요합니다. 머신러닝 모델이 지속해서 작업을 수행하도록 보장해주죠. 스키마를 비교하여 새로 얻은 데이터셋의 데이터 구조가 변경되었는지(예: 피처가 더는 사용되지 않을 때)를 신속하게 감지할 수 있습니다. 또한 데이터 드리프트^{drift}가 발생하는지도 탐지할 수 있습니다. 즉, 새로 수집한 데이터는 모델을 학습하는 데 사용한 초기 데이터셋과 기본 통계가 다릅니다. 이 드리프트는 새 피처를 선택하거나 데이터 전처리 단계를 업데이트해야 함을 의미합니다(예: 숫자 열의 최솟값 또는 최댓값 변경). 드리프트의 원인은 다양합니다. 데이터의 기본 추세, 데이터의 계절성, 피드백 루프의 결과 등이 있죠(13장 참고).

다음 절에서는 이런 다양한 사용 사례를 살펴보겠습니다. 하지만 그전에 **TFDV**를 가동하고 실행하는 데 필요한 설치 단계를 살펴보겠습니다.

4.2 TFDV – 텐서플로 데이터 검증

텐서플로 생태계는 데이터 검증을 지원하는 도구인 TFDV를 제공합니다. TFX 프로젝트의 일부이기도 하죠. TFDV를 사용하면 이전에 논의한 분석 유형(예: 스키마 생성 및 기존 스키마에 대한 새 데이터 검증)을 수행할 수 있습니다. 또한 [그림 4-2]와 같이 구글 PAIR 프로젝트 패싯^{facets}(https://oreil.ly/ZXbqa)에 기반한 시각화를 제공합니다.

TFDV는 두 가지 입력 형식을 허용하여 데이터 검증을 시작합니다. 텐서플로의 **TFRecord**와 CSV 파일입니다. 다른 TFX 컴포넌트와 마찬가지로 아파치 빔을 사용하여 분석을 배포합니다.

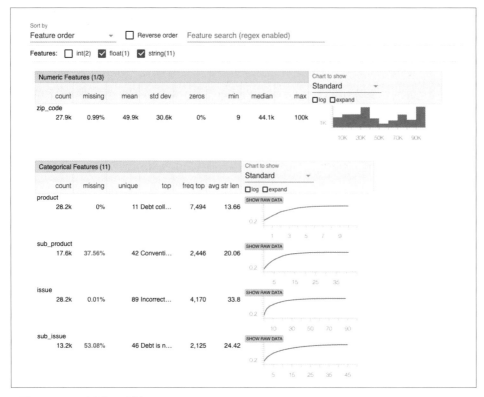

그림 4-2 TFDV 시각화 스크린샷

4.2.1 설치

2장에서 소개한 TFX 패키지를 설치했을 때 TFDV도 함께 설치되었습니다. TFDV만 사용하려면 다음 명령을 사용하여 설치하세요.

```
$ pip install tensorflow-data-validation
```

tfx 또는 tensorflow-data-validation을 설치한 후에는 데이터 검증을 머신러닝 워크플로에 통합하거나 주피터 노트북에서 시각적으로 데이터를 분석할 수 있습니다. 다음 절에서 몇 가지 사용 사례를 살펴보겠습니다.

4.2.2 데이터에서 통계 생성

데이터 검증 프로세스의 첫 번째 단계는 데이터 요약 통계를 생성하는 것입니다. 예를 들어, 소비자 불만 CSV 데이터를 TFDV로 직접 로드하고 각 피처에 관한 통계를 생성할 수 있습니다.

```
import tensorflow_data_validation as tfdv
stats = tfdv.generate_statistics_from_csv(
    data_location='/data/consumer_complaints.csv',
    delimiter=',')
```

다음 코드를 사용하여 매우 유사한 방법으로 **TFRecord** 파일에서 피처 통계를 생성할 수 있습니다.

```
stats = tfdv.generate_statistics_from_tfrecord(
    data_location='/data/consumer_complaints.tfrecord')
```

3장에서 **TFRecord** 파일을 생성하는 방법을 살펴봤습니다. 두 TFDV 방법은 모두 최솟값, 최댓값, 평균값을 포함하여 각 피처에 관한 요약 통계를 저장하는 데이터 구조를 생성합니다. 데이터 구조는 다음과 같습니다.

```
datasets {
  num_examples: 66799
  features {
    type: STRING
    string_stats {
      common_stats {
        num_non_missing: 66799
        min_num_values: 1
        max_num_values: 1
        avg_num_values: 1.0
        num_values_histogram {
          buckets {
            low_value: 1.0
            high_value: 1.0
            sample_count: 6679.9
  ...
}}}}}}
```

숫자 피처에서 TFDV는 모든 피처에 대해 다음을 계산합니다.

- 전체 데이터 레코드 개수
- 누락 데이터 레코드 개수
- 데이터 레코드 전체에서 피처의 평균과 표준 편차
- 데이터 레코드에서 피처의 최솟값과 최댓값
- 데이터 레코드에서 피처의 0 값의 비율

또한 각 피처의 히스토그램을 생성합니다.

범주형 피처에서 TFDV는 다음을 제공합니다.

- 전체 데이터 레코드 개수
- 누락 데이터 레코드의 백분율
- 고유 레코드 개수
- 피처의 모든 레코드의 평균 문자열 길이
- 각 범주에서 각 레이블의 샘플 수와 순위를 결정

잠시 후, 이런 통계로 무언가를 실행하는 방법을 배울 것입니다.

4.2.3 데이터에서 스키마 생성

요약 통계를 생성한 다음에는 데이터셋의 스키마를 생성해야 합니다. 데이터 스키마는 데이터셋의 표현을 설명하는 형식입니다. 스키마는 데이터셋에 필요한 피처와 각 피처의 기반이 되는 데이터 타입(float, integer, byte 등)을 정의합니다. 또한 스키마는 데이터의 범위(예: 피처에 허용된 최솟값, 최댓값, 누락 레코드의 임곗값 개요)를 정의해야 합니다.

그런 다음 데이터셋의 스키마 정의를 사용하여 향후 데이터셋이 이전 학습 데이터셋과 일치하는지 확인할 수 있습니다. TFDV에서 생성한 스키마는 다른 워크플로에서도 활용할 수 있습니다. 예를 들어, 데이터셋을 전처리할 때 사용하여 머신러닝 모델 학습을 위한 데이터로 변환할 수도 있습니다.

다음과 같이 단일 함수 호출로 생성한 통계에서 스키마 정보를 생성할 수 있습니다.

```
schema = tfdv.infer_schema(stats)
```

tfdv.infer_schema는 텐서플로에서 정의한 스키마 프로토콜 버퍼[7]를 생성합니다.

```
feature {
  name: "product"
  type: BYTES
  domain: "product"
  presence {
    min_fraction: 1.0
    min_count: 1
  }
  shape {
    dim {
      size: 1
    }
  }
}
```

주피터 노트북에서 단일 함수 호출로 스키마를 표시할 수 있습니다.

```
tfdv.display_schema(schema)
```

---

7 스키마 프로토콜에 대한 프로토콜 버퍼 정의는 텐서플로 리포지토리(https://oreil.ly/Qi263)를 참고하세요.

결과는 [그림 4-3]에 있습니다.

Feature name	Type	Presence	Valency	Domain
'product'	STRING	required		'product'
'sub_product'	STRING	optional	single	'sub_product'
'issue'	STRING	required		'issue'
'sub_issue'	STRING	optional	single	'sub_issue'
'consumer_complaint_narrative'	BYTES	required		-
'company'	BYTES	required		-
'state'	STRING	optional	single	'state'
'zip_code'	BYTES	optional	single	-
'company_response'	STRING	required		'company_response'
'timely_response'	STRING	required		'timely_response'
'consumer_disputed'	INT	required		-

그림 4-3 스키마 시각화 스크린샷

이 시각화에서 Presence는 피처가 데이터에 꼭 있어야(required) 하는지 선택 사항 (optional)인지를 의미합니다. Valency는 학습 데이터당 필요한 값의 수입니다. 범주형 피처에서 single은 학습 예제마다 해당 피처에 정확히 하나의 범주가 있어야 함을 의미합니다.

여기서 생성한 스키마는 현재 데이터셋이 미래의 모든 데이터를 정확히 대표한다고 가정하기 때문에 필요한 스키마가 아닐 수 있습니다. 이 데이터셋의 모든 학습 예제에 피처가 있을 때 필수 항목으로 표시되지만 실제로는 선택 사항일 수 있습니다. 4.3.2 '스키마 업데이트'에서 데이터셋에 관한 사용자의 지식에 따라 스키마를 업데이트하는 방법을 다루겠습니다.

이제 정의한 스키마를 사용해 학습이나 평가 데이터셋을 비교하거나 데이터셋에 모델에 영향을 주는 문제가 있는지 확인할 수 있습니다.

4.3 데이터 인식

이전 절에서는 데이터의 요약 통계와 스키마를 생성하는 방법을 배웠습니다. 이는 데이터를 설명해주지만, 잠재적인 문제를 발견하지는 못합니다. 다음 몇 개 절에서는 TFDV가 데이터에서 문제를 발견하는 데 어떻게 도움이 되는지 설명하겠습니다.

4.3.1 데이터셋 비교

학습 데이터셋과 검증 데이터셋이 있다고 가정해 보겠습니다. 머신러닝 모델을 학습하기 전에 학습 데이터셋에 대한 검증 데이터셋의 대표성을 확인하려고 합니다. 검증 데이터는 학습 데이터 스키마를 준수하나요? 피처 열 또는 피처값의 유의미한 수가 누락되었나요? TFDV를 사용하면 신속하게 답을 확인할 수 있습니다.

다음과 같이 두 데이터셋을 로드한 후 시각화할 수 있습니다. 주피터 노트북에서 다음 코드를 실행하면 데이터셋 통계를 쉽게 비교할 수 있습니다.

```
train_stats = tfdv.generate_statistics_from_tfrecord(
    data_location=train_tfrecord_filename)
val_stats = tfdv.generate_statistics_from_tfrecord(
    data_location=val_tfrecord_filename)

tfdv.visualize_statistics(lhs_statistics=val_stats, rhs_statistics=train_stats,
                          lhs_name='VAL_DATASET', rhs_name='TRAIN_DATASET')
```

[그림 4-4]는 두 데이터셋 간의 차이를 보여줍니다. 예를 들어 검증 데이터셋(레코드 4,998개 포함)의 누락된 sub_issue 값 비율이 더 낮습니다. 이는 피처가 검증 집합에서 분포를 변경하고 있음을 의미할 수 있습니다. 더 중요한 부분은 시각화에서 모든 레코드의 절반 이상이 sub_issue 정보를 포함하고 있지 않음을 강조했다는 점입니다. sub_issue가 모델 학습에 중요한 피처라면, 데이터 캡처 방법을 수정해서 올바른 문제 식별자로 새 데이터를 수집하도록 해야 합니다.

이전에 생성한 학습 데이터의 스키마가 이제 매우 편리해졌습니다. TFDV를 사용해서 스키마에 관한 데이터 통계를 검증하고 이상치^{anomaly}를 탐지할 수 있습니다.

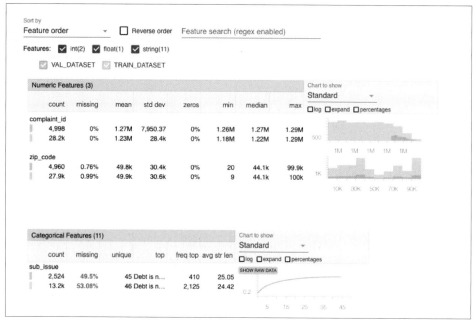

그림 4-4 학습 데이터셋과 검증 데이터셋 비교

다음 코드를 사용하여 이상치를 탐지할 수 있습니다.

```
anomalies = tfdv.validate_statistics(statistics=val_stats, schema=schema)
```

그리고 다음 코드로 이상치를 표시해보죠.

```
tfdv.display_anomalies(anomalies)
```

결과는 [표 4-1]에 있습니다.

표 4-1 주피터 노트북에서 시각화된 이상치 보고서

피처 이름	간략한 이상치 설명	상세한 이상치 설명
"company"	피처 데이터 없음	해당 피처가 비어있을 때가 예상보다 많음

다음 코드는 디폴트로 설정된 이상치 프로토콜을 보여 줍니다. 여기에는 머신러닝 워크플로를 자동화하는 데 유용한 정보가 포함됩니다.

```
anomaly_info {
  key: "company"
  value {
    description: "The feature was present in fewer examples than expected."
    severity: ERROR
    short_description: "Column dropped"
    reason {
      type: FEATURE_TYPE_LOW_FRACTION_PRESENT
      short_description: "Column dropped"
      description: "The feature was present in fewer examples than expected."
    }
    path {
      step: "company"
    }
  }
}
```

4.3.2 스키마 업데이트

앞의 이상치 프로토콜은 데이터셋에서 자동으로 생성된 스키마와의 차이를 탐지하는 방법을 보여줍니다. TFDV의 또 다른 사용 사례는 데이터에 관한 도메인 정보에 따라 스키마를 수동으로 설정하는 것입니다. 앞에서 설명한 sub_issue 피처를 사용하여 이 피처가 학습 예제의 90% 이상에 포함되도록 요구해야 한다고 판단되면 스키마를 업데이트하여 이를 반영할 수 있습니다.

먼저 스키마를 직렬화된 위치에서 로드해야 합니다.

```
schema = tfdv.load_schema_text(schema_location)
```

그런 다음 이 특정 피처의 min_fraction 값을 90%로 설정합니다.

```
sub_issue_feature = tfdv.get_feature(schema, 'sub_issue')
sub_issue_feature.presence.min_fraction = 0.9
```

미국 주州 목록을 업데이트하여 알래스카(AK)를 제거할 수도 있습니다.

```
state_domain = tfdv.get_domain(schema, 'state')
state_domain.value.remove('AK')
```

스키마가 검증되면 다음과 같이 스키마 파일을 직렬화하여 다음 위치에 생성합니다.

```
tfdv.write_schema_text(schema, schema_location)
```

그리고 통계를 다시 확인하여 업데이트된 이상치를 확인해야 합니다.

```
updated_anomalies = tfdv.validate_statistics(eval_stats, schema)
tfdv.display_anomalies(updated_anomalies)
```

이런 방식으로 이상치를 데이터셋에 적합하도록 조정할 수 있습니다.[8]

4.3.3 데이터 스큐 및 드리프트

TFDV는 두 데이터셋의 통계 간의 큰 차이를 감지하는 내장 '스큐skew 비교기'를 제공합니다. 이는 스큐(평균 주위에 비대칭적으로 분포된 데이터셋)의 통계적 정의가 아닙니다. TFDV에서는 두 데이터셋의 service_statistics 간의 차이에 대한 L-infinity Norm으로 정의됩니다. 두 데이터셋 간의 차이가 특정 피처에 대한 L-infinity Norm의 임곗값을 초과한다면, TFDV는 이 장 앞부분에서 정의한 이상치 감지를 사용하여 이상치로 강조합니다.

> **NOTE_ L-infinity Norm**
> L-infinity Norm은 두 벡터 사이의 차이를 정의하는 데 사용하는 표현식입니다(여기서는 서비스 통계량).
> L-infinity Norm은 벡터 항목의 최대 절댓값입니다.
> 예를 들어, 벡터 [3, -10, -5]의 L-infinity Norm은 10입니다. Norm은 벡터를 비교하는 데 자주 사용합니다. 벡터 [2, 4, -1]과 [9, 1, 8]을 비교하려면 먼저 둘의 차이인 [-7, 3, -9]를 계산한 다음 이 벡터의 L-infinity Norm인 9를 계산합니다.
> TFDV에서 두 벡터는 두 데이터셋의 요약 통계입니다. 반환되는 Norm은 두 통계량 사이의 가장 큰 차이입니다.

---

8 학습 및 서빙 환경에서 다양한 피처를 사용할 수 있도록 스키마를 조정할 수도 있습니다. 자세한 내용은 문서(https://oreil.ly/iSgKL)를 참조하십시오.

다음 코드는 데이터셋 간의 왜곡을 비교하는 방법을 보여줍니다.

```
tfdv.get_feature(schema,
                 'company').skew_comparator.infinity_norm.threshold = 0.01
skew_anomalies = tfdv.validate_statistics(statistics=train_stats,
                                          schema=schema,
                                          serving_statistics=serving_stats)
```

[표 4-2]에서 결과를 확인해보죠.

표 4-2 학습 데이터셋과 서빙 데이터셋 간의 데이터 왜곡 시각화

피처 이름	간략한 이상치 설명	상세한 이상치 설명
"company"	현재 값과 이전 값 사이의 L-infinity distance가 큼	현재 값과 이전 값 사이의 L-infinity distance는 0.0170752(최대 6자리)이며 임곗값 0.01을 초과함. 오차가 가장 큰 피처는 Experian.

TFDV는 각각 다른 날 수집한 두 학습 데이터셋과 같이 동일한 유형의 두 데이터셋의 통계를 비교하는 **drift_comparator**도 제공합니다. 데이터 과학자는 드리프트가 감지되면 모델 아키텍처를 확인하거나 피처 엔지니어링을 다시 수행해야 할지를 결정해야 합니다.

이 스큐 예제와 마찬가지로, 비교할 피처에 대해 **drift_comparator**를 정의해야 합니다. 그런 다음 기준 및 비교 대상 데이터셋 통계(예: 어제 수집한 데이터셋과 오늘의 데이터셋)를 인수로 넣고 **validate_statistics**를 호출할 수 있습니다.

```
tfdv.get_feature(schema,
                 'company').drift_comparator.infinity_norm.threshold = 0.01
drift_anomalies = tfdv.validate_statistics(statistics=train_stats_today,
                                           schema=schema,
                                           previous_statistics=\
                                               train_stats_yesterday)
```

결과는 [표 4-3]과 같습니다.

표 4-3 학습 데이터셋과 서빙 데이터셋 간의 데이터 드리프트 시각화

피처 이름	간략한 이상치 설명	상세한 이상치 설명
"company"	현재 값과 이전 값 사이의 L-infinity distance가 큼	현재 값과 이전 값 사이의 L-infinity distance는 0.0170752(최대 6자리)이며 임곗값 0.01을 초과함. 오차가 가장 큰 피처는 Experian.

skew_comparator와 drift_comparator의 L-infinity Norm은 데이터 입력 파이프라인에 문제가 있음을 알려주는 데이터셋 간의 큰 차이를 보여주는 데 유용합니다. L-infinity Norm은 단일 숫자만 반환하므로 스키마가 데이터셋 간의 변동을 탐지하는 데 더 유용하기도 합니다.

4.3.4 편향된 데이터셋

입력 데이터셋에는 편향이라는 잠재적인 문제도 있습니다. 우리는 편향을 현실 세계와 동떨어진 데이터로 정의합니다. 이는 7장에서 다룰 공정성fairness과는 대조적입니다. 공정성은 서로 다른 그룹의 사람들에게 이질적인 영향을 미치는 모델의 예측입니다.

편향은 여러 가지 방법으로 데이터에 침투합니다. 데이터셋은 항상 실제 환경의 부분 집합이며, 우리는 모든 세부 정보를 캡처할 수는 없습니다. 실제 세계를 표본으로 추출하는 방법은 어떤 식으로든 항상 편향됩니다.

선택 편향은 우리가 확인할 수 있는 편향 유형입니다. 데이터셋의 분포가 실제 데이터 분포와 같지 않은 상황이죠. 앞에서 설명한 TFDV의 통계 시각화를 사용하여 선택 편향을 확인할 수 있습니다. 예를 들어 데이터셋에 범주형 피처로 Gender가 포함되면 값이 남성 범주에 치우치지 않는지 확인할 수 있습니다. 소비자 불만 사항 데이터셋에는 State가 범주형 피처로 포함됩니다. 이상적으로는 여러 미국 주에 걸친 데이터 수의 분포가 각 주의 모집단을 반영해야 합니다.

하지만 [그림 4-5]에서 그렇지 않음을 알 수 있습니다. 예를 들어, 3위인 텍사스는 2위 플로리다보다 인구가 더 많습니다. 데이터에서 발견한 이런 편향이 모델의 성능을 해칠 수 있다면, 다시 돌아가서 더 많은 데이터를 수집하거나 오버/언더샘플링하여 정확한 분포를 얻어야 합니다.

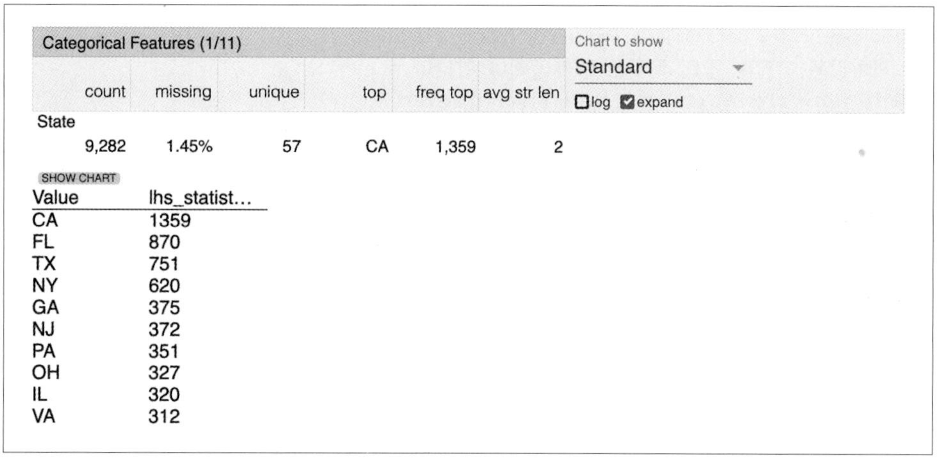

Categorical Features (1/11)						Chart to show
	count	missing	unique	top	freq top	avg str len	Standard
State							☐log ☑expand
	9,282	1.45%	57	CA	1,359	2	

SHOW CHART

Value	lhs_statist...
CA	1359
FL	870
TX	751
NY	620
GA	375
NJ	372
PA	351
OH	327
IL	320
VA	312

그림 4-5 데이터셋의 편향된 피처를 시각화

앞에서 설명한 이상치 프로토콜을 사용하여 이런 문제를 자동으로 경고할 수도 있습니다. 데이터셋 관련 도메인 지식을 사용하여 데이터셋이 가능한 한 편중되지 않은 숫자 값에 대한 제한을 적용할 수 있습니다. 예를 들어 데이터셋에 사용자의 임금이 숫자 피처로 포함된다고 가정해보죠. 피처값의 평균이 현실적이게 강제할 수 있습니다.

편향에 관한 자세한 내용은 구글의 머신러닝 집중 과정(https://oreil.ly/JtX5b)을 참고하세요.

4.3.5 TFDV에서 데이터 슬라이싱하기

TFDV를 사용하여 선택한 피처에서 데이터셋을 슬라이싱하여 데이터 편향을 확인할 수도 있습니다. 이는 7장에서 설명할 슬라이스 피처의 모델 성능 계산과 유사합니다. 예를 들어, 데이터가 누락되었을 때 편향 데이터가 발생하곤 합니다. 데이터가 임의로 누락되지 않으면 데이터셋 내의 한 사용자 그룹이 다른 사용자보다 더 자주 누락될 수 있습니다. 즉, 최종 모델을 학습할 때 이런 그룹에서 성능이 저하됩니다.

여러 미국 주의 데이터를 예로 들어보겠습니다. 다음 코드를 사용하여 캘리포니아에서만 통계를 얻도록 데이터를 슬라이싱할 수 있습니다.

```
from tensorflow_data_validation.utils import slicing_util
# 피처값은 이진수 값의 목록으로 제공해야 합니다.
slice_fn1 = slicing_util.get_feature_value_slicer(
    features={'state': [b'CA']})
slice_options = tfdv.StatsOptions(slice_functions=[slice_fn1])
slice_stats = tfdv.generate_statistics_from_csv(
    data_location='data/consumer_complaints.csv',
    stats_options=slice_options)
```

몇 가지 헬퍼 함수를 사용하여 슬라이싱한 통계를 시각화합니다.

```
from tensorflow_metadata.proto.v0 import statistics_pb2

def display_slice_keys(stats):
    print(list(map(lambda x: x.name, slice_stats.datasets)))

def get_sliced_stats(stats, slice_key):
    for sliced_stats in stats.datasets:
        if sliced_stats.name == slice_key:
            result = statistics_pb2.DatasetFeatureStatisticsList()
            result.datasets.add().CopyFrom(sliced_stats)
            return result
        print('Invalid Slice key')

def compare_slices(stats, slice_key1, slice_key2):
    lhs_stats = get_sliced_stats(stats, slice_key1)
    rhs_stats = get_sliced_stats(stats, slice_key2)
    tfdv.visualize_statistics(lhs_stats, rhs_stats)
```

다음 코드를 사용하여 결과를 시각화할 수 있습니다.

```
tfdv.visualize_statistics(get_sliced_stats(slice_stats, 'state_CA'))
```

캘리포니아의 통계를 전체 결과와 비교해보죠.

```
compare_slices(slice_stats, 'state_CA', 'All Examples')
```

결과는 [그림 4-6]과 같습니다.

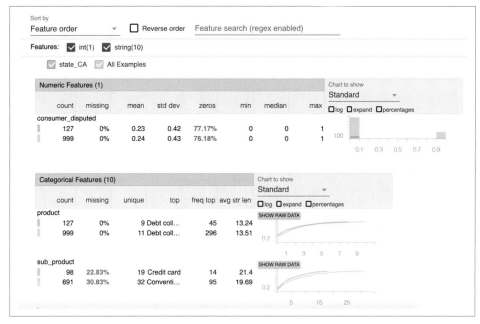

그림 4-6 피처값으로 슬라이싱한 데이터 시각화하기

이 절에서는 데이터 문제를 발견할 수 있는 TFDV의 유용한 피처를 몇 가지 살펴봤습니다. 다음에는 구글 클라우드의 제품을 사용하여 데이터 검증을 확장하는 방법을 알아보겠습니다.

4.4 GCP를 사용한 대용량 데이터셋 처리

데이터 수집량이 많아질수록 머신러닝 워크플로의 데이터 검증 단계에 시간이 더 많이 소요됩니다. 클라우드 솔루션을 활용하면 검증 시간을 단축할 수 있습니다. 클라우드 서비스를 사용하면 노트북이나 사내 리소스의 컴퓨팅 능력에 제한을 받지 않게 됩니다. 예를 들어 구글 클라우드 제품인 데이터플로^{Dataflow}에서 TFDV를 실행하는 방법을 소개합니다. TFDV는 아파치 빔에서 실행되므로 구글 클라우드 데이터플로로 쉽게 전환할 수 있습니다.

데이터플로를 사용하면 데이터 처리 작업을 위해 할당된 노드에 병렬로 배포하여 데이터 검증 작업을 가속할 수 있습니다. 데이터플로는 CPU 수와 할당된 메모리(기가바이트)에 따라 요금을 부과합니다.

데이터 검증 작업을 배포할 때 필요한 최소 설정을 시연해보겠습니다. 자세한 내용은 GCP 문서(https://oreil.ly/X3cdi)를 참고하시기 바랍니다. 여기서는 사용자가 만든 구글 클라우드 계정, 청구 세부 정보 설정, 터미널 셸^{shell}에 설정된 GOOGLE_APPLICATION_CREDENTIALS 환경 변수가 있다고 가정합니다. 시작하는 데 도움이 필요하면 3장 또는 구글 클라우드 문서(https://oreil.ly/p4VTx)를 살펴보세요.

앞에서 논의한 방법(예: tfdv.generate_statistics_from_tfrecord)을 사용할 수 있지만, 그러려면 pipeline_options와 output_path 인자가 추가로 필요합니다. output_path 는 데이터 검증 결과를 기록해야 하는 GCP 버킷 지점이고 pipeline_options는 GCP에서 데이터 검증을 실행할 수 있는 GCP 세부 정보를 모두 포함하는 객체입니다. 다음 코드는 이런 파이프라인 객체를 설정하는 방법입니다.

```
from apache_beam.options.pipeline_options import (
    PipelineOptions, GoogleCloudOptions, StandardOptions)

options = PipelineOptions()
google_cloud_options = options.view_as(GoogleCloudOptions)
# 프로젝트의 식별자를 설정합니다.
google_cloud_options.project = '<YOUR_GCP_PROJECT_ID>'
# 작업에 이름을 지정합니다.
google_cloud_options.job_name = '<YOUR_JOB_NAME>'
# 스테이징 및 임시 파일의 저장소 버킷을 가리킵니다.
google_cloud_options.staging_location = 'gs://<YOUR_GCP_BUCKET>/staging'
google_cloud_options.temp_location = 'gs://<YOUR_GCP_BUCKET>/tmp'
options.view_as(StandardOptions).runner = 'DataflowRunner'
```

데이터플로 작업용 스토리지 버킷을 생성하면 좋습니다. 스토리지 버킷에는 모든 데이터셋과 임시 파일을 보관합니다.

구글 클라우드 옵션을 구성한 후에는 데이터플로 워커^{worker} 설정을 구성해야 합니다. 모든 태스크는 태스크를 실행하는 데 필요한 패키지로 프로비저닝해야 하는 워커에서 실행됩니다. 여기서는 TFDV를 추가 패키지로 지정하여 설치해야 합니다.

그렇게 하려면 최신 TFDV 패키지(이진 .whl 파일)[9]을 로컬 시스템에 다운로드합니다. 리눅스 시스템에서 실행할 수 있는 버전(예: `tensorflow_data_validation-0.22.0-cp37m-multilinux2010_x86_64.whl`)을 선택합니다.

워커 설정 옵션을 구성하려면 `setup_options.extra_packages` 목록에서 다운로드한 패키지의 경로를 다음과 같이 지정합니다.

```python
from apache_beam.options.pipeline_options import SetupOptions

setup_options = options.view_as(SetupOptions)
setup_options.extra_packages = [
    '/path/to/tensorflow_data_validation'
    '-0.22.0-cp37-cp37m-manylinux2010_x86_64.whl']
```

옵션 구성이 모두 준비되면 로컬 시스템에서 데이터 검증 작업을 시작할 수 있습니다. 검증 작업은 구글 클라우드 데이터플로 인스턴스에서 실행됩니다.

```python
data_set_path = 'gs://<YOUR_GCP_BUCKET>/train_reviews.tfrecord'
output_path = 'gs://<YOUR_GCP_BUCKET>/'
tfdv.generate_statistics_from_tfrecord(data_set_path,
                                       output_path=output_path,
                                       pipeline_options=options)
```

데이터플로를 사용하여 데이터 검증을 시작한 후 구글 클라우드 콘솔로 다시 전환할 수 있습니다. 새로 시작한 일은 [그림 4-7]과 비슷한 방식으로 나열되어야 합니다.

그림 4-7 구글 클라우드 데이터플로 Jobs 콘솔

---

9 TFDV 패키지(https://oreil.ly/lhExZ) 다운로드

그런 다음 [그림 4-8]과 같이 실행 중인 작업의 상세 내역과 상태, 자동 크기 조정 상세 내역을 확인할 수 있습니다.

몇 단계만 거치면 클라우드 환경에서 데이터 검증 작업을 병렬화하고 배포할 수 있습니다. 다음 절에서는 자동화된 머신러닝 파이프라인에 데이터 검증 작업을 통합하는 방법을 설명합니다.

그림 4-8 구글 클라우드 데이터플로 작업 세부 정보

4.5 TFDV를 머신러닝 파이프라인에 통합하기

지금까지 설명한 모든 방법은 독립 실행형 설정에서 사용할 수 있습니다. 이는 파이프라인 설정 외부의 데이터셋을 조사하는 데 도움이 되기도 합니다.

TFX는 StatisticsGen이라는 파이프라인 컴포넌트를 제공합니다. StatisticsGen은 이전 ExampleGen 컴포넌트의 출력을 입력으로 수락한 다음 통계 생성을 수행합니다.

```
from tfx.components import StatisticsGen

statistics_gen = StatisticsGen(examples=example_gen.outputs['examples'])
context.run(statistics_gen)
```

3장에서 살펴봤듯이, 우리는 다음과 같이 대화형 콘텍스트에서 출력을 시각화할 수 있습니다.

```
context.show(statistics_gen.outputs['statistics'])
```

이를 통해 [그림 4-9]에 표시된 시각화를 확인할 수 있습니다.

그림 4-9 StatisticsGen 컴포넌트에서 생성한 통계

스키마를 생성은 통계 생성만큼 쉽습니다.

```
from tfx.components import SchemaGen

schema_gen = SchemaGen(statistics=statistics_gen.outputs['statistics'],
                       infer_feature_shape=True)
context.run(schema_gen)
```

SchemaGen 컴포넌트는 스키마가 없을 때만 스키마를 생성합니다. 이 컴포넌트를 처음 실행할 때는 스키마를 검토한 후 (4.3.2 '스키마 업데이트'에서 살펴본 대로) 필요시 수동으로 조정해 주면 좋습니다. 그렇게 하면 새 피처를 추가하는 등 변경이 필요하기 전까지 해당 스키마를 사용할 수 있습니다.

이제 통계와 스키마를 사용하여 새로운 데이터셋을 검증할 수 있습니다.

```
from tfx.components import ExampleValidator

example_validator = ExampleValidator(statistics=statistics_gen.outputs['statistics'],
                                     schema=schema_gen.outputs['schema'])
context.run(example_validator)
```

> **NOTE_** ExampleValidator는 앞에서 설명한 스큐 및 드리프트 비교기를 사용하여 스키마 관련 이상치를 자동으로 탐지합니다. 그러나 데이터의 모든 잠재적 이상치를 포함하지는 않을 수 있습니다. 특정 이상치를 탐지해야 한다면, 사용자 지정 컴포넌트(10장 참고)를 작성해야 합니다.

ExampleValidator 컴포넌트가 새 데이터셋과 이전 데이터셋 사이의 데이터셋 통계나 스키마에서 잘못된 정렬을 감지하면 메타데이터스토어에서 상태를 failed로 설정하고 파이프라인이 결국 중지됩니다. 이상치가 감지되지 않으면 파이프라인은 다음 단계인 데이터 전처리 단계로 이동합니다.

4.6 요약

이 장에서는 데이터 검증의 중요성과 프로세스를 효율적으로 수행하고 자동화하는 방법을 알아봤습니다. 데이터 통계 및 스키마를 생성하는 방법과 이를 기반으로 서로 다른 두 데이터셋을 비교하는 방법을 살펴봤습니다. 구글 클라우드 데이터플로에서 데이터 검증을 실행하는 방법의 예를 알아봤고, 최종적으로 이 머신러닝 단계를 자동화된 파이프라인에 통합했습니다. 이는 시간이 많이 걸리는 전처리 및 학습 단계에서 품질이 좋지 않은 데이터가 전달되지 않도록 하므로 파이프라인에서 매우 중요한 검증 단계입니다.

다음 장에서는 데이터 전처리로 시작하여 파이프라인 구축 범위를 확장합니다.

데이터 전처리

머신러닝 모델을 학습할 때 사용하는 데이터가 머신러닝 모델이 사용할 수 없는 형식으로 제공될 때가 많습니다. 예를 들어, 이 예제 프로젝트에서 모델을 학습하는 데 사용할 피처는 Yes와 No 태그로만 사용할 수 있습니다. 머신러닝 모델에는 이런 값을 숫자로 표시해야 합니다(예: 1과 0). 이 장에서는 머신러닝 모델을 피처의 수치 표현으로 학습할 수 있도록 피처를 일관된 수치 표현으로 변환하는 방법을 설명합니다.

이 장에서 다루는 주요 측면 중 하나는 일관된 전처리에 초점을 맞추는 것입니다. 4장에서 논의한 전처리는 [그림 5-1]과 같이 데이터 검증 후 수행됩니다. 데이터 전처리를 위한 TFX 컴포넌트인 **텐서플로 변환**TensorFlow Transform(TFT)을 사용하면 전처리 단계를 텐서플로 그래프로 구성할 수 있습니다. 다음 절에서는 이 워크플로가 왜 필요한지, 언제 사용하는지, 전처리 단계를 어떻게 내보내는지를 설명합니다. 6장에서는 전처리된 데이터셋과 보존된 변환 그래프를 사용하여 각각 머신러닝 모델을 학습하고 내보낼 예정입니다.

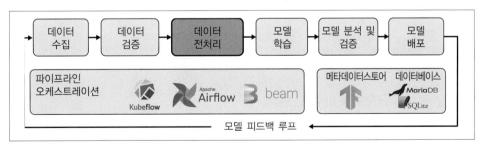

그림 5-1 머신러닝 파이프라인의 일부인 데이터 전처리

데이터 과학자는 텐서플로 태스크로 표현되는 전처리 단계에 오버헤드가 너무 많다고 생각할 수 있습니다. 결국 파이썬의 팬더스Pandas나 넘파이Numpy로 전처리하는 것과는 다른 방법이 필요합니다. 실험 단계에서는 TFT를 사용하지 않는 편이 좋습니다. 그러나 머신러닝 모델을 프로덕션 환경으로 가져올 때 전처리 단계에 텐서플로 작업을 사용하면, 4장에서 설명한 대로 학습-서빙 왜곡을 방지할 수 있습니다. 다음 절에서 자세히 설명하겠습니다.

5.1 데이터 전처리의 필요성

TFT는 텐서플로로 전처리 단계를 구현해야 하기 때문에 TFX에서 가장 배우기 어려운 라이브러리 중 하나입니다. 그러나 TFT를 장착한 머신러닝 파이프라인에서 데이터 전처리를 표준화해야 하는 이유는 다음과 같습니다.

- 전체 데이터셋의 콘텍스트에서 데이터를 효율적으로 전처리합니다.
- 전처리 단계를 효과적으로 확장합니다.
- 잠재적인 학습-서빙 왜곡을 방지합니다.

5.1.1 전체 데이터셋 콘텍스트에서 데이터 전처리

데이터를 수치 표현으로 변환하려면 전체 데이터셋 콘텍스트에서 변환해야 할 때가 많습니다. 예를 들어 수치 형상을 정규화하려면 먼저 학습 데이터셋에서 형상의 최솟값과 최댓값을 결정해야 합니다. 결정된 경계를 사용하여 데이터를 0과 1 사이의 값으로 정규화할 수 있습니다. 이 정규화 단계에서는 두 번의 절차가 필요합니다. 즉, 첫 번째로 경계를 결정하고, 두 번째로 각 피처값을 변환합니다. TFT는 백그라운드에서 데이터를 통과하는 패스를 관리하는 피처를 제공합니다.

5.1.2 전처리 단계의 처리 규모 조정

TFT는 내부적으로 아파치 빔을 사용하여 전처리 알고리즘을 실행합니다. 따라서 필요하다면 아파치 빔 백엔드에서 전처리를 배포할 수 있습니다. 구글 클라우드의 데이터플로나 아파치 스파크Apache Spark, 아파치 플링크Apache Flink 클러스터에 액세스할 수 없을 때 아파치 빔은 기본적으로 Direct Runner 모드로 돌아갑니다.

5.1.3 학습-서빙 왜곡 방지

TFT는 전처리 단계용 텐서플로 그래프를 생성하고 저장합니다. 먼저 데이터를 처리하는 그래프를 만듭니다(예: 최솟값/최댓값 결정). 그런 다음 지정된 경계로 그래프를 보존합니다. 이 그래프는 모델 수명 주기의 추론 단계에서 사용할 수 있습니다. 이 프로세스는 추론 수명 주기 단계의 모델이 학습 중에 사용한 모델과 같은 전처리 단계를 보게 합니다.

학습-서빙 왜곡이란 무엇일까요?

모델 학습 중에 사용한 전처리 단계가 추론 중에 사용한 단계와 일치하지 않으면 학습-서빙 왜곡이 발생합니다. 모델을 학습하는 데 사용하는 데이터는 팬더스와 함께 파이썬 노트북이나 스파크 작업에서 처리할 때가 많습니다. 모델이 프로덕션 설정으로 배포되면 예측을 위해 데이터가 모델에 도달하기 전에 API에서 전처리 단계가 구현됩니다. [그림 5-2]에서 볼 수 있듯이 이 두 프로세스는 단계가 항상 일치하도록 조정해야 합니다.

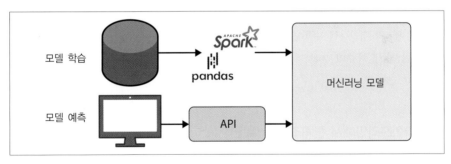

그림 5-2 일반적으로 사용하는 머신러닝 설정

TFT를 사용하면 전처리 단계가 올바르게 진행되도록 할 수 있습니다. [그림 5-3]과 같이 예측 요청 클라이언트는 이제 원시 데이터를 제출할 수 있으며, 배포된 모델 그래프에서 전처리가 수행됩니다.

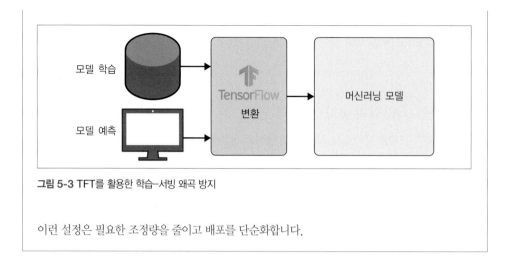

그림 5-3 TFT를 활용한 학습–서빙 왜곡 방지

이런 설정은 필요한 조정량을 줄이고 배포를 단순화합니다.

5.1.4 전처리 단계와 ML 모델을 한 아티팩트로 배포

전처리 단계와 학습된 모델 간의 불일치를 방지하려면 내보낸 파이프라인 모델이 전처리 그래프와 학습된 모델을 포함해야 합니다. 그런 다음 다른 텐서플로 모델과 마찬가지로 모델을 배포할 수 있지만, 추론하는 동안 모델 추론의 일부로 모델 서버에서 데이터를 전처리합니다. 이는 클라이언트 측에서 전처리가 발생하지 않도록 하고 모델 예측을 요청하는 클라이언트(예: 웹, 모바일 앱)의 개발을 단순화합니다. 11장과 12장에서는 전체 엔드 투 엔드 파이프라인이 어떻게 이런 '복합' 저장된 모델을 생산하는지 논의합니다.

5.1.5 파이프라인에서 전처리 결과 확인

TFT로 데이터 전처리를 구현한 뒤 파이프라인에 통합하면 추가 이점을 얻을 수 있습니다. 전처리한 데이터에서 통계를 생성하여 머신러닝 모델 학습에 필요한 요구 사항을 충족하는지 확인할 수 있습니다. 텍스트를 토큰으로 변환할 때를 예로 들어보죠. 텍스트에 새 어휘가 많이 포함되었을 때 신규 출현 토큰은 알 수 없는 토큰(UNK)으로 변환됩니다. 만약 토큰의 일정량을 단순히 알 수 없다면, 머신러닝 모델이 데이터를 통해 효과적으로 일반화하기가 어려울 때가 많아서 모델 정확도에 영향을 미칩니다. 파이프라인에서는 이제 전처리 단계 후 통계(4장 참고)를 생성하여 전처리 단계 결과를 확인할 수 있습니다.

> **NOTE_ tf.data와 tf.transform의 차이**
>
> tf.data와 tf.transform을 혼동하는 분들이 많습니다. **tf.data**는 텐서플로 모델 학습을 위한 효율적인 입력 파이프라인을 구축하는 텐서플로 API입니다. 라이브러리의 목표는 학습 중에 발생하는 데이터 수집과 전처리를 수행할 때 호스트 CPU나 RAM과 같은 하드웨어 리소스를 최적으로 활용하는 것입니다. 반면 **tf.transform**은 학습과 추론 모두 필요한 전처리를 표현하는 데 사용합니다. 이를 사용하면 입력 데이터의 전체 통과 분석(예: 데이터 정규화에 사용하는 어휘나 통계 계산)을 수행할 수 있습니다. 이 분석은 학습 전에 실행됩니다.

5.2 TFT를 사용한 데이터 전처리

텐서플로 생태계 내에서 데이터를 전처리하는 라이브러리는 TFT입니다. TFDV와 마찬가지로 TFX 프로젝트의 일부입니다.

TFT는 이전에 생성한 데이터셋 스키마를 사용하여 파이프라인에 수집된 데이터를 처리하고 다음 두 가지 아티팩트를 출력합니다.

- 전처리한 TFRecord 형식의 학습 및 평가 데이터셋. 생성된 데이터셋은 파이프라인의 Trainer 컴포넌트에서 사용됩니다.
- 전처리 그래프(에셋 파일 포함). 머신러닝 모델을 내보낼 때 사용합니다.

TFT의 핵심은 preprocessing_fn() 함수입니다(그림 5-4). 이는 원시 데이터에 적용할 모든 변환을 정의합니다. Transform 컴포넌트를 실행하면 preprocessing_fn 함수가 원시 데이터를 수신하고 변환을 적용하며 처리된 데이터를 반환합니다. 데이터는 피처에 따라 텐서플로 Tensor 또는 SparseTensor로 제공됩니다. 텐서에 적용되는 변환은 모두 텐서플로 작업이어야 합니다. 이를 통해 TFT는 전처리 단계를 효과적으로 배포할 수 있습니다.

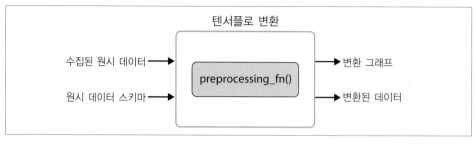

그림 5-4 TFT 개요

> **NOTE_ TFT 함수**
> `tft.compute_and_apply_vocabulary`와 같이 뒤에서 정교한 처리 단계를 수행하는 TFT 피처는 `tft` 접두사로 확인할 수 있습니다. 일반적으로 파이썬 네임스페이스의 약어 `tft`에 TFT를 매핑합니다. 일반 텐서 플로 작업은 `tf.reshape`에서처럼 공통 접두사 `tf`와 함께 로드됩니다.

또한 TFT는 그 밖에도 유용한 기능(예: `tft.bucketize`, `tft.compute_and_apply_vocabulary`, `tft.scale_to_z_score`)도 제공합니다. 이런 함수를 데이터셋 피처에 적용하면 해당 함수 는 필요한 데이터 통과를 수행한 다음 가져온 경계를 데이터에 적용합니다. 예를 들어 `tft.compute_and_apply_vocabulary`는 말뭉치 어휘 셋을 생성한 다음, 생성된 토큰과 인덱스 간 매핑을 피처에 적용하고 인덱스값을 반환합니다. 이 함수는 어휘 토큰의 수를 가장 관련성 이 높은 토큰의 상위 n개로 제한할 수 있습니다. 다음 절에서는 유용한 TFT 작업 몇 가지를 중 점적으로 살펴보겠습니다.

5.2.1 설치

2장에서 TFX 패키지를 설치할 때 종속성으로 TFT가 설치되었습니다. TFT를 독립 실행형 패 키지로 사용하려면 다음 피처를 사용하여 PyPI 패키지를 설치하면 됩니다.

```
$ pip install tensorflow-transform
```

`tfx`나 `tensorflow-transform`을 설치한 후에는 머신러닝 파이프라인에 전처리 단계를 통합 할 수 있습니다. 몇 가지 사용 사례를 살펴보겠습니다.

5.2.2 전처리 전략

앞에서 논의한 바와 같이 적용된 변환은 preprocessing_fn()이라는 함수에서 정의합니다. 그런 다음 Transform 파이프라인 구성 요소나 독립 실행형standalone TFT 설정에서 해당 피처를 사용합니다. 다음은 앞으로 자세히 설명할 전처리 피처의 예입니다.

```python
import tensorflow_transform as tft
def preprocessing_fn(inputs):
    x = inputs['x']
    x_normalized = tft.scale_to_0_1(x)
    return {
        'x_xf': x_normalized
    }
```

코드 위치: chapters/chapter5/5-1.py

함수는 입력 배치를 파이썬 딕셔너리로 수신합니다. 키는 피처의 이름이며 전처리를 적용하기 전의 원시 데이터를 나타내는 값입니다. TFT는 먼저 [그림 5-5]와 같이 분석 단계를 수행합니다. 우리의 데모 예제에서는 데이터 전체를 전달하여 피처의 최솟값과 최댓값을 결정합니다. 아파치 빔에서 전처리 단계를 실행하면 이 단계를 분산 방식으로 수행할 수 있습니다. 두 번째 데이터 전달 과정에서 결정된 값(여기서는 피처 열의 최솟값과 최댓값)을 사용하여 [그림 5-6]과 같이 피처 x를 0과 1 사이에서 스케일링합니다.

또한 TFT는 최솟값과 최댓값이 보존된 예측 그래프를 생성해서 일관된 실행을 보장합니다.

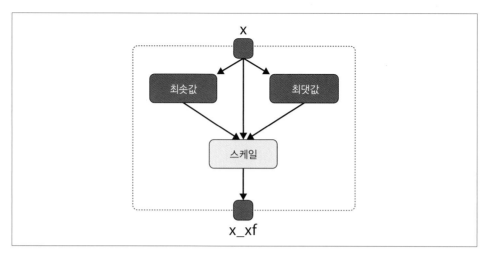

그림 5-5 TFT 실행 중 분석 단계

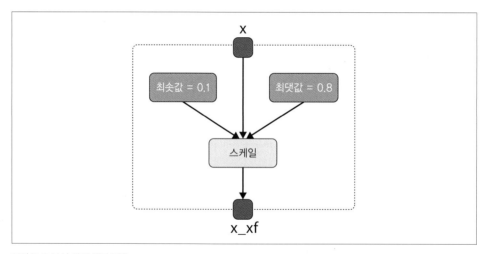

그림 5-6 분석 단계 결과 적용

5.2.3 모범 사례

TFT로 작업하면서 우리는 많은 교훈을 얻었습니다. 그중 몇 가지만 살펴보죠.

- **피처 이름은 중요합니다.**

  전처리의 출력 피처의 이름은 중요합니다. 다음 TFT 구현처럼 입력 피처의 이름을 재사용하고 _xf를 추가합니다. 또한 텐서플로 모델의 입력 노드 이름은 preprocessing_fn 함수의 출력 피처 이름과 일치해야 합니다.

- **데이터 유형을 잘 체크해야 합니다.**

  TFT는 출력 피처의 데이터 유형을 제한합니다. 전처리된 모든 피처를 tf.string, tf.float32, tf.int64 값으로 내보냅니다. 이는 모델이 이런 데이터 유형을 사용할 수 없을 때 중요합니다. 텐서플로 허브의 일부 모델에서는 tf.int32 값으로 입력해야 합니다(예: BERT 모델). 모델 내의 데이터 유형으로 입력값을 타입 캐스팅하거나 추정기 입력 피처에서 데이터 유형을 변환하면 이런 상황을 방지할 수 있습니다.

- **배치 단위로 전처리해야 합니다.**

  전처리 함수를 작성할 때 한 번에 한 데이터 행을 처리한다고 생각할 수 있습니다. 실제로 TFT는 일괄적으로 작업을 수행합니다. 따라서 변환 컴포넌트의 콘텍스트에서 preprocessing_fn() 함수의 출력을 Tensor 또는 SparseTensor로 재구성해야 합니다.

- **텐서플로의 즉시 실행**eager execution**은 사용하지 마세요.**

  preprocessing_fn() 함수의 내부 함수는 텐서플로의 내장 함수로 수행되어야 합니다. 입력 문자열을 소문자로 변환할 때 lower()를 사용할 수 없습니다. 같은 절차를 그래프 모드에서 수행하려면 텐서플로 내장 함수 tf.strings.lower()를 사용해야 합니다. 즉시 실행은 지원되지 않습니다. 모든 작업은 순수한 텐서플로 그래프 작업에 의존합니다.

tf.function은 preprocessing_fn() 함수 안에서 사용할 수 있습니다. 하지만 텐서를 허용하는 tf.function에서만 사용할 수 있다는 제한이 있습니다. 예를 들어 lower()는 텐서를 허용하지 않기 때문에 작동하지 않습니다. 또한 TFT 분석기(또는 tft.scale_to_z_score와 같은 분석기에 의존하는 매퍼)는 호출할 수 없습니다.

5.2.4 TFT 함수

TFT는 다양한 피처를 제공하여 효율적인 피처 엔지니어링을 지원합니다. 제공되는 피처 목록은 광범위하고 지속적으로 증가하고 있습니다. 따라서 지원되는 피처의 전체 목록을 다루지는 않지만, 어휘 생성, 정규화, 버킷화와 관련한 유용한 작업은 짚고 넘어가겠습니다.

- **tft.scale_to_z_score()**

  평균이 0이고 표준 편차가 1인 피처를 정규화할 때 유용한 TFT 함수입니다.

- **tft.bucketize()**

  피처를 빈bin으로 버킷화하며, 빈 또는 버킷 인덱스를 반환하는 피처입니다. num_buckets로 버킷 수를 지정하면 TFT가 버킷을 동일한 크기로 나눕니다.

- **tft.pca()**

  특정 피처에 대한 PCA(주 성분 분석)를 계산하는 피처입니다. PCA는 데이터의 분산을 가장 잘 보존하는 하위 공간에 데이터를 선형 투영하여 차원성을 줄이는 기술입니다. PCA 표현의 차원을 설정하려면 output_dim 인수를 사용합니다.

- **tft.compute_and_apply_vocabulary()**

  놀라운 TFT 함수입니다. 피처 열의 모든 고윳값을 계산한 다음 가장 빈번한 값을 인덱스에 매핑합니다. 그런 다음 인덱스 매핑을 사용하여 피처를 숫자 표현로 변환합니다. 함수는 그래프를 출력하기 위한 모든 데이터를 생성합니다. 가장 빈번한 값은 두 가지 방식으로 검출할 수 있습니다. n개의 최상위 고유 항목을 top_k로 정의하거나 각 요소에 frequency_threshold를 사용하여 어휘를 고려하는 방식입니다.

- **tft.apply_saved_model()**

  전체 텐서플로 모델을 피처에 적용하는 피처입니다. 저장된 모델을 지정 태그와 signature_name으로 로드하면 입력 내용이 모델에 전달됩니다. 그런 다음 모델 실행의 예측이 반환됩니다.

자연어 문제의 텍스트 데이터

TFT에는 자연어 처리 문제를 다루면서 TFT를 말뭉치 전처리에 사용하여 문서를 수치 표현으로 전환할 때 사용할 수 있는 피처가 많습니다. tft.compute_and_apply_vocabulary() 외에도 다음과 같은 TFT 피처를 사용할 수 있습니다.

- **tft.ngrams()**

  n 그램을 생성합니다. 문자열 값의 SparseTensor를 입력으로 사용합니다. 예를 들어, ['Tom', 'and', 'Jerry', 'are', 'friends'] 목록에 사용할 유니그램과 바이그램을 생성하려면 함수는 [b'Tom', b'Tom and', b'and', b'and Jerry', b'Jerry', b'Jerry are', b'are', b'are friends', b'friends']를 반환합니다. 희소 입력 텐서sparse input tensor 외에도 함수에는 ngram_range과 separator라는 추가 인수가 사용됩니다. ngram_range는 n 그램의 범위를 설정합니다. n 그램에 유니그램과 바이그램을 포함해야 한다면 ngram_range를 (1, 2)로 설정합니다. separator를 사용하여 조인 문자열이나 문자를 설정할 수 있습니다. 이 예에서는 separator를 " "로 설정합니다.

- `tft.bag_of_words()`

  이 함수는 `tft.ngram`을 사용하고 고유한 각 n 그램에 대해 행이 있는 단어 가방bag-of-words 벡터를 생성합니다. 예를 들어 토큰이 입력 내에서 반복될 때는 n 그램의 원래 순서가 유지되지 않을 수 있습니다.

- `tft.tfidf()`

  TFIDFTerm Frequency Inverse Document Frequency는 자연어 처리에서 자주 사용하는 개념입니다. 토큰 인덱스가 있는 벡터와 해당 TFIDF 가중치를 나타내는 벡터라는 두 가지 출력을 생성합니다. 함수에는 토큰 인덱스(`tft.compute_and_apply_vocabulary()` 함수의 결과)를 나타내는 희소 입력 벡터가 필요합니다. 이런 벡터의 치수는 `vocab_size` 입력 인수로 설정합니다. 모든 토큰 색인의 가중치는 문서의 토큰 빈도에 역 문서 빈도를 곱하여 계산합니다. 이런 계산은 보통 리소스를 많이 사용하므로 TFT를 사용하여 계산을 분산하면 도움이 됩니다.

또한 텐서플로 Text(`https://oreil.ly/ZV9iE`)를 사용하면 텐서플로 Text 라이브러리의 모든 피처를 사용할 수 있습니다. 이 라이브러리는 텍스트 정규화, 텍스트 토큰화, n 그램 계산, BERT와 같은 최신 언어 모델에 광범위한 텐서플로 지원을 제공합니다.

컴퓨터 비전 문제의 이미지 데이터

컴퓨터 비전 모델에서 작업할 때 이미지 데이터셋을 TFT로 미리 처리할 수 있습니다. 텐서플로는 `tf.dll`과 `tf.io API`를 사용하여 다양한 이미지 전처리 작업을 제공합니다.

`tf.io`는 이미지를 모델 그래프의 일부로 여는 데 유용한 피처(예: `tf.io.dll_jpeg`, `tf.io.dlls_png`)를 제공합니다. `tf.dll`에는 이미지를 자르거나, 크기를 조정하거나, 색 구성표를 변환하거나, 영상 조정(예: 대비, 색조, 밝기)을 수행하거나, 이미지를 뒤집거나, 전치하는 등 이미지 변환을 수행하는 피처가 있습니다.

3장에서는 이미지를 파이프라인으로 수집하는 전략을 논의했습니다. TFT에서는 **TFRecord** 파일에서 인코딩된 이미지를 읽어서 고정 크기로 크기를 조정하거나 컬러 이미지를 회색조로 축소할 수 있습니다.

다음은 이런 `preprocessing_fn()` 함수의 구현 예입니다.

```
import tensorflow as tf


def process_image(raw_image):
    raw_image = tf.reshape(raw_image, [-1])
    # JPEG 이미지 형식을 디코딩합니다.
    img_rgb = tf.io.decode_jpeg(raw_image, channels=3)
    # 로드된 RGB 영상을 회색조로 변환합니다.
    img_gray = tf.image.rgb_to_grayscale(img_rgb)
    img = tf.image.convert_image_dtype(img_gray, tf.float32)
    # 이미지 크기를 300 × 300 픽셀로 조정합니다.
    resized_img = tf.image.resize_with_pad(
        img,
        target_height=300,
        target_width=300
    )
    # 이미지를 회색조로 변환합니다.
    img_grayscale = tf.image.rgb_to_grayscale(resized_img)
    return tf.reshape(img_grayscale, [-1, 300, 300, 1])
```

코드 위치: chapters/chapter5/5-2.py

return의 일부로 이루어지는 **tf.reshape()** 연산에 관한 참고 사항이 있습니다. TFT가 입력
을 배치 처리할 수 있다는 점입니다. 배치 크기는 TFT나 아파치 빔에서 처리하므로, 어떤 배치
크기라도 처리할 수 있도록 함수 출력을 재구성해야 합니다. 따라서 **return** 텐서의 첫 번째 차
원을 −1로 설정했습니다. 나머지 치수는 이미지를 나타냅니다. 300 × 300 픽셀로 크기를 조
정하고 RGB 채널을 회색조 채널로 축소했습니다.

5.2.5 TFT를 독립 실행형으로 실행하기

preprocessing_fn() 함수를 정의한 후에는 변환 함수를 실행하는 방법에 초점을 맞춰야 합
니다. 실행 방법은 두 가지가 있습니다. 독립 실행형 설정에서 실행하거나 머신러닝 파이프라
인의 일부로서 TFX 컴포넌트의 형태로 전처리 변환을 실행할 수 있습니다. 두 방법 모두 로
컬 아파치 빔 설정 또는 구글 클라우드의 데이터플로 서비스에서 수행할 수 있습니다. 이 절에
서는 TFT의 독립 실행형에 대해 설명합니다. 파이프라인이 아닌 외부에서 효과적으로 데이터
를 전처리하려면 이 방식을 권장합니다. TFT를 파이프라인에 통합하는 방법에 관심이 있다면

5.2.6 'TFT를 머신러닝 파이프라인에 통합하기'를 참고하세요.

아파치 빔은 이 책의 범위를 벗어나는 다양한 피처를 제공합니다. 아파치 빔만으로도 충분히 책 한 권을 낼 수 있죠. 여기서는 간단하게 아파치 빔을 이용한 전처리의 'Hello World' 예제를 다뤄보겠습니다.

이 예제에는 다음 소스 코드의 소규모 원시 데이터셋에 앞에서 소개한 정규화 전처리를 적용하려고 합니다.

```
raw_data = [
    {'x':   1.20},
    {'x':   2.99},
    {'x': 100.00}
]
```

먼저 데이터 스키마를 정의해야 합니다. 다음 코드와 같이 피처 사양에서 스키마를 생성할 수 있습니다. 이 작은 데이터셋에는 x라는 피처 하나만 포함됩니다. tf.float32 데이터 유형으로 해당 피처를 정의합니다.

```
import tensorflow as tf
from tensorflow_transform.tf_metadata import dataset_metadata
from tensorflow_transform.tf_metadata import schema_utils

raw_data_metadata = dataset_metadata.DatasetMetadata(
    schema_utils.schema_from_feature_spec({
        'x': tf.io.FixedLenFeature([], tf.float32),
    }))
```

데이터셋을 로드하고 데이터 스키마를 생성한 다음에는 앞에서 정의한 전처리 함수 preprocessing_fn을 실행할 수 있습니다. TFT는 AnalyzeAndTransformDataset 피처를 사용하여 아파치 빔에서 실행하기 위한 바인딩을 제공합니다. 이 피처는 앞에서 설명한 2단계 프로세스를 수행합니다. 먼저 데이터셋을 분석한 후 변환합니다. 실행은 파이썬 콘텍스트 관리자 tft_beam.Context를 통해 수행됩니다. 이로써 원하는 설정(예: 배치 크기)을 할 수 있습니다. 그러나 일반적으로는 기본 배치 크기를 사용할 때 성능이 더 좋습니다. 다음 예제에서 AnalyzeAndTransformDataset 함수의 사용법을 살펴보죠.

```
import tempfile
import tensorflow_transform.beam.impl as tft_beam

with beam.Pipeline() as pipeline:
    with tft_beam.Context(temp_dir=tempfile.mkdtemp()):

        tfrecord_file = "/your/tf_records_file.tfrecord"
        raw_data = (
            pipeline | beam.io.ReadFromTFRecord(tfrecord_file))

        transformed_dataset, transform_fn = (
            (raw_data, raw_data_metadata) | tft_beam.AnalyzeAndTransformDataset(
                preprocessing_fn))
```

아파치 빔 함수 호출의 구문은 일반적인 파이썬 호출과 약간 다릅니다. 앞의 예제에서는 아파
치 빔 함수 AnalyzeAndTransformDataset()를 사용하여 preprocessing_fn 함수를 적용
하고, raw_data와 정의된 메타데이터 스키마 raw_data_metadata 두 인수를 함수에 제공했
습니다. 그런 다음 AnalyzeAndTransformDataset()는 아티팩트 두 개를 반환합니다. 두 아
티팩트는 전처리된 데이터셋과 함수입니다. 반환된 함수는 transform_fn이며 데이터셋에 적
용된 변환 작업을 나타냅니다.

'Hello World' 예제를 테스트하고 전처리 단계를 실행한 후 결과를 출력하면 다음과 같이 작
게 처리된 데이터셋이 표시됩니다.

```
transformed_data, transformed_metadata = transformed_dataset
print(transformed_data)
[
    {'x_xf': 0.0},
    {'x_xf': 0.018117407},
    {'x_xf': 1.0}
]
```

'Hello World' 예제에서는 데이터가 파이썬 딕셔너리로 제공되지 않는다는 사실을 완전히 무
시했습니다. 이 딕셔너리 형식의 데이터는 보통 디스크에서 읽어야 합니다. 아파치 빔은 텐서
플로 모델을 구축할 때 beam.io로 파일 수집을 효과적으로 처리하는 함수를 제공합니다(예:
beam.io.ReadFromText(), beam.io.ReadFromTFRecord()).

다음은 완성된 예제입니다.

```python
import pprint
import tempfile

import tensorflow as tf
import tensorflow_transform as tft
import tensorflow_transform.beam as tft_beam
from tensorflow_transform.tf_metadata import dataset_metadata
from tensorflow_transform.tf_metadata import schema_utils


def preprocessing_fn(inputs):
    """입력 열을 변환된 열로 전처리합니다."""
    print(inputs)
    x = inputs['x']
    x_xf = tft.scale_to_0_1(x)
    return {
        'x_xf': x_xf,
    }


raw_data = [
    {'x': 1.20},
    {'x': 2.99},
    {'x': 100.0}
]

raw_data_metadata = dataset_metadata.DatasetMetadata(
    schema_utils.schema_from_feature_spec({
        'x': tf.io.FixedLenFeature([], tf.float32),
    }))

with tft_beam.Context(temp_dir=tempfile.mkdtemp()):
    transformed_dataset, transform_fn = (
            (raw_data, raw_data_metadata) | tft_beam.AnalyzeAndTransformDataset(
        preprocessing_fn))

transformed_data, transformed_metadata = transformed_dataset  # pylint: disable=unused-
variable

pprint.pprint(transformed_data)
```

코드 위치: chapters/chapter5/5-3.py

보시다시피 아파치 빔의 실행은 금방 복잡해지곤 하며, 데이터 과학자와 머신러닝 엔지니어는 처음부터 실행 지침을 작성하지 않습니다. 따라서 TFX를 사용하면 매우 편리합니다. 모든 내부 지침을 추상화하고 데이터 과학자가 preprocessing_fn() 함수를 정의하는 등의 문제별 설정에 집중할 수 있도록 합니다. 다음 절에서는 예제 프로젝트의 Transform 설정을 자세히 살펴보겠습니다.

5.2.6 TFT를 머신러닝 파이프라인에 통합하기

이 장의 마지막 절에서는 우리의 예제 프로젝트에 TFT 기능을 적용하는 방법을 설명합니다. 4장에서는 데이터셋을 조사하여 범주형과 수치형 피처, 버킷화해야 하는 피처, 문자열 표현에서 벡터 표현까지 포함할 피처를 확인했습니다. 이 정보는 피처 엔지니어링을 정의하는 데 매우 중요합니다.

다음 코드에서는 피처를 정의합니다. 나중에 간편하게 처리하려고 각 변환 출력 데이터 유형을 나타내는 딕셔너리의 입력 피처 이름을 (원-핫 인코딩 피처, 버킷 처리 피처, 원시 문자열 표현으로) 그룹화합니다.

```python
import tensorflow as tf
import tensorflow_transform as tft

LABEL_KEY = "consumer_disputed"

# 피처 이름, 피처 차원
ONE_HOT_FEATURES = {
    "product": 11,
    "sub_product": 45,
    "company_response": 5,
    "state": 60,
    "issue": 90
}

# 피처 이름, 버킷 개수
BUCKET_FEATURES = {
    "zip_code": 10
}

# 피처 이름, 값은 정의되지 않음
```

```
TEXT_FEATURES = {
    "consumer_complaint_narrative": None
}
```

이런 입력 피처 딕셔너리를 반복하기 전에 데이터를 효율적으로 변환하는 몇 가지 헬퍼 함수를
정의해 보겠습니다. 피처 이름에 접미사(예: _xf)를 추가하여 피처 이름을 변경하는 것이 좋
습니다. 접미사를 사용하면 오류가 입력 또는 출력 피처 중 어디에서 발생하는지 구별하는 데
도움이 되고, 실제 모델에서 변환되지 않은 피처를 실수로 사용하지 않도록 방지할 수 있습니다.

```
def transformed_name(key):
    return key + '_xf'
```

일부 피처는 희소sparse하지만 TFT는 변환 출력이 밀집dense할 것으로 예상하고 있습니다. 다음 헬
퍼 함수를 사용하여 희소 피처를 밀집 피처로 변환하고 결측값을 기본값으로 채울 수 있습니다.

```
def fill_in_missing(x):
    default_value = '' if x.dtype == tf.string or to_string else 0
    if type(x) == tf.SparseTensor:
        x = tf.sparse.to_dense(
            tf.SparseTensor(x.indices, x.values, [x.dense_shape[0], 1]),
                            default_value)
    return tf.squeeze(x, axis=1)
```

우리 모델에서는 대부분의 입력 피처를 원-핫 인코딩 벡터로 나타냅니다. 다음 헬퍼 함수는 지
정된 인덱스를 원-핫 인코딩된 표현으로 변환하고 벡터를 반환합니다.

```
def convert_num_to_one_hot(label_tensor, num_labels=2):
    one_hot_tensor = tf.one_hot(label_tensor, num_labels)
    return tf.reshape(one_hot_tensor, [-1, num_labels])
```

피처를 처리하기 전에 문자열로 표시된 우편번호를 실수형float 값으로 변환하는 헬퍼 함수가 하
나 더 필요합니다. 데이터셋에는 다음과 같은 우편번호가 나열됩니다.

```
zip codes
97XXX
98XXX
```

누락된 우편번호가 있는 레코드를 올바르게 버킷화하려고 자리 표시자를 0으로 교체하고 실수형 결괏값을 버킷 10개로 버킷화했습니다.

```python
def convert_zip_code(zip_code):
    if zip_code == '':
        zip_code = "00000"
    zip_code = tf.strings.regex_replace(zip_code, r'X{0,5}', "0")
    zip_code = tf.strings.to_number(zip_code, out_type=tf.float32)
    return zip_code
```

이제 모든 헬퍼 함수가 배치되었으므로 각 피처 열을 반복하여 유형에 따라 변환할 수 있습니다. 예를 들어 피처를 원-핫 피처로 변환하려면, 범주 이름을 tft.compute_and_apply_vocabulary()를 사용해 인덱스로 변환한 다음 헬퍼 함수 convert_num_to_one_hot()를 사용하여 인덱스를 원-핫 벡터 표현으로 변환합니다.

tft.compute_and_apply_vocabulary()를 사용 중이므로 텐서플로 변환은 먼저 모든 범주를 반복한 다음 인덱싱 매핑에 사용할 전체 범주를 결정합니다. 그런 다음 이 매핑은 모델의 평가 및 서빙 단계에서 적용됩니다.

```python
def preprocessing_fn(inputs):
    outputs = {}
    for key in ONE_HOT_FEATURES.keys():
        dim = ONE_HOT_FEATURES[key]
        index = tft.compute_and_apply_vocabulary(
            fill_in_missing(inputs[key]), top_k=dim + 1)
        outputs[transformed_name(key)] = convert_num_to_one_hot(
            index, num_labels=dim + 1)
    ...
    return outputs
```

버킷 피처에 대한 처리 방식은 일반적인 방식과 매우 유사합니다. 핫 인코딩된 우편번호가 너무 희소해 보여서 우편번호를 버킷화하기로 했습니다. 각 피처는 버킷 10개로 버킷화하고 버킷의 인덱스는 원-핫 벡터로 인코딩합니다.

```python
for key, bucket_count in BUCKET_FEATURES.items():
    temp_feature = tft.bucketize(
        convert_zip_code(fill_in_missing(inputs[key])),
```

```
        bucket_count,
        always_return_num_quantiles=False)
outputs[transformed_name(key)] = convert_num_to_one_hot(
        temp_feature,
        num_labels=bucket_count + 1)
```

텍스트 입력 피처와 레이블 열은 변환할 필요가 없으므로, 피처가 희소할 때 고밀도 피처로 변환하기만 하면 됩니다.

```
for key in TEXT_FEATURES.keys():
        outputs[transformed_name(key)] = \
            fill_in_missing(inputs[key])

    outputs[transformed_name(LABEL_KEY)] = fill_in_missing(inputs[LABEL_KEY])
```

다음은 완성된 예제입니다.

```
from typing import Union

import tensorflow as tf
import tensorflow_transform as tft

# 피처 이름, 피처 차원
ONE_HOT_FEATURES = {
    "product": 11,
    "sub_product": 45,
    "company_response": 5,
    "state": 60,
    "issue": 90,
}

# 피처 이름, 버킷 개수
BUCKET_FEATURES = {"zip_code": 10}

# 피처 이름, 값은 정의되지 않음
TEXT_FEATURES = {"consumer_complaint_narrative": None}

LABEL_KEY = "consumer_disputed"


def transformed_name(key):
```

```python
        return key + "_xf"


def fill_in_missing(x: Union[tf.Tensor, tf.SparseTensor]) -> tf.Tensor:
    if isinstance(x, tf.sparse.SparseTensor):
        default_value = "" if x.dtype == tf.string else 0
        x = tf.sparse.to_dense(
            tf.SparseTensor(x.indices, x.values, [x.dense_shape[0], 1]),
            default_value,
        )
    return tf.squeeze(x, axis=1)


def convert_num_to_one_hot(label_tensor, num_labels=2):
    one_hot_tensor = tf.one_hot(label_tensor, num_labels)
    return tf.reshape(one_hot_tensor, [-1, num_labels])


def convert_zip_code(zipcode):
    if zipcode == "":
        zipcode = "00000"
    zipcode = tf.strings.regex_replace(zipcode, r"X{0,5}", "0")
    zipcode = tf.strings.to_number(zipcode, out_type=tf.float32)
    return zipcode


def preprocessing_fn(inputs):
    outputs = {}

    for key in ONE_HOT_FEATURES.keys():
        dim = ONE_HOT_FEATURES[key]
        int_value = tft.compute_and_apply_vocabulary(
            fill_in_missing(inputs[key]), top_k=dim + 1
        )
        outputs[transformed_name(key)] = convert_num_to_one_hot(
            int_value, num_labels=dim + 1
        )

    for key, bucket_count in BUCKET_FEATURES.items():
        temp_feature = tft.bucketize(
            convert_zip_code(fill_in_missing(inputs[key])),
            bucket_count,
            always_return_num_quantiles=False,
        )
```

```
        outputs[transformed_name(key)] = convert_num_to_one_hot(
            temp_feature, num_labels=bucket_count + 1
        )

    for key in TEXT_FEATURES.keys():
        outputs[transformed_name(key)] = fill_in_missing(inputs[key])

    outputs[transformed_name(LABEL_KEY)] = fill_in_missing(inputs[LABEL_KEY])

    return outputs
```

코드 위치: chapters/chapter5/5-4.py

> **TIP** **벡터에 텍스트 피처를 포함하지 않은 이유**
>
> 변환 단계의 일부로 텍스트 피처를 고정 벡터에 삽입하지 않은 이유가 궁금하신 분도 있겠지요. 그렇게 할 수
> 도 있지만, 우리는 전처리 대신 텐서플로 허브 모델을 전체 모델의 일부로 로딩하기로 했습니다. 주된 이유는
> 학습 단계에서 임베딩을 학습하여 보다 정교한 벡터 표현을 얻기 위함입니다. 따라서 이 그래프는 전처리 단계
> 에 하드 코딩하거나 학습 단계 중에 고정 그래프로 표시할 수 없습니다.

파이프라인에서 TFX의 Transform 컴포넌트를 사용하면 별도의 파이썬 파일로 변환 코드가
제공될 것으로 예상합니다. 모듈 파일 이름은 사용자가 설정할 수 있지만(예: 여기서는 **5-4.**
py), 진입점 **preprocessing_fn()**가 모듈 파일에 포함되어야 하며 함수 이름을 바꿀 수 없습
니다.

```
transform = Transform(
    examples=example_gen.outputs['examples'],
    schema=schema_gen.outputs['schema'],
    module_file=os.path.abspath("5-4.py"))
context.run(transform)
```

TFX는 Transform 컴포넌트를 실행하면 로드된 입력 데이터에 **5-4.py** 모듈 파일에 정의된
변환을 적용합니다. 이 변환은 데이터 수집 단계에서 TFRecord 데이터 구조로 변환됩니다.
그러면 컴포넌트는 변환된 데이터, 변환 그래프, 필수 메타데이터를 출력합니다.

변환된 데이터와 변환 그래프는 다음 단계인 Trainer 컴포넌트에서 사용할 수 있습니다.
Transform 컴포넌트의 출력을 소비하는 방법은 6.2.2 'Trainer 컴포넌트 실행'에서 확인하세
요. 다음 장에서는 생성된 변환 그래프를 학습된 모델과 결합하여 저장된 모델을 내보내는 방
법도 설명합니다. 자세한 내용은 [예제 6-2]에서 다룹니다.

5.3 요약

이 장에서는 TFT를 사용하여 머신러닝 파이프라인의 데이터를 효과적으로 전처리하는 방법을 살펴봤습니다. `preprocessing_fn` 함수를 작성하는 방법을 소개하고, TFT에서 제공하는 일부 피처의 개요를 제공했습니다. 전처리 단계를 TFX 파이프라인에 통합하는 방법도 살펴봤습니다. 데이터가 전처리되었으므로 이제 모델을 학습할 때입니다.

모델 학습

데이터 전처리 단계를 거쳐 데이터를 모델에 필요한 형식으로 변환했습니다. 파이프라인의 다음 단계는 새로 변환된 데이터로 모델을 학습하는 것입니다.

1장에서 논의했듯이, 여기서는 모델 아키텍처를 선택하는 과정을 다루지 않습니다. 여러분이 이 책을 읽기 전에 별도의 실험 프로세스를 통해 훈련하려는 모델의 종류를 이미 정해두었다고 가정하기 때문입니다. 15장에서는 실험 프로세스를 추적하는 방법을 살펴봅니다. 모델의 전체 감사 추적을 만드는 데 도움이 되는 내용입니다. 그러나 모델 학습 프로세스를 이해하는 데 필요한 이론적 배경은 다루지 않습니다. 자세히 알고 싶으시다면, 『핸즈온 머신러닝(2판)』(한빛미디어, 2020)을 추천합니다.

이 장에서는 TFX 파이프라인에서 자동화된 방법을 포함하여 머신러닝 파이프라인의 일부로 모델 학습 프로세스를 설명합니다. 또한 텐서플로에서 사용할 수 있는 배포 전략과 파이프라인에서 하이퍼파라미터를 조정하는 방법도 알아봅니다. 이 장에서는 학습을 독립 실행형 프로세스로 다루지 않으므로 다른 장보다 TFX 파이프라인을 더 자세히 설명합니다.

[그림 6-1]과 같이 지금까지 데이터를 수집, 검증, 전처리했습니다. 따라서 모델에 필요한 모든 데이터가 있으며 모델에 필요한 피처로 재현할 수 있습니다. 이런 단계를 건너뛰면 파이프라인이 제대로 동작하지 않을 겁니다. 모델 학습은 전체 파이프라인에서 가장 오랜 시간이 소요되는 부분이니 원활히 진행할 수 있도록 잘 준비해야 합니다.

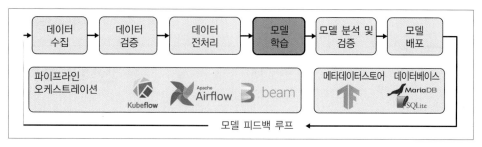

그림 6-1 머신러닝 파이프라인의 일부인 학습 모델링

TFX 파이프라인에서 모델을 학습할 때는 5장에서 다룬 데이터 전처리 단계가 훈련된 모델 가중치와 함께 저장된다는 피처가 중요합니다. 이 피처는 모델을 생산하여 배포할 때 매우 유용합니다. 전처리 단계에서는 항상 모델이 기대하는 피처를 제공하게 되기 때문입니다. 이 피처가 없으면 모델을 업데이트하지 않고 데이터 전처리 단계를 업데이트할 수 있는데, 그러면 모델이 생산에 실패하거나 예측이 잘못된 데이터를 기반으로 하게 됩니다. 전처리 단계와 모델을 그래프 하나로 내보내서 이런 잠재적인 오류 원인을 제거합니다.

다음 두 절에서는 TFX 파이프라인[10]의 일부로 `tf.Keras`모델을 학습하는 데 필요한 단계를 자세히 살펴보겠습니다.

6.1 예제 프로젝트의 모델 정의하기

미리 정해진 모델 구조를 사용할 예정이지만, 약간의 코드를 추가할 필요가 있습니다. 파이프라인에서 모델 학습 부분을 자동화하도록 해야 합니다. 이 절에서는 이 장에서 사용하는 모델을 간략히 설명합니다.

예제 프로젝트의 모델은 가상의 구현이며, 모델 아키텍처를 최적화할 수 있습니다. 예제 프로젝트는 많은 딥러닝 모델들이 공유하는 공통 요소를 몇 가지 보여줍니다.

- 사전 학습된 모델을 활용한 전이 학습
- 밀집 계층

---

10 예제 프로젝트에서는 케라스 모델을 사용하지만, TFX는 Estimator모델과도 완벽하게 작동합니다. TFX 문서(https://oreil.ly/KIDko)에서 예제를 확인해보세요.

- 연결 계층

1장에서 논의한 바와 같이, 본 예제 프로젝트의 모델은 미국 소비자 금융 보호국의 데이터를 사용하여 소비자가 금융 상품에 대한 불만을 제기했는지를 예측합니다. 우리 모델의 피처는 금융 상품, 회사의 반응, 미국 주, 소비자 불만 사항 설명을 포함합니다. 우리 모델은 Wide and Deep 모델 아키텍처(https://oreil.ly/9sXHU)에서 영감을 얻었으며, 텐서플로 허브의 범용 문장 인코더(https://oreil.ly/7BFZP)를 추가하여 자유 형식의 텍스트 피처(소비자 불만 사항 설명)를 인코딩했습니다.

[그림 6-2]는 우리의 모델 아키텍처를 시각적으로 표현합니다. 텍스트 피처(narrative_xf)는 '깊은' 경로를 취하고 다른 피처는 '넓은' 경로를 사용합니다.

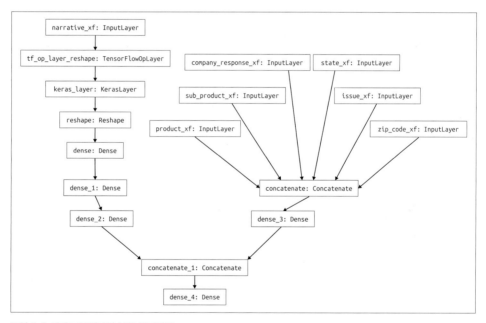

그림 6-2 예제 프로젝트의 모델 아키텍처

[예제 6-1]은 전체 모델 아키텍처 정의를 보여줍니다. 전처리 단계를 사용하여 모델을 내보내려면 5장에서 논의한 preprocessing_fn()의 변환된 피처 이름과 모델 입력 이름이 일치하는지 확인해야 합니다. 여기서는 5장에서 설명한 transformed_name()함수를 재사용하여 피처에 접미사 _xf를 추가합니다.

```
import tensorflow as tf
import tensorflow_hub as hub

# 피처 이름, 피처 차원
ONE_HOT_FEATURES = {
    "product": 11,
    "sub_product": 45,
    "company_response": 5,
    "state": 60,
    "issue": 90,
}

# 피처 이름, 버킷 개수
BUCKET_FEATURES = {"zip_code": 10}

# 피처 이름, 값은 정의되지 않음
TEXT_FEATURES = {"consumer_complaint_narrative": None}

LABEL_KEY = "consumer_disputed"

def transformed_name(key):
    return key + '_xf'


def get_model():

    # 원-핫 범주형 피처
    input_features = []
    # 피처를 루프 돌리며 각 피처에 대한 input_feature를 작성합니다.
    for key, dim in ONE_HOT_FEATURES.items():
        input_features.append(
            tf.keras.Input(shape=(dim + 1,),
                           name=transformed_name(key)))

    # 버킷화 피처를 추가합니다.
    for key, dim in BUCKET_FEATURES.items():
        input_features.append(
            tf.keras.Input(shape=(dim + 1,),
                           name=transformed_name(key)))

    # 문자열 피처를 추가합니다.
    input_texts = []
    for key in TEXT_FEATURES.keys():
```

```
            input_texts.append(
                tf.keras.Input(shape=(1,),
                               name=transformed_name(key),
                               dtype=tf.string))

    inputs = input_features + input_texts

    # 문자열 피처를 임베딩합니다.
    MODULE_URL = https://tfhub.dev/google/universal-sentence-encoder/4
    # 범용 문장 인코더 모델의 tf.hub 모듈을 로드합니다.
    embed = hub.KerasLayer(MODULE_URL)
    # 케라스 입력은 2차원이지만 인코더는 1차원 입력합니다.
    reshaped_narrative = tf.reshape(input_texts[0], [-1])
    embed_narrative = embed(reshaped_narrative)
    deep_ff = tf.keras.layers.Reshape((512, ), input_shape=(1, 512))(embed_narrative)

    deep = tf.keras.layers.Dense(256, activation='relu')(deep_ff)
    deep = tf.keras.layers.Dense(64, activation='relu')(deep)
    deep = tf.keras.layers.Dense(16, activation='relu')(deep)

    wide_ff = tf.keras.layers.concatenate(input_features)
    wide = tf.keras.layers.Dense(16, activation='relu')(wide_ff)

    both = tf.keras.layers.concatenate([deep, wide])

    output = tf.keras.layers.Dense(1, activation='sigmoid')(both)
    # 피처 API로 모델 그래프를 조립합니다.
    keras_model = tf.keras.models.Model(inputs, output)

    keras_model.compile(optimizer=tf.keras.optimizers.Adam(learning_rate=0.001),
                        loss='binary_crossentropy',
                        metrics=[
                            tf.keras.metrics.BinaryAccuracy(),
                            tf.keras.metrics.TruePositives()
                        ])
    return keras_model
```

코드 위치: chapters/chapter6/trainer.py 일부

모델을 정의했으므로 이제 TFX 파이프라인으로 통합하는 프로세스를 설명하겠습니다.

6.2 TFX Trainer 컴포넌트

TFX **Trainer** 컴포넌트는 파이프라인의 학습 단계를 처리합니다. 이 절에서는 케라스 모델을 학습하는 방법을 설명합니다. 그리고 다른 학습 상황과 **Estimator** 모델에 관한 몇 가지 고려 사항을 추가로 알아봅니다.

여기서 설명하는 단계들이 일반 케라스 학습 코드보다 장황하고 불필요해 보일 수 있습니다. 하지만 중요한 점은 **Trainer** 컴포넌트가 새로운 데이터를 변환하고 예측하는 데 사용할 모델을 생산한다는 것입니다. 이 모델은 **Transform** 단계를 포함하므로 데이터 전처리 단계는 항상 모델이 기대하는 것과 일치합니다. 이렇게 하면 모델을 배포할 때 잠재적인 오류 발생원이 많이 제거됩니다.

본 예제에서 **Trainer** 컴포넌트에는 다음과 같은 입력이 필요합니다.

- 이전에 생성한 데이터 스키마(4장에서 설명한 데이터 검증 단계에서 생성)
- 5장에서 설명한 대로 변환한 데이터와 전처리 그래프
- 학습 하이퍼파라미터(예: 학습 단계 수)
- 학습 프로세스를 정의하는 run_fn() 함수가 포함된 모듈 파일

다음 섹션에서는 run_fn 함수의 설정에 대해 설명합니다. 또한 파이프라인에서 머신러닝 모델을 학습하는 방법을 알아보고 7장에서 다룰 다음 파이프라인 단계로 내보낼 예정입니다.

6.2.1 run_fn() 함수

Trainer 컴포넌트는 모듈 파일에서 run_fn() 함수를 찾아서 학습 프로세스를 실행하는 진입점으로 사용합니다. 모듈 파일은 **Trainer** 컴포넌트에 접근할 수 있어야 합니다. 대화형 콘텍스트에서 컴포넌트를 실행할 때는 모듈 파일의 절대 경로를 정의하고 컴포넌트에 전달하면 됩니다. 생산 중에 파이프라인을 실행할 때 모듈 파일을 제공하는 방법에 관한 내용은 11장과 12장을 참고하시기 바랍니다.

run_fn() 함수는 학습 단계의 일반적인 진입점입니다. 이는 **tf.Keras**에 국한되지 않습니다. 그리고 이 함수는 다음 단계를 수행합니다.

- 학습 및 검증 데이터(또는 데이터 생성기)를 로드합니다.

- 모델 아키텍처를 정의하고 모델을 컴파일합니다.

- 모델을 학습합니다.

- 다음 파이프라인 단계에서 평가할 모델을 내보냅니다.

예제 프로젝트의 **run_fn**은 [예제 6-2]와 같이 이런 단계를 수행합니다.

예제 6-2 예제 파이프라인의 run_fn() 함수

```python
def run_fn(fn_args):

    tf_transform_output = tft.TFTransformOutput(fn_args.transform_output)
    # input_fn 을 호출하여 데이터 생성기를 가져옵니다.
    train_dataset = input_fn(fn_args.train_files, tf_transform_output)
    eval_dataset = input_fn(fn_args.eval_files, tf_transform_output)

    # get_model함수를 호출하여 컴파일된 케라스 모델을 가져옵니다.
    model = get_model()
    model.fit(
        train_dataset,
        steps_per_epoch=fn_args.train_steps,
        validation_data=eval_dataset,
        # Trainer 컴포넌트가 통과한 학습 및 평가 단계 수를 사용하여 모델을 학습합니다.
        validation_steps=fn_args.eval_steps)

    # 나중에 설명할 서빙 피처를 포함하는 모델 서명을 정의합니다.
    signatures = {
        'serving_default':
            _get_serve_tf_examples_fn(
                model,
                tf_transform_output).get_concrete_function(
                    tf.TensorSpec(
                        shape=[None],
                        dtype=tf.string,
                        name='examples')
                )
    }
    model.save(fn_args.serving_model_dir,
               save_format='tf', signatures=signatures)
```

코드 위치: chapters/chapter6/trainer.py 일부

이 함수는 상당히 일반적이며 다른 **tf.Keras** 모델과 함께 재사용할 수 있습니다. 프로젝트별 상세 내역은 get_model()이나 input_fn()과 같은 헬퍼 함수에 정의됩니다. 다음 절에서는 **run_fn()** 함수 내에서 머신러닝 모델을 로드하고 학습하며 내보내는 방법을 자세히 알아보겠습니다.

데이터 로드

run_fn의 다음 줄은 학습 및 평가 데이터를 로드합니다.

```
def run_fn(fn_args):
    tf_transform_output = tft.TFTransformOutput(fn_args.transform_output)
    train_dataset = input_fn(fn_args.train_files, tf_transform_output)
    eval_dataset = input_fn(fn_args.eval_files, tf_transform_output)
```

코드 위치: chapters/chapter6/trainer.py 일부

첫 번째 줄에서 **run_fn** 함수는 **fn_args** 개체로 Transform 컴포넌트가 만들어낸 변환 그래프, 예제 데이터셋, 학습 매개변수를 포함한 일련의 인수를 수신합니다. 모델 학습과 검증에 사용할 데이터 로딩은 일괄적으로 수행되며, 로딩은 [예제 6-3]과 같이 input_fn() 함수가 처리합니다.

예제 6-3 예제 파이프라인의 input_fn() 함수

```
def _gzip_reader_fn(filenames):
    return tf.data.TFRecordDataset(filenames,
        compression_type='GZIP')

def input_fn(file_pattern,
             tf_transform_output, batch_size=32):

    transformed_feature_spec = (
        tf_transform_output.transformed_feature_spec().copy())

    dataset = tf.data.experimental.make_batched_features_dataset(
        file_pattern=file_pattern,
        batch_size=batch_size,
        features=transformed_feature_spec,
        reader=_gzip_reader_fn,
        # 데이터셋이 적절한 배치 크기로 일괄 처리됩니다.
```

```
        label_key=transformed_name(LABEL_KEY))

    return dataset
```

코드 위치: chapters/chapter6/trainer.py 일부

input_fn 함수를 사용하면 이전 변환 단계[11]에서 생성한 압축되고 전처리된 데이터셋을 로드할 수 있습니다. 이를 수행하려면 tf_transform_output을 피처에 전달해야 합니다. 따라서 Transform 컴포넌트가 생성한 TFRecord 데이터 구조에서 데이터셋을 로드하는 데이터 스키마가 제공됩니다. 전처리된 데이터셋을 사용하면 학습 중에 데이터가 전처리되지 않도록 해서 학습 프로세스를 가속화할 수 있습니다.

input_fn은 한 번에 한 배치씩 모델에 데이터를 제공하는 제너레이터(batched_features_dataset)를 반환합니다.

모델 컴파일 및 학습

데이터를 로드한 다음에는 모델 아키텍처를 정의하고 모델을 컴파일해야 합니다. run_fn에서 이를 수행하려면 앞서 설명한 get_model()을 호출해야 하므로 코드 한 줄만 있으면 됩니다.

```
model = get_model()
```

다음으로, 케라스 메서드 fit()를 사용하여 컴파일된 tf.Keras 모델을 학습합니다.

```
model.fit(
        train_dataset,
        steps_per_epoch=fn_args.train_steps,
        validation_data=eval_dataset,
        validation_steps=fn_args.eval_steps)
```

> **TIP** **학습 단계 대 에포크**
>
> TFX Trainer 컴포넌트는 학습 프로세스를 에포크가 아닌 학습 단계 수에 따라 정의합니다. 학습 단계는 모델이 단일 배치의 데이터로 학습시키는 시점을 의미합니다. 에포크가 아닌 단계를 사용하면 대용량 데이터셋

---

11 이전 Transform 컴포넌트 없이 Trainer 컴포넌트를 사용할 수 있으며 원시 데이터셋을 로드할 수 있습니다. 그러나 이때는 전처리 및 모델 그래프를 하나의 SavedModel 그래프로 내보내는 TFX의 우수한 기능을 놓치게 됩니다.

으로 모델을 학습하거나 검증할 수 있으며 데이터의 일부만 사용할 수 있다는 이점이 있습니다. 학습 중에 학습 데이터셋을 여러 번 반복하려면 단계 크기를 학습 가능한 샘플의 수의 몇 배 만큼으로 늘리면 됩니다.

모델 학습을 완료한 다음에는 학습된 모델을 내보냅니다. 8장에서 배포용 모델 내보내기를 자세히 설명하겠습니다. 다음 절에서는 사전 처리 단계를 모델과 함께 내보내는 방법을 알아봅니다.

모델 내보내기

마지막으로 모델을 내보냅니다. 이전 파이프라인 컴포넌트의 전처리 단계를 학습된 모델과 결합하고 모델을 텐서플로의 **SavedModel** 형식으로 저장합니다. [예제 6-4] 함수에서 생성한 그래프를 기반으로 **모델 서명**model signature을 정의합니다. 모델 서명은 8.6절에서 자세히 다룹니다.

run_fn 함수에서 모델 서명을 정의하고 다음 코드로 모델을 저장합니다.

```
signatures = {
        'serving_default':
            _get_serve_tf_examples_fn(
                model,
                tf_transform_output).get_concrete_function(
                    tf.TensorSpec(
                        shape=[None],
                        dtype=tf.string,
                        name='examples')
                )
    }
    model.save(fn_args.serving_model_dir,
                save_format='tf', signatures=signatures)
```

코드 위치: chapters/chapter6/trainer.py 일부

run_fn은 get_serve_tf_examples_fn을 모델 서명의 일부로 내보냅니다. 모델을 내보내고 배포하면 모든 예측 요청이 [예제 6-4]에 표시된 serve_tf_examples_fn()을 통과합니다. 요청 시마다 직렬화된 tf.Example 레코드를 구문 분석하고 전처리 단계를 원시 요청 데이터에 적용합니다. 그런 다음 모델이 전처리한 데이터를 예측합니다.

```python
def get_serve_tf_examples_fn(model, tf_transform_output):
    # 전처리 그래프를 로드합니다.
    model.tft_layer = tf_transform_output.transform_features_layer()

    @tf.function
    def serve_tf_examples_fn(serialized_tf_examples):
        feature_spec = tf_transform_output.raw_feature_spec()
        feature_spec.pop(LABEL_KEY)
        # 요청에서 원시tf.Example 레코드를 구문 분석합니다.
        parsed_features = tf.io.parse_example(
            serialized_tf_examples, feature_spec)

        # 전처리 변환을 원시 데이터에 적용합니다.
        transformed_features = model.tft_layer(parsed_features)
        # 전처리된 데이터를 사용하여 예측을 수행합니다.
        outputs = model(transformed_features)
        return {'outputs': outputs}

    return serve_tf_examples_fn
```

코드 위치: chapters/chapter6/trainer.py 일부

run_fn() 함수의 정의와 함께 **Trainer** 컴포넌트를 실행하는 방법을 살펴보겠습니다.

다음은 완성된 예제입니다.

```python
from typing import Text, List

import tensorflow as tf
import tensorflow_hub as hub
import tensorflow_transform as tft


# 피처 이름, 피처 차원
ONE_HOT_FEATURES = {
    "product": 11,
    "sub_product": 45,
    "company_response": 5,
    "state": 60,
    "issue": 90,
}
```

```python
# 피처 이름, 버킷 개수
BUCKET_FEATURES = {"zip_code": 10}

# 피처 이름, 값은 정의되지 않음
TEXT_FEATURES = {"consumer_complaint_narrative": None}

LABEL_KEY = "consumer_disputed"


def transformed_name(key: Text) -> Text:
    """원래 이름으로부터 변환된 피처의 이름을 생성"""
    return key + "_xf"


def vocabulary_name(key: Text) -> Text:
    """원래 이름으로부터 단어 피처의 이름을 생성"""
    return key + "_vocab"


def transformed_names(keys: List[Text]) -> List[Text]:
    """여러 개의 피처 이름을 변환"""
    return [transformed_name(key) for key in keys]


def _gzip_reader_fn(filenames):
    """gzip으로 압축된 파일을 읽어서 반환하는 간단한 유틸성 함수"""
    return tf.data.TFRecordDataset(filenames, compression_type="GZIP")


def _get_serve_tf_examples_fn(model, tf_transform_output):
    """직렬화된 tf.Example을 변환하고 TFT를 적용하는 함수를 반환
    """
    # 전처리 그래프를 로드합니다.
    model.tft_layer = tf_transform_output.transform_features_layer()

    @tf.function
    def serve_tf_examples_fn(serialized_tf_examples):
        """서빙 서명에서 사용할 출력값을 반환"""
        feature_spec = tf_transform_output.raw_feature_spec()
        feature_spec.pop(LABEL_KEY)
        # 요청에서 원시 tf.Example 레코드를 구문 분석합니다.
        parsed_features = tf.io.parse_example(
            serialized_tf_examples, feature_spec
        )
```

```python
        # 전처리 변환을 원시 데이터에 적용합니다.
        transformed_features = model.tft_layer(parsed_features)

        return model(transformed_features)

    return serve_tf_examples_fn


def input_fn(file_pattern, tf_transform_output, batch_size=200):
    """Generates features and label for tuning/training.

  Args:
    file_pattern: input tfrecord file pattern.
    tf_transform_output: A TFTransformOutput.
    batch_size: representing the number of consecutive elements of returned
      dataset to combine in a single batch

  Returns:
    A dataset that contains (features, indices) tuple where features is a
      dictionary of Tensors, and indices is a single Tensor of label indices.
  """
    transformed_feature_spec = (
        tf_transform_output.transformed_feature_spec().copy()
    )

    dataset = tf.data.experimental.make_batched_features_dataset(
        file_pattern=file_pattern,
        batch_size=batch_size,
        features=transformed_feature_spec,
        reader=_gzip_reader_fn,
        label_key=transformed_name(LABEL_KEY),
    )

    return dataset


def get_model():

    # 원-핫 범주형 피처
    input_features = []
    # 전체 피처를 순화하며 각 피처에 대한 input_feature를 작성합니다.
    for key, dim in ONE_HOT_FEATURES.items():
        input_features.append(
            tf.keras.Input(shape=(dim + 1,),
```

```python
                        name=transformed_name(key)))

# 버킷화 피처를 추가합니다.
for key, dim in BUCKET_FEATURES.items():
    input_features.append(
        tf.keras.Input(shape=(dim + 1,),
                       name=transformed_name(key)))

# 문자열 피처를 추가합니다.
input_texts = []
for key in TEXT_FEATURES.keys():
    input_texts.append(
        tf.keras.Input(shape=(1,),
                       name=transformed_name(key),
                       dtype=tf.string))

inputs = input_features + input_texts

# 문자열 피처를 임베딩합니다.
MODULE_URL = "https://tfhub.dev/google/universal-sentence-encoder/4"
# 범용 문장 인코더 모델의 tf.hub 모듈을 로드합니다.
embed = hub.KerasLayer(MODULE_URL)
# 케라스 입력은 2차원이지만 인코더는 1차원을 입력받습니다.
reshaped_narrative = tf.reshape(input_texts[0], [-1])
embed_narrative = embed(reshaped_narrative)
deep_ff = tf.keras.layers.Reshape((512, ), input_shape=(1, 512))(embed_narrative)

deep = tf.keras.layers.Dense(256, activation='relu')(deep_ff)
deep = tf.keras.layers.Dense(64, activation='relu')(deep)
deep = tf.keras.layers.Dense(16, activation='relu')(deep)

wide_ff = tf.keras.layers.concatenate(input_features)
wide = tf.keras.layers.Dense(16, activation='relu')(wide_ff)

both = tf.keras.layers.concatenate([deep, wide])

output = tf.keras.layers.Dense(1, activation='sigmoid')(both)
# 피처 API로 모델 그래프를 조립합니다.
keras_model = tf.keras.models.Model(inputs, output)

keras_model.compile(optimizer=tf.keras.optimizers.Adam(learning_rate=0.001),
                    loss='binary_crossentropy',
                    metrics=[
                        tf.keras.metrics.BinaryAccuracy(),
```

```python
                    tf.keras.metrics.TruePositives()
                ])
    return keras_model


def run_fn(fn_args):

    tf_transform_output = tft.TFTransformOutput(fn_args.transform_output)
    # input_fn 을 호출하여 데이터 생성기를 가져옵니다.
    train_dataset = input_fn(fn_args.train_files, tf_transform_output)
    eval_dataset = input_fn(fn_args.eval_files, tf_transform_output)

    # get_model함수를 호출하여 컴파일된 케라스 모델을 가져옵니다.
    model = get_model()
    model.fit(
        train_dataset,
        steps_per_epoch=fn_args.train_steps,
        validation_data=eval_dataset,
        # Trainer 컴포넌트가 통과한 학습 및 평가 단계 수를 사용하여 모델을 학습합니다.
        validation_steps=fn_args.eval_steps)

    # 나중에 설명할 서빙 피처를 포함하는 모델 서명을 정의합니다.
    signatures = {
        'serving_default':
            _get_serve_tf_examples_fn(
                model,
                tf_transform_output).get_concrete_function(
                tf.TensorSpec(
                    shape=[None],
                    dtype=tf.string,
                    name='examples')
            )
    }
    model.save(fn_args.serving_model_dir,
               save_format='tf', signatures=signatures)
```

코드 위치: chapters/chapter6/trainer.py

6.2.2 Trainer 컴포넌트 실행

[예제 6-5]와 같이 **Trainer** 컴포넌트는 다음을 입력으로 사용합니다.

- 파이썬 모듈 파일. 여기서는 module.py으로 저장되며 이전에 살펴본 run_fn(), input_fn(), get_serve_tf_examples_fn() 등의 함수를 포함함

- Transform 컴포넌트에서 생성된 변환 예제

- Transform 컴포넌트에서 생성된 변환 그래프

- ExampleValidator 컴포넌트에서 생성된 스키마

- 학습 및 평가 단계 수

예제 6-5 Trainer 컴포넌트

```
from tfx.components import Trainer
trainer = Trainer(
    module_file=os.path.abspath("trainer.py"),
    examples=transform.outputs["transformed_examples"],
    transform_graph=transform.outputs["transform_graph"],
    schema=schema_gen.outputs["schema"],
    train_args=tfx.proto.TrainArgs(num_steps=100),
    eval_args=tfx.proto.EvalArgs(num_steps=50))
context.run(trainer)
```

코드 위치: chapters/chapter6/pipeline.ipynb 일부

노트북 환경(대화형 콘텍스트)에서는 이전 컴포넌트와 마찬가지로 다음 명령을 사용하여 **Trainer** 컴포넌트를 실행할 수 있습니다.

```
context.run(trainer)
```

모델 학습과 내보내기가 완료되면 컴포넌트는 내보낸 모델의 경로를 메타데이터스토어에 등록합니다. 다운스트림 컴포넌트는 모델을 선택해서 검증할 수 있습니다. **Trainer** 컴포넌트는 일반적이며 실행 중인 텐서플로 모델에 국한되지 않습니다. 그러나 파이프라인 뒷부분의 컴포넌트에서는 모델이 텐서플로 SavedModel 형식(https://oreil.ly/fe6rp)으로 저장될 것으로 예상합니다. SavedModel 그래프는 변환 그래프를 포함하므로 데이터 전처리 단계가 모델의 일부입니다.

6.2.3 Trainer 컴포넌트 기타 고려 사항

지금까지 본 예제에서는 케라스 모델의 단일 학습 실행만을 고려했습니다. 하지만 Trainer 컴포넌트를 사용하여 이전 실행의 모델을 미세 조정하거나 여러 모델을 동시에 학습할 수 있습니다. 이 내용은 10.1절 '고급 파이프라인 개념'에서 다루겠습니다. 또한 하이퍼파라미터 검색으로 모델을 최적화하는 데 사용할 수 있습니다. 6.5절 '모델 튜닝'에서 이를 자세히 설명하겠습니다.

이 절에서는 Estimator 모델과 함께 Trainer 컴포넌트를 사용하는 방법과 TFX 파이프라인 외부에 Trainer 컴포넌트가 내보낸 SavedModel을 로드하는 방법을 설명합니다.

Estimator 모델과 함께 Trainer 컴포넌트 사용하기

최근까지 TFX는 tf.Estimator 모델만 지원했으며 Trainer 컴포넌트는 Estimator 전용으로 설계되었습니다. Trainer 컴포넌트의 기본 구현에서는 학습 프로세스의 진입점으로 trainer_fn() 함수를 사용했지만, 이 진입점은 tf.Estimator에 따라 다릅니다.

Trainer 컴포넌트에서는 Estimator 입력이 train_input_fn(), eval_input_fn(), serving_receiver_fn()[12]과 같은 기능으로 정의될 것으로 예상합니다.

6.2.2 'Trainer 컴포넌트 실행'에서 논의한 바와 같이 컴포넌트의 핵심 기능은 일반 학습 실행자 GenericExecutor와 교환할 수 있습니다. GenericExecutor는 run_fn() 함수를 학습 프

---

12 tf.model_to_estimator() 변환을 사용해 tf.Keras 모델을 tf.Estimator 모델로 변환할 수 있습니다. 그러나 TFX 최근 업데이트에 따르면 더는 권장되지 않는 방식입니다.

로세스[13]의 진입점으로 사용합니다. 실행자의 이름에서 알 수 있듯이, 학습 프로세스는 일반적이며 tf.Estimator나 tf.Keras 모델에 국한되지 않습니다.

파이프라인 외부에서 SavedModel 사용하기

TFX 파이프라인 외부에서 내보낸 SavedModel을 검사하려면 모델을 **콘크리트** 함수[14]로 로드하면 됩니다. 이 함수는 단일 서명 그래프를 나타냅니다.

```
import tensorflow as tf
model_path = trainer.outputs["model"].get()[0].uri + "/Format-Serving"
model = tf.saved_model.load(export_dir=model_path)
predict_fn = model.signatures["serving_default"]
```

코드 위치: chapters/chapter6/pipeline.ipynb 일부

모델을 콘크리트 함수로 로드한 다음에는 예측을 수행할 수 있습니다. 내보낸 모델은 다음 예제와 같이 tf.Example 데이터 구조에 입력 데이터가 제공되기를 기대합니다. tf.Example 데이터 구조와 다른 피처(예: 정수, 실수형 값)을 변환하는 방법은 [예제 3-1]에서 확인하세요. 다음 코드는 직렬화된 데이터 구조를 생성하고 prediction_fn() 함수를 호출하여 모델 예측을 수행하는 방법입니다.

```
#_bytes_feature 헬퍼 함수는 [예제 3-1]에서 정의했습니다.
example = tf.train.Example(features=tf.train.Features(feature={
    'feature_A': _bytes_feature(feature_A_value),
    ...
    }))

serialized_example = example.SerializeToString()
print(predict_fn(tf.constant([serialized_example])))
```

학습 중에 모델 진행 상황을 자세히 검사하려면 텐서보드를 사용하면 됩니다. 다음 절에서는 파이프라인의 텐서보드 사용 방법을 살펴보겠습니다.

---

13 구성 요소 실행자를 개발하고 교환하는 단계에 관심이 있다면, 10장의 '기존 구성 요소 재사용'을 참고하세요.
14 콘크리트 함수에 관한 자세한 내용은 텐서플로 문서(https://oreil.ly/Y8Hup)를 참고하기 바랍니다.

다음은 완성된 예제입니다.

```python
from tfx import v1 as tfx
from tfx.components import StatisticsGen
from tfx.components import SchemaGen
from tfx.components import Transform
from tfx.components import Trainer
from tfx.orchestration.experimental.interactive.interactive_context import \
    InteractiveContext

import os
from pathlib import Path

from tfx.components import CsvExampleGen
from tfx.proto import example_gen_pb2

context = InteractiveContext()

dir_path = Path().parent.absolute()
data_dir = os.path.join(dir_path, "..", "..", "data", "processed")
output = example_gen_pb2.Output(
    # 선호하는 분할을 정의합니다.
    split_config=example_gen_pb2.SplitConfig(splits=[
        # 비율을 지정합니다.
        example_gen_pb2.SplitConfig.Split(name="train", hash_buckets=6),
        example_gen_pb2.SplitConfig.Split(name="eval", hash_buckets=2),
        example_gen_pb2.SplitConfig.Split(name="test", hash_buckets=2)
    ]))

# output_config 인수를 추가합니다.
example_gen = CsvExampleGen(input_base=data_dir, output_config=output)
context.run(example_gen)

for artifact in example_gen.outputs["examples"].get():
    print(artifact)

statistics_gen = StatisticsGen(
    examples=example_gen.outputs["examples"])
context.run(statistics_gen)

context.show(statistics_gen.outputs["statistics"])

statistics_gen = StatisticsGen(
```

```
        examples=example_gen.outputs["examples"])
context.run(statistics_gen)

for artifact in statistics_gen.outputs["statistics"].get():
    print(artifact.uri)

schema_gen = SchemaGen(
    statistics=statistics_gen.outputs["statistics"],
    infer_feature_shape=False,
)
context.run(schema_gen)

transform = Transform(
    examples=example_gen.outputs["examples"],
    schema=schema_gen.outputs["schema"],
    module_file=os.path.abspath("transform.py"))
context.run(transform)

trainer = Trainer(
    module_file=os.path.abspath("trainer.py"),
    examples=transform.outputs["transformed_examples"],
    transform_graph=transform.outputs["transform_graph"],
    schema=schema_gen.outputs["schema"],
    train_args=tfx.proto.TrainArgs(num_steps=100),
    eval_args=tfx.proto.EvalArgs(num_steps=50))
context.run(trainer)

import tensorflow as tf
model_path = trainer.outputs["model"].get()[0].uri + "/Format-Serving"
model = tf.saved_model.load(export_dir=model_path)
predict_fn = model.signatures["serving_default"]
```

코드 위치: chapters/chapter6/pipeline.ipynb

6.3 대화형 파이프라인에서 텐서보드 사용하기

텐서보드TensorBoard는 텐서플로 생태계의 일부이며 훌륭한 도구입니다. 학습 중에 지표를 모니
터링하거나, NLP 문제에 단어를 포함하거나, 모델에서 계층의 활성화를 확인하는 등, 파이프
라인에서 사용할 수 있는 여러 가지 유용한 기능이 있습니다. 새로운 Profiler 기능을 사용해

모델의 프로필을 생성하여 성능 병목 현상을 파악할 수 있습니다. [그림 6-3]은 텐서보드 기본 시각화의 예입니다.

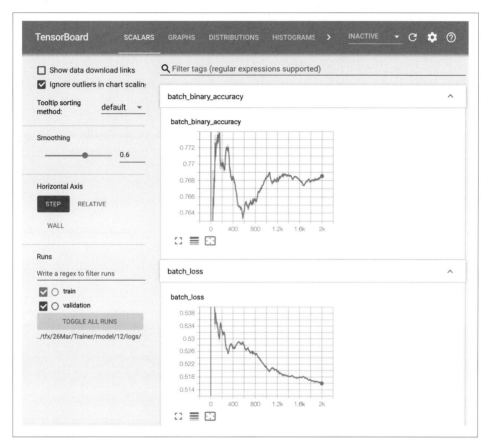

그림 6-3 텐서보드에서 학습 중에 지표 보기

파이프라인에서 텐서보드를 사용하려면 **run_fn** 함수에 콜백을 추가하고 지정한 폴더에 학습을 기록해야 합니다.

```
log_dir = os.path.join(os.path.dirname(fn_args.serving_model_dir), 'logs')
tensorboard_callback = tf.keras.callbacks.TensorBoard(
    log_dir=log_dir, update_freq='batch')
```

또한 모델 학습에 콜백을 추가해야 합니다.

```
model.fit(
    train_dataset,
    steps_per_epoch=fn_args.train_steps,
    validation_data=eval_dataset,
    validation_steps=fn_args.eval_steps,
    callbacks=[tensorboard_callback])
```

그런 다음 노트북에서 텐서보드를 보려면 모델 학습 로그의 위치를 확인하여 텐서보드에 전달합니다.

```
model_dir = trainer.outputs['output'].get()[0].uri

%load_ext tensorboard
%tensorboard --logdir {model_dir}
```

또한 다음을 실행하여 노트북 밖에서 텐서보드를 사용할 수도 있습니다.

```
tensorboard --logdir path/to/logs
```

그런 다음 http://localhost:6006/에 연결하여 텐서보드를 봅니다. 이렇게 하면 세부 정보를 볼 수 있는 더 큰 창이 나타납니다.

다음으로는 여러 GPU에서 대형 모델을 학습하는 데 유용한 전략 몇 가지를 소개하겠습니다.

6.4 분산 학습 전략

텐서보드는 단일 GPU에서 적절하게 학습할 수 없는 머신러닝 모델의 배포 전략을 제공합니다. 학습을 가속하거나 전체 모델을 단일 GPU에 적합시킬 수 없을 때 배포 전략을 고려해보세요.

여기서 설명하는 전략은 모델 매개변수를 여러 GPU 또는 여러 서버에 분산하는 추상화 전략입니다. 일반적으로 **동기식**synchronous 및 **비동기식**asynchronous 학습이라는 두 가지 전략 그룹이 있습니다. 동기식 전략에서는 모든 학습 작업자가 동기식으로 서로 다른 학습 데이터 조각으로 학습한 다음 모델을 업데이트하기 전에 모든 작업자의 그레이디언트 수를 집계합니다. 비동기식 전략은 다른 작업자의 전체 데이터셋과 독립적으로 모델을 훈련합니다. 각 작업자는 다른 작업자가 완료되기를 기다리지 않고 비동기식으로 모델의 그레이디언트 정보를 업데이트합니다. 일반적으로 동기식 전략은 올리듀스 연산$^{all-reduce operation}$[15]으로 조정하고, 비동기식 전략은 매개변수 서버 아키텍처로 조정합니다.

몇 가지 동기식 및 비동기식 전략이 있으며, 각각 장단점이 있습니다. (이 절 작성 시점을 기준으로) 케라스는 다음과 같은 전략을 지원합니다.

- **MirroredStrategy**
  이 전략은 단일 인스턴스의 여러 GPU와 관련이 있으며 동기식 학습 패턴을 따릅니다. 작업자의 모델과 매개변수를 **미러링**하지만 각 작업자는 서로 다른 데이터 배치를 수신합니다. MirroredStrategy는 GPU가 여러 개인 단일 노드에서 머신러닝 모델을 학습하고, 머신러닝 모델이 GPU 메모리에 적합할 때 좋은 기본 전략입니다.

- **CentralStorageStrategy**
  MirroredStrategy와 달리 이 전략의 변수는 모든 GPU에 걸쳐 미러링되지 않습니다. 대신 CPU 메모리에 저장한 다음 할당된 GPU에 복사하여 관련 작업을 실행합니다. CentralStorageStrategy는 단일 GPU 작업에서 변수를 CPU가 아닌 GPU에 저장합니다. CentralStorageStrategy는 여러 GPU가 있는 단일 노드에서 학습할 때 전체 모델이 단일 GPU 메모리에 맞지 않거나 GPU 간의 통신 대역폭이 너무 제한적일 때 학습을 분산시킬 때 좋은 전략입니다.

- **MultiWorkerMirroredStrategy**
  MirroredStrategy의 설계 패턴을 따르지만 여러 워커(예: 컴퓨팅 인스턴스)에 걸쳐 변수를 복사합니다. MultiWorkerMirroredStrategy는 모델 학습에 하나의 노드가 충분하지 않을 때의 옵션입니다.

- **TPUSTrategy**
  이 전략을 사용해 구글 클라우드의 TPU를 사용할 수 있습니다. 동기식 학습 패턴을 따르며 GPU 대신 TPU를 사용한다는 점을 제외하면 기본적으로 MirroredStrategy와 같이 작동합니다. MirroredStrategy는 GPU 고유의 올리듀스 함수를 사용하기에 자체적인 전략이 필요합니다. TPU는 엄청난 양의 RAM을 사용할 수 있고 TPU 간 통신은 매우 최적화되었으므로 TPU 전략은 미러링 접근 방식을 사용합니다.

- **ParameterServerStrategy**
  ParameterServerStrategy는 여러 노드를 중앙 변수 저장소로 사용합니다. 이 전략은 단일 노드의 가용 리소스(예: RAM, I/O 대역폭)를 초과하는 모델에 유용합니다. 단일 노드에서 학습할 수 없고 모델이 노드의 RAM이나 I/O 제한을 초과할 때 사용할 수 있는 유일한 전략입니다.

---

15 올리듀스 연산은 모든 작업자의 결과물을 하나로 통합합니다. 즉, 모든 학습 작업자 간의 동기화를 가능하게 합니다.

- **OneDeviceStrategy**

  OneDeviceStrategy의 핵심은 실제 분산 학습을 실시하기 전에 전체 모델 설정을 테스트하는 것입니다. 이 전략은 모델 학습이 하나의 장치(예: GPU 하나)만 사용하도록 강제합니다. 학습 설정의 작동이 확인되면 전략을 바꿀 수 있습니다.

> **WARNING_** TFX **Trainer** 컴포넌트로 모든 전략을 사용할 수는 없습니다. 이 절 작성 시점을 기준으로 TFX **Trainer** 컴포넌트는 MirroredStrategy와 OneDeviceStrategy만 지원합니다.

MirroredStrategy는 TFX Trainer의 지원을 받으므로 여기서 관련 예제를 보여드리겠습니다. 모델 생성 및 후속 `model.compile()` 호출하기 전에 몇 줄을 추가하여 MirroredStrategy를 쉽게 적용할 수 있습니다.

```
# 배포 전략의 예입니다.
mirrored_strategy = tf.distribute.MirroredStrategy()
# 파이썬 매니저와 함께 모델 생성 및 컴파일을 마무리합니다.
with mirrored_strategy.scope():
    model = get_model()
```

예제 설정에서는 MirroredStrategy 인스턴스를 만듭니다. 모델에 배포 전략을 적용하기 위해 모델 생성과 컴파일을 파이썬 매니저와 함께 마무리합니다(여기서는 이 모두가 `get_model()` 함수 내부에서 이루어집니다). 이렇게 하면 선택한 배포 범위에 따라 모델을 만들고 컴파일할 수 있습니다. MirroredStrategy는 인스턴스의 모든 가용 GPU를 사용합니다. 사용 중인 GPU 인스턴스 수를 줄이려면(예: 인스턴스를 공유할 때) 배포 전략 생성을 변경하여 MirroredStrategy와 함께 사용할 GPU를 지정하면 됩니다.

```
mirrored_strategy = tf.distribute.MirroredStrategy(devices=["/gpu:0", "/gpu:1"])
```

이 예에서는 학습 실행에 사용할 GPU를 두 개 지정합니다.

TIP **MirroredStrategy 사용 시 배치 크기 요구 사항**

MirroredStrategy는 배치 크기가 장치 수에 비례한다고 예상합니다. 예를 들어 GPU 5개로 학습할 때 배치 크기는 GPU 수의 배수여야 합니다. [예제 6-3]에 설명한 대로 input_fn() 함수를 설정할 때 유의하시기 바랍니다.

이런 분산 전략은 단일 GPU 메모리에 맞지 않는 대규모 학습 작업에 유용합니다. 다음 절에서 논의할 모델 튜닝에 이런 전략들이 필요합니다.

6.5 모델 튜닝

하이퍼파라미터 튜닝은 정확한 머신러닝 모델을 달성하는 데 있어 중요한 부분입니다. 사용 사례에 따라 초기 실험 중에 수행하거나 파이프라인에 포함할 수 있습니다. 여기서는 모델 튜닝의 간략한 개요를 제공하고 모델 튜닝을 파이프라인에 어떻게 포함하는지 설명합니다.

6.5.1 하이퍼파라미터 튜닝 전략

파이프라인에 있는 모델 유형에 따라 하이퍼파라미터의 선택이 달라집니다. 모델이 심층 신경 망deep neural network일 때, 신경망으로 우수한 성능을 달성하려면 하이퍼파라미터 튜닝이 특히 중요합니다. 튜닝해야 할 핵심 하이퍼파라미터 두 가지는 최적화와 네트워크 아키텍처를 제어하는 것입니다.

최적화에는 기본적으로 Adam이나 NAdam을 사용하면 좋습니다. 학습률은 실험에 매우 중요한 매개변수이며 학습률 스케줄러에는 여러 가지 옵션이 있습니다. GPU 메모리에 맞는 가장 큰 배치 크기를 사용하기를 권장합니다.

특히 대규모 모델에서는 아래의 방식을 제안합니다.

- 0.1로 시작하여 초기 학습률learning rate를 조정합니다.
- 학습 단계를 선택합니다(인내patience가 허용하는 수만큼).
- 지정된 단계 수에 걸쳐 학습률을 0으로 선형적으로 감소시킵니다.

소형 모델에는 조기 종료early stopping를 사용해서 과적합overfitting을 방지하면 좋습니다. 이 기법을 사용하면 사용자가 정의한 에포크 수 이후의 검증 손실validation loss이 좋아지지 않을 때 모델 학습이 중지됩니다. 네트워크 아키텍처에서 조정해야 할 가장 중요한 두 가지 매개변수는 계층의 크기와 개수입니다. 이 값을 늘리면 학습 성능이 향상되지만 과적합의 원인이 되거나 모델을 학습하는 데 시간이 더 오래 걸립니다. 특히 심층 구조에서는 계층 간에 잔차 연결 Residual Connection을 추가하는 방법도 고려할 수 있습니다.

가장 많이 사용하는 하이퍼파라미터 검색 방식은 **그리드 검색**grid search와 **랜덤 검색**random search입니다. 그리드 검색에서는 매개변수의 모든 조합을 철저히 탐색하지만, 랜덤 검색에서는 사용할 수 있는 옵션에서 매개변수가 샘플링되므로 모든 조합을 시도하지 않아도 될 수 있습니다. 가능한 하이퍼파라미터의 수가 많으면 그리드 검색에 오랜 시간이 소요될 수 있습니다. 다양한 값을 시도한 후 가장 성능이 좋은 하이퍼파라미터를 선택하고 해당 매개변수를 중심으로 새 검색을 시작하여 미세 조정할 수 있습니다.

텐서플로 생태계에서는 케라스 튜너Keras Tunner(`https://oreil.ly/N3DqZ`)가 구현되어 있고, 쿠브플로에서는 Katib(`https://oreil.ly/rVwCk`)을 사용하여 하이퍼파라미터 튜닝을 수행합니다. 이 두 패키지는 그리드 및 랜덤 검색 외에도 베이지안 최적화Bayesian Optimization 및 하이퍼밴드Hyperband 알고리즘을 지원합니다.

6.5.2 TFX 파이프라인의 하이퍼파라미터 튜닝

TFX 파이프라인에서 하이퍼파라미터 튜닝은 `Transform` 컴포넌트에서 데이터를 가져오고 다양한 모델을 학습하여 최고의 하이퍼파라미터를 선정합니다. 그런 다음 하이퍼파라미터는 `Trainer` 컴포넌트로 전달되고, 컴포넌트에서 하이퍼파라미터로 최종 모델을 학습합니다.

이때 모델 정의 함수(여기서는 `get_model` 함수)는 하이퍼파라미터를 입력으로 받아들이고 지정된 하이퍼파라미터에 따라 모델을 구축해야 합니다. 따라서 예를 들어 계층 수는 입력 인자로 정의해야 합니다.

> **NOTE_ TFX** Tuner 컴포넌트
> 이 책을 마무리할 무렵에 TFX `Tuner` 컴포넌트가 출시되었습니다. 프로젝트의 깃허브 저장소(`https://oreil.ly/uK7Z9`)에서 소스 코드를 볼 수 있습니다.

6.6 요약

이 장에서는 모델 학습을 독립 실행형 스크립트에서 파이프라인의 통합 부분으로 전환하는 방법을 설명했습니다. 즉, 새 데이터가 파이프라인에 도착하는 즉시 또는 이전 모델의 정확도가 사전 정의된 수준 아래로 떨어질 때처럼 원하는 시점에 자동화된 프로세스를 실행할 수 있습니다. 또한 모델과 데이터 전처리 단계를 함께 저장하여 전처리와 학습 간의 불일치에서 비롯하는 오류를 방지하는 방법도 알아봤습니다. 또한 모델 학습을 배포하고 하이퍼파라미터를 조정하는 전략도 다뤘습니다.

이제 저장된 모델을 확보했으니, 다음 단계로 모델이 할 수 있는 작업을 자세히 살펴보겠습니다.

모델 분석 및 검증

지금까지 머신러닝 파이프라인에서 데이터 통계를 확인했고, 데이터를 올바른 피처로 변환했고, 모델을 훈련시켰습니다. 이제 모델을 프로덕션에 투입할 때가 되었나요? 모델을 배치하기 전에 두 단계를 더 거치기를 권장합니다. 즉, 모델의 성능을 심층적으로 분석하고, 이미 배포된 기존 모델의 성능을 개선할 수 있는지 검증하는 단계가 필요합니다. [그림 7-1]에서와 같이 말이죠.

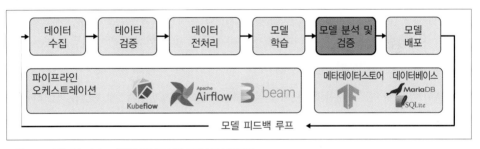

그림 7-1 머신러닝 파이프라인의 일부로서의 모델 분석 및 검증

우리는 모델을 학습하는 동안 평가 세트에서 성능을 모니터링하고, 하이퍼파라미터 값을 다양하게 시도하여 최고의 성능을 얻기 위해 노력합니다. 그러나 학습 중에는 일반적으로 하나의 지표만 사용하며, 정확성이 빈번히 사용되는 편입니다.

머신러닝 파이프라인을 구축하면서 복잡한 비즈니스 질문에 답하거나 복잡한 실제 시스템을 모델링할 때가 많습니다. 모델이 하나의 지표만으로 질문에 답하기는 어렵습니다. 특히 데이터셋의 균형이 맞지 않거나 일부 모델의 결정이 다른 데이터셋보다 더 좋은 결과를 가져올 때는 더욱더 그렇습니다.

또한 전체 평가 세트에 걸쳐 성능을 평균화하는 단일 지표는 많은 중요한 세부 정보를 숨길 수 있습니다. 모델이 사람에 관한 데이터를 처리할 때 모델과 상호 작용하는 모든 사람이 같은 경험을 하나요? 여러분의 모델은 남성 사용자보다 여성 사용자에게 더 나은 성능을 제공하나요? 일본 사용자가 미국 사용자보다 더 나쁜 결과를 받나요? 이런 차이는 상업적으로 피해를 주거나 실제 사람들에게 해를 끼칠 수 있습니다. 모델이 자율 주행 차량 앞의 물체를 감지할 때 모든 조명 조건에서 정상적으로 작동하나요? 전체 학습 세트에 단일 지표를 사용하면 중요한 에지 및 코너 케이스를 숨길 수 있습니다. 데이터셋의 여러 조각에 걸쳐 지표를 모니터링할 수 있어야 합니다.

시간(배포 전, 배포 후, 운영 중)에 따른 성능을 모니터링해야 합니다. 모델이 정적이더라도 파이프라인에 들어오는 데이터가 시간이 지나면서 변경되어 성능이 저하되는 때가 많습니다.

이 장에서는 텐서플로 생태계의 TFMA^{TensorFlow Model Analysis} 패키지를 소개합니다. TFMA는 이런 모든 피처를 제공합니다. 모델 성능에 대한 자세한 지표를 얻고, 데이터를 잘라 여러 그룹에 대한 지표를 가져오며, 공정성 지표 확인 및 What-If-도구를 사용해 모델 공정성을 심층적으로 파악하는 방법을 보여드리겠습니다. 그런 다음 분석을 넘어 현재 모델이 만들고 있는 예측을 설명하는 방법을 알아봅니다.

새 모델이 이전 버전보다 개선되었는지를 검증하는 방법도 설명합니다. 새 모델을 배포하기 전의 마지막 단계죠. 프로덕션에 배포한 새 모델은 다른 관련 서비스들이 차례로 개선되도록 한 단계 발전된 모습을 보여줘야 합니다. 새 모델이 어떤 식으로든 개선되지 않는다면, 배포할 이유가 없습니다.

7.1 모델 분석 방법

모델 분석 프로세스는 성능 지표 선택부터 시작합니다. 앞서 논의한 바와 같이, 성능 지표 선택은 머신러닝 파이프라인의 성공에 매우 중요한 부분입니다. 단일 지표가 중요한 세부 정보를 숨길 수 있으므로 직면한 문제와 관련된 지표를 여러 개 선택하는 편이 좋습니다. 이 절에서는 분류 문제와 회귀 문제 모두에서 중요한 지표를 몇 가지 검토합니다.

7.1.1 분류 성능 지표

많은 분류 성능 지표를 계산하려면 먼저 평가 세트의 참 양성/거짓 양성 샘플과 참 음성/거짓 음성 샘플의 수를 세어야 합니다. 레이블에서 하나의 클래스를 예로 들어봅시다.

- **참 양성**True Positive
  이 클래스에 속하며 분류 모델이 이 클래스로 올바르게 라벨링한 학습 샘플입니다. 예를 들어, 실제 레이블이 1이고 예측 레이블이 1이라면 참 양성입니다.

- **거짓 양성**False Positive
  이 클래스에 속하지 않지만 분류 모델이 이 클래스로 잘못 라벨링한 학습 샘플입니다. 예를 들어, 실제 레이블이 0이고 예측 레이블이 1이라면 거짓 양성입니다.

- **참 음성**True Negative
  이 클래스에 속하지 않고 분류 모델이 이 클래스에 속하지 않는다고 올바르게 라벨링한 학습 예제입니다. 예를 들어, 실제 레이블이 0이고 예측 레이블이 0이라면 참 음성입니다.

- **거짓 음성**False Negative
  이 클래스에 속하지만 분류 모델이 이 클래스에 속하지 않는다고 잘못 라벨링한 학습 예제입니다. 예를 들어, 실제 레이블이 1이고 예측 레이블이 0이라면 거짓 음성입니다.

[표 7-1]에 이런 기본 지표가 있습니다.

표 7-1 혼동 행렬

	예측 값 1	예측 값 0
참 값 1	참 양성	거짓 음성
참 값 0	거짓 양성	참 음성

예제 프로젝트에서 모델에 대한 이런 모든 성능 지표를 계산하면 [그림 7-2]와 같은 결과를 얻을 수 있습니다.

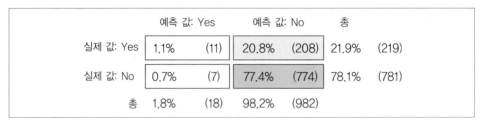

	예측 값: Yes		예측 값: No		총	
실제 값: Yes	1.1%	(11)	20.8%	(208)	21.9%	(219)
실제 값: No	0.7%	(7)	77.4%	(774)	78.1%	(781)
총	1.8%	(18)	98.2%	(982)		

그림 7-2 예제 프로젝트의 혼동 행렬

이런 수치는 이 장의 뒷부분에서 모델 공정성에 대해 이야기할 때 특히 유용합니다. 이런 수치를 하나의 숫자로 결합하는 모델을 비교하기 위한 몇 가지 다른 지표가 있습니다.

- **정확도**accuracy
  정확도는 (참 양성+참 음성)/총 샘플 수 또는 올바르게 분류된 예제의 비율로 정의합니다. 이 지표는 양성 클래스와 음성 클래스가 균등하게 균형을 이루는 데이터셋에 사용하기에 적합한 지표이지만, 데이터셋의 균형이 맞지 않으면 신뢰할 수 있는 성능을 표현하지 못할 때가 있습니다.

- **정밀도**precision
  정밀도는 참 양성/(참 양성+거짓 양성) 또는 올바르게 분류된 양성 클래스에 있을 것으로 예측된 예제의 비율로 정의합니다. 따라서 분류모델의 정밀도가 높다면, 분류 모델이 양성 클래스에 속할 것으로 예측하는 대부분의 예는 실제로 양성 클래스에 속할 것입니다.

- **재현율**recall
  재현율은 참 양성/(참 양성+거짓 음성) 또는 분류 모델이 정확하게 예측한 실제 정답ground truth이 양성인 예제의 비율로 정의합니다. 따라서 분류 모델의 재현율이 높으면 실제로 양성 클래스에 있는 대부분의 예를 올바르게 식별합니다.

모델의 성능을 하나의 성능 지표로 종합적으로 표현하는 또 다른 방법은 AUC(Area Under the Curve)입니다. 여기서 'Curve'는 수신자 조작 특성Receiver Operating Characteristic(ROC)으로, 거짓 양성 비율(FPR)에 대한 참 양성 비율(TPR)을 표시합니다.

TPR은 재현율의 또 다른 이름이며, 다음과 같이 정의합니다.

$$TPR = \frac{참\ 양성}{참\ 양성 + 거짓\ 음성}$$

FPR은 다음과 같이 정의합니다.

$$FPR = \frac{거짓\ 양성}{거짓\ 양성 + 참\ 음성}$$

ROC는 모든 분류 임곗값에서 TPR과 FPR을 계산하여 생성됩니다. **분류 임곗값**은 예제를 양수나 음수 클래스에 할당하는 확률 컷오프(일반적으로 0.5)입니다. [그림 7-3]은 예제 프로젝트의 ROC와 AUC를 보여줍니다. 랜덤 예측 변수의 경우 ROC는 원점에서 x축을 따르는 [1,1]까지의 직선입니다. ROC가 x축에서 그래프의 왼쪽 상단으로 더 멀리 이동하면 모델이 개선되고 AUC가 증가합니다. AUC는 TFMA에 표시할 수 있는 또 다른 유용한 지표입니다.

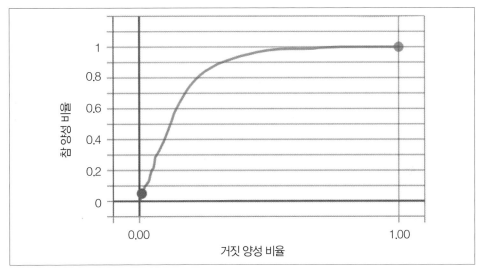

그림 7-3 예제 프로젝트의 ROC

7.1.2 회귀 지표

회귀 분석 문제에서 모델은 각 학습 예제에서 일부 수치를 예측하며, 이 값을 실젯값과 비교합니다. TFMA에서 사용할 수 있는 일반적인 회귀 지표는 다음과 같습니다.

- **평균 절대 오차**Mean Absolute Error **(MAE)**

  MAE는 다음과 같이 정의합니다.

  $$\text{MAE} = \frac{1}{n} \sum |y - \hat{y}|$$

  여기서 n은 학습 예제의 수이고, y는 참값이며, $\hat{y}$은 예측값입니다. 각 학습 예제에서 예측값과 실젯값 사이의 절대 차이가 계산됩니다. 즉, MAE는 모델이 생성하는 평균 오차입니다.

- **평균 절대 백분율 오차**Mean absolute percentage error **(MAPE)**

  MAPE는 다음과 같이 정의합니다.

  $$\text{MAPE} = \frac{1}{n} \sum \left| \frac{y - \hat{y}}{y} \right| \times 100 \%$$

  이름에서 알 수 있듯이, 이 지표는 모든 예제에 대한 백분율 오차를 제공합니다. 이것은 모델이 체계적인 오차를 범할 때 특히 유용합니다.

- **평균 제곱 오차**Mean squared error **(MSE)**

  MSE는 다음과 같이 정의합니다.

  $$\text{MSE} = \frac{1}{n} \sum (y - \hat{y})^2$$

  $y - \hat{y}$ 항이 제곱이라는 점을 제외하면 MAE와 같습니다. 따라서 전체 오류에 대한 특이치의 효과가 훨씬 더 커집니다.

비즈니스 문제에 적합한 지표를 선택한 다음 단계는 시스템 학습 파이프라인에 해당 지표를 포함시키는 것입니다. 다음 절에서 설명하는 TFMA를 사용하여 이를 수행할 수 있습니다.

7.2 텐서플로 모델 분석

TFMA는 모델 학습 중에 사용되는 지표보다 더 자세한 지표를 쉽게 얻는 방법을 제공합니다. 모델 버전에 걸쳐 지표를 시계열로 시각화할 수 있으며, 데이터셋 조각에 대한 지표를 볼 수 있는 기능을 제공합니다. 또한 아파치 빔 덕분에 대규모 평가 세트로 쉽게 확장됩니다.

TFX 파이프라인에서 TFMA는 **Trainer** 컴포넌트가 내보낸 저장된 모델을 기반으로 지표를 계산합니다. 이 모델이 바로 배포될 모델입니다. 따라서 서로 다른 모델 버전 간의 혼동을 방지할 수 있습니다. 텐서보드를 사용하면 모델 학습 중 미니배치상에 추론된 대략적인 지표만 제공하지만, TFMA는 전체 평가 데이터셋에 걸쳐 지표를 계산합니다. 이는 특히 대규모 평가 데이터셋과 관련이 있습니다.

7.2.1 TFMA에서 단일 모델 분석하기

이 절에서는 TFMA를 독립 실행형 패키지로 사용하는 방법을 알아봅니다. TFMA는 다음과 같이 설치합니다.

```
$ pip install tensorflow-model-analysis
```

저장된 모델과 평가 데이터셋을 입력으로 사용합니다. 이 예에서는 케라스 모델이 SavedModel 형식으로 저장되고 평가 데이터셋을 TFRecord 파일 형식으로 사용할 수 있다고 가정합니다.

먼저 SavedModel을 EvalSharedModel로 변환해야 합니다.

```
import tensorflow_model_analysis as tfma

eval_shared_model = tfma.default_eval_shared_model(
    eval_saved_model_path=_MODEL_DIR,
    tags=[tf.saved_model.SERVING])
```

다음으로, EvalConfig를 제공합니다. 이 단계에서는 TFMA에 레이블이 무엇인지 알려주고, 모델의 성능을 평가할 데이터 슬라이싱 사양을 제공하고, TFMA가 계산하고 표시하려는 모든 지표를 규정합니다.

```
eval_config=tfma.EvalConfig(
    model_specs=[tfma.ModelSpec(label_key='consumer_disputed')],
    slicing_specs=[tfma.SlicingSpec()],
    metrics_specs=[
        tfma.MetricsSpec(metrics=[
```

```
            tfma.MetricConfig(class_name='BinaryAccuracy'),
            tfma.MetricConfig(class_name='ExampleCount'),
            tfma.MetricConfig(class_name='FalsePositives'),
            tfma.MetricConfig(class_name='TruePositives'),
            tfma.MetricConfig(class_name='FalseNegatives'),
            tfma.MetricConfig(class_name='TrueNegatives')
        ])
    ]
)
```

NOTE_ TFLite 모델 분석

TFMA에서 TFLite 모델을 분석할 수도 있습니다. 이때 모델 타입을 ModelSpec으로 전달해야 합니다.

```
eval_config = tfma.EvalConfig(
    model_specs=[tfma.ModelSpec(label_key='my_label',
                                model_type=tfma.TF_LITE)],
    ...
)
```

9.4절에서 TFLite를 자세히 설명합니다.

그런 다음 모델 분석 단계를 실행합니다.

```
eval_result = tfma.run_model_analysis(
    eval_shared_model=eval_shared_model,
    eval_config=eval_config,
    data_location=_EVAL_DATA_FILE,
    output_path=_EVAL_RESULT_LOCATION,
    file_format='tfrecords')
```

주피터 노트북에서 결과를 확인할 수 있습니다.

```
tfma.view.render_slicing_metrics(eval_result)
```

전체 지표를 보고 싶을 때에도 render_slicing_metrics를 호출합니다. 이 상황에서 슬라이스는 전체 데이터셋인 overall slice를 선택합니다. 결과는 [그림 7-4]에 있습니다.

그림 7-4 전체 지표에 대한 TFMA 노트북 시각화

> **WARNING_ 주피터 노트북에서 TFMA 사용하기**
>
> TFMA는 구글 코랩^Google Colab^ 노트북에서 이전에 설명한 대로 작동합니다. 그러나 독립형 주피터 노트북에서 시각화를 보려면 추가 단계가 몇 가지 필요합니다. 다음을 사용하여 TFMA 노트북 익스텐션을 설치하고 활성화합니다.
>
> ```
> $ jupyter nbextension enable --py widgetsnbextension
> $ jupyter nbextension install --py \
>     --symlink tensorflow_model_analysis
> $ jupyter nbextension enable --py tensorflow_model_analysis
> ```
>
> 파이썬 가상 환경에서 실행하는 경우 `--sys_prefix` 플래그를 실행하는 경우 각 명령에 추가합니다. `widgetsnbextension`, `ipywidgets`, `jupyter_nbextensions_configurator` 패키지도 설치나 업그레이드가 필요할 수 있습니다.
>
> 이 책을 쓰는 현재, TFMA 시각화는 주피터 랩에서는 사용할 수 없고 주피터 노트북에서만 사용할 수 있습니다.

7.1절 '모델 분석 방법'에서 설명한 모든 지표는 `EvalConfig`에 대한 `metrics_specs` 인수에 제공함으로써 TFMA에 표시할 수 있습니다.

```
metrics_specs=[
    tfma.MetricsSpec(metrics=[
        tfma.MetricConfig(class_name='BinaryAccuracy'),
        tfma.MetricConfig(class_name='AUC'),
        tfma.MetricConfig(class_name='ExampleCount'),
        tfma.MetricConfig(class_name='Precision'),
        tfma.MetricConfig(class_name='Recall')
    ])
]
```

결과는 [그림 7-5]에 있습니다.

그림 7-5 여러 지표에 대한 TFMA 노트북 시각화

7.2.2 TFMA에서 다중 모델 분석하기

TFMA를 사용하여 여러 모델에서 지표를 비교할 수도 있습니다. 예를 들어, 서로 다른 데이터 셋으로 학습한 모델과 동일하거나, 서로 다른 하이퍼파라미터로 동일한 데이터셋으로 학습한 두 모델을 비교할 수 있습니다.

모델을 비교하려면 먼저 앞의 코드 예제와 유사한 eval_result를 생성해야 합니다. 그리고 모델을 저장할 output_path 위치를 지정해야 합니다. 두 모델 모두 같은 EvalConfig를 사용 하여 동일한 지표를 계산할 수 있습니다.

```
eval_shared_model_2 = tfma.default_eval_shared_model(
    eval_saved_model_path=_EVAL_MODEL_DIR, tags=[tf.saved_model.SERVING])

eval_result_2 = tfma.run_model_analysis(
    eval_shared_model=eval_shared_model_2,
    eval_config=eval_config,
    data_location=_EVAL_DATA_FILE,
    output_path=_EVAL_RESULT_LOCATION_2,
    file_format='tfrecords')
```

그리고 다음 코드를 사용하여 로드합니다.

```
eval_results_from_disk = tfma.load_eval_results(
    [_EVAL_RESULT_LOCATION, _EVAL_RESULT_LOCATION_2],
    tfma.constants.MODEL_CENTRIC_MODE)
```

다음을 사용하여 시각화할 수 있습니다.

```
tfma.view.render_time_series(eval_results_from_disk, slices[0])
```

결과는 [그림 7-6]에 있습니다.

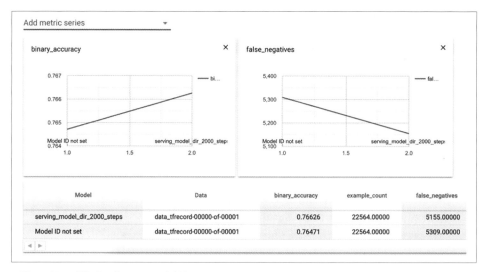

그림 7-6 두 모델을 비교하는 TFMA 시각화

여기서 주목해야 할 핵심은 TFMA의 분류 모델과 회귀 모델 모두 학습 중에 하나 또는 두 개로 제한되지 않고 한 번에 여러 지표를 볼 수 있다는 점입니다. 이렇게 하면 모델을 배포한 후 예상하지 못한 작동을 방지할 수 있습니다.

또한 데모 프로젝트에서 제품별 정확도를 얻기 위해 데이터셋의 피처에 따라 평가 데이터를 분할할 수도 있습니다. 다음 절에서 이를 수행하는 방법을 설명합니다.

7.3 공정성을 위한 모델 분석

우리가 모델을 훈련할 때 사용하는 모든 데이터는 어떤 식으로든 편향되어 있습니다. 현실 세계는 매우 복잡한 곳입니다. 그리고 이 모든 복잡성을 적절히 포착하는 데이터 샘플을 채취하기란 불가능합니다. 4장에서는 파이프라인으로 들어가는 데이터의 편향에 대해 살펴보았습니다. 이 장에서는 모델의 예측이 공정한지를 살펴보겠습니다.

모델이 공정한지를 분석하려면, 어떤 그룹의 사람들이 다른 사람들과 문제가 될만한 방법으로 다른 경험을 하게 되는지를 확인해야 합니다. 예를 들어, 한 그룹의 사람들이 대출금을 갚지 않을 수 있습니다. 만약 우리 모델이 누가 신용도를 높여야 하는지를 예측하려고 한다면, 이 그룹의 사람들은 다른 사람들과 다른 경험을 해야 합니다. 우리는 특정 인종의 사람들만 대출 심사에서 불합리하게 거절당하는 상황과 같은 문제를 방지하려 합니다.

재범 위험을 예측하는 COMPAS 알고리즘은 특정 그룹이 모델과 다른 경험을 하는 중요한 예입니다. Propublica(https://oreil.ly/mIw7t)에서 보고한 바와 같이, 알고리즘의 오류율은 흑인 피고인과 백인 피고인에서 거의 동일했습니다. 하지만, 흑인 피고인들이 미래에 범죄자가 될 것이라고 잘못 예측할 가능성이 백인보다 대략 두 배 높았습니다.

우리는 모델을 생산에 배포하기 전에 이런 문제를 인식하려고 노력해야 합니다. 우선, **공정성**이 의미하는 바를 수치로 정의하면 도움이 됩니다. 다음은 분류 문제에 대한 몇 가지 방법의 예시입니다.

- **인구통계학적 공정성**
  모델은 모든 그룹에서 같은 비율로 결정을 내립니다. 예를 들어, 남성과 여성이 같은 비율로 대출 승인을 받습니다.

- **균등한 기회**
  기회 부여 클래스의 오류율은 모든 그룹에서 같습니다. 문제 설정 방법에 따라 양의 클래스 또는 음의 클래스일 수 있습니다. 예를 들어, 대출금을 갚을 수 있는 사람 중 남성과 여성은 같은 비율로 대출 승인을 받습니다.

- **동일한 정확도**
  정확도, 정밀도, AUC와 같은 일부 지표는 모든 그룹에 대해 동일합니다. 예를 들어, 안면 인식 시스템은 피부가 검은 여성에서도 피부가 밝은 남성에서처럼 정확해야 합니다.

앞의 COMPAS 예에서처럼 동일한 정확도는 오해를 일으킬 수 있습니다. 이 예제에서 정확도는 두 그룹 모두에서 같았지만, 결과는 한 그룹에서 훨씬 더 높았습니다. 모델에 가장 큰 영향을 미치는 오류의 방향을 고려해야 합니다.

우리가 언급하는 그룹은 다른 유형의 고객, 다른 국가의 제품 사용자, 다른 성별과 민족성의 사람들이 될 수 있습니다. 미국법에는 **보호 그룹**protected groups 개념이 있습니다. 성별, 인종, 나이, 장애, 피부색, 신조, 출신 국가, 종교, 유전 정보의 집단에 근거한 차별에서 개인을 보호하는 개념입니다. 모델이 여러 그룹의 조합을 차별하지 않는지 확인해야 할 수도 있습니다.

이런 그룹을 모델의 피처로 사용하지 않아야 모델이 공정하다는 의미는 아닙니다. 위치와 같은 다른 많은 피처는 이런 보호 그룹 중 하나와 강하게 연관될 수 있습니다. 예를 들어, 미국 우편 번호를 피처로 사용한다면, 이는 인종과 높은 상관관계가 있습니다. 모델을 학습하는 데 사용한 피처가 아니더라도 보호 그룹 중 하나에 대한 데이터를 잘라내서 이런 문제를 확인할 수 있습니다.

공정성은 다루기 어려운 주제이며, 복잡하거나 논란이 될 수 있는 많은 윤리적 문제로 우리를 이끕니다. 그러나 공정성 측면에서 모델을 분석하는 데 도움이 되는 몇 가지 프로젝트가 있으며, 다음 몇 절에서 모델을 어떻게 사용할 수 있는지 설명해 드리겠습니다. 이런 분석은 모든 사람에게 일관된 경험을 제공함으로써 윤리적, 상업적 이점을 제공합니다. 모델링하고 있는 시스템의 근본적인 불공정을 해결할 기회일 수도 있습니다. 예를 들어 아마존에서 채용 도구를 분석한 결과, 여성 지원자들이 경험하는 근본적인 불이익을 발견했습니다.

다음 절에서는 텐서플로에서 공정성을 평가할 때 TFMA, 공정성 지표, What-If Tool 프로젝트를 사용하는 방법을 설명합니다.

7.3.1 TFMA에서 슬라이싱 모델 예측 수행하기

머신러닝 모델의 공정성을 평가하는 첫 번째 단계는 관심 있는 그룹(예: 성별, 인종, 국가)별로 모델의 예측을 잘라내는 것입니다. 이런 슬라이스slice는 TFMA나 공정성 지표 도구로 생성할 수 있습니다. TFMA에서 분할하려면 슬라이스 열을 SliceSpec으로 제공해야 합니다. 이 예에서는 Product 피처를 살펴보겠습니다.

```
slices = [tfma.slicer.SingleSliceSpec(),
          tfma.slicer.SingleSliceSpec(columns=['Product'])]
```

지정된 인수가 없는 SingleSliceSpec은 전체 데이터셋을 반환합니다.

그런 다음 지정된 슬라이스로 모델 분석 단계를 실행합니다.

```
eval_result = tfma.run_model_analysis(
    eval_shared_model=eval_shared_model,
    eval_config=eval_config_viz,
    data_location=_EVAL_DATA_FILE,
    output_path=_EVAL_RESULT_LOCATION,
    file_format='tfrecords',
    slice_spec = slices)
```

[그림 7-7]과 같이 결과를 확인합니다.

```
tfma.view.render_slicing_metrics(eval_result, slicing_spec=slices[1])
```

앞에서 정의한 바와 같이 인구통계학적 공정성을 고려하려면 각 그룹에서 같은 비율의 사람들이 양수 계층에 있는지 확인해야 합니다. 각 그룹의 TPR과 TNR을 보고 확인할 수 있습니다.

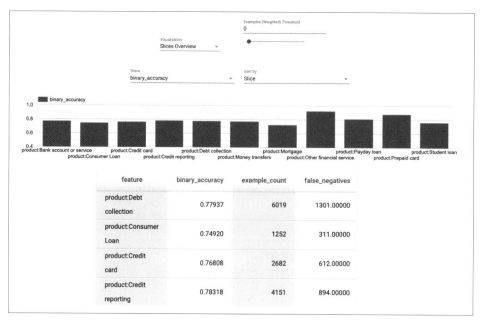

그림 7-7 TFMA 슬라이싱 시각화

동등한 기회를 위해 그룹별로 FPR을 확인할 수 있습니다. 이에 관한 자세한 내용은 공정성 지표 프로젝트의 조언(https://github.com/tensorflow/tensorboard/blob/master/docs/fairness-indicators.md)을 참고해주세요.

7.3.2 공정성 지표를 사용하여 결정 임곗값 확인하기

공정성 지표도 모델 분석에 매우 유용한 도구입니다. TFMA와 몇 가지 기능이 중복되지만, 특히 다양한 결정 임곗값에서 기능별로 분할된 지표를 볼 수 있는 기능이 특히 유용합니다. 앞에서 논의한 바와 같이, 임곗값은 분류 모델에 대한 클래스 사이의 경계를 그리는 확률 점수입니다. 이를 통해 모델이 결정 임곗값이 다른 그룹에 적합한지 확인할 수 있습니다.

공정성 지표 도구에 액세스하는 방법은 다양하지만, 독립 실행형 라이브러리로 사용하는 가장 간단한 방법은 텐서보드를 활용하는 것입니다. 또한 7.5.2 '평가자 구성 요소'에서 이를 TFX 파이프라인의 일부로 로드하는 방법도 언급합니다. 텐서보드 공정성 지표 플러그인은 다음과 같이 설치합니다.

```
$ pip install tensorboard_plugin_fairness_indicators
```

다음으로, TFMA를 사용하여 모델을 평가하고 우리가 공급하는 일련의 결정 임곗값에 대한 지표를 계산하도록 요청합니다. 이 정보는 (계산하려는 다른 지표와 함께) EvalConfig의 metrics_spec 인수에서 TFMA에 제공합니다.

```
eval_config=tfma.EvalConfig(
    model_specs=[tfma.ModelSpec(label_key='consumer_disputed')],
    slicing_specs=[tfma.SlicingSpec(),
                   tfma.SlicingSpec(feature_keys=['product'])],
    metrics_specs=[
        tfma.MetricsSpec(metrics=[
            tfma.MetricConfig(class_name='FairnessIndicators',
                              config='{"thresholds":[0.25, 0.5, 0.75]}')
        ])
    ]
)
```

다음으로 tfma.run_model_analysis로 이전과 같이 모델 분석 단계를 실행합니다.

그리고 TFMA 평가 결과를 로그 디렉터리에 기록하여 텐서보드에서 선택할 수 있도록 합니다.

```
from tensorboard_plugin_fairness_indicators import summary_v2

writer = tf.summary.create_file_writer('./fairness_indicator_logs')
with writer.as_default():
    summary_v2.FairnessIndicators('./eval_result_fairness', step=1)
writer.close()
```

결과를 주피터 노트북의 텐서보드에 로드합니다.

```
%load_ext tensorboard
%tensorboard --logdir=./fairness_indicator_logs
```

공정성 지표 도구는 [그림 7-8]과 같이 전체 지표값과의 차이를 강조해서 표시합니다.

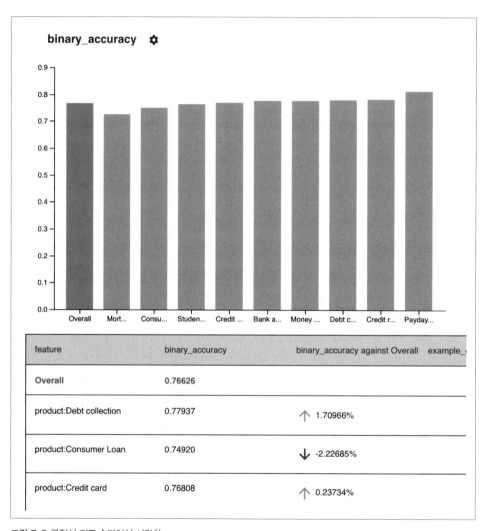

그림 7-8 공정성 지표 슬라이싱 시각화

본 예제 프로젝트에서 [그림 7-9]는 결정 임곗값이 0.25로 줄어들 때 그룹 간의 극단적인 차이를 보여줍니다.

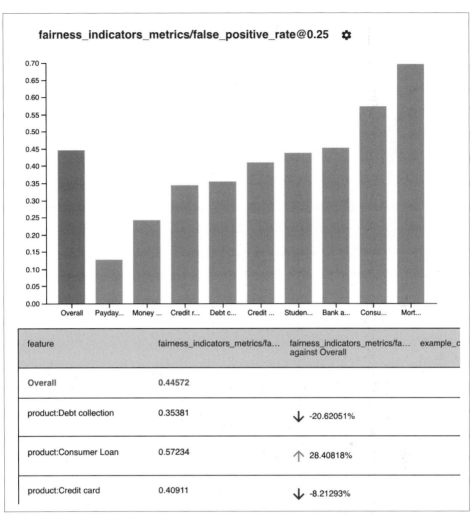

그림 7-9 공정성 지표 임곗값 시각화

전체 모델에서 공정성을 고려하는 방법 외에도, 개별 데이터 포인트를 살펴보며 개별 사용자가 우리 모델에서 영향을 받는 정도를 확인할 수 있습니다.

다행히 텐서플로 생태계에는 이런 문제를 해결할 수 있는 도구가 있습니다. 바로 What-If Tool입니다.

7.3.3 What-If Tool로 더 자세히 살펴보기

TFMA 및 공정성 지표로 데이터셋 슬라이스를 살펴본 후 구글의 다른 프로젝트인 What-If Tool(WIT)을 사용하여 더 자세히 알아볼 수 있습니다. 이를 통해 매우 유용한 시각화를 생성하고 개별 데이터 지점을 조사할 수 있습니다.

모델과 데이터에 WIT를 사용하는 방법은 여러 가지가 있습니다. 텐서보드를 통해(https://oreil.ly/sZP5l) 텐서플로 서빙으로 이미 배포된 모델이나 GCP에서 실행 중인 모델을 분석하는 데 사용할 수 있습니다. Estimator 모델과 함께 직접 사용할 수도 있습니다.

하지만 우리 예제 프로젝트에서는 학습 예제 목록을 작성하고 이런 예제에 대한 모델의 예측을 반환하는 커스텀예측 모델custom prediction function을 작성하는 방법이 가장 간단합니다. 이렇게 하면 독립형 주피터 노트북에 시각화를 로드할 수 있습니다.

WIT는 다음과 같이 설치할 수 있습니다.

```
$ pip install witwidget
```

다음으로, TFRecordDataset을 생성하여 데이터 파일을 로드합니다. 학습 데이터 1,000개를 샘플링하여 TFExamples 목록으로 변환합니다. WIT의 시각화는 이 정도 규모의 학습 데이터에서 잘 작동하지만, 더 큰 규모의 데이터에서는 이해하기 어려워집니다.

```
eval_data = tf.data.TFRecordDataset(_EVAL_DATA_FILE)
subset = eval_data.take(1000)
eval_examples = [tf.train.Example.FromString(d.numpy()) for d in subset]
```

그런 다음 모델을 로드하고 TFExamples 목록을 사용하여 모델의 예측을 반환하는 예측 함수를 정의합니다.

```
model = tf.saved_model.load(export_dir=_MODEL_DIR)
predict_fn = model.signatures['serving_default']

def predict(test_examples):
    test_examples = tf.constant([example.SerializeToString() for example in examples])
    preds = predict_fn(examples=test_examples)
    return preds['outputs'].numpy()
```

다음 코드로 WIT를 구성합니다.

```python
from witwidget.notebook.visualization import WitConfigBuilder

config_builder = WitConfigBuilder(eval_examples).set_custom_predict_fn(predict)

from witwidget.notebook.visualization import WitConfigBuilder

config_builder = WitConfigBuilder(eval_examples).set_custom_predict_fn(predict)
```

그리고 다음을 사용하면 노트북에서 볼 수 있습니다.

```python
from witwidget.notebook.visualization import WitWidget

WitWidget(config_builder)
```

[그림 7-10]과 같이 시각화됩니다.

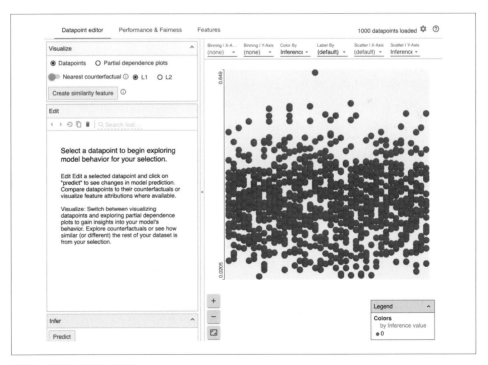

그림 7-10 WIT 프론트 페이지

WIT에는 많은 피처가 있으며, 여기서는 유용한 피처 몇 가지만 설명하겠습니다. 전체 설명서는 WIT 프로젝트 홈페이지(https://oreil.ly/cyTDR)에서 제공합니다.

WIT는 반사실counterfactuals을 제공하며, 개별 학습 예에서는 다른 분류에서 가장 가까운 이웃을 보여줍니다. 모든 피처는 가능한 한 비슷하지만 반사실적 모델의 예측은 다른 클래스입니다. 이를 통해 각 피처가 특정 학습 예제에 대한 모델의 예측에 어떤 영향을 미치는지 확인할 수 있습니다. 인구통계학 특성(예: 인종, 성별)을 변경하면 모델의 예측이 다른 클래스로 변경됨을 확인했다면, 이는 모델이 다른 그룹에 공정하지 않을 수 있다는 경고 신호입니다.

브라우저에서 선택한 데이터를 편집하여 이 피처를 자세히 살펴볼 수 있습니다. 그런 다음 추론을 다시 실행하여 이것이 특정 예제에 대한 예측에 어떤 영향을 미치는지 확인할 수 있습니다. 이를 통해 공정성을 위한 인구통계학적 특성이나 변경 시 발생하는 상황을 확인할 수 있습니다.

반사실 정보를 모델의 동작에 대한 설명으로 사용할 수도 있습니다. 그러나 각 데이터 포인트에 대해 가장 가까운 다른 클래스에 여러 가지 반사실 관계가 있을 수 있으며 피처 간에 복잡한 상호 작용이 있을 수 있습니다. 따라서 반사실 자체가 모델의 행동을 완전히 설명하는 것처럼 제시해서는 안 됩니다.

부분 의존도partial dependence plot(PDP)도 WIT의 유용한 피처입니다. 예를 들어, 숫자 피처의 증가가 클래스 예측 확률을 변경하는지와 같이 각 형상이 모델의 예측에 어떤 영향을 미치는지 보여줍니다. PDP는 이런 의존의 형태가 선형인지, 단조로운지, 아니면 더 복잡한지 보여줍니다. [그림 7-11]과 같이 범주형 피처에 대해서도 PDP를 생성할 수 있습니다. 다시 말하지만, 모델의 예측이 인구통계학적 특성에 대한 의존성을 나타낸다면, 모델의 예측이 불공정하다는 경고일 수 있습니다.

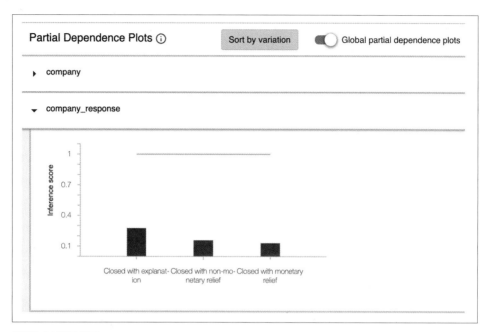

그림 7-11 WIT PDP

공정성 전략에 대한 결정 임곗값을 최적화하는 고급 기능은 여기에서 자세히 설명하지 않습니다. 이는 WIT의 페이지로 제공되며, [그림 7-12]와 같이 선택한 전략을 기반으로 결정 임곗값을 자동으로 설정할 수 있습니다.

					False Positives (%)	False Negatives (%)	Accuracy (%)	F1
Feature Value	Count	Threshold ⓘ						
▸ Debt collection	293	—————●———	0.5		1.4	19.1	79.5	0.06
▸ Credit reporting	208	—————●———	0.5		0.0	18.8	81.3	0.05
▸ Mortgage	194	—————●———	0.5		0.0	27.8	72.2	0.00
▸ Credit card	120	—————●———	0.5		1.7	17.5	80.8	0.00
▸ Bank account or service	64	—————●———	0.5		1.6	14.1	84.4	0.58
▸ Consumer Loan	64	—————●———	0.5		0.0	26.6	73.4	0.00
▸ Student loan	23	—————●———	0.5		0.0	30.4	69.6	0.22
▸ Payday loan	16	—————●———	0.5		0.0	12.5	87.5	0.00
▸ Prepaid card	12	—————●———	0.5		0.0	16.7	83.3	0.00
▸ Money transfers	6	—————●———	0.5		0.0	16.7	83.3	0.00

그림 7-12 WIT 결정 임곗값

모델 공정성과 관련해 이 절에서 설명하는 모든 도구는 사용자에게 해를 끼칠 가능성이 없을 때도 모델을 조회하는 데 사용할 수 있습니다. 모델을 배포하기 전에 모델의 동작을 훨씬 더 잘 이해할 수 있으며 실제 환경에서 예기치 못한 부작용을 피하는 데 도움이 될 수 있습니다. 이는 연구가 활발한 분야이며, 새로운 도구가 자주 출시됩니다. 한 가지 흥미로운 개발은 모델 공정성을 위한 제한된 최적화constrained optimization입니다. 즉 다른 제약 조건을 함께 고려하지만, 최적화는 한 지표에 대해서만 수행하는 방식으로 모델을 최적화할 수 있습니다. 텐서플로에는 이에 관한 실험적 라이브러리TensorFlow Constrained Optimization (`https://oreil.ly/WkYyi`)가 있습니다.

7.4 모델 설명 가능성

공정성에 대해 논의하고 WIT를 활용하면 자연스럽게 모델의 성능을 설명할 수 있습니다. 또한 그 안에서 무슨 일이 일어나고 있는지 설명할 방법에 대해 토론하게 됩니다. 앞서 공정성을 다루며 잠깐 언급했지만 여기서는 조금 더 자세히 다뤄보겠습니다.

모델 **설명 가능성**explainability에서는 모델의 예측이 왜 그렇게 되는지 설명하려고 합니다. 이는 다양한 지표에 대한 모델의 성능을 설명하는 **분석**analysis과는 대조적입니다. 머신러닝에 대한 설명 가능성은 큰 주제이며, 현재 연구가 활발히 이루어지고 있습니다. 이는 파이프라인에서 자동화할 수 있는 부분이 아닙니다. 설명은 사람들에게 보여야 하기 때문입니다. 여기서는 간략한 개요만 알려드리며, 자세한 내용은 크리스토프 몰나르Christoph Molnar의 『Interpretable Machine Learning(https://oreil.ly/fGtve)』과 구글 클라우드의 백서(https://oreil.ly/3CLTk)를 참고하시기 바랍니다.

다음은 모델의 예측을 설명하려는 몇 가지 이유입니다.

- 데이터 과학자가 모델 문제를 디버깅할 수 있도록 지원합니다.
- 모델에 대한 신뢰를 구축합니다.
- 모델을 감사합니다.
- 사용자에게 모델 예측을 설명합니다.

앞으로 다룰 자세히 설명하는 기법은 이런 모든 사용 사례에 도움이 됩니다.

단순한 모델의 예측은 복잡한 모델 예측보다 훨씬 쉽게 설명할 수 있습니다. 선형 회귀 분석, 로지스틱 회귀 분석, 단일 결정 트리는 비교적 쉽게 해석할 수 있습니다. 각 피처의 가중치를 보고 형상의 기여도를 정확히 알 수 있습니다. 이런 모델은 설계로 모델 구조를 해석할 수 있게 해서 사람이 모델을 이해하도록 설명 가능성을 제공합니다. 예를 들어, 선형 회귀 모델의 계수는 추가 작업 없이도 모델을 이해할 수 있는 방법을 제공합니다.

랜덤 포레스트random forest나 다른 앙상블 모델은 설명하기가 더 어렵고, 심층 신경망은 가장 설명하기 어렵습니다. 이는 신경망에서 엄청난 수의 매개변수와 연결 때문에 피처들 간의 상호작용이 극도로 복잡해지기 때문입니다. 모델의 예측 결과가 정확하고 설명이 필요할 때는 설명하기 쉬운 모델을 선택하는 편이 좋습니다. 우만 밧Umang Bhatt 등의 『Explainable Machine

Learning in Deployment(`https://arxiv.org/pdf/1909.06342.pdf`)』논문에서 설명 가능성에 대한 자세한 내용을 확인할 수 있습니다.

> **NOTE_ 로컬 및 글로벌 설명**
>
> 우리는 ML 설명 방법을 두 가지 광범위한 그룹, 즉 로컬 및 글로벌 설명으로 나눌 수 있습니다. **로컬 설명**은 모델이 단일 데이터 지점에 대해 특정 예측을 한 이유를 설명합니다. **글로벌 설명**은 큰 데이터 지점 집합을 사용하여 측정된 모델의 전반적인 작동 방식을 설명합니다. 다음 절에서는 이 두 가지에 대한 기술을 소개하 겠습니다.

다음 절에서는 모델에서 설명을 생성하는 기술을 몇 가지 소개합니다.

7.4.1 WIT를 사용하여 설명 생성하기

7.3.3 'What-If Tool로 더 자세히 살펴보기'에서는 WIT를 사용하여 모델 공정성 질문을 해결하는 방법을 설명했습니다. 그러나 앞서 언급한 바와 같이 WIT는 반사실과 PDP를 사용하여 모델을 설명하는 데도 유용합니다. 사후 가정은 로컬 설명만 제공하지만, PDP는 로컬 또는 글로벌한 설명을 제공할 수 있습니다. 앞서 [그림 7-11]에서 글로벌 PDP의 예를 보았습니다. [그림 7-13]에서는 로컬 PDP를 살펴보겠습니다.

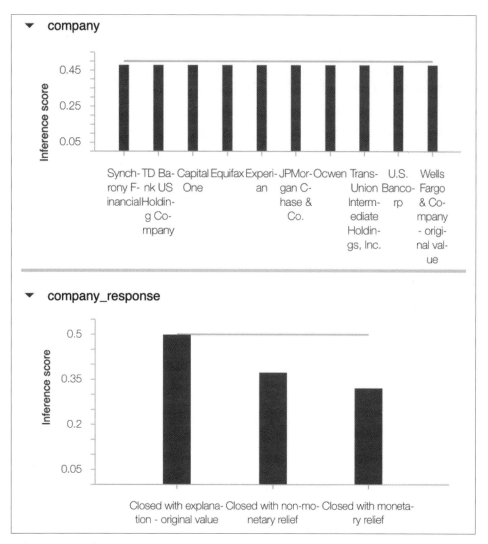

그림 7-13 WIT 로컬 PDP

PDP는 피처의 서로 다른 유효한 값에 대한 예측 결과의 변화를 보여 줍니다. company 피처에 대한 추론 점수는 변경되지 않으며, 이 데이터 지점에 대한 예측이 해당 피처의 값에 따라 달라지지 않음을 나타냅니다. 그러나 company_response 피처에서는 예측 결과에 변화가 있어 모델 예측이 피처값에 어느 정도 의존함을 알 수 있습니다.

구글 클라우드의 AI 플랫폼을 사용하여 모델을 배포했다면 WIT에서 피처 기여도feature attributions(`https://oreil.ly/ePiEi`)를 볼 수 있습니다. 단일 데이터 예제에서 피처 기여도는 각 피처와 피처에 대해 양 또는 음의 점수를 제공하므로 모델의 예측에 대한 피처 기여도의 효과와 크기를 나타냅니다. 또한 모델에 포함된 피처의 중요도를 전체적으로 설명할 수 있습니다. 피처 속성은 다음 절에 설명할 샤플리값Shapley values을 기반으로 합니다. 샤플리값은 피처가 독립적이라고 가정하지 않으므로 PDP와 달리 피처가 서로 상관되어 있을 때 유용합니다. 이 절을 작성하는 현재, 피처 속성은 텐서플로 1.x를 사용하여 학습을 받은 모델에서만 사용할 수 있습니다.

7.4.2 다른 설명 가능성 기법

LIME[16](`https://oreil.ly/SrlWc`)은 모델 설명을 생성하는 또 다른 방법입니다. 모델을 블랙박스로 취급하며, 설명을 듣고자 하는 지점을 중심으로 새로운 데이터 포인트를 생성합니다. 그런 다음 LIME은 이런 새 데이터 지점에 대한 모델에서 예측을 얻고 이를 사용하여 단순 모델을 훈련시킵니다. 이 간단한 모델의 가중치로 모델을 설명할 수 있습니다.

SHAPShapley Additionals(`https://oreil.ly/3S01U`) 라이브러리에서는 샤플리값을 사용하여 글로벌 및 로컬 설명을 제공합니다. 이는 계산 비용이 많이 들기 때문에 SHAP 라이브러리에는 부스티드 트리boosted tree와 심층 신경망의 계산 속도를 높이거나 근사치를 계산하는 구현이 포함됩니다. 이 라이브러리는 모델에 대한 피처의 중요성을 보여주는 좋은 방법입니다.

---

16 로컬 설명 가능(local interpretable)하며 모델 종류에 상관없는(model-agnostic) 모델 해석(explanation)

샤플리값

샤플리값은 로컬 및 글로벌 설명에 모두 유용합니다. 이 개념은 협동 게임의 결과를 위해 각 플레이어에 득실을 배분하는 게임 이론Game Theory에서 차용한 알고리즘입니다. 머신러닝 환경에서 각 피처는 '플레이어'이며, 샤플리값은 다음과 같이 얻을 수 있습니다.

    1 F 피처를 포함하지 않는 가능한 모든 피처 하위 집합을 가져옵니다.

    2 모든 부분 집합에 F를 추가하는 모델의 예측에 미치는 영향을 계산합니다.

    3 이런 효과를 결합하여 F 피처의 중요성을 알 수 있습니다.

이들은 모두 어떤 기준선baseline에 상대적입니다. 본 예제 프로젝트에서는, "company_response가 Closed with monetary relief가 아니라 Closed with explanation이라는 사실에 의한 예측이 얼마나 되었을까?"라고 가정할 수 있습니다. Closed with monetary relief 값이 우리의 기준선입니다.

또한 머신러닝 모델에 대한 보고 프레임워크인 모델 카드(https://oreil.ly/VWcwS)를 언급하고자 합니다. 이는 머신러닝 모델의 사실과 한계를 공식적으로 공유하는 방법입니다. 모델이 예측하는 이유를 설명하지는 않지만, 모델의 신뢰 구축에 매우 중요합니다. 모델 카드는 다음 정보를 포함해야 합니다.

- 인구통계학적 특성에 따른 성능 저하를 포함하여 공공 데이터셋에서 벤치마킹한 모델의 성능
- 모델의 한계. 예를 들어 영상 화질이 저하되면 영상 분류 모델에서 정확도가 떨어지는 결과를 얻게 되는지를 공개
- 모델에 의해 이루어진 모든 트레이드오프. 예를 들어, 큰 이미지의 처리 시간이 더 오래 걸리는지를 설명

모델 카드는 사용 빈도가 높은 모델에 대해 사람들과 의사소통하는 데 매우 유용하며, 데이터 과학자와 머신러닝 엔지니어가 제작한 모델의 사용 사례와 한계를 문서화하도록 권장합니다.

> **WARNING_ 설명의 제한 사항**
>
> 모델 설명 가능성을 다룰 때는 신중하게 진행해야 합니다. 이런 기술은 우리가 모델이 무엇을 하는지를 이해하고 있다는 안정감을 주지만, 실제로는 설명하기 어려운 매우 복잡한 일을 하고 있을지도 모릅니다. 특히 딥러닝 모델이 이에 해당합니다. 사람이 읽을 수 있는 방식으로 심층 신경망을 구성하는 수백만 개의 가중치의 복잡성을 나타내기란 불가능합니다. 모델 결정이 실제 세상에 미치는 영향이 큰 상황에서는 설명하기 쉬운 피처로 가능한 한 가장 단순한 모델을 구축하기를 권장합니다.

7.5 TFX에서의 분석과 검증

이 장에서는 지금까지 사람이 직접 관여하는 모델 분석에 집중해 왔습니다. 이런 도구는 모델을 모니터링하고 원하는 방식으로 동작하는지 확인할 때 굉장히 유용합니다. 하지만 자동화된 머신러닝 파이프라인에서 우리는 파이프라인이 순조롭게 진행되기를 바라며 문제가 생기면 알려주기를 원합니다. TFX에는 파이프라인의 이 부분을 다루는 몇 가지 필수 요소가 있는데, 바로 Resolver, Evaluator, Pusher입니다. 이런 구성 요소는 함께 평가 데이터셋에서 모델의 성능을 확인하고 이전 모델이 개선되면 서빙 위치로 보냅니다.

TFX는 서비스를 위한 모델 배포 여부를 결정하는 프로세스를 설명하는 데 **승인**blessing 개념을 사용합니다. 모델이 우리가 정의한 임곗값에 따라 이전 모델을 개선하면 승인 상태가 되고 다음 단계로 나아갈 수 있습니다.

7.5.1 ResolverNode

새 모델을 이전 모델과 비교하려면 Resolver 컴포넌트가 필요합니다. ResolverNodes는 메타데이터스토어를 쿼리하는 일반 컴포넌트입니다. 여기서는 latest_blessed_model_resolver를 사용합니다. 마지막으로 승인받은 모델을 확인하고 기준선으로 반환하여 새 후보 모델을 사용하여 Evaluator 컴포넌트로 전달할 수 있습니다. 일부 지표의 임곗값에 대해 모델을 검증하지 않으려면 Resolver 프로그램이 필요하진 않지만 이 단계를 수행하는 것이 좋습니다. 새 모델의 유효성을 검사하지 않으면 이전 모델보다 성능이 더 나쁠 때도 새 모델이 자동으로 서빙 디렉터리에 푸시됩니다. Evaluator의 첫 번째 실행 시, 승인된 모델이 없을 때 Evaluator는 자동으로 모델을 승인합니다.

대화형 콘텍스트에서 다음과 같이 Resolver 컴포넌트를 실행할 수 있습니다.

```
from tfx.components import ResolverNode
from tfx.dsl.experimental import latest_blessed_model_resolver
from tfx.types import Channel
from tfx.types.standard_artifacts import Model
from tfx.types.standard_artifacts import ModelBlessing

model_resolver = ResolverNode(
    instance_name='latest_blessed_model_resolver',
```

```
    resolver_class=latest_blessed_model_resolver.LatestBlessedModelResolver,
    model=Channel(type=Model),
    model_blessing=Channel(type=ModelBlessing)
)
context.run(model_resolver)
```

7.5.2 Evaluator 컴포넌트

Evaluator 컴포넌트는 TFMA 라이브러리를 사용하여 검증 데이터셋에 대한 모델의 예측을 평가합니다. ExampleGen 컴포넌트의 입력 데이터, EvalConfig 요소의 학습된 모델, TFMA용 EvalConfig(TFMA를 독립 실행형 라이브러리로 사용할 때와 동일)를 사용합니다.

먼저 EvalConfig를 정의합니다.

```
import tensorflow_model_analysis as tfma

eval_config=tfma.EvalConfig(
    model_specs=[tfma.ModelSpec(label_key='consumer_disputed')],
    slicing_specs=[tfma.SlicingSpec(),
                   tfma.SlicingSpec(feature_keys=['product'])],
    metrics_specs=[
        tfma.MetricsSpec(metrics=[
            tfma.MetricConfig(class_name='BinaryAccuracy'),
            tfma.MetricConfig(class_name='ExampleCount'),
            tfma.MetricConfig(class_name='AUC')
        ])
    ]
)
```

그런 다음 Evaluator 컴포넌트를 실행합니다.

```
from tfx.components import Evaluator

evaluator = Evaluator(
    examples=example_gen.outputs['examples'],
    model=trainer.outputs['model'],
    baseline_model=model_resolver.outputs['model'],
    eval_config=eval_config
```

```
)
context.run(evaluator)
```

TFMA 시각화는 다음과 같이 확인할 수 있습니다.

```
eval_result = evaluator.outputs['evaluation'].get()[0].uri
tfma_result = tfma.load_eval_result(eval_result)
```

공정성 지표를 로드하는 방법은 다음과 같습니다.

```
tfma.addons.fairness.view.widget_view.render_fairness_indicator(tfma_result)
```

7.5.3 Evaluator 컴포넌트에서의 검증

Evaluator 컴포넌트는 방금 학습한 후보 모델이 기준선 모델(예: 현재 배포 중인 모델)의 개선 사항인지를 확인하는 검증도 수행합니다. 평가 데이터셋의 두 모델에서 예측값을 얻고 두 모델에서 성능 지표(예: 모델 정확도)를 비교합니다. 새 모델이 이전 모델보다 개선되었다면 새 모델에는 '승인' 아티팩트가 표시됩니다. 현재는 슬라이스가 아닌 전체 평가 집합에서만 지표를 계산할 수 있습니다.

검증을 수행하려면 EvalConfig에서 임곗값을 설정해야 합니다.

```
eval_config=tfma.EvalConfig(
    model_specs=[tfma.ModelSpec(label_key='consumer_disputed')],
    slicing_specs=[tfma.SlicingSpec(),
                   tfma.SlicingSpec(feature_keys=['product'])],
    metrics_specs=[
        tfma.MetricsSpec(
            metrics=[
                tfma.MetricConfig(class_name='BinaryAccuracy'),
                tfma.MetricConfig(class_name='ExampleCount'),
                tfma.MetricConfig(class_name='AUC')
            ],
            thresholds={
                'AUC':
                    tfma.config.MetricThreshold(
```

```
                    value_threshold=tfma.GenericValueThreshold(
                        lower_bound={'value': 0.65}),
                    change_threshold=tfma.GenericChangeThreshold(
                        direction=tfma.MetricDirection.HIGHER_IS_BETTER,
                        absolute={'value': 0.01}
                    )
                )
            }
        )
    ]
)
```

이 예에서는 AUC가 0.65를 초과해야 하며, AUC가 기준 모델보다 0.01 이상 높을 때 모델의 유효성을 확인하려고 합니다. AUC 대신 다른 지표를 추가할 수도 있지만, 추가하는 `metrics` 도 `MetricsSpec`의 지표 목록에 포함해야 합니다.

다음과 같이 결과를 확인할 수 있습니다.

```
eval_result = evaluator.outputs['evaluation'].get()[0].uri
print(tfma.load_validation_result(eval_result))
```

검증을 통과하면 다음 결과를 반환합니다.

```
validation_ok: true
```

7.5.4 TFX Pusher 컴포넌트

Pusher 컴포넌트는 파이프라인에서 작지만 중요한 부분입니다. 저장된 모델, Evaluator 컴포넌트의 출력, 서비스를 위해 모델이 저장될 파일 경로를 입력해야 합니다. 그런 다음 Evaluator가 모델을 승인했는지 확인합니다(즉, 모델은 이전 버전의 개선 사항이며, 우리가 설정한 임곗값을 초과합니다). 승인을 받았다면 Pusher는 모델을 서빙 파일 경로로 밀어 넣습니다.

Pusher 컴포넌트는 Evaluator 출력 모델 및 서비스 대상과 함께 제공됩니다.

```
from tfx.components import Pusher
from tfx.proto import pusher_pb2

_serving_model_dir = "serving_model_dir"

pusher = Pusher(
    model=trainer.outputs['model'],
    model_blessing=evaluator.outputs['blessing'],
    push_destination=pusher_pb2.PushDestination(
        filesystem=pusher_pb2.PushDestination.Filesystem(
            base_directory=_serving_model_dir)))
context.run(pusher)
```

새 모델을 서빙 디렉터리에 밀어 넣으면 텐서플로 서빙에서 새 모델을 선택할 수 있습니다. 자세한 내용은 다음 장을 참고하세요.

7.6 요약

이번 장에서는 모델 학습을 할 때보다 모델 성능을 훨씬 더 자세히 분석하는 방법을 살펴보고, 모델 성능을 공정하게 만드는 방법을 고민하기 시작했습니다. 또한 모델 성능이 이전에 구축된 모델보다 향상되었는지 확인하는 프로세스도 살펴봤습니다. 머신러닝에 대한 설명 가능성을 소개하고 몇 가지 관련 기술을 간략하게 설명했습니다.

그러나 공정성 지표를 사용하여 모델 성능을 자세히 분석했다고 해서 모델이 공정하거나 윤리적으로 건전하다고 보장하지는 않는다는 점에 주의해야 합니다. 일단 모델이 프로덕션 단계에 들어가면 모델을 계속 모니터링하고 사용자가 모델의 예측이 부당하다고 느낄 때 여러분에게 알릴 방법을 제공해야 합니다. 이는 특히 리스크가 높고 모델의 결정이 사용자에게 실제로 큰 영향을 미칠 수 있는 잠재력이 있을 때 중요합니다.

모델을 분석하고 검증했으니 이제 다음 단계인 모델 서빙으로 넘어가야 할 때입니다. 다음 두 장에서는 이 중요한 단계에 대해 알아야 할 모든 내용을 설명합니다.

텐서플로 서빙을 사용한 모델 배포

머신러닝 모델의 배포는 다른 사용자가 모델을 사용하고 예측하기 전에 마지막으로 수행해야 할 단계입니다. 안타깝지만 머신러닝 모델의 배포는 오늘날 소프트웨어 업계 분업 면에서 회색 지대로 전락하고 있습니다. 모델 아키텍처와 하드웨어 요구사항에 관한 지식이 필요하므로 단순한 데브옵스 작업이 아닙니다. 또한 머신러닝 모델을 배포하는 일은 머신러닝 엔지니어와 데이터 과학자들이 익숙한 영역 밖에 있습니다. 그들은 모델을 속속들이 알고 있지만, 머신러닝 모델 배포에 어려움을 겪곤 합니다. 이 장과 다음 장에서는 데이터 과학자와 데브옵스 엔지니어에게 각자 업무 지식의 격차를 해소하고 머신러닝 모델을 배치하는 단계를 안내합니다. [그림 8-1]은 머신러닝 파이프라인에서 배포 단계의 위치를 보여줍니다.

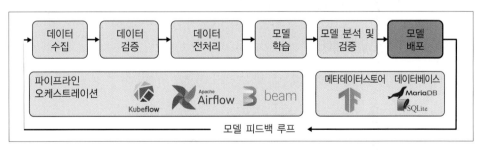

그림 8-1 머신러닝 파이프라인의 일부로서의 배포

머신러닝 모델은 세 가지 주요 방법(모델 서버, 사용자 브라우저, 에지 장치edge device)으로 배포할 수 있습니다. 오늘날 머신러닝 모델을 구축할 때는 모델 서버와 함께 사용하는 방법을 가

장 많이 사용합니다. 이 장에서 중점적으로 다루겠습니다. 예측을 요청하는 클라이언트는 입력 데이터를 모델 서버로 제출하고 이에 상응하는 예측을 수신합니다. 이렇게 하려면 클라이언트가 모델 서버에 연결할 수 있어야 합니다.

입력 데이터를 모델 서버에 제출하고 싶지 않을 때(예: 입력 데이터가 중요하거나 개인 정보 보호 문제가 있을 때)가 있습니다. 이런 상황에서는 사용자의 브라우저에 머신러닝 모델을 배포할 수 있습니다. 예를 들어 이미지에 중요한 정보가 포함되어 있는지를 확인하려면, 이미지를 클라우드 서버에 업로드하기 전에 해당 이미지의 민감도 수준을 분류할 수 있습니다.

그리고 세 번째 유형인 에지 장치에 배포하는 방법도 있습니다. 모델 서버에 연결하여 예측을 할 수 없는 상황(예: 원격 센서, IoT 장치)이 있습니다. 에지 장치에 배포되는 애플리케이션의 수가 증가하여 모델 배포에 유효한 옵션이 되고 있습니다. 10장에서는 텐서플로 모델을 TFLite 모델로 변환하여 에지 장치에서 실행하는 방법을 설명합니다.

이 장에서는 텐서플로 모델을 모델 서버를 사용해 단순하고 일관성 있게 배포하는 방법인 텐서플로 서빙 모듈을 중점적으로 설명합니다. 관련 설정을 소개하고 효율적인 배포 옵션에 대해 논의하겠습니다. 이 방법 외에도 딥러닝 모델을 구축하는 몇 가지 대안적인 옵션이 있습니다. 이 장의 마지막 부분에서 다루겠습니다.

텐서플로 서비스를 자세히 살펴보기 전에 먼저 잘못된 방식의 모델 서버 설정 방법에 대해 살펴보겠습니다.

8.1 간단한 모델 서버

머신러닝 모델 배포에 관한 소개는 대부분 비슷한 워크플로를 따릅니다.

- 파이썬으로 웹 앱을 만듭니다(플라스크나 장고와 같은 웹 프레임워크 사용).
- [예제 8-1]에 표시된 대로 웹 앱에 API 엔드포인트를 만듭니다.
- 모델 구조와 가중치를 불러옵니다.
- 로드된 모델에서 예측 함수를 호출합니다.
- 예측 결과를 HTTP 요청으로 반환합니다.

```python
import json
from flask import Flask, request
from tensorflow.keras.models import load_model
# 데이터 구조를 변환하기 위한 전처리입니다.
from utils import preprocess

# 훈련된 모델을 로드합니다.
model = load_model('model.h5')
app = Flask(__name__)

@app.route('/classify', methods=['POST'])
def classify():
    complaint_data = request.form["complaint_data"]
    preprocessed_complaint_data = preprocess(complaint_data)
    # 예측을 수행합니다.
    prediction = model.predict([preprocessed_complaint_data])
    # HTTP 응답에서 예측을 반환합니다.
    return json.dumps({"score": prediction}) })
```

이 설정은 빠르고 쉬운 구현으로 데모 프로젝트에 적합합니다. 그러나 [예제 8-1]을 사용하여 시스템 학습 모델을 프로덕션 엔드포인트에 배포하는 것은 권장하지 않습니다.

다음으로, 이런 설정으로 머신러닝 모델을 배포하지 않는 이유를 살펴보겠습니다.

8.2 파이썬 기반 API를 사용한 모델 배포의 단점

[예제 8-1]과 같은 구현은 데모용으로 충분하지만, 이런 배포는 문제에 부딪힐 때가 많습니다. 이런 문제는 API와 데이터 과학 코드 간의 적절한 분리, 일관된 API 구조, 일관성 있는 모델 버전 관리 그리고 모델 추론의 효율성에 대한 도전에서 시작됩니다. 다음 절에서는 이런 과제를 자세히 살펴보겠습니다.

8.2.1 코드 분리 부족

[예제 8-1]에서는 훈련된 모델이 현재 사용 중인 모델과 같은 API 코드 기반으로 배포된다고 가정했습니다. 즉, API 코드와 머신러닝 모델 간의 분리가 없다는 의미이며, 데이터 과학자가 모델을 업데이트하려고 할 때 문제가 될 수 있습니다. 업데이트 시 API 팀과의 조정이 필요합니다. 이런 조정을 할 때는 API 및 데이터 과학팀이 동시에 작업하여 모델 배포에 불필요한 지연이 발생하지 않도록 해야 합니다. API와 데이터 과학 코드 기반이 서로 얽혀 있으므로 API 소유권에 대한 모호함도 발생합니다.

코드 분리가 부족하므로 API 코드와 같은 프로그래밍 언어로 모델을 로드해야 합니다. 이렇게 백엔드와 데이터 과학 코드가 혼합되면 API 팀이 API 백엔드를 업그레이드하지 못할 수도 있습니다. 그러나 데이터 과학자는 모델 학습에 집중할 수 있고 데브옵스 동료는 훈련된 모델을 구현하는 데 집중할 수 있으므로 책임을 명확하게 분리할 수 있습니다.

8.3절 '텐서플로 서빙'에서는 모델을 API 코드에서 효과적으로 분리하고 배포 워크플로를 단순화하는 방법을 강조합니다.

8.2.2 모델 버전 제어 부족

[예제 8-1]은 다른 모델 버전에 대한 프로비저닝을 제공하지 않습니다. 새 버전을 추가하려면 새 엔드포인트를 생성하거나 기존 엔드포인트에 분기 논리를 추가해야 합니다. 이렇게 하려면 구조적으로 모든 엔드포인트를 동일하게 유지하는 데 각별히 주의해야 하며, 반복하여 사용되는 많은 양의 코드가 필요합니다.

모델 버전 제어가 부족하므로 API와 데이터 과학팀이 기본 버전과 새 모델을 단계별로 조정하는 방법도 필요합니다.

8.2.3 비효율적인 모델 추론

[예제 8-1]과 같이 플라스크 설정에 기록된 예측 엔드포인트에 대한 요청에는 전체 왕복이 수행됩니다. 즉, 각 요청이 개별적으로 전처리되고 유추됩니다. 우리가 이런 설정을 단지 시연용이라고 하는 이유는 비효율적이기 때문입니다. 모델을 학습하는 동안 여러 표본을 동시에 계산

한 다음 배치의 그레이디언트 변경사항을 네트워크 가중치에 적용하는 배치 처리 기술을 사용할 수 있습니다. 모델이 예측하도록 하려는 때도 같은 기법을 적용할 수 있습니다. 모델 서버는 허용 가능한 시간 동안이나 배치가 가득 찰 때까지 모든 요청을 수집하고 모델에 예측을 요청할 수 있습니다. 이는 추론을 GPU에서 실행할 때 특히 효과적인 방법입니다.

8.14절 '추론 요청 배치 처리'에서는 모델 서버에 대해 이런 배치 처리 동작을 쉽게 설정하는 방법을 소개합니다.

8.3 텐서플로 서빙

책의 앞부분에 설명했듯이 텐서플로는 환상적인 확장과 도구 생태계를 함께 제공합니다. 텐서플로 서빙은 초기 오픈 소스 확장 중 하나입니다. 텐서플루 그래프를 배포할 수 있으며 표준화된 엔드포인트로 그래프에서 예측을 할 수 있습니다. 텐서플로 서빙은 모델 및 버전 관리를 처리하고, 정책을 기반으로 모델을 서비스하며, 다양한 소스에서 모델을 로드할 수 있습니다(잠시 후에 살펴보겠습니다). 또한 지연 시간이 짧은 예측을 위한 고성능 처리량에도 초점을 맞춥니다. 텐서플로 서빙은 구글에서 내부적으로 사용하며 많은 기업과 스타트업[17]이 채택했습니다.

8.4 텐서플로 아키텍처 개요

텐서플로 서빙은 지정된 소스(예: AWS S3 버킷)에서 모델을 로드하고 소스가 변경되면 **로더** loader에 알리는 피처를 제공합니다. [그림 8-2]에서 알 수 있듯이, 텐서플로 서빙의 내부적인 사항은 모델 관리자가 제어합니다. 모델 관리자는 모델을 업데이트해야 하는 시기와 예측에 사용하는 모델을 관리합니다. 추론 결정에 관한 규칙은 모델 관리자가 관리하는 정책에 따라 설정됩니다. 예를 들어 구성에 따라 한 번에 하나의 모델을 로드하고 소스 모듈이 새 버전을 감지하면 모델을 자동으로 업데이트할 수 있습니다.

---

17 응용 프로그램 사용 사례는 텐서플로(https://oreil.ly/qCY6J)에서 확인하세요.

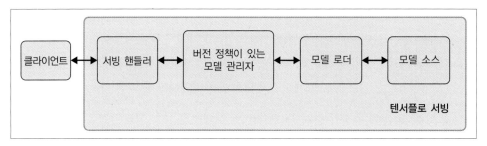

그림 8-2 텐서플로 서빙 아키텍처 개요

8.5 텐서플로 서빙용 모델 내보내기

텐서플로 서빙 구성을 살펴보기 전에 머신러닝 모델을 텐서플로 서빙에서 사용할 수 있도록 내보내는 방법부터 알아보겠습니다. 사용자의 텐서플로 모델 유형에 따라 내보내기 단계가 약간 다릅니다. 내보낸 모델은 [예제 8-2]와 파일 구조가 같습니다.

케라스 모델에서는 다음을 사용할 수 있습니다.

```
saved_model_path = model.save(file path="./saved_models", save_format="tf")
```

> **TIP** **내보내기 경로에 타임스탬프 추가하기**
>
> 모델을 수동으로 저장할 때는 케라스 모델의 내보내기 경로에 내보내기 시간의 타임스탬프를 추가하면 좋습니다. tf.Estimator와 달리 model.save()는 타임스탬프 경로를 자동으로 생성하지 않습니다. 다음 파이썬 코드를 사용하여 파일 경로를 쉽게 만들 수 있습니다.
>
> ```
> import time
>
> ts = int(time.time())
> file path = "./saved_models/{}".format(ts)
> saved_model_path = model.save(file path=file path,
>                               save_format="tf")
> ```

텐서플로 Estimator 모델에서는 먼저 **receiver** 함수를 선언해야 합니다.

```python
import tensorflow as tf


def serving_input_receiver_fn():
    # 예시 input 피처
    input_feature = tf.compat.v1.placeholder(
        dtype=tf.string, shape=[None, 1], name="input")

    fn = tf.estimator.export.build_raw_serving_input_receiver_fn(
        features={"input_feature": input_feature})
    return fn
```

Estimator의 export_saved_model 메서드를 사용하여 Estimator 모델을 내보냅니다.

```python
estimator = tf.estimator.Estimator(model_fn, "model", params={})
estimator.export_saved_model(
    export_dir_base="saved_models/",
    serving_input_receiver_fn=serving_input_receiver_fn)
```

두 내보내기 방법 모두 다음 예제와 유사한 출력을 생성합니다.

```
...
INFO:tensorflow:Signatures INCLUDED in export for Classify: None
INFO:tensorflow:Signatures INCLUDED in export for Regress: None
INFO:tensorflow:Signatures INCLUDED in export for Predict: ['serving_default']
INFO:tensorflow:Signatures INCLUDED in export for Train: None
INFO:tensorflow:Signatures INCLUDED in export for Eval: None
INFO:tensorflow:No assets to save.
INFO:tensorflow:No assets to write.
INFO:tensorflow:SavedModel written to: saved_models/1555875926/saved_model.pb
Model exported to:  b'saved_models/1555875926'
```

여기서는 saved_models/ 폴더를 모델 대상으로 지정했습니다. 텐서플로는 내보낸 모든 모델에 대해 내보내기 타임스탬프를 폴더 이름으로 사용하여 디렉터리를 생성합니다.

예제 8-2 내보낸 모델의 폴더와 파일 구조

```
$ tree saved_models/
saved_models/
└── 1555875926
```

```
        ├── assets
        |   └── saved_model.json
        ├── saved_model.pb
        └── variables
            ├── checkpoint
            ├── variables.data-00000-of-00001
            └── variables.index

3 directories, 5 files
```

폴더는 다음과 같은 파일과 하위 디렉터리를 포함합니다.

- **saved_model.pb**
  이진 프로토콜 버퍼 파일은 내보낸 모델 그래프 구조를 `MetaGraphDef` 개체로 포함합니다.

- **variables**
  내보낸 변숫값이 있는 이진 파일과 내보낸 모델 그래프에 해당하는 체크포인트를 포함합니다.

- **assets**
  내보낸 모델을 로드하는 데 추가 파일이 필요할 때 이 폴더가 생성됩니다. 추가 파일은 5장에서 본 어휘
  를 포함할 수 있습니다.

8.6 모델 서명

모델 서명은 모델 그래프의 입력 및 출력뿐 아니라 그래프 서명 함수도 식별합니다. 입력 및 출
력 서명의 정의를 사용하여 추론용으로 제공된 입력 정보를 지정된 그래프 노드에 매핑할 수
있습니다. 이런 매핑은 모델 서버에 대한 요청을 변경하지 않고 모델을 업데이트하려고 할 때
유용합니다.

또한 모델 함수는 예상된 입력 및 출력 패턴을 정의합니다. 현재 세 가지 서명 유형(`predict`,
`classify`, `regress`)을 제공합니다. 자세한 내용은 다음 절에서 자세히 살펴보겠습니다.

8.6.1 서명 방법

가장 유연한 서명 방법은 predict입니다. 다른 서명 방법을 지정하지 않으면 텐서플로는 기본 방법으로 predict를 사용합니다. [예제 8-3]은 방법 predict에 관한 예제 서명입니다. 이 예에서는 이름 sentence로 그래프 노드에 주요 inputs를 매핑합니다. 모델의 예측은 출력 키 scores에 매핑되는 그래프 노드 y의 출력입니다.

predict 함수를 사용하면 추가 출력 노드를 정의할 수 있습니다. 시각화를 위해 어텐션 계층 attention layer의 출력을 캡처하거나 네트워크 노드를 디버깅하려 할 때는 추론 출력을 추가하면 유용합니다.

예제 8-3 모델 predict 서명의 예

```
signature_def: {
  key  : "prediction_signature"
  value: {
    inputs: {
      key  : "inputs"
      value: {
        name: "sentence:0"
        dtype: DT_STRING
        tensor_shape: ...
      },
      ...
    }
    outputs: {
      key  : "scores"
      value: {
        name: "y:0"
        dtype: ...
        tensor_shape: ...
      }
    }
    method_name: "tensorflow/serving/predict"
  }
}
```

두 번째 서명 방법은 classify입니다. 메서드는 이름 inputs와 함께 하나의 입력을 기대하며 두 개의 출력 텐서, classes 및 scores를 제공합니다. 출력 텐서 중 하나 이상을 정의해야 합니다. [예제 8-4]에서 분류 모델은 입력 sentence를 사용하고 해당 scores와 함께 예측 classes를 출력합니다.

예제 8-4 모델 classify 서명의 예

```
signature_def: {
  key  : "classification_signature"
  value: {
    inputs: {
      key  : "inputs"
      value: {
        name: "sentence:0"
        dtype: DT_STRING
        tensor_shape: ...
      }
    }
    outputs: {
      key  : "classes"
      value: {
        name: "y_classes:0"
        dtype: DT_UINT16
        tensor_shape: ...
      }
    }
    outputs: {
      key  : "scores"
      value: {
        name: "y:0"
        dtype: DT_FLOAT
        tensor_shape: ...
      }
    }
    method_name: "tensorflow/serving/classify"
  }
}
```

세 번째 서명 방법은 regress입니다. 이 메서드는 명명된 inputs 하나만 사용하고 이름 outputs가 포함된 출력만 제공합니다. 이 서명 방법은 회귀 모델용으로 설계되었습니다.

```
signature_def: {
  key   : "regression_signature"
  value: {
    inputs: {
      key   : "inputs"
      value: {
        name: "input_tensor_0"
        dtype: ...
        tensor_shape: ...
      }
    }
    outputs: {
      key   : "outputs"
      value: {
        name: "y_outputs_0"
        dtype: DT_FLOAT
        tensor_shape: ...
      }
    }
    method_name: "tensorflow/serving/regress"
  }
}
```

8.11.1에서 소개하는 'URL 구조'에서 모델 엔드포인트의 URL 구조를 정의할 때 서명 방법을 다시 볼 수 있습니다.

8.7 내보낸 모델 검사하기

모델 및 해당 모델 서명 내보내기에 관해 살펴봤으니 이제 내보낸 모델을 텐서플로 서빙으로 배포하기 전에 어떻게 검사하는지 살펴보겠습니다.

다음 pip 명령을 사용하여 텐서플로 서빙 파이썬 API를 설치할 수 있습니다.

```
$ pip install tensorflow-serving-api
```

설치 후에는 저장된 모델 CLI 명령줄(`saved_model_cli`)을 통해 유용한 도구를 사용할 수 있습니다. 이 도구는 다음과 같은 일을 하죠.

- **내보낸 모델의 서명 검사**

  이 피처는 주로 모델을 직접 내보내지 않고 모델 그래프의 입력 및 출력에 대해 알아보려 할 때 유용합니다.

- **내보낸 모델 테스트**

  CLI 도구를 사용하면 텐서플로 서빙으로 모델을 배포하지 않고도 모델을 유추할 수 있습니다. 이 피처는 모델 입력 데이터를 테스트할 때 매우 유용합니다.

다음 두 절에서는 두 가지 사용 사례를 다룹니다.

8.7.1 모델 검사

`saved_model_cli`를 사용하면 원래 그래프 코드를 검사하지 않고도 모델 종속성을 이해할 수 있습니다.

사용할 수 있는 태그 집합[18]을 모른다면 다음을 사용하여 모델을 검사할 수 있습니다.

```
$ saved_model_cli show --dir saved_models/
The given SavedModel contains the following tag-sets:
serve
```

모델에 다양한 환경(예: CPU 또는 GPU 추론 그래프)에 대한 서로 다른 그래프가 포함된다면 태그가 여러 개 표시됩니다. 모델에 여러 태그가 포함된다면 모델의 세부 정보를 검사할 태그를 지정해야 합니다.

검사할 `tag_set`을 파악한 뒤 인수로 추가하면 `saved_model_cli`가 사용할 수 있는 모델 서명을 제공합니다. 우리의 데모 모델에는 `serving_default`라는 서명 하나만 있습니다.

```
$ saved_model_cli show --dir saved_models/ --tag_set serve
The given SavedModel 'MetaGraphDef' contains 'SignatureDefs' with the
```

---

18 모델 **태그 세트**는 로드할 MetaGraphs를 식별하는 데 사용합니다. 학습 및 서비스용으로 지정한 그래프로 모델을 내보낼 수 있습니다. 두 MetaGraphs는 다른 모델 태그를 통해 제공될 수 있습니다.

```
following keys:
SignatureDef key: "serving_default"
```

이제 `tag_set`과 `signature_def` 정보를 사용하여 모델의 입력 및 출력을 검사할 수 있습니다. 자세한 정보를 얻으려면 CLI 인수에 `signature_def`를 추가합니다.

다음은 데모 파이프라인이 생산한 모델에서 가져온 서명입니다. [예제 6-4]에서는 직렬화된 `tf.Example` 레코드를 입력으로 사용하고 다음 모델 서명과 같이 `outputs` 텐서 출력으로 예측을 제공하는 서명 기능을 정의했습니다.

```
$ saved_model_cli show --dir saved_models/ \
        --tag_set serve --signature_def serving_default
The given SavedModel SignatureDef contains the following input(s):
  inputs['examples'] tensor_info:
      dtype: DT_STRING
      shape: (-1)
      name: serving_default_examples:0
The given SavedModel SignatureDef contains the following output(s):
  outputs['outputs'] tensor_info:
      dtype: DT_FLOAT
      shape: (-1, 1)
      name: StatefulPartitionedCall_1:0
Method name is: tensorflow/serving/predict
```

`tag_set`과 `signature_def`와 관계없이 모든 서명을 보려면 `--all` 인수를 사용하면 됩니다.

```
$ saved_model_cli show --dir saved_models/ --all
...
```

모델 서명을 조사했으니 이제 머신러닝 모델을 배포하기 전에 모델 추론을 테스트해 보겠습니다.

8.7.2 모델 테스트

`saved_model_cli`를 사용하면 샘플 입력 데이터를 사용하여 내보내기 모델을 테스트할 수도 있습니다. 모델 테스트 추론을 위해 샘플 입력 데이터를 제출하는 방법은 세 가지가 있습니다.

- `--inputs`

  인수는 넘파이 ndarray로 포맷된 입력 데이터를 포함하는 넘파이 파일을 가리킵니다.

- `--input_exprs`

  인수를 사용하면 파이썬 식을 정의하여 입력 데이터를 지정할 수 있습니다. 식에 넘파이 피처를 사용할 수 있습니다.

- `--input_examples`

  인수에 `tf.Example` 데이터 구조로 포맷한 입력 데이터가 필요합니다(4장 참고).

모델을 테스트하기 위해 입력 인수 중 하나를 정확하게 지정할 수 있습니다. 또한 `saved_model_cli`는 세 가지 선택 인수를 제공합니다.

- `--outdir`

  `saved_model_cli`는 모든 그래프 출력을 `stdout`에 기록합니다. 출력을 파일에 쓰려면 `--outdir`로 대상 디렉터리를 지정할 수 있습니다.

- `--overwrite`

  출력을 파일에 쓰려면 `--overwrite`로 파일을 덮어쓸 수 있도록 지정할 수 있습니다.

- `--tf_debug`

  모델을 추가로 검사하려면 TFDBG(텐서플로 디버거)를 사용하여 모델 그래프를 단계별로 살펴볼 수 있습니다.

```
$ saved_model_cli run --dir saved_models/ \
                      --tag_set serve \
                      --signature_def x1_x2_to_y \
                      --input_examples 'examples=[{"company": "HSBC", ...}]'
```

모델을 내보내고 검사하는 방법을 모두 소개했습니다. 이제 텐서플로 서빙 설치, 설정, 작동에 대해 살펴보겠습니다.

8.8 텐서플로 서빙 설정

서빙 인스턴스에 텐서플로 서빙을 설치하는 쉬운 방법이 두 가지 있습니다. 도커에서 텐서플로 서빙을 실행하거나, 서빙 인스턴스에서 우분투^Ubuntu OS를 실행할 때는 우분투 패키지를 설치할 수 있습니다.

8.8.1 도커 설치

텐서플로 서빙을 설치하는 가장 쉬운 방법은 미리 작성된 도커 이미지[19]를 다운로드하는 것입니다. 2장에서 보았듯이 다음을 실행하여 이미지를 얻을 수 있습니다.

```
$ docker pull tensorflow/serving
```

사용할 수 있는 GPU가 있는 인스턴스에서 도커 컨테이너를 실행한다면 GPU를 지원하는 최신 빌드를 다운로드해야 합니다.

```
$ docker pull tensorflow/serving:latest-gpu
```

GPU를 지원하는 도커 이미지를 사용하려면 엔비디아^Nvidia의 도커가 GPU를 지원해야 합니다. 설치 단계는 회사 웹 사이트(https://oreil.ly/7N5uv)에서 확인할 수 있습니다.

8.8.2 기본 우분투 설치

도커 실행 오버헤드 없이 텐서플로 서빙을 실행하려면 우분투 배포에 사용할 수 있는 리눅스 이진 패키지를 설치하면 됩니다. 설치 단계는 다른 비표준 우분투 패키지와 유사합니다. 먼저 리눅스 터미널에서 다음을 실행하여 배포 소스 목록에 새 패키지 소스를 추가하거나 sources.list.d 디렉터리에 새 목록 파일을 추가해야 합니다.

```
$ echo "deb [arch=amd64] http://storage.googleapis.com/tensorflow-serving-apt \
   stable tensorflow-model-server tensorflow-model-server-universal" \
   | sudo tee /etc/apt/sources.list.d/tensorflow-serving.list
```

---

19 도커를 설치하거나 사용해 본 적이 없다면 부록 A의 간략한 소개를 참고하시기 바랍니다.

패키지 레지스트리를 업데이트하기 전에 배포 키 체인에 패키지 공용 키를 추가해야 합니다.

```
$ curl https://storage.googleapis.com/tensorflow-serving-apt/\
tensorflow-serving.release.pub.gpg | sudo apt-key add -
```

패키지 레지스트리를 업데이트한 후 우분투에 텐서플로 서빙을 설치할 수 있습니다.

```
$ apt-get update
$ apt-get install tensorflow-model-server
```

> **WARNING_ 텐서플로 서빙용 우분투 패키지 두 가지**
>
> 구글은 텐서플로 서빙용 우분투 패키지를 두 가지 제공합니다! 이전에 참조한 `tensorflow-model-server`
> 패키지를 선호하며, 사전 컴파일된 특정 CPU 최적화(예: AVX 지침)와 함께 제공합니다.
> (이 절 작성 시점을 기준으로) `tensorflow-model-server-universal`이라는 이름의 패키지도 제공합니
> 다. 사전 컴파일된 최적화를 포함하지 않으므로 이전 하드웨어(예: AVX 명령 집합이 없는 CPU)에서 실행할
> 수 있습니다.

8.8.3 소스에서 제공하는 텐서플로 빌드

사전 빌드된 도커 이미지나 우분투 패키지와 함께 텐서플로 서빙을 실행하면 좋습니다. 때로는
텐서플로 서빙을 컴파일해야 합니다(예: 기본 하드웨어에 대한 모델 서비스를 최적화할 때).
현재는 리눅스 운영 체제용 텐서플로 서빙만 빌드할 수 있으며, 빌드 도구인 `bazel`이 필요합
니다. 자세한 지침은 텐서플로 서빙 설명서(`https://oreil.ly/tUJTw`)에서 확인하세요.

> **TIP** **텐서플로 서빙 인스턴스 최적화**
>
> 텐서플로 서빙을 처음부터 구축할 때는 모델의 특정 텐서플로 버전과 서비스 인스턴스의 사용 가능한 하드웨
> 어에 대한 서빙 버전을 컴파일하는 편이 좋습니다.

8.9 텐서플로 서버 구성

텐서플로 서빙은 즉시 두 가지 모드에서 실행할 수 있습니다. 먼저 모델을 지정할 수 있으며 항상 텐서플로 서빙에서 최신 모델을 제공하도록 할 수 있습니다. 또는 로드할 모든 모델과 버전을 포함하는 구성 파일을 지정하고 텐서플로 서빙이 명명된 모든 모델을 로드하도록 할 수 있습니다.

8.9.1 단일 모델 구성

단일 모델을 로드하고 사용 가능한 최신 모델 버전으로 전환하여 tensorflow\serving을 실행하려면 단일 모델 구성을 사용하는 편이 좋습니다. 도커 환경에서 텐서플로 서빙을 실행한다면 다음 명령을 사용하여 tensorflow\serving 이미지를 실행할 수 있습니다.

```
$ docker run -p 8500:8500 \ # 기본 포트를 지정합니다.
          -p 8501:8501 \
          --mount type=bind,source=/tmp/models,target=/models/my_model \ # 모델 디렉
터리를 마운트합니다.
          -e MODEL_NAME=my_model \ # 모델을 지정합니다.
          -e MODEL_BASE_PATH=/models/my_model \
          -t tensorflow/serving # 도커 이미지를 지정합니다.
```

기본적으로 텐서플로 서빙은 REST(대표적 상태 전송) 및 gRPC^{Google Remote Procedure Calls} 엔드포인트를 생성하도록 구성됩니다. 8500과 8501 포트 모두를 지정함으로써 REST 및 gRPC 가능성[20]을 제공합니다. 도커 run 명령은 호스트의 폴더(소스)와 컨테이너(대상) 파일 시스템 사이에 마운트를 생성합니다. 2장에서는 환경 변수를 도커 컨테이너에 전달하는 방법을 다뤘습니다. 서버를 단일 모델 구성으로 실행하려면 모델 이름을 MODEL_NAME으로 지정해야 합니다. GPU 이미지용으로 미리 작성된 도커 이미지를 실행하려면 다음 피처를 사용하여 도커 이미지의 이름을 최신 GPU 빌드로 바꿔야 합니다.

```
$ docker run ...
          -t tensorflow/serving:latest-gpu
```

----

20 REST와 gRPC에 관한 자세한 소개는 8.10절 'REST 대 gRPC'를 확인하시기 바랍니다.

도커 컨테이너 없이 텐서플로 서빙을 실행하려면 다음 명령을 사용하여 실행하세요.

```
$ tensorflow_model_server --port=8500 \
                          --rest_api_port=8501 \
                          --model_name=my_model \
                          --model_base_path=/models/my_model
```

두 시나리오 모두에서 다음과 유사한 출력이 터미널에 표시됩니다.

```
2019-04-26 03:51:20.304826: I
tensorflow_serving/model_servers/
server.cc:82]
  Building single TensorFlow model file config:
  model_name: my_model model_base_path: /models/my_model
2019-04-26 03:51:20: I tensorflow_serving/model_servers/server_core.cc:461]
  Adding/updating models.
2019-04-26 03:51:20: I
tensorflow_serving/model_servers/
server_core.cc:558]
  (Re-)adding model: my_model
...
2019-04-26 03:51:34.507436: I tensorflow_serving/core/loader_harness.cc:86]
  Successfully loaded servable version {name: my_model version: 1556250435}
2019-04-26 03:51:34.516601: I tensorflow_serving/model_servers/server.cc:313]
  Running gRPC ModelServer at 0.0.0.0:8500 ...
[warn] getaddrinfo: address family for nodename not supported
[evhttp_server.cc : 237] RAW: Entering the event loop ...
2019-04-26 03:51:34.520287: I tensorflow_serving/model_servers/server.cc:333]
  Exporting HTTP/REST API at:localhost:8501 ...
```

서버 출력에서 서버가 my_model을 성공적으로 로드했으며 두 개의 엔드포인트(즉, REST와 gRPC 엔드포인트)를 생성했음을 확인할 수 있습니다.

텐서플로 서빙 덕분에 머신러닝 모델을 매우 쉽게 배치할 수 있습니다. 텐서플로 서빙으로 모델을 서비스할 때의 큰 장점 중 하나는 빠르게 모델을 교체해주는 **핫 스왑**hot swap 기능입니다. 새 모델을 업로드하면 서버의 모델 관리자가 새 버전을 검색하고 기존 모델을 언로드한 후 추론을 위해 새 모델을 로드합니다. 모델을 업데이트하고 새 모델 버전을 호스트 시스템의 마운트된 폴더로 내보냈다고 가정합니다(도커 설정으로 실행 중일 때). 구성 변경 없이, 모델 관리자가 새 모델을 검색하고 엔드포인트를 다시 로드합니다. 이전 모델의 언로딩과 새 모델의 로딩에 대해 알려줍니다. 터미널에서 다음과 같은 메시지를 볼 수 있습니다.

```
2019-04-30 00:21:56.486988: I tensorflow_serving/core/basic_manager.cc:739]
  Successfully reserved resources to load servable
  {name: my_model version: 1556583584}
2019-04-30 00:21:56.487043: I tensorflow_serving/core/loader_harness.cc:66]
  Approving load for servable version {name: my_model version: 1556583584}
2019-04-30 00:21:56.487071: I tensorflow_serving/core/loader_harness.cc:74]
  Loading servable version {name: my_model version: 1556583584}
...
2019-04-30 00:22:08.839375: I tensorflow_serving/core/loader_harness.cc:119]
  Unloading servable version {name: my_model version: 1556583236}
2019-04-30 00:22:10.292695: I ./tensorflow_serving/core/simple_loader.h:294]
  Calling MallocExtension_ReleaseToSystem() after servable unload with 1262338988
2019-04-30 00:22:10.292771: I tensorflow_serving/core/loader_harness.cc:127]
  Done unloading servable version {name: my_model version: 1556583236}
```

텐서플로 서빙은 기본적으로 버전 번호가 가장 높은 모델을 로드합니다. 이 장 앞부분에서 살펴본 내보내기 방법을 사용하면 모든 모델이 에포크 타임스탬프를 폴더 이름으로 하여 폴더로 내보내집니다. 따라서 최신 모델은 이전 모델보다 버전 번호가 더 높습니다.

텐서플로 서빙의 동일한 기본 모델 로드 정책도 모델 롤백을 허용합니다. 모델 버전을 롤백하려면 기본 경로에서 모델 버전을 삭제하면 됩니다. 그러면 모델 서버가 파일 시스템[21]의 다음 폴링으로 버전 제거를 감지하고 삭제된 모델을 언로딩한 다음 가장 최근의 기존 모델 버전을 로드합니다.

8.9.2 다중 모델 구성

동시에 여러 모델을 로드하도록 텐서플로 서빙을 구성할 수도 있습니다. 그렇게 하려면 모델을 지정하는 구성 파일을 만들어야 합니다.

```
model_config_list {
  config {
```

---

21 모델의 로딩과 언로딩은 file_system_poll_wait_seconds가 0보다 크게 구성될 때만 작동합니다. 기본 구성은 2(초)입니다.

```
    name: 'my_model'
    base_path: '/models/my_model/'
    model_platform: 'tensorflow'
  }
  config {
    name: 'another_model'
    base_path: '/models/another_model/'
    model_platform: 'tensorflow'
  }
}
```

구성 파일에는 하나 이상의 config 딕셔너리가 포함되며 모두 model_config_list 키 아래에 나열됩니다.

도커 구성에서 단일 모델 대신 구성 파일을 마운트하고 모델 서버를 구성 파일로 로드할 수 있습니다.

```
$ docker run -p 8500:8500 \
            -p 8501:8501 \
            --mount type=bind,source=/tmp/models,target=/models/my_model \
            --mount type=bind,source=/tmp/model_config,\
            target=/models/model_config \ # 구성 파일을 마운트합니다.
            -e MODEL_NAME=my_model \
            -t tensorflow/serving \ # 모델 구성 파일을 지정합니다.
            --model_config_file=/models/model_config
```

도커 컨테이너 외부에서 텐서플로 서빙을 사용할 때는 인수 model_config_file로 모델 서버를 구성 파일로 지정할 수 있습니다.

```
$ tensorflow_model_server --port=8500 \
                          --rest_api_port=8501 \
                          --model_config_file=/models/model_config
```

특정 모델 버전 구성

최신 모델 버전뿐만 아니라 모든 모델 버전이나 특정 모델 버전을 로드해야 할 때가 있습니다. 예를 들어 8.12절 '텐서플로 서빙을 사용한 A/B 모델 테스트'에서 설명하듯이, 모델 A/B 테스트를 수행하거나 안정적인 개발 모델 버전을 제공할 수 있습니다. 기본적으로 텐서플로 서빙은 항상 최신 모델 버전을 로드합니다. 사용할 수 있는 모델 버전 집합을 로드하려면 다음과 같이 모델 구성 파일을 확장할 수 있습니다.

```
...
  config {
    name: 'another_model'
    base_path: '/models/another_model/'
    model_version_policy: {all: {}}
  }
  ...
```

특정 모델 버전을 지정하려면 다음과 같이 모델 버전을 정의하세요.

```
...
  config {
    name: 'another_model'
    base_path: '/models/another_model/'
    model_version_policy {
      specific {
        versions: 1556250435
        versions: 1556251435
      }
    }
  }
  ...
```

모델 버전 레이블을 지정할 수도 있습니다. 레이블은 나중에 모델에서 예측할 때 매우 유용합니다. 이 절을 작성하는 현재, 버전 레이블은 텐서플로 서빙의 gRPC 엔드포인트를 통해서만 사용할 수 있습니다.

```
...
  model_version_policy {
    specific {
```

```
            versions: 1556250435
            versions: 1556251435
     }
   }
   version_labels {
     key: 'stable'
     value: 1556250435
   }
   version_labels {
     key: 'testing'
     value: 1556251435
   }
   ...
```

모델 버전이 구성되면 해당 버전의 엔드포인트를 사용하여 모델 A/B 테스트를 실행할 수 있습니다. 이런 모델 버전을 추론하는 방법에 관심이 있으시다면 8.12절 '텐서플로 서빙을 사용한 A/B 모델 테스트'를 살펴보기 바랍니다. 텐서플로 서빙 2.3부터는 기존 텐서플로 서빙의 gRPC 피처 외에 REST 엔드포인트에서도 version_label 기능을 사용할 수 있습니다.

8.10 REST 대 gRPC

8.9.1 '단일 모델 구성'에서는 텐서플로 서빙에서 REST와 gRPC의 두 가지 API 유형을 지원하는 방법을 알아봤습니다. 두 프로토콜 모두 장단점이 있습니다. 이런 엔드포인트와 통신하는 방법을 살펴보기 전에 두 프로토콜부터 소개하겠습니다.

8.10.1 REST

REST는 오늘날 웹 서비스에서 사용하는 통신 '프로토콜'입니다. 이는 공식적인 프로토콜이 아니라, 클라이언트가 웹 서비스와 통신하는 방법을 정의하는 통신 스타일입니다. REST 클라이언트는 GET, POST, DELETE와 같은 표준 HTTP 방법을 사용하여 서버와 통신합니다. 요청 페이로드는 XML이나 JSON 데이터 형식으로 인코딩할 때가 많습니다.

8.10.2 gRPC

gRPC는 구글에서 개발한 원격 프로시저 프로토콜입니다. 서로 다른 데이터 형식을 지원하지만, gRPC와 함께 사용하는 표준 데이터 형식은 프로토콜 버퍼입니다. 프로토콜 버퍼를 사용할 때 gRPC는 낮은 지연 시간 통신과 작은 페이로드 피처를 제공합니다. gRPC는 API를 염두에 두고 설계되었습니다. 단점은 페이로드가 바이너리 형식이라 신속한 검사가 어려울 수 있다는 점입니다.

어떤 프로토콜을 사용할까요?

REST로 모델 서버와 통신하는 방식이 어떤 면에서는 매우 편리해 보입니다. 엔드포인트를 추론하기 쉽고, 페이로드도 쉽게 검사할 수 있으며, 엔드포인트를 curl 요청이나 브라우저 도구로 테스트할 수 있습니다. REST 라이브러리는 모든 종류의 클라이언트에서 광범위하게 사용할 수 있으며 클라이언트 시스템(즉, 모바일 애플리케이션)에서 이미 사용할 수 있을 때가 많습니다.

반면, gRPC API는 초기 진입 부담이 더 큽니다. gRPC 라이브러리를 클라이언트 측에 설치해야 할 때가 많습니다. 그러나 모델 추론에 필요한 데이터 구조에 따라 성능이 크게 향상될 수 있습니다. 모델에 많은 요청이 있을 때 프로토콜 버퍼 직렬화로 페이로드 크기를 줄이면 도움이 됩니다.

내부적으로 텐서플로 서빙은 REST를 사용해 제출한 JSON 데이터 구조를 tf.Example 데이터 구조로 변환하여 성능을 저하할 수 있습니다. 따라서 변환에 많은 유형 변환이 필요하다면(예: 플로트값이 있는 큰 배열을 제출할 때) gRPC 요청으로 성능을 향상할 수 있습니다.

8.11 모델 서버에서 예측하기

지금까지는 모델 서버 설정에 전적으로 집중했습니다. 이 절에서는 클라이언트(예: 웹 앱)가 모델 서버와 상호 작용하는 방법을 설명합니다. REST나 gRPC 요청에 관한 모든 코드 예제는 클라이언트 측에서 실행됩니다.

8.11.1 REST로 모델 예측 가져오기

REST로 모델 서버를 호출하려면 원활한 통신을 위해 파이썬 라이브러리가 필요합니다. 현재 표준 라이브러리는 requests입니다. 라이브러리를 설치합니다.

```
$ pip install requests
```

다음은 POST 요청의 예입니다.

```
import requests

url = "http://some-domain.abc"
payload = {"key_1": "value_1"}
r = requests.post(url, json=payload) # 요청을 제출합니다.
print(r.json()) # HTTP 응답을 봅니다.
# {'data': ...}
```

URL 구조

모델 서버에 대한 HTTP 요청 URL은 다음 모델과 추론할 버전 정보를 포함합니다.

```
http://{HOST}:{PORT}/v1/models/{MODEL_NAME}:{VERB}
```

- **HOST**

  호스트는 모델 서버의 IP 주소나 도메인 이름입니다. 클라이언트 코드를 실행하는 동일한 시스템에서 모델 서버를 실행한다면 호스트를 localhost로 설정할 수 있습니다.

- **PORT**

  요청 URL에서 포트를 지정해야 합니다. REST API의 표준 포트는 8501입니다. 서비스 생태계의 다른 서비스와 충돌한다면, 서버 시작 중에 서버 인수의 포트를 변경할 수 있습니다.

- **MODE_NAME**

  모델 구성을 설정하거나 모델 서버를 시작할 때 모델 이름과 일치해야 합니다.

- **VERB**

  모델 유형은 URL의 동사로 지정합니다. predict, classify, regress의 세 가지 옵션이 있습니다. 동사는 엔드포인트의 서명 방법에 해당합니다.

- **MODE_VERSION**

  특정 모델 버전에서 예측하려면 모델 버전 식별자를 사용하여 URL을 확장해야 합니다.

```
http://{HOST}:{PORT}/v1/models/{MODEL_NAME}[/versions/${MODEL_VERSION}]:{VERB}
```

페이로드

URL을 설정한 상태에서 요청 페이로드에 대해 살펴보겠습니다. 텐서플로 서빙은 다음 예시와 같이 입력 데이터를 JSON 데이터 구조로 예상합니다.

```
{
  "signature_name": <string>,
  "instances": <value>
}
```

signature_name은 필수 항목이 아닙니다. 지정하지 않으면 모델 서버는 기본 **serving** 레이블로 서명된 모델 그래프를 유추합니다.

입력 데이터는 개체 목록이나 입력값 목록으로 예상합니다. 여러 데이터 샘플을 제출하려면 **instances** 키 아래의 목록으로 제출할 수 있습니다.

추론에 대해 하나의 데이터 예를 제출하려면 입력을 사용하고 모든 **inputs**를 목록으로 나열하면 됩니다. 키, **instances** 및 **inputs** 중 하나가 있어야 하지만 동시에 둘 다 있어서는 안 됩니다.

```
{
  "signature_name": <string>,
  "inputs": <value>
}
```

[예제 8-6]은 텐서플로 서빙 엔드포인트에 모델 예측을 요청하는 방법을 보여줍니다. 여기서는 추론을 위한 데이터 예제를 하나만 제출하지만, 여러 요청을 나타내는 데이터 입력 목록도 쉽게 제출할 수 있습니다.

```python
import requests

def get_rest_request(text, model_name="my_model"):
    # 서버가 동일한 컴퓨터에서 실행되지 않다면 localhost를 IP 주소로 변경합니다.
    url = "http://localhost:8501/v1/models/{}:predict".format(model_name)
    # 더 많은 샘플을 추론하려면 instance 목록에 예제를 추가합니다.
    payload = {"instances": [text]}
    response = requests.post(url=url, json=payload)
    return response

rs_rest = get_rest_request(text="classify my text")
rs_rest.json()
```

8.11.2 gRPC로 텐서플로 서빙 사용하기

gRPC와 함께 모델을 사용할 때는 REST API 요청과 단계가 약간 다릅니다.

먼저 gRPC channel을 설정합니다. 채널은 지정된 호스트 주소와 포트를 사용해 gRPC 서버 연결을 제공합니다. 보안 연결이 필요하다면 이 시점에 보안 채널을 설정해야 합니다. 채널이 설정되면 stub을 생성합니다. stub은 사용할 수 있는 메서드를 서버에서 복제하는 로컬 개체 입니다.

```python
import grpc
from tensorflow_serving.apis import predict_pb2
from tensorflow_serving.apis import prediction_service_pb2_grpc
import tensorflow as tf

def create_grpc_stub(host, port=8500):
    hostport = "{}:{}".format(host, port)
    channel = grpc.insecure_channel(hostport)
    stub = prediction_service_pb2_grpc.PredictionServiceStub(channel)
    return stub
```

gRPC 스텁이 생성되면 모델과 서명을 설정하여 올바른 모델의 예측에 액세스하고 추론을 위해 데이터를 제출할 수 있습니다.

```
def grpc_request(stub, data_sample, model_name='my_model', \
                 signature_name='classification'):
    request = predict_pb2.PredictRequest()
    request.model_spec.name = model_name
    request.model_spec.signature_name = signature_name
    # inputs은 신경 네트워크의 입력 이름입니다.
    request.inputs['inputs'].CopyFrom(tf.make_tensor_proto(data_sample,
                                                           shape=[1,1]))
    # 10은 피처가 시간 초과되기 전 최대 시간(초)입니다.
    result_future = stub.Predict.future(request, 10)
    return result_future
```

이제 사용할 수 있는 다음 두 함수를 호출하여 예제 데이터셋을 추론할 수 있습니다.

```
stub = create_grpc_stub(host, port=8500)
rs_grpc = grpc_request(stub, data)
```

보안 연결

grpc 라이브러리는 gRPC 엔드포인트에 안전하게 연결하는 피처도 제공합니다. 다음 예는 gRPC를 사용하여 클라이언트 측에서 보안 채널을 생성하는 방법입니다.

```
import grpc

cert = open(client_cert_file, 'rb').read()
key = open(client_key_file, 'rb').read()
ca_cert = open(ca_cert_file, 'rb').read() if ca_cert_file else ''
credentials = grpc.ssl_channel_credentials(
    ca_cert, key, cert
)
channel = implementations.secure_channel(hostport, credentials)
```

서버 측에서 텐서플로 서빙은 SSL이 구성됐을 때 보안 연결을 종료할 수 있습니다. 보안 연결을 종료하려면 다음 예[22]와 같이 SSL 설정 파일을 생성합니다.

---

22 SSL 구성 파일은 텐서플로 서빙 API(https://oreil.ly/ZAEte)에 있는 SSL 구성 프로토콜 버퍼에 기반합니다.

```
    server_key:  "-----BEGIN PRIVATE KEY-----\n
                  <your_ssl_key>\n
                  -----END PRIVATE KEY-----"
    server_cert: "-----BEGIN CERTIFICATE-----\n
                  <your_ssl_cert>\n
                  -----END CERTIFICATE-----"
    custom_ca: ""
    client_verify: false
```

구성 파일을 만든 후에는 다음 텐서플로 서빙을 시작하는 동안 텐서플로 서빙 인수 `--ssl_config_file`에 파일 경로를 전달할 수 있습니다.

```
$ tensorflow_model_server --port=8500 \
                          --rest_api_port=8501 \
                          --model_name=my_model \
                          --model_base_path=/models/my_model \
                          --ssl_config_file="<path_to_config_file>"
```

분류 및 회귀 모델에서 예측 가져오기

분류 및 회귀 모델에서 예측하려면 gRPC API를 사용해보세요. 분류 모델에서 예측을 얻으려면 다음 행을 바꿔야 합니다.

```
from tensorflow_serving.apis import predict_pb2
...
request = predict_pb2.PredictRequest()
```

다음과 같이 말입니다.

```
from tensorflow_serving.apis import classification_pb2
...
request = classification_pb2.ClassificationRequest()
```

회귀 모델에서 예측을 얻으려면 다음과 같이 임포트하세요.

```
from tensorflow_serving.apis import regression_pb2
...
regression_pb2.RegressionRequest()
```

페이로드

gRPC API는 API 요청 데이터 구조로 프로토콜 버퍼를 사용합니다. 바이너리 프로토콜 버퍼 페이로드를 사용하면 API 요청은 JSON 페이로드보다 대역폭을 적게 사용합니다. 또한 모델 입력 데이터 구조에 따라 REST 엔드포인트에서처럼 예측이 더 빨라질 수 있습니다. 이는 제출된 JSON 데이터가 `tf.Example` 데이터 구조로 변환되기 때문입니다. 이렇게 변환하면 모델 서버 추론이 느려질 수 있습니다. gRPC API 사례보다 추론이 느려질 수도 있습니다.

gRPC 엔드포인트에 제출된 데이터를 프로토콜 버퍼 데이터 구조로 변환해야 합니다. 텐서플로는`tf.make_tensor_proto`라는 변환을 수행하는 편리한 유틸리티 기능을 제공합니다. 스칼라, 목록, 넘파이 스칼라, 넘파이 배열 등 다양한 데이터 형식을 사용할 수 있습니다. 그런 다음 함수는 지정된 파이썬이나 넘파이 데이터 구조를 추론용 프로토콜 버퍼 형식으로 변환합니다.

8.12 텐서플로 서빙을 사용한 A/B 모델 테스트

A/B 테스트는 실제 상황에서 다양한 모델을 테스트하는 훌륭한 방법론입니다. 이 시나리오에서는 일정 비율의 클라이언트가 모델 버전 A에서 예측을 수신하고 다른 모든 요청은 모델 버전 B에서 처리됩니다.

앞에서 텐서플로 서빙을 구성하여 여러 모델 버전을 로드한 다음 REST 요청 URL이나 gRPC 사양에서 모델 버전을 지정할 수 있다고 설명했습니다.

텐서플로 서빙은 서버 측 A/B 테스트를 지원하지 않습니다. 즉, 모델 서버가 모든 클라이언트 요청을 단일 엔드포인트에 두 가지 모델 버전으로 추론한다는 뜻입니다. 그러나 요청 URL을 약간 수정하면 클라이언트 측[23]에서 랜덤 A/B 테스트가 동작하도록 할 수 있습니다.

```python
# random 라이브러리가 모델을 선택하는 데 도움이 됩니다.
from random import random

def get_rest_url(model_name, host='localhost', port=8501,
                 verb='predict', version=None):
```

---

23 두 모델과 상호 작용하는 사람에게서 얻은 결과에 대한 통계적 테스트 없이는 A/B 테스트가 완료되지 않습니다. 표시된 구현은 A/B 테스트 백엔드를 제공합니다.

```
    url = "http://{}:{}/v1/models/{}/".format(host, port, model_name)
    if version:
        url += "versions/{}".format(version)
    url += ":{}".format(verb)
    return url

...

# 전체 요청의 10%를 버전 1로 보내고
# 나머지 90%를 기본 모델로 보냅니다.
threshold = 0.1
# version = None일 때 텐서플로 서빙은 기본 버전으로 추론합니다.
version = 1 if random() < threshold else None
url = get_rest_url(model_name='complaints_classification', version=version)
```

보시다시피 REST API 예에서 모델 추론에 대한 요청 URL을 임의로 변경하면 몇 가지 기본적인 A/B 테스트 피처를 제공할 수 있습니다. 서버 측에서 모델 추론의 랜덤 라우팅을 수행하여 이런 피처를 확장하려면 Istio(https://istio.io/)와 같은 라우팅 도구를 사용하는 것이 좋습니다. 원래 웹 트래픽용으로 설계된 Istio는 트래픽을 특정 모델로 라우팅하는 데 사용할 수 있습니다. 모델을 단계적으로 도입하거나, A/B 테스트를 수행하거나, 특정 모델로 라우팅된 데이터에 대한 정책을 만들 수 있습니다.

모델을 사용하여 A/B 테스트를 수행하면서 모델 서버에 모델 정보를 요청하면 유용할 때가 많습니다. 다음 절에서는 텐서플로 서빙에서 메타데이터 정보를 요청하는 방법을 설명합니다.

8.13 모델 서버에서 모델 메타데이터 요청

책 첫머리에서 모델 생애 주기를 제시하고 머신러닝 생애 주기 자동화를 어떻게 추진해야 하는지를 설명했습니다. 연속 생애 주기의 중요한 컴포넌트는 모델 버전에 대한 정확도 또는 일반 성능 피드백을 생성하는 것입니다. 13장에서 이런 피드백 루프를 생성하는 방법을 자세히 살펴보겠지만, 현재 모델은 일부 데이터(예: 텍스트의 감정)를 분류한 다음 사용자에게 예측을 평가하도록 요청합니다. 모델이 무언가를 올바르게 예측했는지 또는 잘못 예측했는지에 관한 정보는 향후 모델 버전을 개선하는 데 중요하지만, 어느 모델 버전이 예측을 수행했는지 알 때만 유용합니다. 따라서 모델 서버에서 제공하는 메타데이터에는 피드백 루프의 주석을 달기 위한 정보가 포함됩니다.

8.13.1 모델 메타데이터에 대한 REST 요청

텐서플로 서빙에서는 모델 메타데이터를 간단하게 요청할 수 있습니다. 텐서플로 서빙은 모델 메타데이터의 엔드포인트를 제공합니다.

```
http://{HOST}:{PORT}/v1/models/{MODEL_NAME}[/versions/{MODEL_VERSION}]/metadata
```

앞에서 설명한 REST API 추론 요청과 마찬가지로, 요청 URL에서 모델 버전을 지정하는 옵션이 있습니다. 만약 지정하지 않으면 모델 서버가 기본 모델에 관한 정보를 제공합니다.

[예제 8–7]에서 알 수 있듯이, 단일 GET 요청으로 모델 메타데이터를 요청할 수 있습니다.

예제 8-7 파이썬 클라이언트를 사용한 모델 메타데이터 요청의 예

```python
import requests

def metadata_rest_request(model_name, host="localhost",
                          port=8501, version=None):
    url = "http://{}:{}/v1/models/{}/".format(host, port, model_name)
    if version:
        url += "versions/{}".format(version)
    url += "/metadata"  # 모델 정보를 위해 /metadata를 추가합니다.
    response = requests.get(url=url) # GET 요청을 수행합니다.
    return response
```

모델 서버는 모델 사양을 model_spec 딕셔너리로 반환하고 모델 정의를 metadata 딕셔너리로 반환합니다.

```
{
  "model_spec": {
    "name": "complaints_classification",
    "signature_name": "",
    "version": "1556583584"
```

```
      },
      "metadata": {
        "signature_def": {
          "signature_def": {
            "classification": {
              "inputs": {
                "inputs": {
                  "dtype": "DT_STRING",
                  "tensor_shape": {
                    ...
```

8.13.2 모델 메타데이터에 대한 gRPC 요청

gRPC로 모델 메타데이터를 요청하는 작업은 REST API만큼 쉽습니다. gRPC에서
는 GetModelMetadataRequest로 파일화하고 사양에 모델 이름을 추가한 다음 stub의
GetModelMetadata 메서드로 요청을 제출합니다.

```python
from tensorflow_serving.apis import get_model_metadata_pb2

def get_model_version(model_name, stub):
    request = get_model_metadata_pb2.GetModelMetadataRequest()
    request.model_spec.name = model_name
    request.metadata_field.append("signature_def")
    response = stub.GetModelMetadata(request, 5)
    return response.model_spec

model_name = 'complaints_classification'
stub = create_grpc_stub('localhost')
get_model_version(model_name, stub)

name: "complaints_classification"
version {
  value: 1556583584
}
```

gRPC 응답에는 로드된 모델의 버전 번호가 포함된 ModelSpec 개체가 포함됩니다.

로드된 모델의 모델 서명 정보를 얻는 사용 사례는 더 흥미롭습니다. 거의 동일한 요청 피처로 모델의 메타데이터를 확인할 수 있습니다. 유일한 차이점은 응답 개체의 **model_spec** 속성에 액세스하지 않고 **metadata**만 액세스한다는 점입니다. 정보는 사람이 읽을 수 있도록 직렬화해야 합니다. 따라서 **SerializeToString**을 사용하여 프로토콜 버퍼 정보를 변환합니다.

```python
from tensorflow_serving.apis import get_model_metadata_pb2

def get_model_meta(model_name, stub):
    request = get_model_metadata_pb2.GetModelMetadataRequest()
    request.model_spec.name = model_name
    request.metadata_field.append("signature_def")
    response = stub.GetModelMetadata(request, 5)
    return response.metadata['signature_def']

model_name = 'complaints_classification'
stub = create_grpc_stub('localhost')
meta = get_model_meta(model_name, stub)

print(meta.SerializeToString().decode("utf-8", 'ignore'))
# type.googleapis.com/tensorflow.serving.SignatureDefMap
# serving_default
# complaints_classification_input
#          input_1:0
#                 2@
# complaints_classification_output(
# dense_1/Sigmoid:0
#                  tensorflow/serving/predict
```

gRPC 요청은 REST 요청보다 복잡하지만, 고성능을 요구하는 애플리케이션에서는 더 빠른 예측 성능을 제공할 수 있습니다. 모델 예측 성능을 높이는 또 다른 방법은 예측 요청을 배치 처리하는 것입니다.

8.14 추론 요청 배치 처리

추론 요청 배치 처리는 텐서플로 서빙의 강력한 피처입니다. 모델 학습 중에 배치 처리는 학습 샘플을 병렬로 계산해서 학습을 가속합니다. 이와 동시에 배치의 메모리 요구 사항을 GPU의 가용 메모리와 일치시키면 계산 하드웨어도 효율적으로 사용할 수 있습니다.

[그림 8-3]과 같이 배치 처리 기능을 활성화하지 않은 상태에서 텐서플로 서빙을 실행하면 모든 클라이언트 요청을 각각 순차적으로 처리합니다. 예를 들어 이미지를 분류할 때 첫 번째 요청은 두 번째, 세 번째 요청을 분류하기 전에 CPU나 GPU에서 모델을 추론합니다. 이렇게 하면 CPU나 GPU의 가용 메모리를 충분히 활용하지 못합니다.

[그림 8-4]와 같이 여러 클라이언트가 모델 예측을 요청할 수 있으며, 모델 서버는 서로 다른 클라이언트 요청을 하나의 '배치batch'로 묶어 계산합니다. 배치 처리 단계를 통해 유추된 각 요청은 시간 초과나 배치 처리 제한 때문에 단일 요청보다 약간 더 오래 걸릴 수 있습니다. 그러나 학습 단계와 마찬가지로 배치 계산을 병렬로 처리하고 계산이 완료된 후 모든 클라이언트에게 결과를 반환할 수 있습니다. 이렇게 하면 단일 샘플 요청보다 하드웨어를 더 효율적으로 활용합니다.

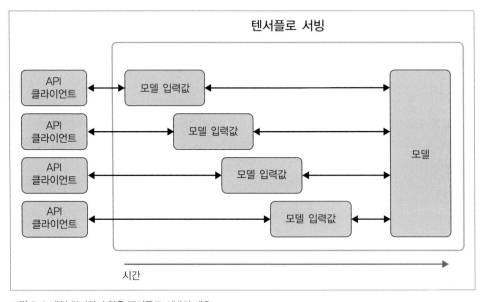

그림 8-3 배치 처리하지 않은 텐서플로 서빙의 개요

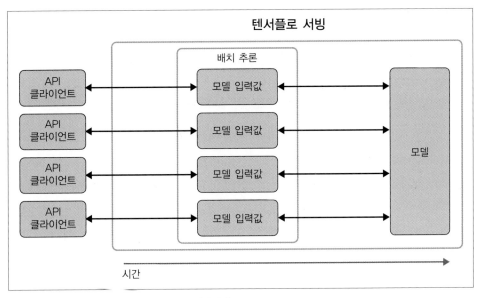

그림 8-4 배치 처리와 함께 제공되는 텐서플로 서빙의 개요

8.15 배치 예측 구성

텐서플로 서빙에 대해 배치 예측을 활성화한 다음 사용 사례에 맞게 구성해야 합니다. 다음과 같은 다섯 가지 구성 옵션이 있습니다.

- `max_batch_size`
  배치 크기를 제어하는 매개변수입니다. 배치 크기가 크면 요청 지연 시간이 증가하고 GPU 메모리가 소진될 수 있습니다. 배치 크기가 작으면 최적의 계산 리소스를 사용할 수 있는 이점이 없어집니다.

- `batch_timeout_micros`
  배치를 채우기 위한 최대 대기 시간을 설정하는 매개변수입니다. 추론 요청에 대한 지연 시간을 제한하는 데 유용합니다.

- `num_batch_threads`
  스레드 수는 병렬로 사용할 수 있는 CPU나 GPU 코어 수를 구성합니다.

- `max_enqueued_batches`
  예측을 위해 대기 중인 최대 배치 수를 설정하는 매개변수입니다. 이 구성은 무리한 요청의 백로그를 방지하는 데 유용합니다. 최대 수에 도달하면 대기열 대신 요청을 오류와 함께 반환합니다.
- `pad_variable_length_inputs`
  모든 입력 텐더에 대해 가변 길이의 입력 텐서를 같은 길이로 패딩할지를 결정하는 불리언 매개변수입니다.

배치 처리를 최적화하는 파라미터를 설정하려면 조정이 약간 필요하며 응용 프로그램에 따라 다릅니다. 온라인 추론을 실행한다면 대기 시간을 제한하는 편이 바람직합니다. 초기 `batch_timeout_micros`를 0으로 설정하고 시간 초과를 10,000마이크로초로 조정하면 좋습니다. 이와 달리 배치 요청은 최적의 성능을 위해 배치 크기를 지속해서 사용하는 데 더 긴 시간 초과(밀리초~초)의 이점을 제공합니다. 텐서플로 서빙은 `max_batch_size`나 시간 초과에 도달하면 배치에 대해 예측합니다.

CPU 기반 예측을 위한 텐서플로 서빙을 구성할 때는 CPU 코어 수로 `num_batch_threads`를 설정합니다. GPU 설정을 구성할 때는 `max_batch_size`를 조정하여 GPU 메모리를 최적으로 활용합니다. 구성을 조정하는 동안 `max_enqueueed_bats`를 큰 수로 설정하여 일부 요청이 적절한 추론 없이 일찍 반환되지 않도록 해야 합니다. 다음 예제와 같이 텍스트 파일에서 매개변수를 설정할 수 있습니다. 이 예에서는 `max_enqueued_batches.txt`라는 구성 파일을 생성하고 다음 내용을 추가합니다.

```
max_batch_size { value: 32 }
batch_timeout_micros { value: 5000 }
pad_variable_length_inputs: true
```

배치 처리를 활성화하려면 텐서플로 서빙을 실행하는 도커 컨테이너에 추가 파라미터 두 개를 전달해야 합니다. 즉, `enable_batching`을 true로 설정하고 `batching_parameters_file`을 컨테이너 내부 배치 처리 구성 파일의 절대 경로로 설정합니다. 추가 폴더가 모델 버전과 같은 폴더에 없으면 구성 파일과 함께 마운트해야 합니다.

다음은 배치 처리를 활성화한 상태에서 텐서플로 서빙 도커 컨테이너를 시작하는 `docker run` 명령의 전체 예입니다. 그런 다음 파라미터가 텐서플로 서빙 인스턴스로 전달됩니다.

```
docker run -p 8500:8500 \
            -p 8501:8501 \
            --mount type=bind,source=/path/to/models,target=/models/my_model \
            --mount type=bind,source=/path/to/batch_config,target=/server_config \
            -e MODEL_NAME=my_model -t tensorflow/serving \
            --enable_batching=true
            --batching_parameters_file=/server_config/batching_parameters.txt
```

앞에서 설명한 바와 같이, 배치 처리를 구성하려면 추가 튜닝이 필요하지만, 초기 설정에 드는 노력보다 성능 향상의 효용이 훨씬 높습니다. 따라서 텐서플로 서빙 피처를 활성화하기 바랍니다. 특히 오프라인 배치 프로세스에서 많은 수의 데이터 샘플을 유추하는 데 유용합니다.

8.16 기타 텐서플로 서빙 최적화

텐서플로 서빙은 다양한 추가 최적화 기능을 제공합니다. 추가 기능 플래그는 다음과 같습니다.

- **--file_system_poll_wait_seconds=1**

  새 모델 버전이 있으면 텐서플로 서빙이 폴링합니다. 피처를 1로 설정하여 비활성화할 수 있습니다. 모델을 한 번만 로드하고 업데이트하지 않으려면 0으로 설정하세요. 매개변수에는 정숫값이 필요합니다. 클라우드 스토리지 버킷에서 모델을 로드한다면 클라우드 스토리지 버킷의 빈번한 목록 작업에 불필요한 클라우드 공급자 사용료가 청구되지 않도록 폴링 시간을 늘리는 편이 좋습니다.

- **--tensorflow_session_parallelism=0**

  텐서플로 서빙은 자동으로 텐서플로 세션에 사용할 스레드 수를 결정합니다. 스레드 수를 수동으로 설정하려면 이 매개변수를 양의 정숫값으로 설정하여 스레드 수를 덮어쓰면 됩니다.

- **--tensorflow_intra_op_parallelism=0**

  텐서플로 서빙 실행에 사용하는 코어 수를 설정하는 매개변수입니다. 사용할 수 있는 스레드 수에 따라 병렬로 설정할 작업 수가 결정됩니다. 값이 0이면 가용 코어를 모두 사용합니다.

- **--tensorflow_inter_op_parallelism=0**

  풀에서 텐서플로 작업을 실행하는 데 사용할 수 있는 스레드 수를 설정하는 매개변수입니다. 이 피처는 텐서플로 그래프의 독립적인 작업 실행을 최대화하는 데 유용합니다. 값을 0으로 설정하면 가용 코어를 모두 사용하며 코어당 스레드 하나를 할당합니다.

이전 예제와 마찬가지로 다음 예제와 같이 구성 매개변수를 docker run 명령에 전달할 수 있습니다.

```
docker run -p 8500:8500 \
           -p 8501:8501 \
           --mount type=bind,source=/path/to/models,target=/models/my_model \
           -e MODEL_NAME=my_model -t tensorflow/serving \
           --tensorflow_intra_op_parallelism=4 \
           --tensorflow_inter_op_parallelism=4 \
           --file_system_poll_wait_seconds=10 \
           --tensorflow_session_parallelism=2
```

이런 구성 옵션은 성능을 향상하고 불필요한 클라우드 공급자 비용을 절감할 수 있습니다.

8.17 텐서플로의 대체 서비스

텐서플로 서빙은 머신러닝 모델을 배포하는 좋은 방법입니다. 텐서플로 Estimator와 케라스 모델에서는 다양한 머신러닝 개념을 다루어야 합니다. 그러나 레거시 모델을 배포하거나, 머신러닝 프레임워크가 텐서플로나 케라스가 아니라면 다음과 같은 몇 가지 옵션이 있습니다.

8.17.1 BentoML

BentoML(https://bentoml.org/)은 머신러닝 모델을 배치하는 프레임워크 독립 라이브러리입니다. 파이토치, 사이킷런, 텐서플로, 케라스, XGBoost를 사용해 학습된 모델을 지원합니다. 텐서플로 모델은 BentoML은 SavedModel 형식을 지원합니다. BentoML은 일괄 처리 요청을 지원합니다.

8.17.2 Seldon

영국 스타트업인 Seldon은 모델 생애 주기를 관리하는 다양한 오픈 소스 도구를 제공하며, 그중 Seldon Core(https://oreil.ly/Yx_U7)가 핵심 제품입니다. Seldon Core는 도커 이미지로 모델을 래핑하는 도구 상자를 제공합니다. 도커 이미지는 Seldon으로 쿠버네티스 클러스터에 배포됩니다. 이 장을 작성할 당시, Seldon은 텐서플로, 사이킷런, XGBoost은 물론이고 R로 훈련된 머신러닝 모델을 지원했습니다.

Seldon은 자체적인 도커 이미지로 전처리를 구성할 수 있는 자체 생태계를 갖추고 있습니다. 이 이미지는 배포 이미지와 함께 배포됩니다. 또한 A/B 테스트나 멀티 암드 밴디트^{multiarm bandit} 실험을 수행하는 라우팅 서비스도 제공합니다.

Seldon은 쿠브플로 환경과 고도로 통합되어 있으며 텐서플로 서빙과 유사하게 쿠버네티스에서 쿠브플로를 사용하여 모델을 배포하는 방법입니다.

8.17.3 GraphPipe

GraphPipe(`https://oreil.ly/w_U7U`)도 텐서플로와 비非텐서플로 모델을 배포하는 방법입니다. 오라클은 오픈 소스 프로젝트를 추진합니다. 이를 통해 텐서플로(케라스 포함) 모델뿐만 아니라 Caffe2 모델과 ONNX^{Open Neural Network Exchange} 형식[24]으로 변환 가능한 모든 머신러닝 모델을 배포할 수 있습니다. ONNX 형식으로 GraphPipe를 사용하여 파이토치 모델을 배포할 수 있습니다.

GraphPipe는 텐서플로, 파이토치 등에 모델 서버를 제공하면서 파이썬, 자바, Go와 같은 프로그래밍 언어를 위한 클라이언트 구현도 제공합니다.

8.17.4 심플 텐서플로 서빙

심플 텐서플로 서빙(`https://stfs.readthedocs.io/`)은 4Paradigm의 디하오 첸^{Dihao Chen}이 개발한 제품입니다. 이 라이브러리는 텐서플로 모델만 지원합니다. 현재 지원하는 모델 프레임워크는 ONNX, 사이킷런, XGBoost, PMML, H2O 등이 있습니다. 여러 모델, GPU에 대한 예측, 다양한 언어에 대한 클라이언트 코드를 지원합니다.

심플 텐서플로 서빙은 모델 서버 인증과 암호화된 연결을 지원한다는 점이 중요합니다. 인증은 현재 텐서플로 서빙 기능이 아니며 SSL이나 TLS^{Transport Layer Security}를 지원하려면 사용자 지정 텐서플로 서빙 빌드가 필요합니다.

----

24 ONNX는 머신러닝 모델을 설명하는 방법입니다.

8.17.5 MLflow

MLflow(`https://mlflow.org/`)는 머신러닝 모델 배포를 지원하지만, 이는 DataBricks에서 만든 도구 중 하나에 불과합니다. MLflow는 MLflow Tracking을 사용해 모델 실험을 관리하도록 설계되었습니다. 이 도구에는 MLflow로 관리하는 모델의 REST API 엔드포인트를 제공하는 모델 서버가 내장됩니다.

또한 MLflow는 MLflow에서 마이크로소프트의 애저 ML 플랫폼 및 AWS SageMaker로 모델을 직접 배포하는 인터페이스를 제공합니다.

8.17.6 Ray Serve

Ray Project(`https://ray.io/`)는 머신러닝 모델을 배포하는 피처를 제공합니다. Ray Serve는 프레임워크에 구애받지 않으며 파이토치, 텐서플로(케라스 포함)를 지원합니다. 케라스, 사이킷런 모델 또는 사용자 지정 모델 예측을 수행합니다. 이 라이브러리는 요청을 배치 처리하는 기능을 제공하며 모델과 모델 버전 간의 트래픽을 라우팅할 수 있습니다.

Ray Serve는 Ray Project 생태계에 통합되어 분산 컴퓨팅 설정을 지원합니다.

8.18 클라우드 공급자를 통한 구축

지금까지 다룬 모델 서버 솔루션은 모두 사용자가 설치하고 관리해야 합니다. 그러나 구글 클라우드, AWS, 마이크로소프트 애저 등 주요 클라우드 공급자들은 머신러닝 모델 호스팅을 비롯한 머신러닝 제품을 제공합니다.

이 절에서는 구글 클라우드의 AI 플랫폼을 사용한 구축 사례를 안내합니다. 우선 모델 배포부터 시작합시다. 그런 다음 애플리케이션 클라이언트에서 배포된 모델로부터 예측을 얻는 방법을 설명하겠습니다.

8.18.1 사용 사례

모델을 원활하게 배포하고 모델 배포 확장에 대해 걱정하지 않으려면, 머신러닝 모델의 관리형 클라우드 배포가 모델 서버 인스턴스를 실행하는 좋은 대안입니다. 모든 클라우드 공급자는 추론 요청 수에 따라 확장할 수 있는 기능을 갖춘 배포 옵션을 제공합니다.

그러나 모델 배포의 유연성을 높이려면 비용이 듭니다. 관리형 서비스는 쉬운 배포를 제공하지만 비용이 많이 듭니다. 예를 들어 풀타임으로 실행하는 두 모델 버전(두 개의 계산 노드가 필요함)은 텐서플로 서빙 인스턴스를 실행하는 유사한 컴퓨팅 인스턴스보다 더 비쌉니다. 관리형 배포의 또 다른 단점은 제품의 제한입니다. 일부 클라우드 공급자는 자체 소프트웨어 개발 키트를 사용해 배포하기를 요구하며, 노드 크기와 모델에서 차지할 수 있는 메모리양에 제한을 두는 공급업체도 있습니다. 이는 특히 모델이 매우 많은 계층(예: 언어 모델)을 포함할 때 머신러닝 모델에 심각한 제한이 될 수 있습니다.

8.18.2 GCP를 사용한 배포 예시

이 절에서는 구글 클라우드의 AI 플랫폼을 사용하여 배포 프로세스를 안내합니다. 구성 파일을 작성하고 터미널 명령을 실행하는 대신 웹 UI로 모델 엔드포인트를 설정할 수 있습니다.

> **WARNING_ GCP AI 플랫폼의 모델 크기 제한**
> GCP의 엔드포인트는 최대 500MB의 모델 크기로 제한됩니다. 그러나 N1 유형의 컴퓨팅 엔진으로 엔드포인트를 배포할 때는 최대 모델 제한이 2GB로 증가합니다. 이 절을 작성할 당시, 이 옵션은 베타 기능으로 제공됐습니다.

모델 배포 수행

배포는 다음 세 단계로 구성됩니다.

- 구글 클라우드에서 모델에 액세스할 수 있도록 합니다.
- 구글 클라우드의 AI 플랫폼으로 새 모델 인스턴스를 만듭니다.
- 모델 인스턴스로 새 버전을 만듭니다.

내보낸 텐서플로나 케라스 모델을 스토리지 버킷에 업로드하면서 배포를 시작합니다. [그림 8-5]와 같이 내보낸 전체 모델을 업로드해야 합니다. 모델 업로드가 완료되면 저장 위치의 전체 경로를 복사해 주세요.

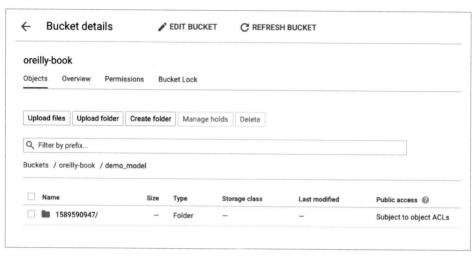

그림 8-5 학습된 모델을 클라우드 스토리지에 업로드

머신러닝 모델을 업로드한 후 GCP의 AI 플랫폼으로 이동하여 머신러닝 모델을 구축합니다. GCP 프로젝트에서 AI 플랫폼을 처음 사용한다면 API를 활성화해야 합니다. 구글 클라우드의 자동화 시작 프로세스는 몇 분 정도 소요됩니다

[그림 8-6]과 같이 모델에 고유 식별자를 제공해야 합니다. 식별자를 만들고 기본 배포 영역[25]을 선택합니다. 선택적 프로젝트 설명을 만든 후에는 'Create (만들기)'를 클릭하여 설치를 계속합니다.

---

25 예측 지연 시간이 가장 낮을 때는 모델 요청의 지리적 영역에 가장 가까운 영역을 선택합니다.

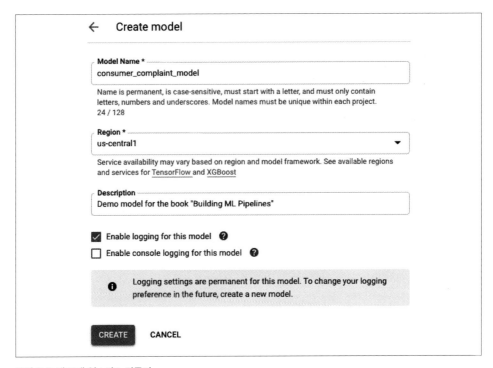

그림 8-6 새 모델 인스턴스 만들기

새 모델이 등록되면 [그림 8-7]과 같이 모델이 대시보드에 나열됩니다. 오버플로 메뉴에서 'Create version(버전 만들기)'을 클릭하여 대시보드에 대한 새 모델 버전을 만들 수 있습니다.

그림 8-7 새 모델 버전 만들기

새 모델 버전을 생성할 때 모델을 실행하는 계산 인스턴스를 구성합니다. 구글 클라우드는 [그림 8-8]과 같이 다양한 구성 옵션을 제공합니다. 나중에 클라이언트 설정에서 version name을 참조하기 때문에 version name이 중요합니다. Model URI를 이전 단계에서 저장한 스토리지 경로로 설정해 주세요.

구글 클라우드 AI 플랫폼은 XGBoost, 사이킷런, 맞춤형 예측 루틴 등 다양한 머신러닝 프레임워크를 지원합니다.

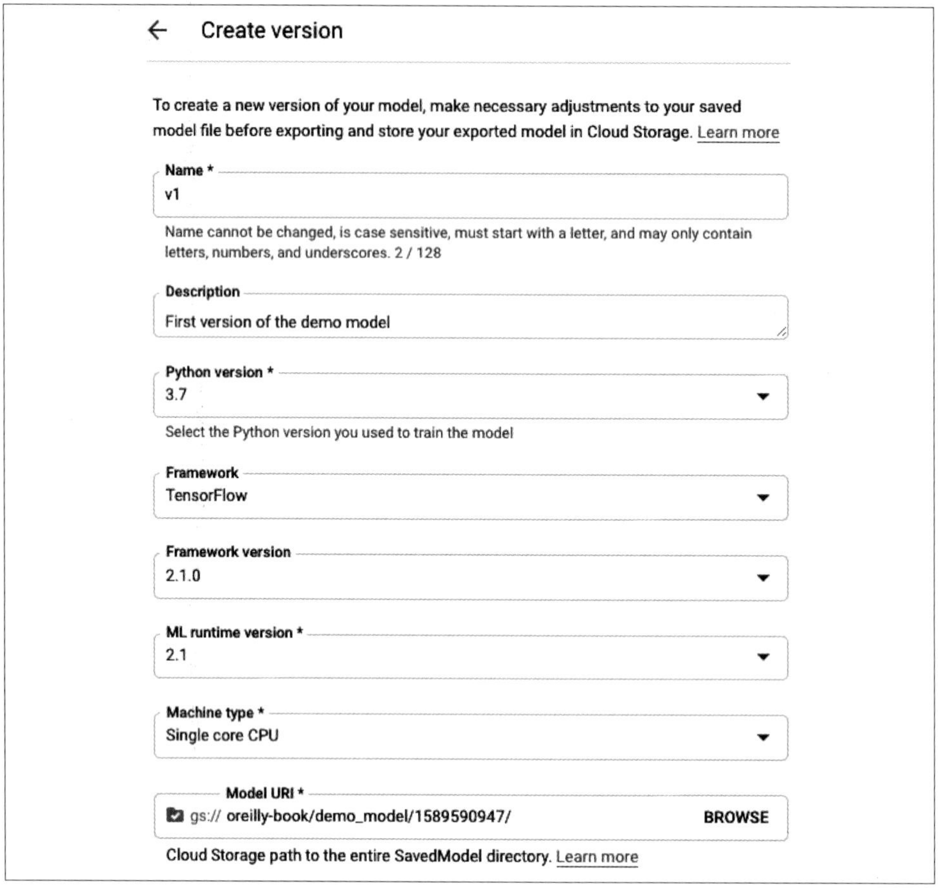

그림 8-8 인스턴스 세부 정보 설정

또한 GCP를 사용하면 모델에서 많은 추론 요청이 발생할 때 모델 인스턴스가 확장되는 방식을 구성할 수 있습니다. 두 가지 확장 동작(**수동 확장**manual scaling, **자동 확장**autoscaling) 중에서 선택할 수 있습니다.

수동 확장 피처를 사용하면 모델 버전의 예측에 사용할 수 있는 정확한 노드 수를 설정할 수 있습니다. 반대로 자동 확장 피처는 엔드포인트 수요에 따라 인스턴스 수를 조정하는 기능을 제공합니다. 노드에 요청이 없으면 노드 수가 0개로 줄어들 수도 있습니다. 자동 확장이 노드 수를 0으로 줄이면 모델 버전 엔드포인트에 다음 요청이 있을 때 모델 버전을 다시 설치하는 데 시간이 걸립니다. 또한 자동 확장 모드에서 추론 노드를 실행하면 10분 간격으로 요금이 청구됩니다.

전체 모델 버전이 구성되면 구글 클라우드가 해당 인스턴스를 스핀업합니다. 모델 예측을 위한 모든 준비가 완료되면 [그림 8-9]와 같이 버전 이름 옆에 녹색 확인 아이콘이 표시됩니다.

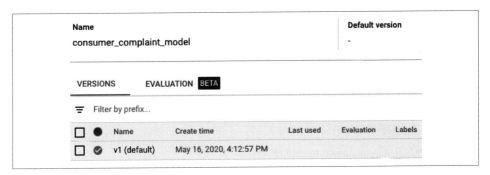

그림 8-9 새 버전을 사용하여 배포 완료

여러 모델 버전을 동시에 실행할 수 있습니다. 모델 버전의 제어판에서 한 버전을 기본 버전으로 설정할 수 있으며, 버전을 지정하지 않은 추론 요청은 지정된 '기본 버전'으로 라우팅됩니다. 각 모델 버전은 개별 노드에서 호스팅되며 GCP 비용이 누적됩니다.

모델 추론

텐서플로 서빙은 구글에서 대규모의 테스트를 받았고 내부적으로 많이 사용됩니다. GCP에서도 역시 내부적으로 사용됩니다. AI 플랫폼이 텐서플로 서빙 인스턴스에서 본 것과 같은 모델 내보내기 형식을 사용하지 않고 페이로드의 데이터 구조가 이전과 같음을 알 수 있습니다.

유일한 차이점은 API 연결입니다. 이 절에서 알 수 있듯이, 요청 인증을 처리하는 GCP API를 사용해 모델 버전에 연결합니다.

구글 클라우드 API에 연결하려면 다음을 사용하여 `google-api-python-client` 라이브러리를 설치해야 합니다.

```
$ pip install google-api-python-client
```

모든 구글 서비스는 서비스 개체로 연결할 수 있습니다. 다음 코드 조각의 헬퍼 함수는 서비스 개체를 만드는 방법을 강조 표시합니다. 구글 API 클라이언트는 service name과 service version을 사용하고 반환된 개체의 메서드를 통해 모든 API 기능을 제공하는 개체를 반환합니다.

```python
import googleapiclient.discovery

def _connect_service():
    return googleapiclient.discovery.build(
        serviceName="ml", version="v1"
    )
```

이전의 REST 및 gRPC 예제와 마찬가지로, 추론 데이터를 입력 딕셔너리 목록이 포함된 고정 instances 키 아래에 중첩합니다. 페이로드를 생성하는 작은 헬퍼 함수를 만들었습니다. 이 함수에는 추론 전에 입력 데이터를 수정해야 할 때 전처리가 포함됩니다.

```python
def _generate_payload(sentence):
    return {"instances": [{"sentence": sentence}]}
```

클라이언트 측에서 생성된 서비스 개체와 생성된 페이로드를 사용하여 구글 클라우드에 호스팅된 머신러닝 모델에 예측을 요청해야 합니다.

AI 플랫폼 서비스의 서비스 객체는 name과 body를 받아들이는 예측 방법을 포함합니다. name은 GCP 프로젝트 이름, 모델 이름, 버전 이름(특정 모델 버전으로 예측할 때)을 포함하는 경로 문자열입니다. 버전 번호를 지정하지 않으면 모델 추론에 기본 모델 버전을 사용합니다. body에는 앞서 생성한 추론 데이터 구조가 포함됩니다.

```python
project = "yourGCPProjectName"
model_name = "demo_model"
version_name = "v1"
request = service.projects().predict(
    name="projects/{}/models/{}/versions/{}".format(
        project, model_name, version_name),
    body=_generate_payload(sentence)
)
response = request.execute()
```

구글 클라우드 AI 플랫폼 응답은 (텐서플로 서빙 인스턴스의 REST 응답과 유사한) 다양한 범주에 대한 예측 점수를 포함합니다.

```
{'predictions': [
    {'label': [
        0.9000182151794434,
        0.02840868942439556,
        0.009750653058290482,
        0.06182243302464485
    ]}
]}
```

입증된 배포 옵션은 전체 배포 인프라를 설정하지 않고도 머신러닝 모델을 신속하게 배포하는 방법입니다. AWS나 마이크로소프트 애저 같은 클라우드 공급자들도 유사한 모델 배포 서비스를 세공합니다. 배포 요구 사항에 따라 클라우드 공급자는 자체 호스팅된 배포 옵션의 좋은 대안이 될 수 있습니다. 단점은 잠재적으로 비용이 더 많이 들고 엔드포인트를 완전히 최적화하지 못한다는 점입니다(즉, 8.14절 '추론 요청 배치 처리'에서 설명했듯이 gRPC 엔드포인트나 배치 처리 기능을 제공합니다).

8.19 TFX 파이프라인을 사용한 모델 배포

[그림 8-1]은 머신러닝 파이프라인의 한 컴포넌트로서 배포 단계를 보여주었습니다. 모델 배포의 내부 작업, 특히 텐서플로 서빙에 대해 살펴본 후, 이 절의 머신러닝 파이프라인과 연결하려고 합니다.

[그림 8-10]에서는 연속 모델 배포 단계를 볼 수 있습니다. 지정된 파일 위치에서 모델을 로드하도록 텐서플로 서빙을 실행하고 구성했다고 가정합니다. 또한 텐서플로 서빙은 외부 파일 위치(예: 클라우드 스토리지 버킷, 마운트된 영구 볼륨)에서 모델을 로드한다고 가정합니다. TFX 파이프라인과 텐서플로 서빙 인스턴스 모두 같은 파일 시스템에 액세스할 수 있어야 합니다.

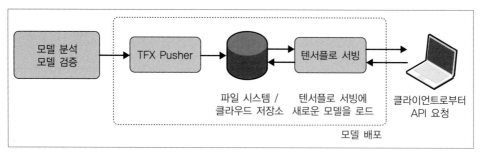

그림 8-10 TFX 파이프라인에서 생산된 모델 배포하기

7.5.4 'TFX Pusher 구성 요소'에서는 Pusher 컴포넌트를 살펴봤습니다. TFX 컴포넌트를 사용하면 검증된 모델을 지정된 위치(예: 클라우드 스토리지 버킷)로 푸시할 수 있습니다. 텐서플로 서빙에서는 클라우드 저장소 위치에서 새 모델 버전을 선택하고 이전 모델 버전을 언로드한 후 지정된 모델 엔드포인트의 최신 버전을 로드할 수 있습니다. 이는 텐서플로 서빙의 기본 모델입니다.

기본 모델 정책 덕분에 TFX와 텐서플로 서빙을 사용하여 간단한 연속 배포 설정을 쉽게 작성할 수 있습니다.

8.20 요약

이 장에서는 머신러닝 모델을 배포하기 위해 텐서플로 서빙을 설정하는 방법과 플라스크 웹 애플리케이션으로 머신러닝 모델을 배포하는 것보다 모델 서버가 더 확장 가능한 옵션인 이유를 알아봤습니다. 설치와 구성 단계를 살펴보고, REST와 gRPC라는 두 가지 주요 통신 옵션을 소개하고, 두 통신 프로토콜의 장단점을 간략하게 설명했습니다.

또한 모델 요청의 배치 처리와 다양한 모델 버전에 대한 메타데이터 획득 기능 등 텐서플로 서빙의 몇 가지 이점을 설명했습니다. 텐서플로 서빙으로 빠른 A/B 테스트 설정을 하는 방법도 다뤘습니다.

구글 클라우드 AI 플랫폼을 예로 들어 관리형 클라우드 서비스를 간략히 소개하면서 이 장을 마무리했습니다. 관리형 클라우드 서비스를 사용하면 자체 서버 인스턴스를 관리하지 않고도 머신러닝 모델을 구현할 수 있습니다.

다음 장에서는 클라우드 공급자로부터 모델을 로드하거나 쿠버네티스와 함께 텐서플로 서빙을 구현하는 등 모델 구현을 개선하는 방법을 살펴보겠습니다.

텐서플로 서비스를 사용한 고급 모델 배포

이전 장에서는 텐서플로 서빙을 사용하는 텐서플로 또는 케라스 모델의 효율적인 구현에 대해 살펴봤습니다. 기본 모델 배치와 텐서플로 서빙 구성에 관한 지식을 바탕으로 이 장에서는 머신러닝 모델 배포의 고급 사용 사례를 소개합니다. 사용 사례는 모델 A/B 테스트 배포, 배포 및 확장을 위한 모델 최적화, 모델 배포 모니터링 등 다양한 주제를 다룹니다. 이 장은 이전 장의 내용을 바탕으로 진행하므로 이전 장을 먼저 살펴보시기를 권장합니다.

9.1 배포 주기 분리

8장에서 살펴본 기본 배포는 잘 작동하지만, 한 가지 제한 사항이 있습니다. 학습되고 검증된 모델은 이전 장에서 설명한 대로 빌드 단계에서 배포 컨테이너 이미지에 포함되거나 컨테이너 런타임 중에 컨테이너에 마운트되어야 합니다. 두 옵션 모두 데브옵스 프로세스 지식(예: 도커 컨테이너 이미지 업데이트)이나 새 모델 버전의 배포 단계에서 데이터 과학팀과 데브옵스팀 간의 조정이 필요합니다.

8장에서 간단히 언급했듯이 텐서플로 서빙은 원격 스토리지 드라이브(예: AWS S3, GCP 스토리지 버킷)에서 모델을 로드할 수 있습니다. 텐서플로 서빙의 표준 로더 정책은 모델 저장 위치를 폴링하고 이전에 로드된 모델을 언로드하며 새 모델을 탐지하면 로드합니다. 이런 동작 때문에 모델 서빙 컨테이너를 한 번만 배치하면 되고, 저장 폴더 위치에서 사용할 수 있게 되면 모델 버전이 계속 업데이트됩니다.

9.1.1 워크플로 개요

원격 스토리지 위치에서 모델을 로드하도록 텐서플로 서빙을 구성하는 방법을 자세히 살펴보기 전에 제안된 워크플로를 살펴보겠습니다.

[그림 9-1]은 워크플로의 분리를 보여줍니다. 모델 서빙 컨테이너는 한 번만 배포됩니다. 데이터 과학자는 버킷의 웹 인터페이스나 명령줄 복사 작업으로 새 버전의 모델을 스토리지 버킷에 업로드할 수 있습니다. 모델 버전의 모든 변경 사항은 서비스 인스턴스가 찾아냅니다. 모델 서버 컨테이너를 새로 빌드하거나 컨테이너를 재배치할 필요가 없습니다.

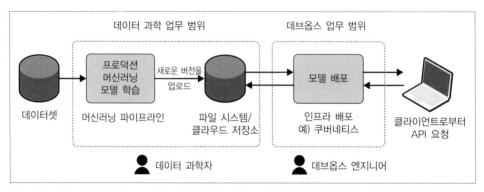

그림 9-1 데이터 과학과 데브옵스 배포 주기 분할

버킷 폴더에 공개적으로 액세스할 수 있다면 모델 기본 경로를 원격 경로로 업데이트하기만 해도 원격 모델을 지원할 수 있습니다.

```
# MODEL_BASE_PATH는 원격 버킷 경로입니다.
# 나머지 구성은 동일하게 유지됩니다.
docker run -p 8500:8500 \
        -p 8501:8501 \
        -e MODEL_BASE_PATH=s3://bucketname/model_path/ \
        -e MODEL_NAME=my_model \
        -t tensorflow/serving
```

모델을 개인 클라우드 버킷에 저장했을 때 액세스 자격 증명을 제공하려면 텐서플로 서빙을 조금 더 설정해야 합니다. 설정은 클라우드 공급자에 따라 다릅니다. 이 장에서는 AWS와 GCP에서의 예를 살펴보겠습니다.

AWS S3에서 전용 모델에 접근하기

AWS는 사용자별 액세스 키와 암호로 사용자를 인증합니다. 개인 AWS S3 버킷에 액세스하려면 사용자 액세스 키와 암호[26]를 생성해야 합니다.

docker run 명령에 환경 변수로 AWS 액세스 키와 암호를 제공할 수 있습니다. 이렇게 하면 텐서플로 서빙이 인증 정보를 선택해서 개인 버킷에 액세스합니다.

```
docker run -p 8500:8500 \
           -p 8501:8501 \
           -e MODEL_BASE_PATH=s3://bucketname/model_path/ \
           -e MODEL_NAME=my_model \
           -e AWS_ACCESS_KEY_ID=XXXXX \ # 환경변수의 이름이 중요합니다.
           -e AWS_SECRET_ACCESS_KEY=XXXXX \
           -t tensorflow/serving
```

텐서플로 서빙에는 표준 AWS 환경 변수와 기본값을 사용합니다. 기본값은 덮어쓸 수 있습니다(예: 버킷이 us-east-1 영역에 없거나 S3 엔드포인트를 변경하려 할 때).

구성 옵션은 다음과 같습니다.

- AWS_REGION=us-east-1

- S3_ENDPOINT=s3.us-east-1.amazonaws.com

- S3_USE_HTTPS=1

- S3_VERIFY_SSL=1

구성 옵션은 다음 예제와 같이 환경 변수로 추가하거나 docker run 명령에 추가할 수 있습니다.

```
docker run -p 8500:8500 \
           -p 8501:8501 \
           -e MODEL_BASE_PATH=s3://bucketname/model_path/ \
           -e MODEL_NAME=my_model \
           -e AWS_ACCESS_KEY_ID=XXXXX \
           -e AWS_SECRET_ACCESS_KEY=XXXXX \
           -e AWS_REGION=us-west-1 \ # 환경 변수로 구성을 추가할 수 있습니다.
           -t tensorflow/serving
```

---

26 AWS 액세스 키 관리에 관한 자세한 내용은 설명서(https://oreil.ly/pHJ5N)를 참고해주세요.

이런 추가 환경 변수를 텐서플로 서빙에 제공한 후 원격 AWS S3 버킷에서 모델을 로드할 수 있습니다.

GCP 버킷에서 전용 모델에 액세스하기

GCP는 **서비스 계정**service account으로 사용자를 인증합니다. 개인 GCP 스토리지 버킷에 액세스하려면 서비스 계정 파일[27]을 생성해야 합니다.

GCP 인증에서는 서비스 계정 인증 정보를 포함한 JSON 파일을 필요하므로, AWS와 달리 인증 정보를 환경 변수로 제공할 수 없습니다. GCP에서는 도커 컨테이너 내부에 자격 증명이 들어 있는 폴더를 호스트 시스템에 마운트한 다음 텐서플로 서빙이 올바른 자격 증명 파일을 가리키도록 환경 변수를 정의해야 합니다.

다음 예에서는 새로 생성한 서비스 계정 자격 증명 파일을 호스트 시스템의 /home/your_username/.credentials/ 아래에 저장했다고 가정합니다. GCP에서 서비스 계정 자격 증명을 다운로드하고 파일을 sa-credentials.json으로 저장했습니다. 인증 정보 파일 이름을 지정할 수 있지만 도커 컨테이너 내부의 전체 경로로 환경 변수 GOOGLE_APPLICATION_CREDENTIALS를 업데이트해야 합니다.

```
docker run -p 8500:8500 \
           -p 8501:8501 \
           -e MODEL_BASE_PATH=gcp://bucketname/model_path/ \
           -e MODEL_NAME=my_model \
           -v /home/your_username/.credentials/:/credentials/ \ # 자격 증명을 사용하여
호스트 디렉터리를 마운트합니다.
           -e GOOGLE_APPLICATION_CREDENTIALS=/credentials/sa-credentials.json \ # 컨테
이너 내부의 경로를 지정합니다.
           -t tensorflow/serving
```

몇 단계를 거쳐 원격 GCP 버킷을 저장 위치로 구성했습니다.

---

27 서비스 계정을 생성하고 관리하는 방법에 관한 자세한 내용은 설명서(https://oreil.ly/pb08q)를 참고해주세요.

9.1.2 원격 모델 로딩 최적화

기본적으로 텐서플로 서빙은 모델이 로컬 또는 원격 위치에 저장되었는지와 관계없이 2초마다 모델 폴더를 폴링해서 업데이트된 모델이 있는지 확인합니다. 모델을 원격 위치에 저장했다면 폴링 작업은 클라우드 공급자를 통해 버킷 목록 보기를 생성합니다. 모델 버전을 계속 업데이트할 때는 버킷에 많은 파일이 포함될 수 있습니다. 이렇게 하면 목록 보기 메시지가 많아지므로 시간이 지나면서 많은 양의 트래픽이 소모됩니다. 클라우드 공급자는 보통 이런 목록 작업에서 생성된 네트워크 트래픽에 요금을 청구합니다. 청구 문제가 발생하지 않도록 폴링 빈도를 120초로 줄이기를 권장합니다. 폴링 빈도는 여전히 시간당 최대 30개의 잠재적 업데이트를 제공하지만 트래픽은 60배 더 적게 생성합니다.

```
docker run -p 8500:8500 \
        ...
        -t tensorflow/serving \
        --file_system_poll_wait_seconds=120
```

텐서플로 서빙 인수는 `docker run` 명령의 이미지 사양 뒤에 추가해야 합니다. 1초보다 큰 폴링 대기 시간을 지정할 수 있습니다. 대기 시간을 0으로 설정하면 텐서플로 서빙이 로드된 모델을 새로 고치지 않습니다.

9.2 배포를 위한 모델 최적화

머신러닝 모델의 크기가 증가할수록 모델 최적화는 효율적인 배포에 더욱 중요해집니다. 모델 양자화quantization를 사용하면 가중치 표현 정밀도를 줄임으로써 모델의 계산 복잡성을 줄일 수 있습니다. 모델 가지치기pruning 기능을 사용하면 불필요한 가중치를 모델 네트워크에서 0으로 만들어 제거할 수 있습니다. 그리고 모델 증류distillation는 더 작은 신경망이 더 큰 신경망의 목적을 배우게 합니다.

세 가지 최적화 방법은 모두 모델 추론을 더 빠르게 해주는 더 작은 모델을 목표로 합니다. 다음 절에서는 세 가지 최적화 옵션을 자세히 설명합니다.

9.2.1 양자화

신경망의 가중치는 32비트 부동소수점 데이터 형식(또는 IEEE 754 표준에 따라 단일 정밀 이진 부동소수점 형식)으로 저장할 때가 많습니다. 부동소수점 수는 부호를 저장하는 1비트, 지수 8비트, 부동소수점 정밀도 23비트로 저장됩니다.

그러나 네트워크 가중치는 bfloat16 부동소수점 형식이나 8비트 정수로 표시할 수 있습니다. [그림 9-2]와 같이, 숫자 부호를 저장하는 데는 여전히 1비트가 필요합니다. 지수 또한 텐서플로에서 사용하므로 가중치를 **bfloat16** 부동소수점으로 저장할 때도 8비트로 표현합니다. 그러나 분수 표현은 23비트에서 7비트로 감소합니다. 때로는 8비트만 사용하여 가중치를 정수로 나타내기도 합니다.

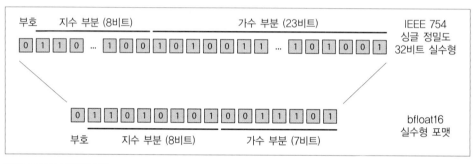

그림 9-2 부동 정밀도 감소

네트워크의 가중치 표현을 16비트 부동소수점이나 정수로 변경하면 다음과 같은 이점을 얻을 수 있습니다.

- 가중치는 더 적은 바이트로 나타낼 수 있으므로 모델 추론 중에 더 적은 메모리가 필요합니다.
- 가중치의 감소한 표현 덕분에 예측을 더 빨리 추론할 수 있습니다.
- 양자화를 사용해 16비트 또는 8비트 임베디드 시스템에서 신경망을 실행할 수 있습니다.

모델 양자화를 위한 현재 워크플로는 모델 학습 후에 적용되며 흔히 **학습 후 양자화**post-training quantization라고 합니다. 양자화된 모델은 정밀도가 떨어져서 과소적합될 수 있으니 양자화 후와 배치 전에 모든 모델을 분석하고 검증하기를 권장합니다. 모델 양자화의 예로서 엔비디아의 TensorRT 라이브러리(9.3절 '텐서플로 서빙에서 TensorRT 사용하기' 참고)와 텐서플로의 TFLite 라이브러리(9.4절 'TFLite' 참고)를 설명하겠습니다.

9.2.2 가지치기

모델 가지치기model pruning는 네트워크 가중치의 정밀도를 줄이는 대안입니다. 불필요한 가중치를 제거함으로써 훈련된 네트워크를 더 작은 네트워크로 줄일 수 있다는 아이디어입니다. 이는 실제로 '필요하지 않은' 가중치를 0으로 설정함을 의미합니다. 불필요한 가중치를 0으로 설정하면 추론이나 예측 속도를 높일 수 있습니다. 또한 희소 가중치가 있으면 압축률이 높아지므로 가지치기한 모델을 더 작은 크기로 압축할 수 있습니다.

> **NOTE_ 모델 압축 방법**
> 텐서플로의 모델 최적화 패키지인 tensorflow-model-optimization[28] 같은 도구를 사용해 학습 단계에서 모델을 가지치기할 수 있습니다.

9.2.3 증류

네트워크 연결을 줄이는 대신 더 작고 덜 복잡한 신경망을 훈련시켜 훨씬 더 광범위한 네트워크에서 훈련된 작업을 학습할 수도 있습니다. 이런 접근 방식을 **증류**distillation라고 합니다. 단순히 큰 모델과 같은 목적으로 작은 머신러닝 모델을 훈련시키는 대신, 큰 모델(교사 신경망)의 예측은 [그림 9-3]과 같이 작은 모델(학생 신경망)의 가중치 업데이트에 영향을 미칩니다. 교사와 학생 신경망의 예측을 이용하여, 학생 네트워크는 교사 신경망에서 목표를 학습하도록 **강제**할 수 있습니다. 궁극적으로, 같은 모델 목표를 더 적은 가중치로 표현할 수 있습니다. 교사가 강요하지 않았다면 목표를 배울 수 없었을 모델 아키텍처로 말입니다.

---

28 자세한 최적화 방법(https://oreil.ly/UGjss)과 세부적인 가지치기 예제(https://oreil.ly/n9rWc)는 텐서플로 웹사이트를 참고하시기 바랍니다.

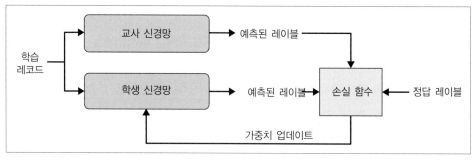

그림 9-3 교사 네트워크에서 학습하는 학생 네트워크

9.3 텐서플로 서빙에서 TensorRT 사용하기

학습된 텐서플로 모델을 프로덕션에 배포하기 전에 양자화하는 한 가지 방법은 엔비디아의 TensorRT로 모델을 변환하는 것입니다.

엔비디아 GPU에서 계산 집약적인 심층 학습 모델을 실행할 때 이를 사용하여 모델 서버를 최적화할 수 있습니다. 엔비디아는 TensorRT라는 라이브러리를 제공합니다. 네트워크 가중치와 편향의 수치 표현 정밀도를 줄임으로써 딥러닝 모델의 추론을 최적화하는 라이브러리입니다. TensorRT는 int8과 float16 표현을 지원합니다. 정밀도가 감소하면 모델의 추론 지연 시간이 줄어듭니다.

모델 학습 후에는 TensorRT를 사용하여 모델을 최적화해야 합니다. TensorRT는 자체 옵티마이저나 `saved_model_cli`와 함께 사용할 수 있습니다.[29] 그런 다음 최적화된 모델을 텐서플로 서빙에 로드할 수 있습니다. 이 절을 작성할 당시 TensorRT는 Tesla V100과 P4를 포함한 특정 엔비디아 제품만 지원했습니다.

먼저 딥러닝 모델을 `saved_model_cli`로 변환하겠습니다.

```
$ saved_model_cli convert --dir saved_models/ \
                          --output_dir trt-savedmodel/ \
                          --tag_set serve tensorrt
```

---

29 TensorRT 관련 엔비디아 문서(https://oreil.ly/Ft8Y2)를 참고하세요.

변환 후 다음과 같이 텐서플로 서빙의 GPU 설정에서 모델을 로드할 수 있습니다.

```
$ docker run --runtime=nvidia \
            -p 8500:8500 \
            -p 8501:8501 \
            --mount type=bind,source=/path/to/models,target=/models/my_model \
            -e MODEL_NAME=my_model \
            -t tensorflow/serving:latest-gpu
```

엔비디아 GPU에서 모델을 추론할 때 하드웨어는 TensorRT에서 지원됩니다. TensorRT로 전환하면 추론 지연 시간을 더 줄일 수 있습니다.

9.4 TFLite

엔비디아 GPU를 사용하지 않고 머신러닝 모델을 최적화하려면 TFLite를 사용할 수 있습니다.

TFLite는 전통적으로 머신러닝 모델을 더 작은 모델 크기로 변환하여 모바일이나 IoT 장치로 배포하는 데 사용했습니다. 그러나 이런 모델은 텐서플로 서빙에도 사용할 수 있습니다. 따라서 머신러닝 모델을 에지 장치에 배포하는 대신, 추론 지연 시간이 짧고 메모리 설치 공간이 적은 텐서플로 서빙을 사용하여 머신러닝 모델을 배포할 수 있습니다.

TFLite를 사용한 최적화는 매우 유망하지만 몇 가지 주의사항이 있습니다. 이 절을 작성할 당시, TFLite 모델에 대한 텐서플로 서빙 지원은 실험 단계에 불과했습니다. 또한 모든 텐서플로 작업을 TFLite 명령으로 변환할 수는 없습니다. 그러나 지원되는 작업 수가 계속 증가하고 있습니다.

9.4.1 TFLite로 모델을 최적화하는 단계

TFLite는 텐서플로 및 케라스 모델을 최적화하는 데도 사용할 수 있습니다. 라이브러리는 다양한 최적화 옵션과 도구를 제공합니다. 명령줄 도구나 파이썬 라이브러리로 모델을 변환할 수 있습니다.

시작점은 항상 SavedModel 형식의 학습되고 내보낸 모델입니다. 다음 예에서는 파이썬 지침에 초점을 맞춥니다. 변환 프로세스는 다음 4단계로 구성됩니다.

1 내보낸 저장 모델 로드

2 최적화 목표 정의

3 모델 변환

4 최적화된 모델을 TFLite 모델로 저장

```python
import tensorflow as tf

saved_model_dir = "path_to_saved_model"
converter = tf.lite.TFLiteConverter.from_saved_model(
    saved_model_dir)

converter.optimizations = [
    tf.lite.Optimize.DEFAULT # 최적화 전략을 설정합니다.
]
tflite_model = converter.convert()

with open("/tmp/model.tflite", "wb") as f:
    f.write(tflite_model)
```

TFLite 최적화 목표 선택

TFLite는 사전 정의된 최적화 목표를 제공합니다. 최적화 목표를 변경하면 컨버터가 모델을 다르게 최적화합니다. 기본 옵션은 DEFAULT, OPTIMIZE_FOR_LATENCY, OPTIMIZE_FOR_SIZE입니다.

DEFAULT 모드에서는 모델이 지연 시간과 크기에 최적화되지만, 다른 두 옵션은 각각 지연 시간과 크기에 중점을 둡니다. 다음과 같이 변환 옵션을 설정할 수 있습니다.

```python
...
converter.optimizations = [tf.lite.Optimize.OPTIMIZE_FOR_SIZE]
converter.target_spec.supported_types = [tf.lite.constants.FLOAT16]
tflite_model = converter.convert()
...
```

모델을 내보낼 때 TFLite에서 지원하지 않는 텐서플로 작업이 모델에 포함된다면 변환 단계가 실패하고 오류 메시지가 표시됩니다. 변환 프로세스에 사용할 수 있도록 선택한 텐서플로 작업의 추가 기능을 활성화할 수 있습니다. 그러나 이렇게 하면 TFLite 모델의 크기가 약 30MB 증가합니다. 다음 코드 조각은 컨버터가 실행되기 전에 추가 텐서플로 작업을 활성화하는 방법을 보여 줍니다.

```
...
converter.target_spec.supported_ops = [tf.lite.OpsSet.TFLITE_BUILTINS,
                                       tf.lite.OpsSet.SELECT_TF_OPS]
tflite_model = converter.convert()
...
```

지원되지 않는 텐서플로 작업 때문에 모델 변환이 실패할 때는 텐서플로 커뮤니티의 지원을 받을 수 있습니다. 커뮤니티에서는 TFLite가 지원하는 내장 기능의 수를 적극적으로 늘리고 있으며, 향후 TFLite에 포함할 운영에 대한 제안을 환영합니다. 추가하고 싶은 텐서플로 내장 기능은 TFLite 내장 기능 요청 양식(https://oreil.ly/rPUqr)으로 제안할 수 있습니다.

9.4.2 텐서플로 서빙으로 TFLite 모델 제공하기

최신 텐서플로 서빙 버전은 큰 구성 변경 없이 TFLite 모델을 읽을 수 있습니다. use_tflite_model 플래그가 활성화된 상태에서 텐서플로 서빙을 시작하기만 하면 다음 예와 같이 최적화된 모델이 로드됩니다.

```
docker run -p 8501:8501 \
        --mount type=bind,\
         source=/path/to/models,\
         target=/models/my_model \
        -e MODEL_BASE_PATH=/models \
        -e MODEL_NAME=my_model \
        -t tensorflow/serving:latest \
        --use_tflite_model=true # TFLite 모델 로드를 활성화합니다.
```

텐서플로 Lite 최적화 모델은 대기 시간이 짧고 메모리 설치 공간이 작은 모델을 구축할 수 있습니다.

9.5 텐서플로 서빙 인스턴스 모니터링

텐서플로 서빙을 사용하면 추론 설정을 모니터링할 수 있습니다. 텐서플로 서빙은 프로메테우스[Prometheus]에서 사용할 수 있는 지표 엔드포인트를 제공합니다. 프로메테우스는 실시간 이벤트 로깅 및 알림을 해주는 무료 애플리케이션으로, 현재 아파치 라이선스 2.0입니다. 쿠버네티스 생태계 내에서 광범위하게 사용하지만 쿠버네티스 없이도 쉽게 사용할 수 있습니다.

추론 지표를 추적하려면 텐서플로 서빙과 프로메테우스를 나란히 실행해야 합니다. 그런 다음 텐서플로 서빙에서 지표를 지속해서 가져오도록 프로메테우스를 구성할 수 있습니다. 두 응용 프로그램은 REST 엔드포인트를 통해 통신합니다. 이때 응용 프로그램에서 gRPC 엔드포인트만 사용할 때도 REST 엔드포인트가 텐서플로 서빙에 대해 사용하도록 설정되어야 합니다.

9.5.1 프로메테우스 설정

프로메테우스에 지표를 제공하도록 텐서플로 서빙을 구성하기 전에 프로메테우스 인스턴스를 설정하고 구성해야 합니다. 예제를 단순하게 만들려고 [그림 9-4]와 같이 도커 인스턴스 두 개 (텐서플로 서빙과 프로메테우스)를 나란히 실행합니다. 하지만 실제로는 좀 더 복잡한 설정을 통해 어플리케이션이 쿠버네티스에 배포될 것입니다.

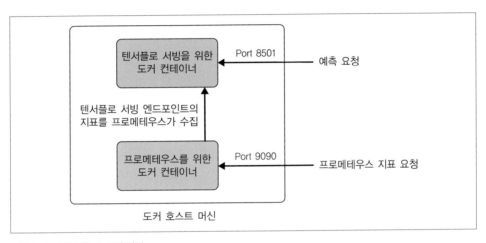

그림 9-4 프로메테우스 도커 설정

프로메테우스를 시작하기 전에 프로메테우스 구성 파일부터 만들어야 합니다. `/tmp/prometheus.yml`에 구성 파일을 생성하고 다음 구성 세부 정보를 추가합니다.

```
global:
  scrape_interval: 15s
  evaluation_interval: 15s
  external_labels:
    monitor: 'tf-serving-monitor'

scrape_configs:
  - job_name: 'prometheus'
    # 지표를 가져오는 간격입니다.
    scrape_interval: 5s
    # 텐서플로 서빙에서 엔드포인트를 측정합니다.
    metrics_path: /monitoring/prometheus/metrics
    static_configs:
```

```
# 응용 프로그램의 IP 주소로 대체합니다.
- targets: ['host.docker.internal:8501']
```

예제 구성에서는 대상 호스트를 host.docker.internal로 구성했습니다. 도커의 도메인 이름 확인을 활용하여 호스트 시스템을 통해 텐서플로 서빙 컨테이너에 액세스합니다. 도커는 호스트의 IP 주소에 대한 도메인 이름 host.docker.internal을 자동으로 확인합니다.

프로메테우스 구성 파일을 만든 후에는 프로메테우스 인스턴스를 실행하는 도커 컨테이너를 시작할 수 있습니다.

```
$ docker run -p 9090:9090 \ # 포트 9090을 활성화합니다.
        -v /tmp/prometheus.yml:/etc/prometheus/prometheus.yml \ # 구성 파일을 마운
트합니다.
        prom/prometheus
```

프로메테우스는 지표에 대한 대시보드를 제공합니다. 나중에 포트 9090을 통해 액세스해보죠.

9.5.2 텐서플로 서빙 구성

추론 배치 처리를 위한 이전 구성과 마찬가지로, 로깅 설정을 구성할 때도 작은 구성 파일을 작성해야 합니다.

원하는 텍스트 편집기를 사용하여 다음 구성을 포함하는 텍스트 파일을 만듭니다. 여기서는 구성 파일을 /tmp/monitoring_config.txt에 저장했습니다.

```
prometheus_config {
    enable: true,
    path: "/monitoring/prometheus/metrics"
}
```

구성 파일에서 지표 데이터의 URL 경로를 설정합니다. 경로는 이전에 생성한 프로메테우스 구성(/tmp/prometheus.yml)에 지정한 경로와 일치해야 합니다.

모니터링 기능을 사용하려면 monitoring_config_file 경로만 추가하면 됩니다. 텐서플로 서빙은 프로메테우스의 지표 데이터를 REST 엔드포인트에 제공합니다.

```
$ docker run -p 8501:8501 \
            --mount type=bind,source=`pwd`,target=/models/my_model \
            --mount type=bind,source=/tmp,target=/model_config \
         tensorflow/serving \
            --monitoring_config_file=/model_config/monitoring_config.txt
```

프로메테우스 따라 해보기

프로메테우스 인스턴스를 실행한 후 프로메테우스 대시보드에 액세스하여 프로메테우스 UI로
텐서플로 서빙 지표를 볼 수 있습니다(그림 9-5).

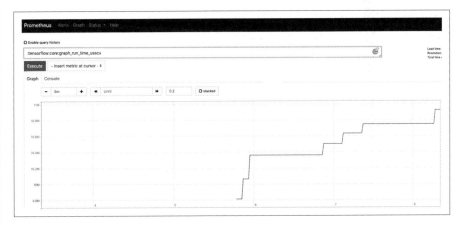

그림 9-5 텐서플로 서빙용 프로메테우스 대시보드

프로메테우스는 일반 지표에 대한 표준화된 UI를 제공합니다. 텐서플로 서빙은 [그림 9-6]과 같
이 세션 실행 횟수, 로드 지연 시간, 특정 그래프 실행 시간 등 다양한 지표 옵션을 제공합니다.

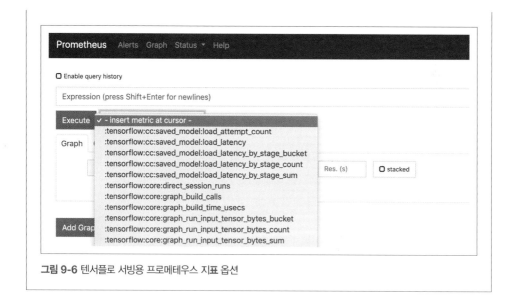

그림 9-6 텐서플로 서빙용 프로메테우스 지표 옵션

9.6 텐서플로 서빙과 쿠버네티스를 사용한 간편한 확장

지금까지 하나 이상의 모델 버전을 호스팅하는 단일 텐서플로 서빙 인스턴스의 배포에 대해 살펴봤습니다. 이 솔루션은 많은 수의 배포에는 충분히 동작하지만, 많은 수의 예측 요청이 발생하는 애플리케이션에는 충분하지 않습니다. 이런 때는 텐서플로 서빙을 포함한 단일 도커 컨테이너를 복제하여 추가 예측 요청에 응답해야 합니다. 컨테이너 복제의 오케스트레이션 orchestration은 일반적으로 도커 군집이나 쿠버네티스와 같은 도구를 사용해 관리합니다. 쿠버네티스를 자세히 소개하는 것은 이 책의 주제를 벗어납니다. 여기서는 쿠버네티스로 배포를 조정하는 방법을 간략히 소개해 드리겠습니다.

다음 예에서는 쿠버네티스 클러스터가 실행 중이고 클러스터에 대한 액세스는 `kubectl`을 통해 수행된다고 가정합니다. 특정 도커 컨테이너를 구축하지 않고도 텐서플로 모델을 배포할 수 있으므로 이 예에서는 구글이 제공하는 도커 컨테이너를 재사용하고 원격 저장소 버킷에서 모델을 로드하도록 쿠버네티스를 구성했습니다.

첫 번째 소스 코드 예제에서는 두 가지 측면을 강조합니다.

- 특정 도커 컨테이너를 빌드하지 않고 쿠버네티스를 통해 배포합니다.

- 원격 모델 저장소 위치에 액세스하기 위해 구글 클라우드 인증을 처리합니다.

다음 예에서는 GCP를 클라우드 공급자로 구현[30]합니다.

```yaml
apiVersion: apps/v1
kind: Deployment
metadata:
  labels:
    app: ml-pipelines
  name: ml-pipelines
spec:
  replicas: 1 # 필요하다면 복제본을 늘립니다.
  selector:
    matchLabels:
      app: ml-pipelines
  template:
    spec:
      containers:
        - args:
            - --rest_api_port=8501
            - --model_name=my_model
          # 원격 위치에서 모델을 로드합니다.
            - --model_base_path=gs://your_gcp_bucket/my_model
          command:
            - /usr/bin/tensorflow_model_server
          env:
            - name: GOOGLE_APPLICATION_CREDENTIALS
              # 여기에서 GCP에 대한 클라우드 자격 증명을 제공합니다.
              value: /secret/gcp-credentials/user-gcp-sa.json
          image: tensorflow/serving # 미리 작성된 텐서플로 서빙 이미지를 로드합니다.
          name: ml-pipelines
          ports:
            - containerPort: 8501
          volumeMounts:
            # 서비스 계정 인증 정보 파일을 마운트합니다.
            # (GCP를 통해 쿠버네티스 클러스터를 배포할 때)
            - mountPath: /secret/gcp-credentials
              name: gcp-credentials
      volumes:
```

---

30 GCP를 사용하는 배포입니다. 인증 정보 파일이 필요합니다.

```
          - name: gcp-credentials
            secret:
              # 자격 증명 파일을 볼륨으로 로드합니다.
              secretName: gcp-credentials
```

이 예제를 사용하면 사용자 지정 도커 이미지를 구축하지 않고도 텐서플로 또는 케라스 모델을 배포하고 확장할 수 있습니다.

다음 명령을 사용하여 쿠버네티스 환경 내에 서비스 계정 인증 파일을 생성할 수 있습니다.

```
$ kubectl create secret generic gcp-credentials \
    --from-file=/path/to/your/user-gcp-sa.json
```

지정된 모델 배포에 대한 쿠버네티스의 해당 서비스 설정은 다음과 같은 구성으로 보일 수 있습니다.

```
apiVersion: v1
kind: Service
metadata:
  name: ml-pipelines
spec:
  ports:
    - name: http
      nodePort: 30601
      port: 8501
  selector:
    app: ml-pipelines
  type: NodePort
```

이제 몇 줄의 YAML 구성 코드를 사용하여 머신러닝 모델을 배포하고 확장할 수 있습니다. Istio와 함께 배치된 ML 모델에 대한 트래픽 라우팅과 같은 더 복잡한 시나리오에서는 쿠버네티스와 쿠브플로를 심층 분석하기를 강력히 추천합니다.

9.7 요약

이 장에서는 원격 클라우드 스토리지 버킷을 통해 모델을 배포하여 데이터 과학과 데브옵스 배
포 생애 주기를 분할하고, 모델을 최적화하여 예측 지연 시간과 모델 메모리 설치 공간을 줄이
거나 배포를 확장하는 방법과 같은 고급 배포 시나리오를 다뤘습니다.

다음 장에서는 모든 개별 파이프라인 구성 요소를 단일 머신러닝 파이프라인으로 결합하여 재
현 가능한 머신러닝 워크플로를 제공하겠습니다.

고급 TFX

모델 배포를 다룬 이전 두 장을 통해 개별 파이프라인 컴포넌트의 개요를 살펴보았습니다. 이런 파이프라인 컴포넌트를 조정하기 전에, 이 장에서는 TFX의 고급 개념을 소개하려고 합니다.

지금까지 소개한 파이프라인 구성 요소를 사용해 대부분의 문제에 대한 머신러닝 파이프라인을 만들 수 있습니다. 그러나 때로는 자체 TFX 컴포넌트나 더 복잡한 파이프라인 그래프를 구축해야 합니다. 따라서 이번 장에서는 사용자 지정 TFX 컴포넌트를 구축하는 방법을 중점적으로 살펴보겠습니다. 컴퓨터 비전 머신러닝 파이프라인을 위해 이미지를 직접 수집하는 사용자 지정 수집 컴포넌트와 함께 이 주제를 소개합니다. 또한 두 모델을 동시에 생성하기 (예: 텐서플로 서빙 및 TFLite 배포용)와 파이프라인 워크플로에 사람 검토자 추가하기와 같은 파이프라인 구조의 고급 개념을 소개합니다.

> **WARNING_ 현재 진행 중인 개발**
>
> 지금 소개하는 개념 중 일부는 아직 개발 중이므로 향후 업데이트될 수 있습니다. 이 책을 만드는 동안 TFX 기능의 변경 사항을 적용해서 코드 예제를 업데이트하는 데 최선을 다했으며, 모든 예제는 TFX 1.2.0에서 작동합니다. TFX API 업데이트는 TFX 문서(https://oreil.ly/P0S_m)에서 확인할 수 있습니다.

10.1 고급 파이프라인 개념

이 절에서는 파이프라인 설정을 개선하는 세 가지 추가 개념을 설명합니다. 지금까지 다룬 모든 파이프라인 개념은 하나의 진입점과 하나의 출구점이 있는 선형 그래프를 구성했습니다. 1장에서는 방향 비순환 그래프의 기초를 살펴봤습니다. 파이프라인 그래프가 방향이 있고 원형 연결을 만들지 않도록 다양한 설정을 할 수 있습니다. 다음 절에서는 다음과 같이 파이프라인의 생산성을 높이는 몇 가지 개념을 강조합니다.

- 여러 모델을 동시에 학습하기
- 모바일에 모델 배포하기
- 모델 학습 웜 스타트하기

10.1.1 여러 모델을 동시에 학습하기

앞서 언급했듯이 여러 모델을 동시에 학습할 수 있습니다. 동일한 파이프라인에서 여러 모델을 학습하는 일반적인 사용 사례는 다른 유형의 모델(예: 더 단순한 모델)을 학습하려는 때입니다. 하지만 학습된 모델이 정확하게 동일한 변환 데이터와 변환 그래프를 제공받는지 확인해야 합니다. [그림 10-1]은 이 설정이 작동하는 방식을 보여줍니다.

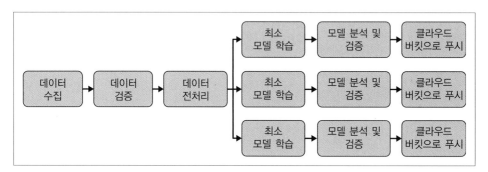

그림 10-1 여러 모델을 동시에 학습하기

다음 코드 예제와 같이 여러 Trainer 컴포넌트를 정의하여 TFX와 함께 그래프를 조립할 수 있습니다.

```python
def set_trainer(module_file, instance_name,
                # Trainer를 효율적으로 인스턴스화하는 피처입니다.
                train_steps=5000, eval_steps=100):
    return Trainer(
        module_file=module_file,
        custom_executor_spec=executor_spec.ExecutorClassSpec(
            GenericExecutor),
        examples=transform.outputs['transformed_examples'],
        transform_graph=transform.outputs['transform_graph'],
        schema=schema_gen.outputs['schema'],
        train_args=trainer_pb2.TrainArgs(num_steps=train_steps),
        eval_args=trainer_pb2.EvalArgs(num_steps=eval_steps),
        instance_name=instance_name)

# 각 Trainer의 모듈을 로드합니다.
prod_module_file = os.path.join(pipeline_dir, 'prod_module.py')
trial_module_file = os.path.join(pipeline_dir, 'trial_module.py')
...

# 각 그래프 분기에 대해 Trainer 컴포넌트를 인스턴스화합니다.
trainer_prod_model = set_trainer(module_file, 'production_model')
trainer_trial_model = set_trainer(trial_module_file, 'trial_model',
                                  train_steps=10000, eval_steps=500)
...
```

이 단계에서는 그래프를 동시에 실행할 수 있는 만큼의 여러 학습 분기로 나눕니다. 각 **Trainer** 컴포넌트는 수집, 스키마, **Transform** 컴포넌트에서 동일한 입력을 소비합니다. 컴포넌트 간의 주요 차이점은 각 컴포넌트가 개별 학습 모듈 파일에 정의된 서로 다른 학습 설정을 실행할 수 있다는 점입니다. 또한 학습 및 평가 단계에 대한 인수를 함수에 매개변수로 추가했습니다. 이를 통해 동일한 학습 설정(즉, 동일한 모듈 파일)으로 두 모델을 학습할 수 있지만, 다양한 학습 프로세스를 기준으로 모델을 비교할 수 있습니다.

다음 코드 예제에서처럼 인스턴스화된 각 학습 컴포넌트를 자체 **Evaluator**가 사용해야 합니다. 그 후에 **Pusher** 컴포넌트로 모델을 푸시할 수 있습니다.

```python
evaluator_prod_model = Evaluator(
    examples=example_gen.outputs['examples'],
    model=trainer_prod_model.outputs['model'],
    eval_config=eval_config_prod_model,
```

```
                instance_name='production_model')

    evaluator_trial_model = Evaluator(
        examples=example_gen.outputs['examples'],
        model=trainer_trial_model.outputs['model'],
        eval_config=eval_config_trial_model,
        instance_name='trial_model')

    ...
```

이 절에서 살펴본 바와 같이, TFX를 사용하여 상당히 복잡한 파이프라인 시나리오를 조립할 수 있습니다. 다음 절에서는 TFLite를 사용하여 모바일 배포용 모델을 내보내기 위한 학습 설정을 수정하는 방법을 설명합니다.

10.1.2 TFLite 모델 내보내기

모바일 구현은 머신러닝 모델에서 중요한 플랫폼이 되었습니다. 머신러닝 파이프라인은 모바일을 위한 일관된 배포를 지원합니다. 모델 서버(예: 8장에서 설명한 텐서플로 서빙)로의 배포와 비교해서 모바일 배포에 필요한 변경 사항은 거의 없습니다. 이를 통해 모바일 및 서버 모델을 지속해서 업데이트하고 모델 소비자가 서로 다른 기기에서 일관된 경험을 할 수 있습니다.

> **NOTE_ TFLite 제한 사항**
>
> 모바일과 에지 장치의 하드웨어 제한 때문에 TFLite는 모든 텐서플로 작업을 지원하지 않습니다. 따라서 모든 모델을 TFLite 호환 모델로 변환할 수는 없습니다. 지원되는 텐서플로 작업에 관한 자세한 내용은 TFLite 웹사이트(https://oreil.ly/LbDBK)를 참고해주세요.

텐서플로 생태계에서 TFLite는 모바일 배포용 솔루션입니다. TFLite는 모바일이나 에지 장치에서 실행할 수 있는 텐서플로 버전입니다. [그림 10-2]는 파이프라인에 두 개의 학습 지점을 포함하는 방법을 보여줍니다.

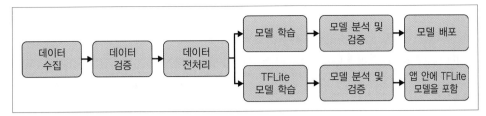

그림 10-2 모바일 앱에서 배포 모델 내보내기

이전 절에서 살펴본 분기 전략을 사용하고 모듈 파일의 **run_fn** 피처를 수정하여 저장된 모델을 TFLite 호환 형식으로 다시 작성할 수 있습니다.

[예제 10-1]은 **run_fn** 피처에 추가해야 하는 추가 피처를 보여줍니다.

예제 10-1 TFX Rewriter 예제

```python
from tfx.components.trainer.executor import TrainerFnArgs
from tfx.components.trainer.rewriting import converters
from tfx.components.trainer.rewriting import rewriter
from tfx.components.trainer.rewriting import rewriter_factory


def run_fn(fn_args: TrainerFnArgs):
    ...
    temp_saving_model_dir = os.path.join(fn_args.serving_model_dir, 'temp')
    # 모델을 저장된 모델로 내보냅니다.
    model.save(temp_saving_model_dir,
               save_format='tf',
               signatures=signatures)


    # TFLite Rewriter를 인스턴스화합니다.
    tfrw = rewriter_factory.create_rewriter(
        rewriter_factory.TFLITE_REWRITER,
        name='tflite_rewriter',
        enable_experimental_new_converter=True
    )
    # 모델을 TFLite 형식으로 변환합니다.
    converters.rewrite_saved_model(temp_saving_model_dir,
                                   fn_args.serving_model_dir,
                                   tfrw,
                                   rewriter.ModelType.TFLITE_MODEL)
    # 변환 후 저장된 모델을 삭제합니다.
    tf.io.gfile.rmtree(temp_saving_model_dir)
```

학습 후 저장된 모델을 내보내는 대신 저장된 모델을 TFLite 호환 모델로 변환하고 내보낸 후 해당 모델을 삭제합니다. 그러면 **Trainer** 컴포넌트가 TFLite 모델을 내보내고 메타데이터스 토어에 등록합니다. 그러면 **Evaluator**나 **Pusher**와 같은 다운스트림 컴포넌트가 TFLite 호환 모델을 사용할 수 있습니다. 다음 예에서는 TFLite 모델을 평가하는 방법을 보여 줍니다. 이 방법은 모델 최적화(예: 양자화)가 모델 성능 저하를 초래했는지를 탐지하는 데 유용합니다.

```
eval_config = tfma.EvalConfig(
    model_specs=[tfma.ModelSpec(label_key='my_label', model_type=tfma.TF_LITE)],
    ...
)

evaluator = Evaluator(
    examples=example_gen.outputs['examples'],
    model=trainer_mobile_model.outputs['model'],
    eval_config=eval_config,
    instance_name='tflite_model')
```

이렇게 제공된 파이프라인 설정을 사용해 모바일 배포 모델을 자동으로 제작하여 모바일 앱에서 모델을 배포할 수 있도록 아티팩트 스토어에 푸시할 수 있습니다. 예를 들어, **Pusher** 컴포넌트는 모바일 개발자가 모델을 선택하여 iOS나 안드로이드 모바일 앱에서 구글의 ML Kit(https://oreil.ly/dw8zr)과 함께 배포할 수 있는 클라우드 버킷으로 생산된 TFLite 모델을 배포할 수 있습니다.

> **TIP** 모델을 `TensorFlow.js`로 변환하기
>
> TFX 버전 0.22부터 `rewriter_factory`의 추가 기능을 사용할 수 있습니다. 즉, 기존 텐서플로 모델을 TensorFlow.js 모델로 변환합니다. 이 변환을 통해 웹 브라우저와 Node.js 런타임 환경에 모델을 배포할 수 있습니다. `rewriter_factory` 이름을 `rewriter_factory.TFJS_REWRITER`로 교체하여 이 새로운 기능을 사용할 수 있으며, [예제 10-1]에서 `rewriter.ModelType.TFJS_MODEL`을 `rewriter.ModelType`으로 설정할 수 있습니다.

10.1.3 모델 학습 웜 스타트하기

때로는 초기 상태부터 모델을 학습하지 않는 편이 좋습니다. **웜 스타트**^{warm start}는 이전 학습 실행의 체크포인트에서 모델 학습을 시작하는 프로세스로, 모델이 크고 시간이 오래 걸릴 때 특

히 유용합니다. 또한 제품 사용자가 언제든지 데이터 사용 동의를 철회할 수 있다는 유럽 연합 일반 데이터 보호 규칙(GDPR)에 따른 상황에도 도움이 됩니다. 웜 스타트 학습을 사용하면 처음부터 다시 학습을 시작할 필요 없이 특정 사용자의 데이터만 제거하고 모델을 미세 조정할 수 있습니다.

TFX 파이프라인에서 웜 스타트 학습은 7장에서 소개한 **Resolver** 컴포넌트가 필요합니다. **Resolver**는 최신 학습 모델의 세부 정보를 수집하여 **Trainer** 컴포넌트에 전달합니다.

```
latest_model_resolver = ResolverNode(
    instance_name='latest_model_resolver',
    resolver_class=latest_artifacts_resolver.LatestArtifactsResolver,
    latest_model=Channel(type=Model))
```

그리고 **base_mode1** 인수를 사용하여 최신 모델을 **Trainer**에 전달합니다.

```
trainer = Trainer(
    module_file=trainer_file,
    transformed_examples=transform.outputs['transformed_examples'],
    custom_executor_spec=executor_spec.ExecutorClassSpec(GenericExecutor),
    schema=schema_gen.outputs['schema'],
    base_model=latest_model_resolver.outputs['latest_model'],
    transform_graph=transform.outputs['transform_graph'],
    train_args=trainer_pb2.TrainArgs(num_steps=TRAINING_STEPS),
    eval_args=trainer_pb2.EvalArgs(num_steps=EVALUATION_STEPS))
```

그런 다음 파이프라인은 정상적으로 계속됩니다. 다음으로는 파이프라인에 추가할 수 있는 또 다른 유용한 피처를 소개하겠습니다.

10.2 휴먼 인 더 루프

고급 TFX 개념의 일부로 파이프라인 설정을 향상하는 실험 컴포넌트를 강조하고자 합니다. 지금까지 다룬 모든 파이프라인은 처음부터 끝까지 자동으로 실행되며 머신러닝 모델을 자동으로 배포할 수 있습니다. 일부 TFX 사용자는 자동 모델 분석 후 훈련된 모델을 사람이 검토하기를 원했기 때문에 완전 자동화된 설정에 우려를 표명했습니다. 이는 학습을 받은 모델을 확인하거나 자동화된 파이프라인 설정에 자신감을 얻기 위한 것일 수 있습니다.

이 절에서는 휴먼 인 더 루프human in the loop의 기능을 설명합니다. 7장에서는 모델이 검증 단계를 통과하여 '승인'으로 표시되는 프로세스를 살펴봤습니다. 다운스트림 Pusher 컴포넌트는 모델을 푸시해야 할지 알기 위해 승인 신호에 귀를 기울입니다. 그러나 승인은 [그림 10-3]에서 볼 수 있듯이 사람이 발생시킬 수도 있습니다.

그림 10-3 휴먼 인 더 루프

구글의 TFX 팀은 이 사용자 지정 컴포넌트의 예로서 슬랙Slack 알림 컴포넌트를 발표했습니다. 이 절에서 설명하는 기능은 확장될 수 있으며 슬랙 메신저에만 국한되지 않습니다. 컴포넌트의 기능은 매우 간단합니다. 오케스트레이션 도구가 트리거하면 해당 슬랙 채널에 최근에 내보낸 모델의 링크가 포함된 메시지를 제출하고 데이터 과학자의 검토를 요청합니다(그림 10-4). 이제 데이터 과학자는 WIT를 사용하여 모델을 수동으로 조사하고 Evaluator 단계에서 테스트하지 않은 에지 사례를 검토할 수 있습니다.

그림 10-4 검토를 요청하는 슬랙 메시지

데이터 과학자가 수동 모델 분석을 마치면 슬랙 스레드에서 승인이나 거부 응답을 할 수 있습니다. TFX 컴포넌트는 슬랙 응답을 청취하고 결정을 메타데이터스토어에 저장합니다. 그러면 다운스트림 컴포넌트에서 결정을 사용할 수 있습니다. 모델의 감사 단계에서 추적됩니다. [그림 10-5]는 쿠브플로 파이프라인 계통 브라우저의 예시 기록을 보여줍니다. 메타데이터스토어는 데이터 과학자(즉, 의사결정자)와 타임 스탬프(슬랙 스레드 ID 1584638332.0001)의 '승인'을 추적합니다.

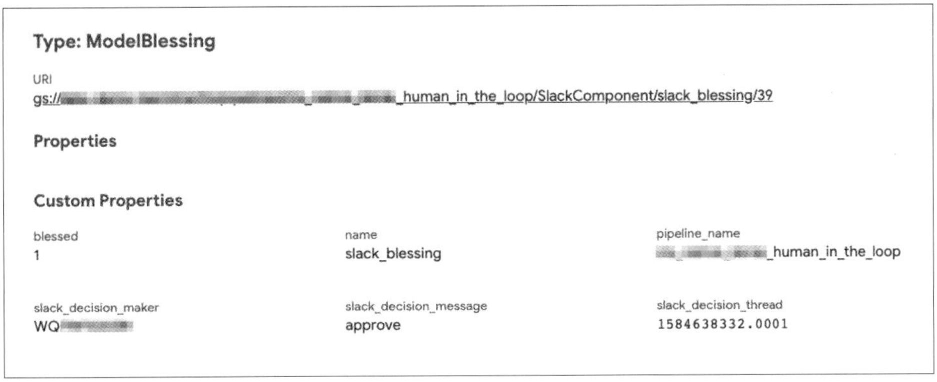

Type: ModelBlessing

URI
gs://▨▨▨▨▨▨▨▨▨ ▨▨▨▨ ▨▨▨▨▨_human_in_the_loop/SlackComponent/slack_blessing/39

Properties

Custom Properties

blessed	name	pipeline_name
1	slack_blessing	▨▨▨▨▨▨▨▨▨_human_in_the_loop

slack_decision_maker	slack_decision_message	slack_decision_thread
WQ▨▨▨▨▨	approve	1584638332.0001

그림 10-5 쿠브플로 파이프라인의 감사 추적

10.2.1 슬랙 컴포넌트 설정

슬랙 컴포넌트가 슬랙 계정과 통신하려면 **슬랙 봇 토큰**Slack bot token이 필요합니다. 슬랙 API(https://api.slack.com/)로 봇 토큰을 요청할 수 있습니다. 토큰이 있으면 다음 bash 명령과 같이 토큰 문자열을 사용하여 파이프라인 환경의 환경 변수를 설정합니다.

```
$ export SLACK_BOT_TOKEN={your_slack_bot_token}
```

슬랙 컴포넌트는 표준 TFX 컴포넌트가 아니므로 별도로 설치해야 합니다. 깃허브에서 TFX 리포지토리를 복제한 다음 컴포넌트를 개별적으로 설치할 수 있습니다.

```
$ git clone https://github.com/tensorflow/tfx.git
```

```
$ cd tfx/tfx/examples/custom_components/slack
$ pip install -e .
```

컴포넌트 패키지가 파이썬 환경에 설치되면 컴포넌트를 파이썬 경로에서 찾고 TFX 스크립트 내에 로드할 수 있습니다. 다음 파이썬 코드에 예가 있습니다. 또한 TFX 파이프라인을 실행하는 환경에 슬랙 컴포넌트를 설치해야 합니다. 예를 들어 쿠브플로 파이프라인을 사용하여 파이프라인을 실행한다면 슬랙 컴포넌트의 소스 코드가 포함된 파이프라인 컴포넌트에 대한 사용자 지정 도커 이미지를 생성해야 합니다(표준 TFX 컴포넌트가 아니기 때문입니다).

10.2.2 슬랙 컴포넌트 사용법

설치한 슬랙 컴포넌트는 다른 TFX 컴포넌트처럼 로드할 수 있습니다.

```python
from slack_component.component import SlackComponent

slack_validator = SlackComponent(
    model=trainer.outputs['model'],
    model_blessing=model_validator.outputs['blessing'],
    slack_token=os.environ['SLACK_BOT_TOKEN'], # 환경에서 슬랙 토큰을 로드합니다.
    slack_channel_id='my-channel-id', # 메시지가 나타날 채널을 지정합니다.
    timeout_sec=3600,
)
```

이를 실행하면 컴포넌트는 메시지를 게시하고 최대 1시간(timeout_sec인수에 정의함)까지 응답을 기다립니다. 이 시간 동안 데이터 과학자는 모델을 평가하고 승인이나 거부를 할 수 있습니다. 다음 코드 예제와 같이 다운스트림 컴포넌트(예: Pusher 컴포넌트)는 슬랙 컴포넌트에서 결과를 받아올 수 있습니다.

```python
pusher = Pusher(
    model=trainer.outputs['model'],
    # 슬랙 컴포넌트가 제공하는 모델 승인입니다.
    model_blessing=slack_validator.outputs['slack_blessing'],
    push_destination=pusher_pb2.PushDestination(
        filesystem=pusher_pb2.PushDestination.Filesystem(
            base_directory=serving_model_dir)))
```

몇 가지 단계를 추가하여 파이프라인 자체에서 트리거되는 머신러닝 모델에 대한 인적 감사로 파이프라인을 더욱 풍부하게 만들 수 있습니다. 이렇게 하면 파이프라인 애플리케이션에 대한 더 많은 워크플로가 열립니다(예: 데이터셋 통계 감사, 데이터 이동 지표 검토).

10.3 사용자 지정 TFX 컴포넌트

2장에서는 TFX 컴포넌트의 아키텍처와 각 컴포넌트가 드라이버, 실행자, 배포자라는 세 부분으로 구성되는 방식을 다뤘습니다. 이 절에서는 좀 더 심층적으로 자신의 컴포넌트를 구축하는 방법을 알아봅니다. 먼저 컴포넌트를 처음부터 작성하는 방법을 살펴본 후 기존 컴포넌트를 재사용하고 여러분의 용례에 맞게 사용자 지정하는 방법을 설명합니다. 일반적으로 구성 요소를 처음부터 작성하는 것보다 기존 구성 요소의 피처를 변경하는 편이 쉽습니다.

[그림 10-6]과 같이 구현을 시연하기 위해 파이프라인에서 JPEG 이미지와 해당 레이블을 수집하는 사용자 지정 컴포넌트를 개발하겠습니다. 제공된 폴더의 모든 이미지를 로드하고 파일 이름을 기준으로 레이블을 결정합니다. 이 예에서는 고양이와 개를 분류하는 머신러닝 모델을 훈련합니다. 이미지의 파일 이름은 이미지의 내용(예: dog-1.jpeg)을 전달하므로 파일 이름 자체에서 레이블을 확인할 수 있습니다. 각 이미지를 로드하여 tf.Example 데이터 구조로 변환하고 모든 샘플을 다운스트림 컴포넌트별로 사용할 수 있도록 TFRecord 파일로 함께 저장합니다.

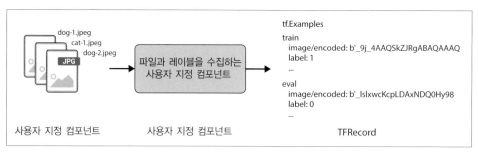

그림 10-6 데모 사용자 지정 컴포넌트의 피처

10.3.1 사용자 지정 컴포넌트 사용 사례

사용자 지정 컴포넌트의 예로서 수집 컴포넌트를 살펴보는 중이지만 아키텍처의 제한을 받지는 않습니다. 사용자 지정 컴포넌트는 머신러닝 파이프라인의 어디에나 적용할 수 있습니다. 다음 절에서 설명하는 개념은 머신러닝 파이프라인을 필요에 따라 임의의 기능을 지정할 수 있는 최고의 유연성을 제공합니다. 다음은 사용자 지정 컴포넌트를 활용하는 몇 가지 아이디어입니다.

- 사용자 지정 데이터베이스에서 데이터 수집
- 생성된 데이터 통계가 포함된 이메일을 데이터 과학팀에 전송
- 새 모델을 배포하면 데브옵스팀에 알림
- 도커 컨테이너 내보낸 후 빌드 프로세스 시작
- 머신러닝 감사 기록에 추가 정보 기록

이를 각각 구축하는 방법은 설명하지 않지만, 이런 아이디어가 유용하다면 사용자 지정 컴포넌트를 구축하는 데 필요한 지식을 제공하는 다음 절을 참고하시기 바랍니다.

10.3.2 처음부터 사용자 지정 컴포넌트 구현하기

처음부터 사용자 지정 컴포넌트를 작성하려면 몇 가지 컴포넌트를 구현해야 합니다. 먼저 컴포넌트의 입력과 출력을 ComponentSpec으로 정의해야 합니다. 그런 다음 입력 데이터를 처리하는 방법과 출력 데이터를 생성하는 방법을 정의하는 컴포넌트 실행기를 정의합니다. 메타데이

터스토어에 등록되지 않은 입력이 컴포넌트에 필요할 때는 사용자 지정 컴포넌트 드라이버를 작성해야 합니다. 예를 들어 컴포넌트에 이미지 경로를 등록하려고 하는데 아티팩트가 메타데이터스토어에 등록되지 않았을 때입니다.

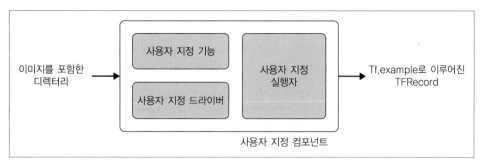

그림 10-7 사용자 지정 컴포넌트의 일부

[그림 10-7]의 단계가 복잡해 보여도 걱정하지 마세요. 다음 절에서 차례대로 설명하겠습니다.

> **WARNING_ 컴포넌트 재사용**
> 기존 TFX 컴포넌트의 피처 변경을 고려한다면 처음부터 다시 시작하는 대신 기존 TFX 컴포넌트를 재사용하고 실행자를 변경하는 편이 좋습니다(10.3.3 '기존 컴포넌트 재사용' 참고).

컴포넌트 사양

컴포넌트 규격 또는 ComponentSpec은 컴포넌트가 서로 통신하는 방법을 정의합니다. 각 컴포넌트의 세 가지 중요한 세부 정보(컴포넌트 입력, 컴포넌트 출력, 컴포넌트 실행 중에 필요한 잠재적 컴포넌트 매개변수)를 설명합니다. 컴포넌트는 입력 및 출력인 **채널**channel로 통신합니다. 다음 예에서 볼 수 있듯이 이런 채널은 일종의 유형입니다. 컴포넌트 입력은 이전에 실행된 컴포넌트에서 컴포넌트가 받을 아티팩트 또는 파일 경로와 같은 새 아티팩트를 정의합니다. 컴포넌트 출력은 메타데이터스토어에 등록할 아티팩트를 정의합니다.

컴포넌트 매개변수는 실행에 필요하지만 메타데이터스토어에서 사용할 수 없는 옵션을 정의합니다. Pusher 컴포넌트의 push_destination이거나 Trainer 컴포넌트의 train_args일 수 있습니다. 다음 예에서는 이미지 수집 컴포넌트의 컴포넌트 사양 정의입니다.

```
from tfx.types.component_spec import ChannelParameter
from tfx.types.component_spec import ExecutionParameter
from tfx.types import standard_artifacts

class ImageIngestComponentSpec(types.ComponentSpec):
    """사용자 지정 TFX 이미지 수집 컴포넌트를 위한 ComponentSpec"""
    PARAMETERS = {
        'name': ExecutionParameter(type=Text),
    }
    INPUTS = {
        # ExternalArtifact를 사용하여 새 입력 경로를 허용합니다.
        'input': ChannelParameter(type=standard_artifacts.ExternalArtifact),
    }
    OUTPUTS = {
        # Examples를 내보냅니다.
        'examples': ChannelParameter(type=standard_artifacts.Examples),
    }
```

ImageIngestComponentSpec 구현 예제에서, 입력 인수 input을 통해 입력 경로를 수집합니다. 변환된 이미지를 사용하여 생성된 TFRecord 파일은 examples 인수를 통해 다운스트림 컴포넌트로 전달되는 경로에 저장됩니다. 또한 name이라는 컴포넌트의 매개변수를 정의합니다.

컴포넌트 채널

예제의 ComponentSpec에서는 ExternalArtifact와 Examples라는 두 가지 유형의 컴포넌트 채널을 소개했습니다. 이는 수집 컴포넌트에 사용하는 특정 패턴으로, 일반적으로 파이프라인의 첫 번째 구성 요소이며 이미 처리된 Examples를 받을 수 있는 업스트림 컴포넌트가 없기 때문입니다. 파이프라인에서 더 아래쪽에 컴포넌트를 개발할 때 Examples를 수집할 수 있습니다. 따라서 채널 유형은 standard_artifacts.Examples여야 합니다. 하지만 우리는 두 가지 타입에만 국한되지 않습니다. TFX는 다양한 유형을 제공합니다. 다음은 사용할 수 있는 유형의 일부입니다.

- ExampleStatistics
- Model
- ModelBlessing

- Bytes

- String

- Integer

- Float

- HyperParameters

ComponentSpec을 설정했으니 이제 컴포넌트 실행자를 살펴보겠습니다.

컴포넌트 실행자

컴포넌트 실행자는 입력을 사용하여 컴포넌트 출력을 생성하는 방법을 포함하여 컴포넌트 내부 프로세스를 정의합니다. 이 기본 컴포넌트는 처음부터 작성하겠지만, 피처 패턴을 이어받는 부분은 TFX 클래스를 활용하겠습니다. Executor 개체의 일부로, TFX는 컴포넌트의 실행 세부 정보를 위해 Do라는 함수를 찾습니다. 다음 코드에서 컴포넌트를 구현합니다.

```
from tfx.components.base import base_executor

class Executor(base_executor.BaseExecutor):
    """이미지 수집 Component의 실행자"""

    def Do(self, input_dict: Dict[Text, List[types.Artifact]],
           output_dict: Dict[Text, List[types.Artifact]],
           exec_properties: Dict[Text, Any]) -> None:

        ...
```

이 코드 조각은 Executor의 Do 함수가 input_dict, output_dict, exec_properties의 세 인수를 예상함을 보여줍니다. 이런 파이썬 딕셔너리에는 실행 속성과 함께 컴포넌트와 컴포넌트 간에 전달되는 아티팩트 참조가 포함됩니다.

Executor의 작업 Do 함수의 기본 구현을 안내하기 위해 3.3.3 '컴퓨터 비전 문제의 이미지 데이터'에서 살펴본 구현을 재사용하여 이미지를 TFRecord 데이터 구조로 변환합니다. 변환 프로세스와 TFRecord 데이터 구조에 관한 자세한 내용은 3.3.3 절에서 확인할 수 있습니다.

```python
def convert_image_to_TFExample(image_filename, tf_writer, input_base_uri):
    # 전체 이미지 경로를 조립합니다.
    image_path = os.path.join(input_base_uri, image_filename)
    # 파일 경로를 기준으로 각 이미지의 레이블을 결정합니다.
    lowered_filename = image_path.lower()
    if "dog" in lowered_filename:
        label = 0
    elif "cat" in lowered_filename:
        label = 1
    else:
        raise NotImplementedError("Found unknown image")
    # 디스크에서 이미지를 읽습니다.
    raw_file = tf.io.read_file(image_path)
    # 텐서플로 Example 데이터 구조를 만듭니다.
    example = tf.train.Example(features=tf.train.Features(feature={
        'image_raw': _bytes_feature(raw_file.numpy()),
        'label': _int64_feature(label)
    }))
    # tf.Example을 TFRecord 파일에 씁니다.
    writer.write(example.SerializeToString())
```

이미지 파일을 읽고 TFRecord 데이터 구조를 포함하는 파일에 저장하는 일반 기능을 완성한 다음에는 사용자 지정 컴포넌트별 코드에 초점을 맞출 수 있습니다.

우리는 기본 컴포넌트가 이미지를 로드하고 tf.Example로 변환한 다음 학습 및 평가를 위해 이미지 세트를 반환하기를 원합니다. 여기서는 예제를 단순하게 만들려고 평가 예제 수를 하드코딩하지만, 프로덕션 등급 컴포넌트에서는 ComponentSpecs의 실행 매개변수를 사용해 동적으로 설정해야 합니다. 컴포넌트에 대한 입력은 모든 이미지가 포함된 폴더의 경로가 됩니다. 컴포넌트의 출력은 학습 및 평가 데이터셋을 저장하는 경로가 됩니다. 경로에는 TFRecord 파일을 포함한 두 개의 하위 디렉터리(train과 eval)가 있습니다.

```python
class ImageIngestExecutor(base_executor.BaseExecutor):

    def Do(self, input_dict: Dict[Text, List[types.Artifact]],
            output_dict: Dict[Text, List[types.Artifact]],
            exec_properties: Dict[Text, Any]) -> None:
        # 인수를 기록합니다.
        self._log_startup(input_dict, output_dict, exec_properties)

        # 아티팩트에서 폴더 경로를 가져옵니다.
        input_base_uri = artifact_utils.get_single_uri(input_dict['input'])
        # 모든 파일 이름을 가져옵니다.
        image_files = tf.io.gfile.listdir(input_base_uri)
        random.shuffle(image_files)
        splits = get_splits(images)

        for split_name, images in splits:
            # URI(Unified Resource Identifier) 분할을 설정합니다.
            output_dir = artifact_utils.get_split_uri(
                output_dict['examples'], split_name)

            tfrecord_filename = os.path.join(output_dir, 'images.tfrecord')
            options = tf.io.TFRecordOptions(compression_type=None)
            # 옵션을 사용하여 TFRecord 작성기 인스턴스를 만듭니다.
            writer = tf.io.TFRecordWriter(tfrecord_filename, options=options)
            for image in images:
                # TFRecord 데이터 구조를 포함하는 파일에 이미지를 작성합니다.
                convert_image_to_TFExample(image, tf_writer, input_base_uri)
```

기본 Do 메서드는 인수로 input_dict, output_dict, exec_properties를 받습니다. 첫 번째 인수는 파이썬 딕셔너리로 저장된 메타데이터스토어의 아티팩트를, 두 번째 인수는 컴포넌트에서 내보낼 참조를, 마지막 인수는 컴포넌트 이름과 같은 추가 실행 매개변수를 포함합니다. TFX는 아티팩트 정보를 처리할 수 있는 매우 유용한 artifact_utils 함수를 제공합니다. 예를 들어 다음 코드를 사용하여 데이터 입력 경로를 추출할 수 있습니다.

```
artifact_utils.get_single_uri(input_dict['input'])
```

분할 이름을 기준으로 출력 경로의 이름을 설정할 수도 있습니다.

```
artifact_utils.get_split_uri(output_dict['examples'], split_name)
```

마지막으로 언급한 함수는 상당히 유용합니다. 예제를 간단히 설명하기 위해 3장에서 설명한 바와 같이 데이터 분할을 동적으로 설정하는 옵션을 무시했습니다. 이 예에서는 분할 이름과 수량을 하드코딩합니다.

```python
def get_splits(images: List, num_eval_samples=1000):
    """ 이미지 파일명 리스트를 학습 / 평가 리스트로 분할 """
    train_images = images[num_test_samples:]
    eval_images = images[:num_test_samples]
    splits = [('train', train_images), ('eval', eval_images)]
    return splits
```

이런 기능은 프로덕션의 컴포넌트에 바람직하지는 않지만, 완전한 구현은 이 장의 범위를 벗어납니다. 다음 절에서는 기존 컴포넌트 기능을 재사용하고 구현을 간소화하는 방법을 설명합니다. 이 절의 컴포넌트는 3장에서와 기능이 같습니다.

컴포넌트 드라이버

지금까지 정의한 실행기로 컴포넌트를 실행하면 입력이 메타데이터스토어에 등록되지 않았으며 사용자 지정 컴포넌트를 실행하기 전에 이전 컴포넌트를 실행해야 한다는 TFX 오류가 발생합니다. 하지만 우리는 파이프라인으로 데이터를 수집하고 있어서 업스트림 컴포넌트가 없습니다. 데이터 수집 단계는 모든 파이프라인의 시작입니다. 따라서 앞에서 논의한 바와 같이 TFX의 구성 요소는 메타데이터스토어를 통해 서로 통신하며, 컴포넌트는 입력 아티팩트가 메타데이터스토어에 이미 등록되었다고 예상합니다. 우리는 디스크에서 데이터를 수집하고 파이프라인에서 처음으로 데이터를 읽습니다. 따라서 다른 컴포넌트가 데이터를 전달하지 않으므로 메타데이터스토어에 데이터 소스를 등록해야 합니다.

사용자 지정 실행자와 마찬가지로 TFX에서 제공하는 **BaseDriver** 클래스를 재사용하여 사용자 지정 드라이버를 작성할 수 있습니다. 컴포넌트의 표준 동작을 덮어써야 하며, **BaseDriver** 의 **resolve_input_artifacts** 함수를 덮어쓰면 됩니다. 스켈레톤으로 짜여진 함수를 덮어쓰면 드라이버가 변경사항을 자동으로 등록합니다. **input_dict**를 얻으려면 채널 포장을 풀어야 합니다. **input_dict**의 모든 값을 루프를 돌려 각 입력 목록에 액세스할 수 있습니다. 각 목록에 다시 루프를 돌리면 각 입력을 얻은 다음 **publish_artifacts** 함수에 전달하여 메타데이터스토어에 등록할 수 있습니다. **publish_artifacts**는 메타데이터스토어를 호출하고 아티팩트를 게시하며 아티팩트의 상태를 게시 준비 상태로 설정합니다.

```python
class ImageIngestDriver(base_driver.BaseDriver):
  """이미지 수집을 위한 사용자 지정 드라이버"""

  def resolve_input_artifacts(
      self,
      input_channels: Dict[Text, types.Channel],
      exec_properties: Dict[Text, Any],
      driver_args: data_types.DriverArgs,
      pipeline_info: data_types.PipelineInfo) -> Dict[Text, List[types.Artifact]]:
    """BaseDriver.resolve_input_artifacts()를 덮어 씌움"""
    del driver_args # 사용하지 않는 인수를 삭제합니다.
    del pipeline_info

    # 입력 딕셔너리를 얻으려면 채널을 잠금 해제합니다.
    input_dict = channel_utils.unwrap_channel_dict(input_channels)
    for input_list in input_dict.values():
      for single_input in input_list:
        # 아티팩트를 게시합니다.
        self._metadata_handler.publish_artifacts([single_input])
        absl.logging.debug("Registered input: {}".format(single_input))
        # 아티팩트 정보를 출력합니다.
        absl.logging.debug("single_input.mlmd_artifact "
                           "{}".format(single_input.mlmd_artifact))
    return input_dict
```

각 입력을 반복하는 동안 다음과 같은 추가 정보를 표시할 수 있습니다.

```
print("Registered new input: {}".format(single_input))
print("Artifact URI: {}".format(single_input.uri))
print("MLMD Artifact Info: {}".format(single_input.mlmd_artifact))
```

사용자 지정 드라이버를 마련했으니 이제 컴포넌트를 조립해보죠.

사용자 지정 컴포넌트 조립

ImageIngestComponentSpec을 정의하고 ImageIngestExecutor를 만들고, ImageIngestComponent를 설정했으니 ImageIngestDriver에서 모두 함께 묶어 보겠습니다. 그런 다음 이미지 분류 모델을 학습하는 파이프라인에 컴포넌트를 로드할 수 있습니다.

실제 컴포넌트를 정의하려면 사양, 실행자, 드라이버 클래스를 정의해야 합니다. 다음 예시 코드와 같이 SPEC_CLASS, EXECUTOR_SPEC, DRIVER_CLASS를 설정하면 됩니다. 마지막 단계로 컴포넌트의 인수(입력 및 출력 예제, 제공된 이름)로 ComponentSpecs를 인스턴스화하여 인스턴스화된 ImageIngestComponent에 전달해야 합니다.

드물지만 출력 아티팩트를 제공하지 않을 때는 기본 출력 아티팩트를 tf.Example 유형으로 설정할 수 있습니다.

```
from tfx.components.base import base_component
from tfx import types
from tfx.types import channel_utils

class ImageIngestComponent(base_component.BaseComponent):
    """사용자 지정 ImageIngestWorld 컴포넌트."""
    SPEC_CLASS = ImageIngestComponentSpec
    EXECUTOR_SPEC = executor_spec.ExecutorClassSpec(ImageIngestExecutor)
    DRIVER_CLASS = ImageIngestDriver

    def __init__(self, input, output_data=None, name=None):
        if not output_data:
            examples_artifact = standard_artifacts.Examples()
            examples_artifact.split_names = \
                artifact_utils.encode_split_names(['train', 'eval'])
```

```
            output_data = channel_utils.as_channel([examples_artifact])

        spec = ImageIngestComponentSpec(input=input,
                                        examples=output_data,
                                        name=name)
        super(ImageIngestComponent, self).__init__(spec=spec)
```

ImageIngestComponent를 조립함으로써 기본 맞춤 컴포넌트의 개별 부품을 하나로 묶었습니다. 다음 절에서는 기본 컴포넌트를 실행하는 방법을 살펴보겠습니다.

기본 사용자 지정 컴포넌트 사용

전체 기본 컴포넌트를 구현하여 이미지를 수집하고 TFRecord 파일로 변환한 후에는 파이프라인의 다른 컴포넌트와 마찬가지로 해당 컴포넌트를 사용할 수 있습니다. 다음 코드는 그 방법을 보여 줍니다. 3장에서 논의한 다른 수집 컴포넌트의 설정과 매우 비슷합니다. 유일한 차이점은 새로 생성된 컴포넌트를 가져온 다음 초기화된 컴포넌트를 실행해야 한다는 점입니다.

```
import os

from tfx.utils.dsl_utils import external_input
from tfx.orchestration.experimental.interactive.interactive_context import \
    InteractiveContext

from image_ingestion_component.component import ImageIngestComponent

context = InteractiveContext()

image_file_path = "/path/to/files"
examples = external_input(dataimage_file_path_root)
example_gen = ImageIngestComponent(input=examples,
                                   name=u'ImageIngestComponent')
context.run(example_gen)
```

그러면 StatisticsGen과 같은 다운스트림 컴포넌트에서 컴포넌트의 출력이 가능합니다.

```
from tfx.components import StatisticsGen

statistics_gen = StatisticsGen(examples=example_gen.outputs['examples'])
context.run(statistics_gen)

context.show(statistics_gen.outputs['statistics'])
```

> **WARNING_ 매우 기본적인 구현**
> 여기서 다룬 구현은 기본 기능만 제공할 뿐 실제 프로덕트에 적용하기에는 무리가 있다는 점을 알려드립니다. 누락된 기능에 관한 자세한 내용은 다음 절을 참조하시기 바랍니다. 제품 준비형 구현은 다음 절에서 업데이트된 컴포넌트 구현을 참고하세요

구현 검토

이전 절에서는 기본 컴포넌트 구현을 살펴봤습니다. 컴포넌트가 작동하는 동안 3장에서 논의한 몇 가지 주요 기능(예: 동적 분할 이름, 분할 비율)이 누락되었으며, 이런 기능은 수집 컴포넌트에서 구현할 수 있습니다. 또한 기본 구현에는 많은 제반 기능들의 구현 코드(예: 컴포넌트 드라이버 설정)가 필요했습니다. 그러나 이미지 수집은 효율적이고 확장할 수 있는 방법으로 처리해야 합니다. TFX 컴포넌트 내부에서 아파치 빔을 사용하여 데이터를 효율적으로 수집할 수 있습니다.

다음 절에서는 구현을 간소화하고 3장에서 논의한 패턴(예: 프레스토 데이터베이스에서 데이터를 수집하는 방법)을 채택하는 방법을 설명합니다. 컴포넌트 드라이버와 같은 공통 기능을 재사용함으로써 구현 속도를 높이고 코드 버그를 줄일 수 있습니다.

10.3.3 기존 컴포넌트 재사용

TFX용 컴포넌트를 처음부터 완전히 작성하는 대신 기존 컴포넌트를 상속하고 실행자 함수를 사용자 지정 함수로 덮어쓸 수 있습니다. [그림 10-8]에서 볼 수 있듯이, 이는 일반적으로 컴포넌트가 기존 컴포넌트 아키텍처를 재사용할 때 선호하는 접근 방식입니다. 이 데모 구성 요소의 아키텍처는 파일 기본 수집 구성 요소(예: CsvExampleGen)와 동일합니다. 이런 컴포넌

트는 컴포넌트 입력값으로 디렉터리 경로를 수신하고 제공된 디렉터리에서 데이터를 로드한 후 tf.Examples로 변환합니다. 그리고 TFRecord 파일 형태의 데이터 구조로 컴포넌트의 출력을 반환합니다.

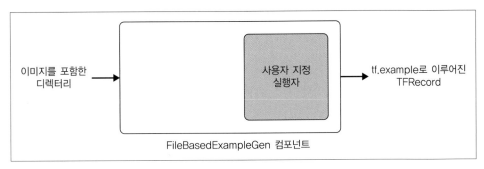

그림 10-8 기존 컴포넌트 확장

3장에서 살펴봤듯이, TFX는 이를 위해 FileBasedExampleGen을 제공합니다. 아브로와 파케이 사례와 유사한 기존 컴포넌트를 재사용할 예정이므로, 단순히 사용자 지정 실행기를 개발하고 이전 기본 구성 요소로 더 유연하게 만드는 데 초점을 맞출 수 있습니다. 코드 인프라를 재사용함으로써 기존 아파치 빔 구현을 다시 활용할 수 있습니다.

파이프라인으로 데이터를 수집하는 데 기존 컴포넌트 아키텍처를 재사용함으로써 아파치 빔으로 데이터를 효율적으로 수집하는 설정도 가능합니다. TFX 및 아파치 빔은 클래스(예: Get InputSourceToExamplePTransform) 및 함수 데코레이터(예: @beam.ptransform_fn)를 사용하여 아파치 빔 파이프라인을 통해 데이터를 수집합니다. 이 예에서는 함수 데코레이터 @beam.ptransform_fn을 사용하여 아파치 빔 변환(PTransform)을 정의합니다. 데코레이터는 아파치 빔 파이프라인을 수락하고 지정된 변환(예: 여기서는 이미지 로드와 tf.Examples로의 변환)을 실행합니다. 그리고 변환 결과와 함께 아파치 빔 PCollection을 반환합니다.

변환 함수는 이전 구현과 매우 유사한 함수로 처리합니다. 업데이트된 변환 구현에는 한 가지 중요한 차이점이 있습니다. TFRecord Writer를 인스턴스화하고 사용할 필요가 없다는 점입니다. 대신 이미지를 로드하고 tf.Examples로 변환하는 데 완전히 집중할 수 있습니다. 이전 구현에서 이미 구현하였기 때문에 tf.Examples를 TFRecord 형태로 변환하는 기능을 구현할 필요는 없습니다. 대신 생성된 tf.Examples를 반환합니다. 예를 들어 기본 TFX/아파치 빔 코드가 TFRecord 파일 쓰기를 처리하도록 합니다. 다음 코드 예제는 업데이트된 변환 함수를 보여줍니다.

```python
# 파일 경로만 필요합니다.
def convert_image_to_TFExample(image_path)):

    # 파일 경로에 기반한 각 이미지의 레이블을 설정합니다.
    lowered_filename = image_path.lower()
    print(lowered_filename)
    if "dog" in lowered_filename:
        label = 0
    elif "cat" in lowered_filename:
        label = 1
    else:
        raise NotImplementedError("Found unknown image")

    # 이미지를 읽습니다.
    raw_file = tf.io.read_file(image_path)

    # 텐서플로 Example 데이터 구조를 생성합니다.
    example = tf.train.Example(features=tf.train.Features(feature={
        'image_raw': _bytes_feature(raw_file.numpy()),
        'label': _int64_feature(label)
    }))
    # 함수는 example을 디스크에 쓰는 대신 반환합니다.
    return example
```

업데이트된 변환 함수를 사용하면 이제 핵심 실행자 기능을 구현하는 데 집중할 수 있습니다. 기존 컴포넌트 아키텍처를 사용자 지정하므로 분할 패턴 등 3장에서 살펴본 것과 동일한 인수를 사용할 수 있습니다. 다음 코드 예제의 image_to_example 함수는 아파치 빔 파이프라인 개체, 아티팩트 정보를 포함한 input_dict, 실행 속성이 있는 딕셔너리, 수집 분할 패턴이라는 네 가지 입력 인수를 사용합니다. 함수에서는 지정된 디렉터리에 사용할 수 있는 파일 목록을 생성하고 이미지 목록을 아파치 빔 파이프라인으로 전달하여 수집 디렉터리에서 발견된 각 이미지를 tf.Examples로 변환합니다.

```python
@beam.ptransform_fn
def image_to_example(
    pipeline: beam.Pipeline,
    input_dict: Dict[Text, List[types.Artifact]],
    exec_properties: Dict[Text, Any],
    split_pattern: Text) -> beam.pvalue.PCollection:

    input_base_uri = artifact_utils.get_single_uri(input_dict['input'])
    image_pattern = os.path.join(input_base_uri, split_pattern)
    absl.logging.info(
        "Processing input image data {} "
        "to tf.Example.".format(image_pattern))

    # 수집 경로에 있는 파일 목록을 생성합니다.
    image_files = tf.io.gfile.glob(image_pattern)
    if not image_files:
        raise RuntimeError(
            "Split pattern {} did not match any valid path."
            "".format(image_pattern))

    p_collection = (
        pipeline
        | beam.Create(image_files) # 목록을 Beam PCollection으로 변환합니다.
        | 'ConvertImagesToTFRecords' >> beam.Map(
            # 변환을 모든 이미지에 적용합니다.
            lambda image: convert_image_to_TFExample(image))
    )
    return p_collection
```

사용자 지정 실행자의 마지막 단계는 BaseExampleGenExecutor의 GetInputSourceToExam
plePTransform을 image_to_example로 덮어쓰기입니다.

```python
class ImageExampleGenExecutor(BaseExampleGenExecutor):

    @beam.ptransform_fn
    def image_to_example(...):
        ...

    def GetInputSourceToExamplePTransform(self) -> beam.PTransform:
        return image_to_example
```

사용자 지정 이미지 수집 컴포넌트를 완성했습니다!

사용자 지정 실행자 사용

수집 컴포넌트를 재사용하고 처리 실행자를 변경하므로 이제 3장에서 아브로 수집을 살펴볼 때와 같은 패턴을 따르고 custom_executor_spec을 지정할 수 있습니다. FileBasedExampleGen 컴포넌트를 재사용하고 executor를 덮어쓰면 입력 분할 패턴이나 출력 학습/평가 분할 정의와 같이 3장에서 다룬 수집 컴포넌트의 전체 기능을 사용할 수 있습니다. 다음 코드 조각은 사용자 지정 컴포넌트를 사용하는 전체 예시입니다.

```python
from tfx.components import FileBasedExampleGen
from tfx.utils.dsl_utils import external_input

from image_ingestion_component.executor import ImageExampleGenExecutor

input_config = example_gen_pb2.Input(splits=[
    example_gen_pb2.Input.Split(name='images',
                                pattern='sub-directory/if/needed/*.jpg'),
])

output = example_gen_pb2.Output(
    split_config=example_gen_pb2.SplitConfig(splits=[
        example_gen_pb2.SplitConfig.Split(
            name='train', hash_buckets=4),
        example_gen_pb2.SplitConfig.Split(
            name='eval', hash_buckets=1)
    ])
)

example_gen = FileBasedExampleGen(
    input=external_input("/path/to/images/"),
    input_config=input_config,
    output_config=output,
    custom_executor_spec=executor_spec.ExecutorClassSpec(
        ImageExampleGenExecutor)
)
```

이 절에서 논의한 바와 같이, 컴포넌트 실행자를 확장하면 사용자 지정 컴포넌트를 처음부터 작성하는 것보다 더 간단하고 빠르게 구현할 수 있습니다. 따라서 기존 컴포넌트 아키텍처를 재사용할 수 있을 때는 이 프로세스를 권장합니다.

10.4 요약

이 장에서는 TFX 개념을 확장했습니다. 사용자 지정 컴포넌트를 작성하는 방법을 자세히 살펴봤습니다. 사용자 지정 컴포넌트를 작성하면 기존 TFX 컴포넌트를 확장하고 파이프라인 요구에 맞게 조정할 수 있습니다. 사용자 지정 컴포넌트를 사용하면 머신러닝 파이프라인에 더 많은 단계를 통합할 수 있습니다. 파이프라인에 컴포넌트를 추가함으로써 파이프라인에서 생산한 모든 모델이 같은 단계를 거쳤음을 보장할 수 있습니다. 사용자 지정 컴포넌트의 구현은 복잡할 수 있으므로, 처음부터 컴포넌트의 기본 구현을 검토하고 기존 컴포넌트 기능을 상속하여 새 컴포넌트 실행자를 쉽게 구현했습니다.

또한 파이프라인 그래프를 분기하여 같은 파이프라인 실행에서 여러 모델을 생성하는 등의 고급 학습 설정도 다뤘습니다. 이 기능을 사용하여 모바일 앱 배포용 TFLite 모델을 만들 수 있습니다. 머신러닝 모델을 지속해서 생성할 수 있도록 학습 프로세스를 웜 스타트하는 방법도 살펴봤습니다. 웜 스타트 모델 훈련은 지속해서 훈련된 모델의 훈련 단계를 단축할 때 유용합니다.

머신러닝 파이프라인 설정에서 휴먼 인 더 루프 개념을 소개하고 실험 컴포넌트를 구현하는 방법도 알아봤습니다. 휴먼 인 더 루프 개념은 전문가 검토를 모델 배치하기 전의 필수 파이프라인 단계로 추가하는 방법입니다. 이를 통해 완전히 자동화된 컴포넌트와 데이터 과학자들의 비판적인 검토가 결합하여 머신러닝 파이프라인이 최종적으로 구성됩니다.

다음 두 장에서는 사용자가 선택한 오케스트레이션 환경에서 TFX 파이프라인을 실행하는 방법을 살펴보겠습니다.

파이프라인 1부:
아파치 빔 및 아파치 에어플로

이전 장에서는 TFX를 이용한 머신러닝 파이프라인 구축에 필요한 모든 컴포넌트를 소개했습니다. 이 장에서는 두 개의 오케스트레이터(아파치 빔과 아파치 에어플로Apache Airflow)를 사용하여 전체 파이프라인을 실행하는 방법을 다룹니다. 또한 12장에서는 쿠브플로 파이프라인으로 파이프라인을 운영하는 방법을 살펴봅니다. 이런 도구는 유사한 원칙을 따르지만, 세부 정보가 어떻게 다른지 알아보고 각 도구의 예제 코드를 제공합니다.

1장에서 논의한 바와 같이, 파이프라인 오케스트레이션 도구는 머신러닝 파이프라인 자동화에 필요한 코드를 추상화하는 데 필수입니다. [그림 11-1]과 같이, 파이프라인 오케스트레이터는 이전 장에서 이미 언급한 컴포넌트 아래에 위치합니다. 이런 오케스트레이션 도구가 없으면 한 컴포넌트가 완료되었는지 확인하고, 다음 컴포넌트를 시작하고, 파이프라인 실행을 예약하는 등의 작업을 하는 코드를 작성해야 합니다. 다행히도 이 모든 코드는 이미 이런 오케스트레이터의 형태로 존재합니다!

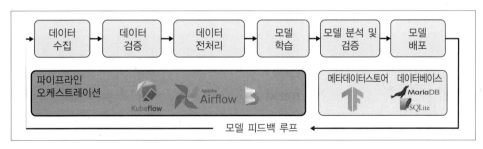

그림 11-1 파이프라인 오케스트레이터

이 장에서는 다양한 도구의 사용 사례를 살펴보겠습니다. 그런 다음 대화형 파이프라인에서 이런 도구로 조정할 수 있는 파이프라인으로 이동하는 데 필요한 몇 가지 공통 코드를 알아보겠습니다. 아파치 빔과 아파치 에어플로는 쿠브플로 파이프라인보다 더 간단히 설치할 수 있습니다. 따라서 12장의 더 강력한 쿠브플로 파이프라인으로 넘어가기 전에 이 장에서 살펴보겠습니다.

11.1 오케스트레이션 도구 선택

이 장과 12장에서는 파이프라인을 실행하는 데 사용하는 세 가지 오케스트레이션 도구를 설명합니다. 아파치 빔, 아파치 에어플로, 쿠브플로 파이프라인입니다. 이 중 하나를 선택하여 파이프라인을 실행합니다. 이런 도구를 사용하는 방법을 자세히 살펴보기 전에 각 도구의 장단점을 설명하겠습니다. 여러분에게 가장 적합한 도구를 고르는 데 도움이 될 것입니다.

11.1.1 아파치 빔

파이프라인 태스크에 TFX를 사용하는 중이라면 아파치 빔이 이미 설치됐습니다. 따라서 최소 설치를 원할 때는 이미 설치한 빔을 다시 사용하여 오케스트레이션하는 것이 합리적인 선택입니다. 설정이 간단하며 이미 익숙한 기존의 분산 데이터 처리 인프라(예: 구글 클라우드 데이터플로)를 사용할 수도 있습니다. 또한 빔을 중간 단계로 사용하여 에어플로나 쿠브플로 파이프라인으로 이동하기 전에 파이프라인이 올바르게 작동하는지 확인할 수 있습니다.

그러나 아파치 빔에는 모델 업데이트를 예약하거나 파이프라인 작업 프로세스를 모니터링하는 다양한 도구가 없습니다. 아파치 에어플로와 쿠브플로 파이프라인이 더 유용한 부분이죠.

11.1.2 아파치 에어플로

아파치 에어플로는 이미 데이터 로드 작업에 많이 사용합니다. 기존 아파치 에어플로 설정을 확장해서 파이프라인을 실행하면 쿠브플로와 같은 새로운 도구를 배울 필요가 없습니다.

PostgreSQL과 같은 프로덕션 지원 데이터베이스와 함께 아파치 에어플로를 사용하면 파이프라인의 일부를 실행할 수 있습니다. 이렇게 하면 시간이 오래 걸리는 파이프라인이 실패했을 때 이전 파이프라인 단계를 모두 다시 실행하지 않으므로 시간을 상당히 절약할 수 있습니다.

11.1.3 쿠브플로 파이프라인

여러분이 쿠버네티스를 다뤄봤고 쿠버네티스 클러스터에 접속해봤다면, 쿠브플로 파이프라인을 고려해보기 바랍니다. 쿠브플로 설정은 에어플로 설치보다 더 복잡하지만, TFDV와 TFMA 시각화, 모델 계통, 수집된 아티팩트를 볼 수 있는 다양한 기능이 포함되어 이를 이용한 새로운 기회를 잡을 수도 있습니다.

쿠버네티스는 머신러닝 모델을 배포하는 우수한 인프라 플랫폼이기도 합니다. 쿠버네티스의 Istio 도구를 사용한 추론 라우팅은 머신러닝 인프라 분야의 최신 기술입니다.

다양한 클라우드 공급자에서 쿠버네티스 클러스터를 설정할 수 있으므로 단일 벤더로 제한되지 않습니다. 또한 쿠브플로 파이프라인은 클라우드 공급자가 제공하는 최첨단 학습 하드웨어를 활용할 수 있도록 지원합니다. 파이프라인을 효율적으로 실행하고 클러스터의 노드를 스케일 업 또는 다운할 수 있습니다.

11.1.4 AI 플랫폼의 쿠브플로 파이프라인

GCP의 일부인 구글의 AI 플랫폼에서 쿠브플로 파이프라인을 운영할 수도 있습니다. 이렇게 하면 대부분의 인프라를 관리할 수 있으며 구글 클라우드 스토리지 버킷에 있는 데이터를 쉽게 사용할 수 있습니다. 또한 구글의 데이터플로를 통합하면 파이프라인의 확장이 간단해집니다. 그러나 이렇게 하면 단일 클라우드 공급자에 종속됩니다.

아파치 빔이나 에어플로를 사용하기로 했다면 이 장에서 필요한 정보를 찾을 수 있습니다. 쿠브플로(쿠버네티스 혹은 구글 클라우드 AI 플랫폼을 통해서)를 선택했다면 이 장에서 다음 절만 읽으면 됩니다. 대화형 파이프라인을 스크립트로 변환하는 방법을 살펴본 다음 12장으로 넘어가세요.

11.2 대화형 TFX 파이프라인을 프로덕션 파이프라인으로 변환하기

지금까지 예제에서는 TFX 파이프라인의 모든 컴포넌트를 노트북 스타일 환경이나 **대화형 콘텍스트**interactive context에서 실행하는 방법을 보여줬습니다. 노트북에서 파이프라인을 실행하려면 이전 컴포넌트가 완료된 후 각 컴포넌트를 수동으로 실행해야 합니다. 파이프라인을 자동화하려면 파이썬 스크립트를 작성해야 합니다. 파이썬 스크립트는 이 모든 구성 요소를 입력하지 않고도 실행할 수 있습니다.

다행히도, 우리는 이미 스크립트의 모든 부분을 알죠. 지금까지 살펴본 모든 파이프라인 컴포넌트를 다음과 같이 요약합니다.

- ExampleGen

  사용하려는 데이터 원본에서 새 데이터를 수집합니다(3장).

- StatisticsGen

  새 데이터의 요약 통계를 계산합니다(4장).

- SchemaGen

  모델 유형과 범위뿐만 아니라 모델에 예상되는 피처를 정의합니다(4장).

- ExampleValidator

  스키마에 대해 데이터를 확인하고 이상치를 플래그합니다(4장).

- Transform

  모델이 예상하는 올바른 수치 표현으로 데이터를 전처리합니다(5장).

- Trainer

  새 데이터에서 모델을 학습합니다(6장).

- Resolver

  이전에 학습된 모델이 있는지 확인하고 비교를 위해 반환합니다(7장).

- Evaluator

  평가 데이터셋에서 모델의 성능을 평가하고 이전 버전에서 개선된 모델인지 확인합니다(7장).

- Pusher

  모델이 검증 단계를 통과하면 서빙 디렉터리로 푸시합니다(7장).

전체 파이프라인은 [예제 11-1]에 있습니다.

```python
import tensorflow_model_analysis as tfma
from tfx.components import (CsvExampleGen, Evaluator, ExampleValidator, Pusher,
                            ResolverNode, SchemaGen, StatisticsGen, Trainer,
                            Transform)
from tfx.components.base import executor_spec
from tfx.components.trainer.executor import GenericExecutor
from tfx.dsl.experimental import latest_blessed_model_resolver
from tfx.proto import pusher_pb2, trainer_pb2
from tfx.types import Channel
from tfx.types.standard_artifacts import Model, ModelBlessing
from tfx.utils.dsl_utils import external_input


def init_components(data_dir, module_file, serving_model_dir,
                    training_steps=2000, eval_steps=200):

    examples = external_input(data_dir)
    example_gen = CsvExampleGen(...)
    statistics_gen = StatisticsGen(...)
    schema_gen = SchemaGen(...)
    example_validator = ExampleValidator(...)
    transform = Transform(...)
    trainer = Trainer(...)
    model_resolver = ResolverNode(...)
    eval_config=tfma.EvalConfig(...)
    evaluator = Evaluator(...)
    pusher = Pusher(...)

    components = [
        example_gen,
        statistics_gen,
        schema_gen,
        example_validator,
        transform,
        trainer,
        model_resolver,
        evaluator,
        pusher
    ]
    return components
```

예제 프로젝트에서는 컴포넌트 인스턴스화를 파이프라인 구성에서 분리하여 서로 다른 오케스트레이터의 파이프라인 설정에 초점을 맞춥니다.

init_components 함수는 컴포넌트를 인스턴스화합니다. 학습과 평가 단계 수 외에도 다음과 같은 세 가지 입력이 필요합니다.

- data_dir
  학습/평가 데이터를 찾을 수 있는 경로입니다.
- module_file
  Transform(5장)및 Trainer(6장) 컴포넌트에 필요한 파이썬 모듈입니다.
- serving_model_dir
  내보낸 모델을 저장할 경로입니다.

12장에서 논의할 구글 클라우드 설정에 대한 작은 수정 사항 외에 각 오케스트레이터 플랫폼에 대한 컴포넌트 설정은 동일합니다. 따라서 아파치 빔, 아파치 에어플로, 쿠브플로 파이프라인의 다양한 예시 설정에서 컴포넌트 정의를 재사용하겠습니다. 빔은 쿠브플로 파이프라인을 사용할 때 디버깅에 도움이 되기도 합니다. 하지만 바로 쿠브플로 파이프라인으로 뛰어들고 싶다면, 다음 장으로 넘어가세요!

11.3 빔과 에어플로를 위한 대화형 파이프라인 변환

아파치 빔이나 에어플로를 사용하여 파이프라인을 관리하려면 다음 단계를 통해 노트북을 파이프라인으로 변환할 수도 있습니다. 노트북에서 내보내지 않을 셀이라면 각 셀의 시작 부분에 %%skip_for_export 주피터 매직 명령을 사용합니다.

먼저 파이프라인 이름과 오케스트레이션 도구를 설정합니다.

```
runner_type = 'beam' # 대안으로 airflow가 있습니다.
pipeline_name = 'consumer_complaints_beam'
```

그리고 관련된 파일 경로를 설정해줍니다.

```
notebook_file = os.path.join(os.getcwd(), notebook_filename)

# 파이프라인 입력
data_dir = os.path.join(pipeline_dir, 'data')
module_file = os.path.join(pipeline_dir, 'components', 'module.py')
requirement_file = os.path.join(pipeline_dir, 'requirements.txt')

# 파이프라인 출력
output_base = os.path.join(pipeline_dir, 'output', pipeline_name)
serving_model_dir = os.path.join(output_base, pipeline_name)
pipeline_root = os.path.join(output_base, 'pipeline_root')
metadata_path = os.path.join(pipeline_root, 'metadata.sqlite')
```

그런 다음 파이프라인에 포함할 컴포넌트를 나열합니다.

```
components = [
    example_gen, statistics_gen, schema_gen, example_validator,
    transform, trainer, evaluator, pusher
]
```

파이프라인을 내보냅니다.

```
pipeline_export_file = 'consumer_complaints_beam_export.py'
context.export_to_pipeline(notebook_file path=_notebook_file,
                           export_file path=pipeline_export_file,
                           runner_type=runner_type)
```

내보내기 명령은 선택한 **runner_type**에 따라 빔이나 에어플로를 사용하여 실행하는 스크립트를 생성합니다.

11.4 아파치 빔 소개

아파치 빔은 많은 TFX 컴포넌트에서 실행되기 때문에 2장에서 소개했습니다. 다양한 TFX 컴포넌트(예: TFDV, 텐서플로 Transform)는 내부 데이터 처리를 추상화하는 데 아파치 빔을 사용합니다. 그러나 파이프라인을 실행하는 데 빔의 여러 가지 다른 기능을 사용할 수도 있습니다. 다음 절에서는 빔을 사용하여 예제 프로젝트를 설정하는 방법을 살펴보겠습니다.

11.5 아파치 빔으로 TFX 파이프라인 조정

아파치 빔은 TFX의 종속성으로 이미 설치되었으므로 파이프라인 조정 도구로 사용하기 매우 쉽습니다. 빔에는 매우 단순한 기능만 있으며, 에어플로나 쿠브플로 파이프라인 같은 다양한 기능(예: 그래프 시각화, 예약 실행)이 없습니다.

그러나 빔은 에어플로 머신러닝 파이프라인을 디버깅하는 유용한 방법입니다. 파이프라인 디버깅 중에 빔을 사용한 다음 에어플로나 쿠브플로 파이프라인으로 이동하면 더 복잡한 에어플로와 쿠브플로 파이프라인 설정에서 발생하는 파이프라인 오류의 근본 원인을 배제할 수 있습니다.

이 절에서는 예제 TFX 파이프라인을 빔으로 설정하고 실행하는 방법을 설명합니다. 2장에서 소개한 빔 Pipeline 함수를 [예제 11-1] 스크립트와 함께 파이프라인을 실행하는 데 사용하겠습니다. TFX 파이프라인 컴포넌트를 인수로 받아들이고 ML 메타데이터스토어를 보유한 SQLite 데이터베이스에도 연결하는 빔 Pipeline을 정의합니다.

```python
import absl
from tfx.orchestration import metadata, pipeline

def init_beam_pipeline(components, pipeline_root, direct_num_workers):

    absl.logging.info("Pipeline root set to: {}".format(pipeline_root))
    beam_arg = [
        # 아파치 빔을 사용하여 작업자 수를 지정합니다.
        # 적절한 기본값은 총 CPU 수의 절반입니다(CPU가 두 개 이상이라면).
        "--direct_num_workers={}".format(direct_num_workers),
        "--requirements_file={}".format(requirement_file)
    ]
    # 여기서 구성으로 파이프라인 개체를 정의합니다.
    p = pipeline.Pipeline(
        pipeline_name=pipeline_name,
        pipeline_root=pipeline_root,
        components=components,
        # 이미 완료된 컴포넌트의 재실행을 방지하려면 캐시를 True로 설정합니다.
        # 플래그를 False로 설정하면 파이프라인을 실행할 때마다 모두 다시 계산합니다.
        enable_cache=False,
        metadata_connection_config=\
            metadata.sqlite_metadata_connection_config(metadata_path),
```

```
        beam_pipeline_args=beam_arg)
    return p
```

빔 파이프라인 구성에는 파이프라인 이름, 파이프라인 디렉터리의 루트 경로, 파이프라인의 일부로 실행할 컴포넌트 목록이 있어야 합니다.

다음으로 [예제 11-1]의 컴포넌트와 파이프라인을 초기화한 후 `BeamDagRunner().run(pipeline)`을 사용하여 파이프라인을 실행합니다.

```
from tfx.orchestration.beam.beam_dag_runner import BeamDagRunner

components = init_components(data_dir, module_file, serving_model_dir,
                            training_steps=100, eval_steps=100)
pipeline = init_beam_pipeline(components, pipeline_root, direct_num_workers)
BeamDagRunner().run(pipeline)
```

이는 크론cron 작업을 사용하여 나머지 인프라나 스케줄링을 쉽게 통합하는 최소 설정입니다. 아파치 플링크나 스파크를 사용하여 파이프라인을 확장할 수도 있습니다. 플링크를 사용한 예는 이 TFX 예제에 간략히 설명했습니다.

다음 절에서는 아파치 에어플로로 넘어가겠습니다. 아파치 에어플로는 파이프라인을 조정하는 많은 추가 피처를 제공합니다.

11.6 아파치 에어플로 소개

에어플로는 아파치의 워크플로 자동화 프로젝트입니다. 2016년에 프로젝트를 시작한 후 대기업과 데이터 과학계에서 큰 관심을 받았습니다. 2018년 12월에는 아파치 인큐베이터에서 '졸업'하여 자체적인 아파치 프로젝트(https://airflow.apache.org/)가 되었습니다.

아파치 에어플로를 사용하면 파이썬 코드로 표시되는 DAG를 통해 워크플로 태스크를 나타낼 수 있습니다. 또한 에어플로를 사용해 워크플로를 예약하고 모니터링할 수 있습니다. 따라서 TFX 파이프라인을 위한 이상적인 설정 도구라 할 수 있죠.

이 절에서는 에어플로 설정의 기본을 살펴보겠습니다. 그런 다음, 이를 사용하여 예제 프로젝트를 실행하는 방법을 알아봅니다.

11.6.1 설치 및 초기 설정

아파치 에어플로의 기본 설정은 간단합니다. 맥이나 리눅스를 사용할 때는 다음 명령을 사용하여 에어플로 데이터의 위치를 정의합니다.

```
$ export AIRFLOW_HOME=~/airflow
```

에어플로의 기본 데이터 폴더를 정의한 후 에어플로를 설치할 수 있습니다.

```
$ pip install apache-airflow
```

에어플로는 다양한 데이터베이스 기술로 설치할 수 있습니다. 집필하고 있는 현재 사용 가능한 플러그인의 목록은 포스트그레SQL^{PostgreSQL}, 대스크^{Dask}, 셀러리^{Celery} 및 쿠버네티스 입니다.

에어플로 확장의 전체 목록과 설치 방법은 에어플로 문서(`https://oreil.ly/evVfY`)에서 확인하세요.

에어플로를 설치하면 모든 작업 상태 정보를 저장할 초기 데이터베이스를 만들어야 합니다. 에어플로는 에어플로 데이터베이스를 초기화하는 명령을 제공합니다.

```
$ airflow initdb
```

구성 변경을 하지 않은 상태에서 에어플로를 사용하면, 에어플로가 SQLite 데이터베이스를 인스턴스화합니다. 이 설정은 데모 프로젝트를 실행하고 더 작은 워크플로를 실행하는 데 사용합니다. 아파치 에어플로를 사용하여 워크플로를 확장하려면 설명서(`https://oreil.ly/Pgc9S`)를 살펴보기 바랍니다.

최소 에어플로 설정은 작업과 작업 종속성을 조정하는 에어플로 스케줄러와 작업을 시작, 중지, 모니터링하는 UI를 제공하는 웹 서버로 구성됩니다.

다음 명령으로 스케줄러를 시작합니다.

```
$ airflow scheduler
```

다른 터미널 창에서 다음 명령으로 에어플로 웹 서버를 시작합니다.

```
$ airflow webserver -p 8081
```

명령 인수 -p를 사용하여 웹 브라우저가 에어플로 인터페이스에 액세스할 수 있는 포트를 설정합니다. http://127.0.0.1:8081로 이동하면 [그림 11-2]와 같은 인터페이스를 볼 수 있습니다.

그림 11-2 아파치 에어플로 UI

NOTE_ 에어플로 구성

에어플로 구성에서 관련 파라미터를 변경하여 에어플로의 기본 설정을 덮어쓸 수 있습니다. 그래프 정의를 ~/airflow/dags와 다른 위치에 저장할 때는 ~/airflow/airflow.cfg에서 파이프라인 그래프의 새 위치를 정의하여 기본 구성을 덮어쓸 수 있습니다.

11.6.2 기본 에어플로 예시

에어플로 설치와 함께 기본 에어플로 파이프라인을 설정하는 방법을 살펴보겠습니다. 이 예에서는 TFX 컴포넌트를 포함하지 않습니다.

워크플로 파이프라인은 파이썬 스크립트로 정의하며, 에어플로에서는 DAG 정의가 ~/airflow/dags에 위치할 것으로 예상합니다. 기본 파이프라인은 프로젝트별 에어플로 구성, 작업 정의, 작업 종속성 정의로 구성됩니다.

프로젝트별 구성

에어플로는 실패한 워크플로를 재시도할지, 워크플로에 오류가 발생할 때 특정 사용자에게 알릴지 등 프로젝트별 설정을 구성하는 다양 옵션을 제공합니다. 구성 옵션 목록은 광범위합니다. 업데이트된 개요는 에어플로 설명서(https://airflow.apache.org/)를 참고하세요.

에어플로 파이프라인 정의는 관련 파이썬 모듈과 프로젝트 구성을 가져오는 것으로 시작합니다.

```python
from airflow import DAG
from datetime import datetime, timedelta

project_cfg = { # 프로젝트 구성을 정의할 위치입니다.
    'owner': 'airflow',
    'email': ['your-email@example.com'],
    'email_on_failure': True,
    'start_date': datetime(2019, 8, 1),
    'retries': 1,
    'retry_delay': timedelta(hours=1),
}

dag = DAG( # 에어플로가 DAG 개체를 선택합니다.
    'basic_pipeline',
    default_args=project_cfg,
    schedule_interval=timedelta(days=1))
```

작업 정의

DAG 개체를 설정한 후 워크플로 태스크를 생성할 수 있습니다. 에어플로는 배시^{Bash}나 파이썬 환경에서 작업을 실행하는 작업 연산자를 제공합니다. 미리 정의된 다른 연산자를 사용하면

GCP 스토리지 또는 AWS S3와 같은 클라우드 데이터 저장소 버킷에 연결할 수 있습니다.

다음은 작업 정의의 매우 기본적인 예입니다.

```python
from airflow.operators.python_operator import PythonOperator

def example_task(_id, **kwargs):
    print("task {}".format(_id))
    return "completed task {}".format(_id)

task_1 = PythonOperator(
    task_id='task 1',
    provide_context=True,
    python_callable=example_task,
    op_kwargs={'_id': 1},
    dag=dag,
)

task_2 = PythonOperator(
    task_id='task 2',
    provide_context=True,
    python_callable=example_task,
    op_kwargs={'_id': 2},
    dag=dag,
)
```

TFX 파이프라인에서는 TFX 라이브러리가 알아서 처리하므로 이런 태스크를 정의할 필요가 없습니다. 하지만 이런 예는 여러분이 내부적으로 무슨 일이 일어나는지 이해하는 데 도움이 됩니다.

작업 종속성

우리의 머신러닝 파이프라인에서 테스크는 서로 의존합니다. 예를 들어, 모델 학습 작업에서는 학습을 시작하기 전에 데이터 검증을 수행해야 합니다. 에어플로는 이런 종속성을 선언하는 다양한 옵션을 제공합니다.

task_2가 task_1에 종속된다고 가정하겠습니다. 다음과 같이 작업 종속성을 정의할 수 있습니다.

```
task_1.set_downstream(task_2)
```

에어플로는 작업 종속성을 나타내는 **bit-shift** 연산자도 제공합니다.

```
task_1 >> task_2 >> task_X
```

이전 예에서는 일련의 작업을 정의했습니다. 각 작업은 이전 작업이 성공적으로 완료된 다음 실행됩니다. 작업이 성공적으로 완료되지 않으면 종속 작업이 실행되지 않고 에어플로는 이를 건너뛰었다고 표시합니다.

다시 말하지만, 작업은 TFX의 파이프라인에서 TFX 라이브러리가 처리합니다.

종합

모든 개별 설정 단계를 설명한 후 종합해 보겠습니다. ~/airflow/dags에 있는 AIRFLOW_HOME 경로의 DAG폴더에 새 파일 basic_pipeline.py를 생성합니다.

```python
from airflow import DAG
from airflow.operators.python_operator import PythonOperator
from datetime import datetime, timedelta

project_cfg = {
    'owner': 'airflow',
    'email': ['your-email@example.com'],
    'email_on_failure': True,
    'start_date': datetime(2020, 5, 13),
    'retries': 1,
    'retry_delay': timedelta(hours=1),
}

dag = DAG('basic_pipeline',
          default_args=project_cfg,
          schedule_interval=timedelta(days=1))

def example_task(_id, **kwargs):
    print("Task {}".format(_id))
    return "completed task {}".format(_id)
```

```
task_1 = PythonOperator(
    task_id='task_1',
    provide_context=True,
    python_callable=example_task,
    op_kwargs={'_id': 1},
    dag=dag,
)

task_2 = PythonOperator(
    task_id='task_2',
    provide_context=True,
    python_callable=example_task,
    op_kwargs={'_id': 2},
    dag=dag,
)

task_1 >> task_2
```

터미널에서 다음 명령을 실행하여 파이프라인 설정을 테스트할 수 있습니다.

```
$ python ~/airflow/dags/basic_pipeline.py
```

print 함수는 터미널 대신 에어플로의 로그 파일로 실행됩니다. 로그 파일은 다음 위치에 있습니다.

```
~/airflow/logs/파이프라인 이름/작업 이름/실행 시간/
```

기본 파이프라인에서 첫 번째 작업의 결과를 검사하려면 로그 파일을 조사해야 합니다.

```
$ cat ../logs/basic_pipeline/task_1/2019-09-07T19\:36\:18.027474+00\:00/1.log

...
[2019-09-07 19:36:25,165] {logging_mixin.py:95} INFO - Task 1 # 태스크를 출력합니다.
[2019-09-07 19:36:25,166] {python_operator.py:114} INFO - Done. Returned value was:
    completed task 1
[2019-09-07 19:36:26,112] {logging_mixin.py:95} INFO - [2019-09-07 19:36:26,112] # 성공
적으로 완료한 후 반송 메시지를 보냅니다.
    {local_task_job.py:105} INFO - Task exited with return code 0
```

다음을 실행해서 에어플로가 새 파이프라인을 인식하는지 테스트해보죠.

```
$ airflow list_dags


-----------------------------------------------------------------
DAGS
-----------------------------------------------------------------
basic_pipeline
```

파이프라인이 성공적으로 인식되었음을 보여줍니다.

에어플로 파이프라인에 숨겨진 원리를 이해했으니, 예제 프로젝트에 적용해 보겠습니다.

11.7 아파치 에어플로를 사용한 TFX 파이프라인 설정

이 절에서는 에어플로를 사용하여 TFX 파이프라인을 조정하는 방법을 설명합니다. 따라서 에어플로의 UI 및 스케줄링 피처처럼 프로덕션 설정에서 매우 유용한 피처를 사용할 수 있습니다.

11.7.1 파이프라인 설정

에어플로를 사용하여 TFX 파이프라인을 설정하는 작업은 BeamDagRunner 설정과 매우 유사합니다. 다만 에어플로 사용 사례에서는 더 많은 설정을 해야 합니다.

우리는 BeamDagRunner 대신 AirflowDAGRunner를 사용합니다. 실행자는 아파치 에어플로의 구성(11.6.1 '설치 및 초기 설정'에서와 같은 구성)인 추가 인수를 수행합니다. AirflowDagRunner는 파이프라인에 집중할 수 있도록 앞에서 설명한 모든 작업 정의 및 종속성을 관리합니다.

앞에서 살펴본 바와 같이, 에어플로 파이프라인 파일은 ~/airflow/dags 폴더 안에 있어야 합니다. 또한 스케줄링과 같은 에어플로의 몇 가지 일반적인 구성도 살펴봤습니다. 우리의 파이프라인을 위해 다음과 같이 설정합니다.

```
airflow_config = {
    'schedule_interval': None,
    'start_date': datetime.datetime(2020, 4, 17),
    'pipeline_name': 'your_ml_pipeline',
}
```

아파치 빔 예제와 마찬가지로 컴포넌트를 초기화하고 작업자 수를 정의합니다.

```
from tfx.orchestration import metadata, pipeline

def init_pipeline(components, pipeline_root:Text,
                  direct_num_workers:int) -> pipeline.Pipeline:

    beam_arg = [
        "--direct_num_workers={}".format(direct_num_workers),
    ]
    p = pipeline.Pipeline(pipeline_name=pipeline_name,
                          pipeline_root=pipeline_root,
                          components=components,
                          enable_cache=True,
                          metadata_connection_config=metadata.
                          sqlite_metadata_connection_config(metadata_path),
                          beam_pipeline_args=beam_arg)
    return p
```

그런 다음 파이프라인을 초기화하고 실행합니다.

```
from tfx.orchestration.airflow.airflow_dag_runner import AirflowDagRunner
from tfx.orchestration.airflow.airflow_dag_runner import AirflowPipelineConfig
from base_pipeline import init_components

components = init_components(data_dir, module_file, serving_model_dir,
                            training_steps=100, eval_steps=100)
pipeline = init_pipeline(components, pipeline_root, 0)
DAG = AirflowDagRunner(AirflowPipelineConfig(airflow_config)).run(pipeline)
```

이 코드는 아파치 빔 파이프라인 코드와 매우 유사하지만 BeamDagRunner 대신
AirflowDagRunner와 AirflowPipelineConfig를 사용합니다. [예제 11-1]을 사용하여 컴
포넌트를 초기화한 다음 에어플로에서 DAG라는 변수를 찾습니다.

이 책의 깃허브 저장소(`https://oreil.ly/bmlp-git`)에는 에어플로를 사용하여 예시 파이 프라인을 쉽게 사용해 볼 수 있는 도커 컨테이너가 있습니다. 에어플로 웹 서버와 스케줄러를 설정하고 파일을 올바른 위치로 이동합니다. 또한 부록 A에서 도커에 대해 자세히 알아볼 수도 있습니다.

11.7.2 파이프라인 실행

앞서 살펴봤듯이, 에어플로 웹 서버를 시작한 후에는 정의한 포트에서 UI를 열 수 있습니다. 이는 [그림 11-3]과 매우 유사하게 보여야 합니다. 파이프라인을 실행하려면 파이프라인을 켠 다음 재생 아이콘으로 표시된 트리거 DAG 버튼을 사용하여 파이프라인을 트리거해야 합니다.

그림 11-3 에어플로에서 DAG 켜기

웹 서버 UI의 그래프 보기(그림 11-4)는 컴포넌트의 종속성과 파이프라인 실행 진행률을 확인하는 데 유용합니다.

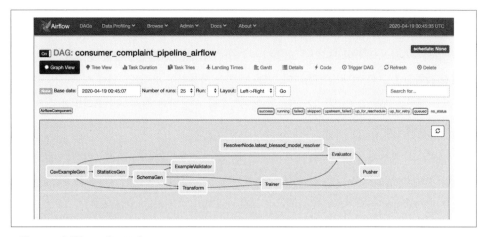

그림 11-4 에어플로 그래프 보기

업데이트된 진행률을 확인하기 위해 브라우저 페이지를 새로고침합니다. 컴포넌트가 완료되면 [그림 11-5]와 같이 테두리가 녹색으로 표시됩니다. 각 컴포넌트의 로그를 클릭하면 해당 로그를 볼 수 있습니다.

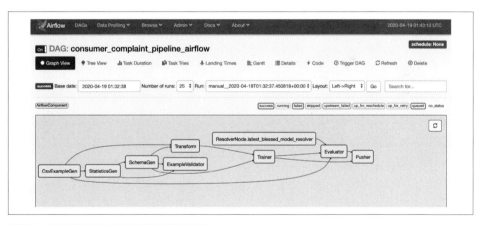

그림 11-5 에어플로에서 파이프라인이 완료된 모습

UI를 포함하는 가벼운 설정을 원하거나 회사에서 이미 에어플로를 사용한다면, 에어플로를 활용하여 파이프라인을 설정하는 편이 좋습니다. 하지만 여러분의 회사가 쿠버네티스 클러스터를 운영한다면 쿠브플로 파이프라인이 오케스트레이션 도구로 훨씬 더 바람직합니다. 다음 장에서 이를 자세히 살펴보겠습니다.

11.8 요약

이 장에서는 머신러닝 파이프라인을 조정하는 다양한 옵션을 설명했습니다. 설정과 사용 사례에 가장 적합한 도구를 선택해야 합니다. 아파치 빔을 사용하여 파이프라인을 실행하는 방법을 시연하고 에어플로와 그 원리를 소개한 후 에어플로를 사용하여 전체 파이프라인을 실행하는 방법을 살펴봤습니다.

다음 장에서는 쿠브플로 파이프라인과 구글의 AI 플랫폼을 사용하여 파이프라인을 실행하는 방법을 알아보겠습니다. 여러분의 사용 사례에 맞지 않는다면, 13장으로 바로 이동해서 피드백 루프를 사용하여 파이프라인을 사이클로 전환하는 방법을 살펴봐도 됩니다.

파이프라인 2부: 쿠브플로 파이프라인

11장에서는 아파치 빔과 아파치 에어플로를 사용한 파이프라인 오케스트레이션을 살펴봤습니다. 아파치 빔은 설정이 간편하며 아파치 에어플로는 다른 ETL 작업에 널리 채택된다는 이점을 제공합니다.

이 장에서는 쿠브플로 파이프라인을 사용한 파이프라인 오케스트레이션을 다룹니다. 쿠브플로 파이프라인은 확장성이 뛰어난 파이프라인 솔루션을 제공하는 쿠버네티스 클러스터 내에서 머신러닝 작업을 실행할 수 있도록 합니다. 11장에서 살펴봤듯이, 우리의 오케스트레이션 도구는 파이프라인 컴포넌트 간의 조정을 처리합니다(그림 12-1).

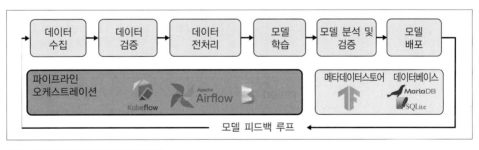

그림 12-1 파이프라인 오케스트레이터

쿠브플로 파이프라인 설정은 아파치 에어플로나 아파치 빔 설치보다 더 복잡합니다. 그러나 이 장의 뒷부분에서 설명하겠지만, 파이프라인 계보 탐색기Pipeline Lineage Browser, 텐서보드 통합TensorBoard Integration, TFDV 및 TFMA 시각화 보기 등 훌륭한 기능을 제공합니다. 또한 컴퓨팅 포드pod의 자동 크기 조정, 영구 볼륨, 리소스 요청 및 제한과 같은 쿠버네티스의 장점을 활용한 사용 예시들도 있습니다.

이 장은 두 부분으로 나뉩니다. 첫 번째 부분에서는 쿠브플로를 이용해 파이프라인을 설치하고 실행하는 방법을 살펴보겠습니다. 데모의 설정은 실행 환경과 독립적입니다. 관리형 쿠버네티스 클러스터이거나 사내 쿠버네티스 설치를 제공하는 클라우드 공급자가 될 수 있습니다.

> **NOTE_ 쿠버네티스 소개**
> 쿠버네티스의 개념과 용어가 익숙하지 않다면, 부록을 확인해 보세요. 부록 A에 쿠버네티스의 간략한 개요가 있습니다.

두 번째 부분에서는 구글 클라우드 AI 플랫폼과 함께 쿠브플로 파이프라인을 운영하는 방법을 다룹니다. 이는 구글 클라우드 환경에만 해당합니다. 대부분의 인프라를 관리하며 데이터플로를 사용하여 데이터 작업(예: 데이터 전처리)를 쉽게 확장할 수 있습니다. 쿠브플로 파이프라인을 사용하고 싶지만 쿠버네티스 인프라를 관리하는 데 시간을 낭비하고 싶지 않다면 이 방법을 추천합니다.

12.1 쿠브플로 파이프라인 소개

쿠브플로 파이프라인은 머신러닝을 염두에 둔 쿠버네티스 기반의 오케스트레이션 도구입니다. 아파치 에어플로는 ETL 프로세스용으로 설계되었지만, 쿠브플로 파이프라인은 머신러닝 파이프라인의 엔드 투 엔드 실행을 핵심으로 합니다.

쿠브플로 파이프라인은 머신러닝 파이프라인 실행을 추적하는 일관된 UI, 데이터 과학자 간의 협업을 위한 중심 장소(12.2.3 '쿠브플로 파이프라인의 유용한 특징'에서 다룹니다), 지속적인 모델 구축을 위해 실행을 예약하는 방법을 제공합니다. 또한, 파이프라인은 자체 소프트웨어 개발 키트(SDK)를 제공하여 파이프라인을 실행하는 도커 컨테이너를 제작하거나 컨테이너를 조율합니다. 쿠브플로 파이프라인 도메인 정의 언어(DSL)는 파이프라인 단계를 설정하는 데 있어 더 많은 유연성을 허용하지만, 컴포넌트 간에 더 많은 조정이 필요합니다. 우리는 TFX 파이프라인이 더 높은 수준의 파이프라인 표준화를 강제하기 때문에 오류 발생률이 낮다고 생각합니다. 쿠브플로 파이프라인 SDK를 자세히 살펴보고 싶다면 다음에 나오는 '쿠브플로 대 쿠브플로 파이프라인'에서 추천한 책을 읽어보세요.

쿠브플로 파이프라인을 설치할 때(12.1.1 '설치 및 초기 설정'), 쿠브플로 파이프라인은 UI, 워크플로 컨트롤러, MySQL 데이터베이스 인스턴스, ML 메타데이터스토어(2.4절 'ML 메타데이터' 참고)를 포함한 다양한 도구를 설치할 것입니다.

쿠브플로 파이프라인을 사용하여 TFX 파이프라인을 실행하면 모든 컴포넌트가 자체 쿠버네티스 포드로 실행됨을 알 수 있습니다. [그림 12-2]와 같이 각 컴포넌트는 클러스터의 중앙 메타데이터스토어와 연결되며, 쿠버네티스 클러스터의 영구 스토리지 볼륨이나 클라우드 스토리지 버킷에서 아티팩트를 로드할 수 있습니다. 컴포넌트의 모든 출력(예: TFDV 실행, 내보낸 모델의 데이터 통계)은 메타데이터스토어에 등록되어 영구 볼륨이나 클라우드 저장소 버킷에 아티팩트로 저장됩니다.

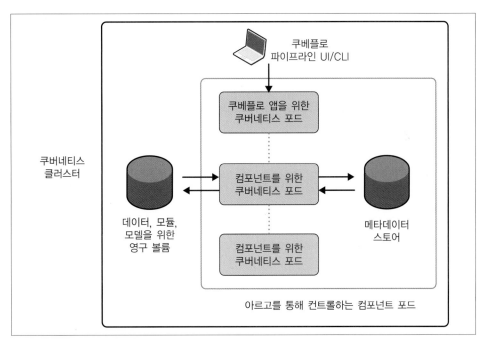

그림 12-2 쿠브플로 파이프라인의 개요

> **쿠브플로 대 쿠브플로 파이프라인**
>
> 쿠브플로와 쿠브플로 파이프라인은 자주 혼용됩니다. 쿠브플로는 TFJob(기계 모델 학습), Katib(모델 하이퍼파라미터 최적화), KFServing(머신러닝 모델 배포)을 비롯한 다양한 머신러닝 도구를 포함하는 오픈 소스 프로젝트 세트입니다. 쿠브플로 파이프라인은 쿠브플로 제품군의 프로젝트로, 엔드 투 엔드 ML 워크플로를 배포하고 관리하는 데 중점을 둡니다.
>
> 이 장에서는 쿠브플로 파이프라인의 설치와 운영에만 초점을 맞추겠습니다. 쿠브플로에 관한 자세한 내용을 알고 싶다면 쿠브플로 프로젝트 문서(https://oreil.ly/cxmu7)를 읽어보세요.
>
> 더불어 쿠브플로 책 두 권을 추천합니다.
>
> - 『Kubeflow Operations Guide』(오라일리, 2020)
> - 『Kubeflow for Machine Learning』(오라일리, 2020)

쿠브플로 파이프라인은 머신러닝 파이프라인을 운영하는 확장성이 뛰어난 방법을 제공합니다. 쿠브플로 파이프라인은 개별 컴포넌트 의존성을 조정하기 위해 내부적으로 Argo를 운영합니다. Argo를 통한 이런 오케스트레이션 때문에 (11장에서 논의한 바와 같이) 우리의 파이프라인 오케스트레이션은 다른 워크플로를 갖게 됩니다. 12.2절 '쿠브플로 파이프라인을 사용한 TFX 파이프라인 조정'에서 쿠브플로 파이프라인 오케스트레이션 워크플로를 살펴보겠습니다.

> **Argo란 무엇일까요?**
>
> Argo는 워크플로, 롤아웃, 지속적인 전송 작업을 관리하는 도구 모음입니다. 초기에 데브옵스 태스크를 관리하도록 설계되었으며 머신러닝 워크플로의 훌륭한 관리자이기도 합니다. Argo는 모든 작업을 쿠버네티스 환경 내에서 컨테이너로 관리합니다. 자세한 내용은 설명서(https://argoproj.github.io/)를 참고해주세요.

12.1.1 설치 및 초기 설정

쿠브플로 파이프라인은 쿠버네티스 클러스터 안에서 실행됩니다. 이 절에서는 노드 풀에 최소 16GB의 메모리 및 8개의 CPU로 만들어진 쿠버네티스 클러스터가 있으며 새로 생성된 쿠버네티스 클러스터와 연결하도록 kubectl을 구성했다고 가정합니다.

파이프라인의 **오케스트레이션**을 위해 쿠브플로 파이프라인을 독립형 애플리케이션으로 설치합니다. 쿠브플로 프로젝트의 일부인 다른 도구들 없이 말입니다. 다음 bash 명령으로 독립형 쿠브플로 파이프라인을 설치할 수 있습니다. 전체 설정을 올바르게 배포하는 데 5분쯤 걸립니다.

```
$ export PIPELINE_VERSION=0.5.0
$ kubectl apply -k "github.com/kubeflow/pipelines/manifests/"\
    "kustomize/cluster-scoped-resources?ref=$PIPELINE_VERSION"
customresourcedefinition.apiextensions.k8s.io/
    applications.app.k8s.io created
...
clusterrolebinding.rbac.authorization.k8s.io/
    kubeflow-pipelines-cache-deployer-clusterrolebinding created

$ kubectl wait --for condition=established \
            --timeout=60s crd/applications.app.k8s.io
customresourcedefinition.apiextensions.k8s.io/
    applications.app.k8s.io condition met

$ kubectl apply -k "github.com/kubeflow/pipelines/manifests/"\
    "kustomize/env/dev?ref=$PIPELINE_VERSION"
```

생성된 포드에 관한 정보를 출력하여 설치 진행 상태를 확인할 수 있습니다.

```
$ kubectl -n kubeflow get pods
NAME                                           READY   STATUS     AGE
cache-deployer-deployment-c6896d66b-62gc5      0/1     Pending    90s
cache-server-8869f945b-4k7qk                   0/1     Pending    89s
controller-manager-5cbdfbc5bd-bnfxx            0/1     Pending    89s
...
```

몇 분 후 모든 포드의 상태가 Running(실행)으로 전환됩니다. 파이프라인에 문제(예: 컴퓨팅 리소스가 충분하지 않음)가 발생하면 포드 상태에 다음과 같은 오류가 나타납니다.

```
$ kubectl -n kubeflow get pods
NAME                                           READY   STATUS     AGE
cache-deployer-deployment-c6896d66b-62gc5      1/1     Running    4m6s
cache-server-8869f945b-4k7qk                   1/1     Running    4m6s
controller-manager-5cbdfbc5bd-bnfxx            1/1     Running    4m6s
...
```

개별 포드는 다음을 사용하여 조사할 수 있습니다.

```
$ kubectl -n kubeflow describe pod <pod name>
```

> **TIP** **쿠브플로 파이프라인 설치 관리**
>
> 쿠브플로 파이프라인을 실험하고 싶다면 구글 클라우드에서 제공하는 구글 클라우드 AI 플랫폼을 통한 관리형 서비스를 사용해보세요. 12.3절 '구글 클라우드 AI 플랫폼 기반 파이프라인'에서는 구글 클라우드의 AI 플랫폼에서 TFX 파이프라인을 실행하는 방법과 구글 클라우드의 마켓플레이스에서 쿠브플로 파이프라인을 설정하는 방법을 자세히 설명합니다.

12.1.2 쿠브플로 파이프라인에 접근하기

설치가 성공적으로 완료되면 클라우드 공급자나 쿠버네티스 서비스와 관계없이 쿠버네티스로 포트 포워드를 만들어 설치된 쿠브플로 파이프라인 UI에 접근할 수 있습니다.

```
$ kubectl port-forward -n kubeflow svc/ml-pipeline-ui 8080:80
```

포트 포워드를 실행한 상태에서 `http://localhost:8080`에 접속하면 브라우저의 쿠브플로 파이프라인을 볼 수 있습니다. 프로덕션 사용 사례에서는 쿠버네티스 서비스에 대한 로드 밸런서를 생성해야 합니다.

구글 클라우드 사용자는 쿠브플로 설치용으로 만든 공용 도메인에 액세스하여 쿠브플로 파이프라인에 접근할 수 있습니다. 다음을 실행하여 URL을 얻을 수 있습니다.

```
$ kubectl describe configmap inverse-proxy-config -n kubeflow \
¦ grep googleusercontent.com
<id>-dot-<region>.pipelines.googleusercontent.com
```

그런 다음 원하는 브라우저를 사용하여 제공된 URL에 접근할 수 있습니다. 모든 작업이 완료되면 [그림 12-3]과 같이 쿠브플로 파이프라인 대시보드나 랜딩 페이지가 표시됩니다.

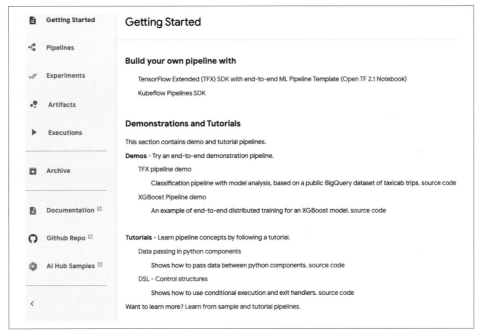

그림 12-3 쿠브플로 파이프라인 시작하기

쿠브플로 파이프라인을 설치하고 실행하면 파이프라인을 실행하는 방법에 집중할 수 있습니다. 다음 절에서는 파이프라인 오케스트레이션과 TFX에서 쿠브플로 파이프라인에 이르는 워크플로를 살펴보겠습니다.

12.2 쿠브플로 파이프라인을 사용한 TFX 파이프라인 조정

이전 절에서는 쿠버네티스에 쿠브플로 파이프라인을 설치하는 방법을 살펴봤습니다. 이 절에서는 쿠브플로 파이프라인 설정을 통해 파이프라인을 실행하는 방법을 설명하고, 쿠버네티스 클러스터 내에서만 실행하는 데 집중하겠습니다. 이렇게 하면 클라우드 서비스 공급자와 독립된 클러스터에서 파이프라인 실행을 수행할 수 있습니다. 12.3절 '구글 클라우드 AI 플랫폼 기반 파이프라인'에서는 GCP의 데이터플로와 같은 관리형 클라우드 서비스를 활용하여 쿠버네티스 클러스터를 넘어 파이프라인을 확장하는 방법을 보여드리겠습니다.

쿠브플로 파이프라인으로 머신러닝 파이프라인을 조정하는 방법을 자세히 설명하기 전에, 잠시 뒤로 물러나겠습니다. TFX 코드에서 파이프라인 실행까지의 워크플로는 11장에서 다룬 내용보다 조금 더 복잡하므로 전체적인 개요부터 시작하겠습니다. [그림 12-4]는 전체 아키텍처입니다.

에어플로 및 빔과 마찬가지로 파이프라인의 TFX 구성 요소를 정의하는 파이썬 스크립트가 필요합니다. 11장의 [예제 11-1] 스크립트를 재사용하겠습니다. 아파치 빔이나 에어플로 TFX Runner의 실행과는 대조적으로, 쿠브플로 Runner는 파이프라인 실행을 유발하지 않고 쿠브플로 설정에서 실행용 구성 파일을 생성합니다.

[그림 12-4]에 나타난 바와 같이, TFX KubeflowRunner는 모든 컴포넌트 사양을 갖춘 파이썬 TFX 스크립트를 Argo 명령으로 변환한 다음 쿠브플로 파이프라인으로 실행할 수 있습니다. Argo는 각 TFX 컴포넌트를 자체 쿠버네티스 포드로 가동시키고 컨테이너의 특정 컴포넌트에 대해 TFX Executor를 실행합니다.

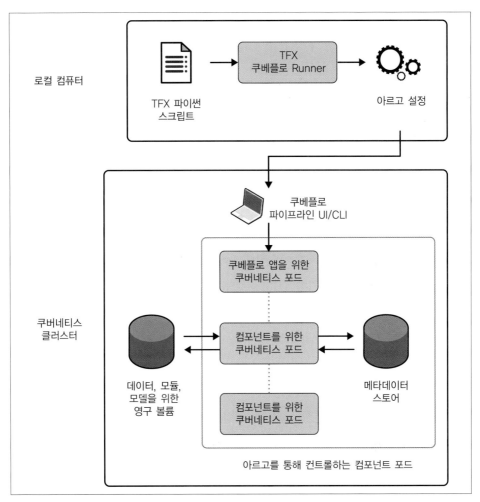

그림 12-4 TFX 스크립트에서 쿠브플로 파이프라인으로의 워크플로

모든 컴포넌트는 실행자 컨테이너 자체의 외부 파일 시스템에 읽거나 써야 합니다. 예를 들어 데이터 수집 컴포넌트는 파일 시스템에서 데이터를 읽거나 Pusher를 사용해 최종 모델을 특정 위치로 푸시해야 합니다. 컴포넌트 컨테이너 내에서만 읽고 쓰는 것은 실용적이지 않으므로, 모든 컴포넌트에서 액세스할 수 있는 저장 장치에 아티팩트를 저장하는 편이 좋습니다(예: 클라우드 스토리지 버킷, 쿠버네티스 클러스터의 영구 볼륨). 영구 볼륨을 설정하려면 부록 C.2 절 '영구 볼륨을 통한 데이터 교환'을 확인하세요.

12.2.1 파이프라인 설정

학습 데이터, 파이썬 모듈, 파이프라인 아티팩트를 클라우드 스토리지 버킷이나 영구 볼륨에 저장할 수 있습니다. 여러분이 선택하면 되죠. 파이프라인은 파일에 액세스하기만 하면 됩니다. 클라우드 스토리지 버킷에서 데이터를 읽거나 쓰도록 선택했다면 쿠버네티스 클러스터에서 실행할 때 TFX 컴포넌트에 필요한 클라우드 자격 증명이 있어야 합니다.

모든 파일과 파이프라인 컨테이너에 대한 사용자 지정 TFX 이미지(필요한 경우)를 사용해서 이제 TFX Runner 스크립트를 '조립'하여 쿠브플로 파이프라인 실행[31]을 위한 Argo YAML 지침을 생성할 수 있습니다.

11장에서 논의한 바와 같이 init_components 함수를 재사용하여 구성 요소를 생성할 수 있습니다. 이는 쿠브플로 관련 구성에 집중할 수 있게 해줍니다.

먼저 Transform과 Trainer 컴포넌트를 실행하는 데 필요한 파이썬 모듈 코드의 파일 경로를 구성합니다. 또한 원시 학습 데이터의 폴더 위치, 파이프라인 아티팩트 및 학습된 모델을 저장해야 하는 위치를 설정하겠습니다. 다음은 TFX를 사용하여 영구 볼륨을 마운트하는 방법입니다.

```
import os

pipeline_name = 'consumer_complaint_pipeline_kubeflow'

persistent_volume_claim = 'tfx-pvc'
persistent_volume = 'tfx-pv'
persistent_volume_mount = '/tfx-data'
```

---

31 책의 깃허브 저장소(https://oreil.ly/bmlp-gitkubeflowpy)에서 Argo YAML 명령을 생성하는 스크립트를 따라갈 수 있습니다.

```
# 파이프라인 입력
data_dir = os.path.join(persistent_volume_mount, 'data')
module_file = os.path.join(persistent_volume_mount, 'components', 'module.py')

# 파이프라인 출력
output_base = os.path.join(persistent_volume_mount, 'output', pipeline_name)
serving_model_dir = os.path.join(output_base, pipeline_name)
```

클라우드 저장소 공급자를 사용한다면 다음 예제와 같이 폴더 구조의 루트가 버킷이 될 수 있습니다.

```
import os
...
bucket = 'gs://tfx-demo-pipeline'

# 파이프라인 입력
data_dir = os.path.join(bucket, 'data')
module_file = os.path.join(bucket, 'components', 'module.py')
...
```

파일 경로를 정의한 후 `KubeflowDagRunnerConfig`를 구성할 수 있습니다. 쿠브플로 파이프라인 설정에서 TFX 설정을 구성하려면 다음과 같은 세 가지 인수가 중요합니다.

- **`kubeflow_metadata_config`**
  쿠브플로는 쿠버네티스 클러스터 내에서 MySQL 데이터베이스를 실행합니다. `get_default_kubeflow_metadata_config()`를 호출하면 쿠버네티스 클러스터에서 제공한 데이터베이스 정보를 반환합니다. 관리형 데이터베이스(예: AWS RDS, 구글 클라우드 데이터베이스)를 사용하려면 인수를 통해 연결 세부 정보를 덮어쓰세요.

- **`tfx_image`**
  이미지 URI는 선택 사항입니다. URI를 정의하지 않으면 TFX는 Runner를 실행하는 TFX 버전에 해당하는 이미지를 설정합니다. 이 예에서는 URI를 컨테이너 레지스트리에 있는 이미지 경로(예: gcr.io/oreilly-book/ml-pipelines-tfx-custom:0.22.0)로 설정합니다.

- **`pipeline_operator_funcs`**
  이 인수는 쿠브플로 파이프라인 내에서 TFX를 실행하는 데 필요한 구성 정보 목록에 액세스합니다(예: gRPC 서버의 서비스 이름과 포트). 이 정보는 쿠버네티스 ConfigMap[32]을 통해 제공되므로 get_

---

32 쿠버네티스 ConfigMaps에 관한 자세한 내용은 A.3.1 '쿠버네티스 용어 정의'를 참조하시기 바랍니다.

default_pipeline_operator_funcs 함수는 ConfigMap을 읽고 pipeline_operator_funcs 인수에 세부 정보를 제공합니다. 이 예제 프로젝트에서는 프로젝트 데이터와 함께 영구 볼륨을 수동으로 마운트하므로 이 정보와 함께 목록을 추가해야 합니다.

```python
from kfp import onprem
from tfx.orchestration.kubeflow import kubeflow_dag_runner

...
PROJECT_ID = 'oreilly-book'
IMAGE_NAME = 'ml-pipelines-tfx-custom'
TFX_VERSION = '0.22.0'

# 기본 메타데이터 구성을 가져옵니다.
metadata_config = \
    kubeflow_dag_runner.get_default_kubeflow_metadata_config()
# 기본 OpFunc 함수를 가져옵니다.
pipeline_operator_funcs = \
    kubeflow_dag_runner.get_default_pipeline_operator_funcs()
# OpFunc 피처에 추가하여 볼륨을 마운트합니다.
pipeline_operator_funcs.append(
    onprem.mount_pvc(persistent_volume_claim,
                     persistent_volume,
                     persistent_volume_mount))
runner_config = kubeflow_dag_runner.KubeflowDagRunnerConfig(
    kubeflow_metadata_config=metadata_config,
    tfx_image="gcr.io/{}/{}:{}".format(
# 필요하다면 사용자 지정 TFX 이미지를 추가합니다.
        PROJECT_ID, IMAGE_NAME, TFX_VERSION),
    pipeline_operator_funcs=pipeline_operator_funcs
)
```

OpFunc 함수

OpFunc 함수를 사용하면 파이프라인 실행에 중요한 클러스터별 세부 정보를 설정할 수 있습니다. 이런 함수를 통해 쿠브플로 파이프라인의 기본 DSL$^{\text{Domain-specific Language}}$ 객체와 상호작용할 수 있습니다. OpFunc 함수는 쿠브플로 파이프라인 DSL 객체 dsl.ContainerOp를 입력으로 받아 추가 기능을 적용한 다음 동일한 객체를 반환합니다.

pipeline_operator_funcs에 OpFunc 함수를 추가하는 두 가지 일반적인 사용 사례는 메모리 최솟값을 요청하거나 컨테이너 실행을 위한 GPU를 지정하는 것입니다. 그러나 OpFunc는 클라우드 공급자별 자격 증명을 설정하거나 TPU를 요청(구글 클라우드의 경우)할 수도 있습니다.

OpFunc 함수의 가장 일반적인 두 가지 사용 사례를 살펴보겠습니다. 즉 TFX 컴포넌트 컨테이너를 실행하기 위한 최소 메모리 제한 설정과 모든 TFX 컴포넌트 실행을 위한 GPU 요청입니다.

다음 예에서는 각 컴포넌트 컨테이너를 실행하는 데 필요한 최소 메모리 리소스를 4GB로 설정합니다.

```python
def request_min_4G_memory():
    def _set_memory_spec(container_op):
        container_op.set_memory_request('4G')
    return _set_memory_spec
...
pipeline_operator_funcs.append(request_min_4G_memory())
```

함수는 container_op 개체를 수신하고 한계를 설정한 다음 함수 자체를 반환합니다.

다음 예시와 같이 TFX 구성품 컨테이너의 실행을 위해 GPU를 요청할 수 있습니다. 컨테이너 실행에 GPU가 필요하다면 GPU를 사용할 수 있고 쿠버네티스 클러스터[33]에서 완전히 구성되었을 때만 파이프라인이 실행됩니다.

```python
def request_gpu():
    def _set_gpu_limit(container_op):
        container_op.set_gpu_limit('1')
    return _set_gpu_limit
...
pipeline_op_funcs.append(request_gpu())
```

쿠브플로 파이프라인 SDK는 각 주요 클라우드 공급자를 위한 공통 OpFunc를 제공합니다. 다음 예는 TFX 컴포넌트 컨테이너에 AWS 자격 증명을 추가하는 방법입니다.

---

33 엔비디아(https://oreil.ly/HGj50)를 방문하면 쿠베네티스 클러스터용 최신 드라이버를 설치할 수 있습니다.

```
from kfp import aws
...
pipeline_op_funcs.append(
    aws.use_aws_secret()
)
```

use_aws_secret() 함수는 AWS_ACCESS_KEY_ID와 AWS_SECRET_ACCESS_KEY가 base64로
인코딩된 쿠버네티스 secret[34]으로 등록되었다고 가정합니다. 구글 클라우드 인증 정보에 해당
하는 함수를 use_gcp_secrets()라고 합니다.

runner_config가 올바로 설정되면 컴포넌트를 초기화하고 KubeflowDagRunner를 실행할
수 있습니다. 하지만 파이프라인을 실행하는 대신 Runner가 Argo 구성을 출력합니다. 다음
절에서는 이 구성을 쿠브플로 파이프라인에 업로드합니다.

```
from tfx.orchestration.kubeflow import kubeflow_dag_runner
# 컴포넌트의 기본 모듈을 재사용합니다.
from pipelines.base_pipeline import init_components, init_pipeline

components = init_components(data_dir, module_file, serving_model_dir,
                            training_steps=50000, eval_steps=15000)
p = init_pipeline(components, output_base, direct_num_workers=0)

output_filename = "{}.yaml".format(pipeline_name)
kubeflow_dag_runner.KubeflowDagRunner(config=runner_config,
                            output_dir=output_dir, # 선택 인수입니다.
                            output_filename=output_filename).run(p)
```

output_dir과 output_filename 인수는 선택 사항입니다. 따로 제공하지 않으면 Argo 구성
은 다음 파이썬 스크립트를 실행한 디렉터리에 압축 tar.gz 파일로 제공됩니다. 가시성을 높
이려고 출력 형식을 YAML로 구성하고 특정 출력 경로를 설정했습니다.

다음 명령을 실행하면 Argo 설정 파일인 consumer_complaint_pipeline_kubeflow.yaml
이 pipelines/kubeflow_pipelines/argo_pipeline_files/ 디렉터리에 생성됩니다.

```
$ python pipelines/kubeflow_pipelines/pipeline_kubeflow.py
```

---

34 쿠버네티스 Secret 설정 방법에 관한 자세한 내용은 설명서(https://oreil.ly/AxcHf)를 확인하세요.

12.2.2 파이프라인 실행

이제 쿠브플로 파이프라인 대시보드에 액세스할 때입니다. 새 파이프라인을 생성하려면 [그림 12-5]와 같이 'Upload pipeline(파이프라인 업로드)'을 클릭해서 업로드합니다. 또는 기존 파이프라인을 선택해서 새 버전을 업로드할 수 있습니다.

그림 12-5 로드된 파이프라인의 개요

[그림 12-6]과 같이 Argo 구성을 선택합니다.

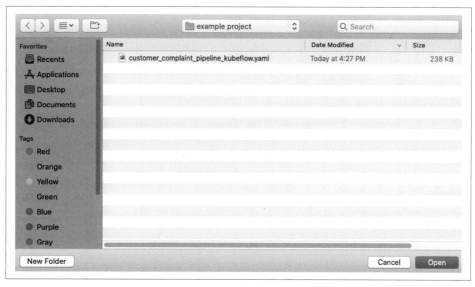

그림 12-6 생성된 Argo 구성 파일 선택

쿠브플로 파이프라인이 컴포넌트 종속성을 시각화합니다. 파이프라인의 새 실행을 시작하려면 [그림 12-7]과 같이 'Create run(실행 만들기)'을 선택합니다.

이제 파이프라인 실행을 구성할 수 있습니다. 파이프라인은 한 번 실행하거나 반복 실행(예: 크론 작업)할 수 있습니다. 또한 쿠브플로 파이프라인을 사용하면 **실험**experiments에서 파이프라인 실행을 그룹화할 수 있습니다.

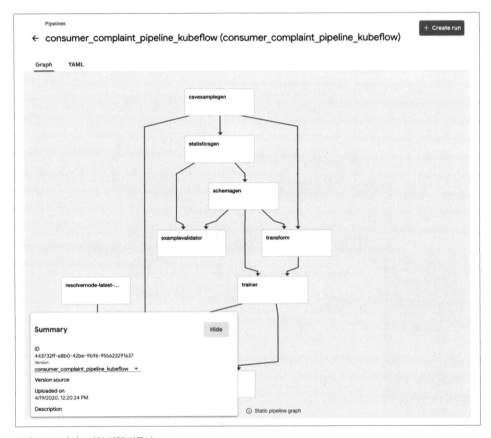

그림 12-7 파이프라인 실행 만들기

[그림 12-8]과 같이 'Start(시작)'를 누르면 방향이 있는 컴포넌트 그래프에 따라서 아르고의 도움을 받아 쿠브플로 파이프라인이 작동하여 각 포드의 컨테이너를 실행합니다. 컴포넌트에 대한 모든 조건이 충족되면 컴포넌트용 포드가 실행되어 컴포넌트의 러너를 실행합니다.

진행 중인 실행의 세부 정보를 보려면 [그림 12-9]와 같이 'Run name(실행 이름)'을 클릭합니다.

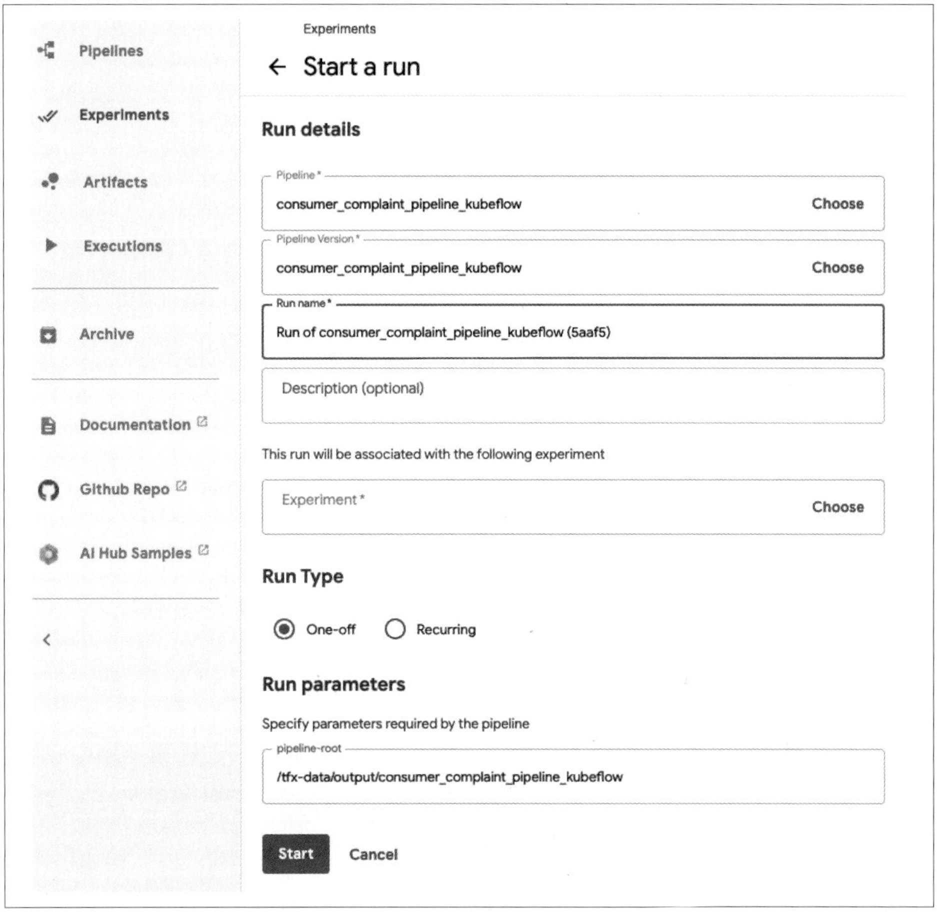

그림 12-8 정의된 파이프라인 실행 세부 정보

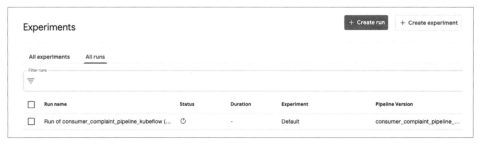

그림 12-9 진행 중인 파이프라인 실행

이제 실행 중이나 실행 후에 컴포넌트를 검사할 수 있습니다. 예를 들어 특정 컴포넌트에 오류가 발생했을 때 특정 컴포넌트의 로그 파일을 확인할 수 있습니다. [그림 12-10]은 Transform 컴포넌트에 파이썬 라이브러리가 없는 예입니다. 누락된 라이브러리는 사용자 지정 TFX 컨테이너 이미지에 추가하여 제공할 수 있습니다(부록 C 참고).

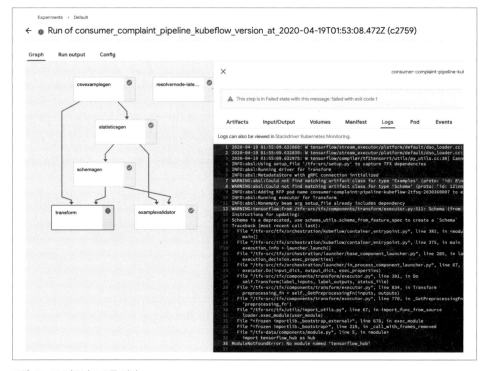

그림 12-10 컴포넌트 오류 검사

성공적인 파이프라인 실행은 [그림 12-11]에 있습니다. 실행이 완료되면 Pusher 컴포넌트에 설정된 파일 시스템 위치에서 검증되고 내보낸 학습 모델을 찾을 수 있습니다. 이 예에서는 모델을 영구 볼륨의 /tfx-data/output/consumer_complain_pipeline_kubeflow/ 경로로 푸시했습니다.

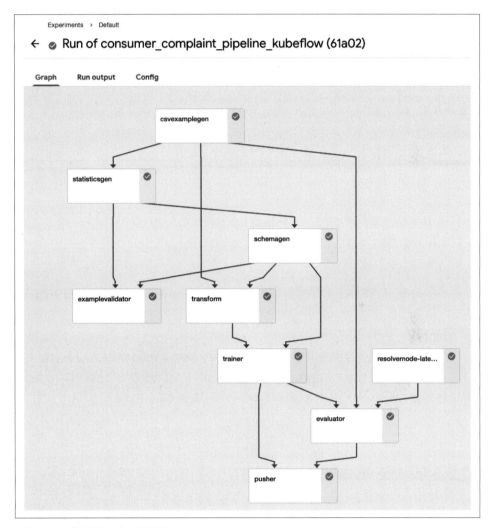

그림 12-11 성공적인 파이프라인 실행

또한 kubectl로 파이프라인의 상태를 검사할 수 있습니다. 모든 컴포넌트는 자체 포드로 실행되므로 이름 접두사에 파이프라인 이름이 있는 모든 포드는 완료 상태여야 합니다.

```
$ kubectl -n kubeflow get pods
NAME                                                READY  STATUS     AGE
cache-deployer-deployment-c6896d66b-gmkqf           1/1    Running    28m
cache-server-8869f945b-lb8tb                        1/1    Running    28m
consumer-complaint-pipeline-kubeflow-nmvzb-1111865054  0/2  Completed  10m
consumer-complaint-pipeline-kubeflow-nmvzb-1148904497  0/2  Completed  3m38s
consumer-complaint-pipeline-kubeflow-nmvzb-1170114787  0/2  Completed  9m
consumer-complaint-pipeline-kubeflow-nmvzb-1528408999  0/2  Completed  5m43s
consumer-complaint-pipeline-kubeflow-nmvzb-2236032954  0/2  Completed  13m
consumer-complaint-pipeline-kubeflow-nmvzb-2253512504  0/2  Completed  13m
consumer-complaint-pipeline-kubeflow-nmvzb-2453066854  0/2  Completed  10m
consumer-complaint-pipeline-kubeflow-nmvzb-2732473209  0/2  Completed  11m
consumer-complaint-pipeline-kubeflow-nmvzb-997527881   0/2  Completed  10m
...
```

또한 다음과 같은 명령을 실행함으로써 kubectl을 사용해 특정 성분의 로그를 조사할 수 있습니다. 특정 컴포넌트의 로그는 해당 포드를 통해 검색할 수 있습니다.

```
$ kubectl logs -n kubeflow podname
```

TIP **TFX CLI**

UI 기반 파이프라인 생성 프로세스 대신 TFX CLI를 통해 프로그래밍 방식으로 파이프라인을 생성하고 파이프라인을 시작할 수도 있습니다. TFX CLI 설정 방법과 UI 없이 시스템 학습 파이프라인을 배포하는 방법에 관한 자세한 내용은 부록 C.3절 'TFX 명령줄 인터페이스'에서 확인하세요.

12.2.3 쿠브플로 파이프라인의 유용한 특징

다음 절에서는 쿠브플로 파이프라인의 유용한 특징을 살펴봅니다.

실패한 파이프라인 재시작

파이프라인 실행은 다소 시간이 걸리는 작업이며 때로는 몇 시간이 걸립니다. TFX는 각 컴포넌트의 상태를 ML 메타데이터스토어에 저장하며, 쿠브플로 파이프라인은 성공적으로 완료된 파이프라인 실행의 컴포넌트 작업을 추적할 수 있습니다. 따라서 마지막으로 실패한 컴포넌트에서 파이프라인 실행을 재시작하는 기능을 제공합니다. 이렇게 하면 성공적으로 완료된 컴포넌트가 다시 실행되지 않으므로 파이프라인 재실행 중에 시간이 절약됩니다.

반복 실행

개별 파이프라인 실행을 시작하는 기능 외에도 쿠브플로 파이프라인은 일정에 따라 파이프라인을 운영하게 해줍니다. [그림 12-12]와 같이 아파치 에어플로의 스케줄과 유사한 실행을 예약할 수 있습니다.

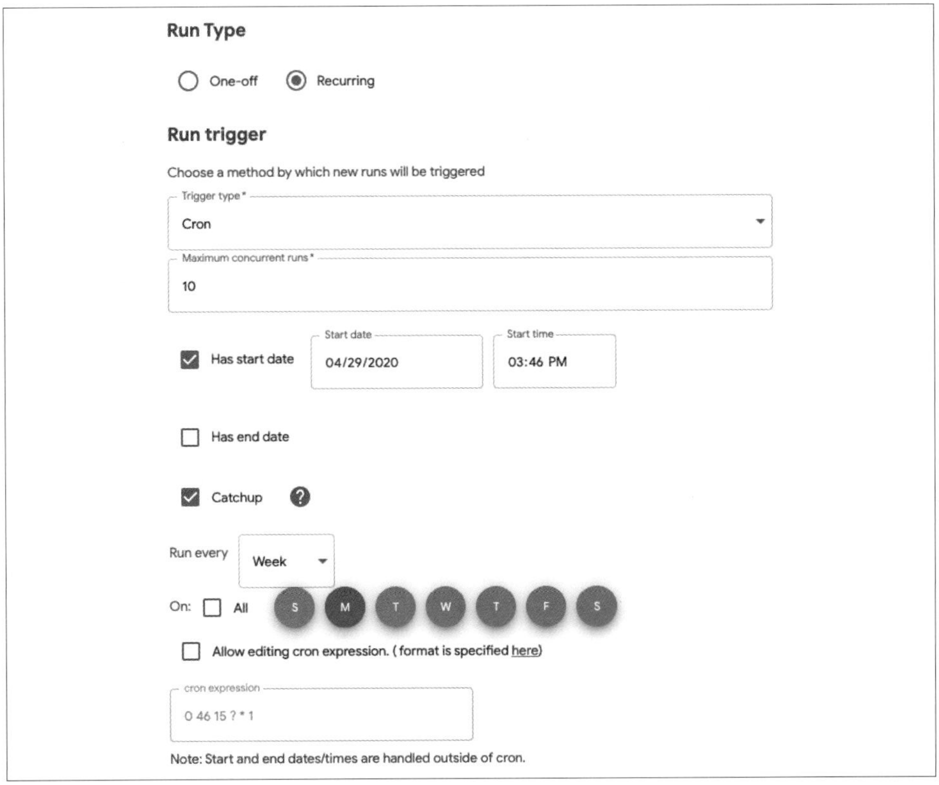

그림 12-12 쿠브플로 파이프라인을 사용한 반복 실행 예약

파이프라인 실행 협업 및 검토

쿠브플로 파이프라인은 데이터 과학자가 협업해서 팀으로 파이프라인 운영을 검토할 수 있는 인터페이스를 제공합니다. 4장과 7장에서는 데이터나 모델 검증의 결과를 보여주는 시각화를 살펴봤습니다. 이런 파이프라인 컴포넌트가 완료된 후 컴포넌트의 결과를 검토할 수 있습니다.

[그림 12-13]은 데이터 검증 단계의 결과 예시입니다. 컴포넌트 출력은 디스크나 클라우드 저장소 버킷에 저장되므로 파이프라인 실행을 차후에 검토할 수도 있습니다.

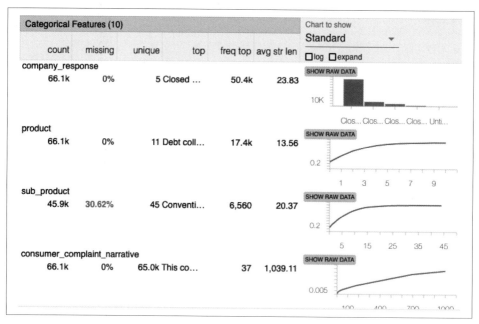

그림 12-13 쿠브플로 파이프라인에서 이용할 수 있는 TFDV 통계

모든 파이프라인 실행 및 실행 컴포넌트의 결과는 ML 메타데이터스토어에 저장되므로 실행 결과를 비교할 수도 있습니다. 쿠브플로 파이프라인은 [그림 12-14]와 같이 파이프라인 실행 비교용 UI를 제공합니다.

그림 12-14 파이프라인 실행과 쿠브플로 파이프라인 비교

또한 쿠브플로 파이프라인은 텐서플로의 텐서보드를 잘 통합합니다. [그림 12-15]에서 볼 수 있듯이 텐서보드로 모델 학습 실행의 통계를 검토할 수 있습니다. 기본 쿠버네티스 포드를 만든 후 텐서보드를 사용하여 모델 학습 실행의 통계를 검토할 수 있습니다.

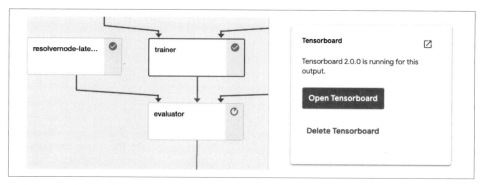

그림 12-15 텐서플로의 텐서보드로 학습 실행 검토

파이프라인 계보 감사

머신러닝을 폭넓게 채택하려면 모델 제작을 검토하는 작업이 중요합니다. 예를 들어 데이터 과학자가 (7장에서 논의한 바와 같이) 훈련된 모델이 불공평함을 관찰했다면, 사용한 데이터 나 하이퍼파라미터를 역추적하고 재생산하는 일이 중요합니다. 기본적으로 각 머신러닝 모델 에 대한 감사 추적이 필요합니다. 쿠브플로 파이프라인은 쿠브플로 계보 탐색기^{Kubeflow Lineage} Explorer와 함께 감사 추적을 위한 해결책을 제공합니다. ML 메타데이터스토어 데이터를 쉽게 쿼리할 수 있는 UI를 생성합니다.

[그림 12-16]의 우측 하단 모서리에서 볼 수 있듯이, 머신러닝 모델을 특정 위치에 푸시했습 니다. 계보 탐색기를 사용하면 내보낸 모델에 기여한 모든 컴포넌트와 아티팩트를 초기 원시 데이터셋으로 다시 추적할 수 있습니다. 휴먼 인 더 루프를 사용하거나(10.2절 '휴먼 인 더 루 프' 참조), 데이터 검증 결과를 확인하고 초기 학습 데이터가 표류하기 시작했는지를 조사할 수 있습니다.

보시다시피, 쿠브플로 파이프라인은 머신러닝 파이프라인을 조정하는 매우 강력한 도구입니 다. AWS나 애저와 같은 클라우드 기반 인프라를 사용하거나 설정을 완전히 제어하려 할 때 이 방법을 사용하면 좋습니다. 그러나 이미 GCP를 사용하고 있거나 쿠브플로 파이프라인을 사용 하는 더 간단한 방법을 원한다면 계속 읽어보세요.

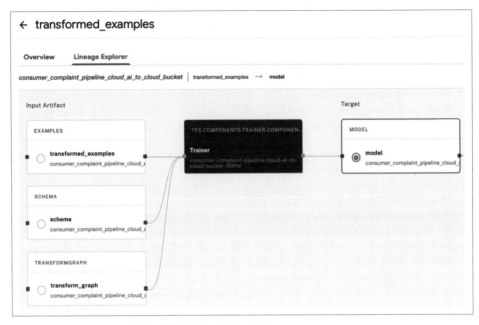

그림 12-16 쿠브플로 파이프라인을 사용한 파이프라인 계보 감사

12.3 구글 클라우드 AI 플랫폼 기반 파이프라인

이 절은 자체 쿠브플로 파이프라인 설정을 관리하는 데 시간을 투자하고 싶지 않거나, GCP의 AI 플랫폼이나 데이터플로, AI 플랫폼 학습 및 서비스 등과 같은 기타 GCP 서비스와 통합하고 싶은 분들께 유용합니다. 다음 절에서는 구글 클라우드의 AI 플랫폼을 사용해 쿠브플로 파이프라인을 설치하는 방법을 살펴보겠습니다. 또한 구글 클라우드의 AI 작업으로 머신러닝 모델을 학습하고 아파치 빔 러너로 사용할 수 있는 구글 클라우드의 데이터플로로 전처리를 확장하는 방법을 강조합니다.

12.3.1 파이프라인 설정

구글의 AI 플랫폼 파이프라인(https://oreil.ly/WAft5)을 사용하여 UI를 통해 쿠브플로 파이프라인 설정을 만들 수 있습니다. [그림 12-17]은 AI 플랫폼 파이프라인의 첫 페이지입니다. 여기서 설정을 생성할 수 있습니다.

> **WARNING_ 베타 버전**
>
> [그림 12-17]에서 볼 수 있듯이, 이 구글 클라우드 제품은 아직 베타 버전이며 워크플로가 변경될 수 있습니다.

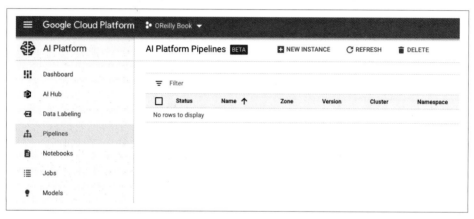

그림 12-17 구글 클라우드 AI 플랫폼 파이프라인

우측 상단 부근의 'New Instance(새 인스턴스)'를 클릭하면 [그림 12-18]과 같이 구글 마켓 플레이스로 이동합니다.

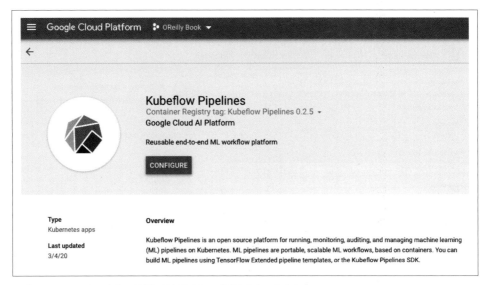

그림 12-18 쿠브플로 파이프라인용 구글 클라우드 마켓플레이스 페이지

'Configure(구성)'를 선택하면 [그림 12-19]와 같이 메뉴 상단에 기존 쿠버네티스 클러스터를 선택하거나 클러스터를 생성하라는 메시지가 표시됩니다.

> **NOTE_ 노드 크기**
> 새 쿠버네티스 클러스터를 생성하거나 기존 클러스터를 선택할 때는 노드의 가용 메모리를 고려해야 합니다. 각 노드 인스턴스는 전체 모델을 저장할 수 있는 충분한 메모리를 제공해야 합니다. 데모 프로젝트에서는 **n1-standard-4**를 인스턴스 유형으로 선택했습니다. 이 절을 작성할 당시에는 마켓플레이스에서 쿠브플로 파이프라인을 시작하는 동안 맞춤형 클러스터를 만들 수 없었습니다. 파이프라인 설정에 더 큰 인스턴스가 필요하다면 먼저 클러스터와 노드를 생성한 다음 GCP 마켓플레이스에서 쿠브플로 파이프라인 설정을 생성할 때 기존 클러스터 목록에서 클러스터를 선택하는 편이 좋습니다.

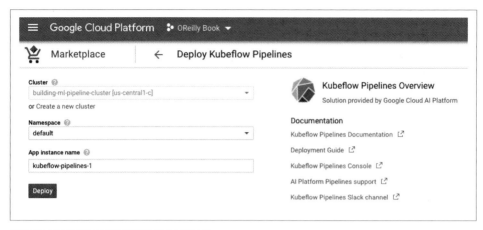

그림 12-19 쿠브플로 파이프라인용 클러스터 구성

> **WARNING_ 액세스 범위**
>
> 쿠브플로 파이프라인의 마켓플레이스 생성 또는 사용자 지정 클러스터 생성 중에 클러스터 노드의 액세스 범위를 묻는 메시지가 나오면 'Allow full access to all Cloud APIs(모든 클라우드 API에 대한 전체 액세스 허용)'를 선택합니다. 쿠브플로 파이프라인은 다양한 클라우드 API에 대한 액세스를 요구합니다. 모든 클라우드 API에 대한 액세스 권한을 부여하면 설치 프로세스가 간소화됩니다.

쿠버네티스 클러스터를 구성한 후 구글 클라우드는 [그림 12-20]과 같이 쿠브플로 파이프라인 설정을 인스턴스화합니다.

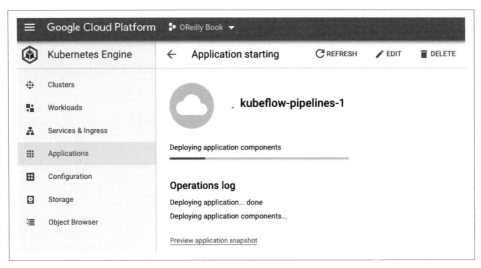

그림 12-20 쿠브플로 파이프라인 설정 만들기

몇 분 후에 설정을 사용할 준비가 되고 배치된 쿠브플로 설정의 AI 플랫폼 파이프라인 목록에 나열된 인스턴스로 쿠브플로 파이프라인 설정을 찾을 수 있습니다. [그림 12–21]과 같이 'Open Pipelines Dashboard(파이프라인 대시보드 열기)'를 클릭하면 새로 배치된 쿠브플로 파이프라인 설정으로 리디렉션됩니다. 여기서부터 쿠브플로 파이프라인은 이전 절에서 논의한 바와 같이 작동하며 UI는 매우 유사하게 보일 것입니다.

그림 12-21 쿠브플로 배포 목록

> **NOTE_ AI 플랫폼 파이프라인 대시보드에서 단계별 설치 사용하기**
> 12.1.2 '쿠브플로 파이프라인에 접근하기' 및 부록 B에서 설명한 바와 같이 쿠브플로 파이프라인을 단계별로 수동으로 설치하면 쿠브플로 파이프라인 설정도 AI 플랫폼 파이프라인 인스턴스 아래에 나열됩니다.

12.3.2 TFX 파이프라인 설정

TFX 파이프라인의 구성은 앞서 살펴본 KubeflowDagRunner 구성과 매우 유사합니다. 실제로 12.2.1 '파이프라인 설정'에서 설명한 대로 필수 파이썬 모듈 및 학습 데이터를 사용하여 영구 볼륨을 마운트하면 AI 플랫폼 파이프라인에서 TFX 파이프라인을 실행할 수 있습니다.

다음 절에서는 워크플로를 단순화하거나(예: 구글 스토리지 버킷에서 데이터 로드) 쿠버네티스 클러스터를 넘어 파이프라인을 확장하는 데 도움이 되는(예: AI 플랫폼 작업으로 머신러닝 모델 학습하기) 초기 쿠브플로 파이프라인 설정에 관한 몇 가지 변경 사항을 살펴보겠습니다.

클라우드 스토리지 버킷을 사용한 데이터 교환

12.2.1 '파이프라인 설정'에서는 쿠버네티스 클러스터에 마운트된 영구 볼륨에서 파이프라인 실행에 필요한 데이터 및 파이썬 모듈을 로드할 수 있다는 점을 살펴봤습니다. 구글 클라우드 생태계 내에서 파이프라인을 실행한다면 구글 클라우드 스토리지 버킷에서 데이터를 로드할 수도 있습니다. 이렇게 하면 워크플로가 간소화되어 GCP 웹 인터페이스나 gcloud SDK로 파일을 업로드하고 검토할 수 있습니다.

버킷 경로는 다음 코드 조각처럼 디스크의 파일 경로와 같은 방식으로 제공할 수 있습니다.

```
input_bucket = 'gs://YOUR_INPUT_BUCKET'
output_bucket = 'gs://YOUR_OUTPUT_BUCKET'
data_dir = os.path.join(input_bucket, 'data')

tfx_root = os.path.join(output_bucket, 'tfx_pipeline')
pipeline_root = os.path.join(tfx_root, pipeline_name)
serving_model_dir = os.path.join(output_bucket, 'serving_model_dir')
module_file = os.path.join(input_bucket, 'components', 'module.py')
```

버킷을 입력 데이터(예: 파이썬 모듈, 학습 데이터)와 출력 데이터(예: 학습된 모델)로 분할하면 유용할 때가 많지만, 동일한 버킷을 사용해도 됩니다.

AI 플랫폼 작업을 통한 모델 학습

GPU나 TPU를 사용해 모델 학습을 확장하려면 하드웨어에서 머신러닝 모델의 학습 단계를 실행하도록 파이프라인을 구성해야 합니다.

```
project_id = 'YOUR_PROJECT_ID'
# 예를 들어, us-central1입니다.
gcp_region = 'GCP_REGION>'

ai_platform_training_args = {
    'project': project_id,
    'region': gcp_region,
    'masterConfig': {
        # 필요하다면 사용자 지정 이미지를 제공합니다.
        'imageUri': 'gcr.io/oreilly-book/ml-pipelines-tfx-custom:0.22.0'}
    # 기타 옵션으로는  BASIC_TPU, STANDARD_1 및 PREMIUM_1이 있습니다.
    'scaleTier': 'BASIC_GPU',
}
```

Trainer 컴포넌트가 AI 플랫폼 구성을 관찰하려면 컴포넌트 실행자를 구성하고 지금까지 Trainer컴포넌트와 함께 사용한 GenericExecutor를 교체해야 합니다. 다음 코드 조각은 필요한 추가 인수를 보여줍니다.

```
from
tfx.extensions.google_cloud_ai_platform.trainer import executor \
as ai_platform_trainer_executor

trainer = Trainer(
    ...
    custom_executor_spec=executor_spec.ExecutorClassSpec(
        ai_platform_trainer_executor.GenericExecutor),
    custom_config = {
            ai_platform_trainer_executor.TRAINING_ARGS_KEY:
                ai_platform_training_args}
)
```

쿠버네티스 클러스터 내에서 머신러닝 모델을 학습하는 대신 AI 플랫폼을 사용하여 모델 학습을 배포할 수 있습니다. 분산된 학습 피처 외에도 AI 플랫폼은 TPU와 같은 가속화된 학습 하드웨어에 대한 액세스를 제공합니다.

파이프라인에서 **Trainer** 컴포넌트가 트리거되면 AI 플랫폼 작업에서 학습 작업이 시작됩니다 (그림 12-22). 여기서 로그 파일이나 학습 작업의 완료 상태를 검사할 수 있습니다.

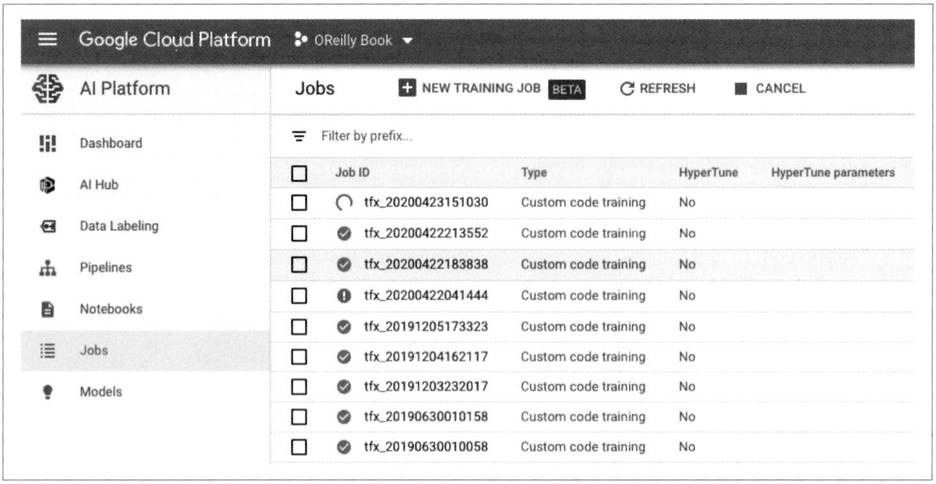

그림 12-22 AI 플랫폼 학습 업무

AI 플랫폼 엔드포인트를 통한 모델 제공

구글 클라우드 생태계 내에서 파이프라인을 실행한다면 AI 플랫폼의 엔드포인트에 머신러닝 모델을 배포할 수도 있습니다. 이런 엔드포인트에는 모델에 대한 추론이 급증할 때에 대비해 모델 크기를 조정하는 옵션이 있습니다.

7.5.4 'TFX Pusher 컴포넌트'에서 살펴본 대로 push_destination을 설정하는 대신 실행자를 덮어쓰고 AI 플랫폼 구축에 대한 구글 클라우드 세부 사항을 제공할 수 있습니다. 다음 코드 조각은 필요한 구성 세부 정보를 보여 줍니다.

```
ai_platform_serving_args = {
    'model_name': 'consumer_complaint',
    'project_id': project_id,
    'regions': [gcp_region],
}
```

Trainer 컴포넌트의 설정과 마찬가지로 컴포넌트의 실행자를 교체하고 배포 세부 정보와 함께 custom_config를 제공해야 합니다.

```
from tfx.extensions.google_cloud_ai_platform.pusher import executor \
    as ai_platform_pusher_executor

pusher = Pusher(
    ...
    custom_executor_spec=executor_spec.ExecutorClassSpec(
        ai_platform_pusher_executor.Executor),
    custom_config = {
        ai_platform_pusher_executor.SERVING_ARGS_KEY:
            ai_platform_serving_args
    }
)
```

Pusher 컴포넌트의 구성을 제공하면 AI 플랫폼을 사용하여 텐서플로 서빙 인스턴스를 설정하고 유지 관리하지 않아도 됩니다.

> **WARNING_ 배포 제한 사항**
>
> 이 절을 작성할 당시, AI 플랫폼을 통해 배포할 수 있는 모델의 최대 크기는 512MB였습니다. 데모 프로젝트는 제한 크기보다 커서 현재 AI 플랫폼 엔드포인트를 통해 배포할 수 없습니다.

구글 데이터플로를 사용한 확장

지금까지 아파치 빔을 사용하는 모든 컴포넌트는 기본 `DirectRunner`를 사용하여 데이터 처리 작업을 실행했습니다. 즉, 아파치 빔이 작업 실행을 시작한 동일한 인스턴스에서 처리 작업이 실행됩니다. 이때 아파치 빔은 가능한 한 많은 CPU 코어를 사용하지만 단일 인스턴스 이상으로 확장되지는 않습니다.

한 가지 대안은 구글 클라우드의 데이터플로로 아파치 빔을 실행하는 방법입니다. 이때 TFX는 아파치 빔을 사용하여 작업을 처리하고 TFX는 데이터플로에 태스크를 제출합니다. 각 작업의 요구 사항에 따라 데이터플로는 컴퓨팅 인스턴스를 스핀업하고 작업 태스크를 여러 인스턴스에 분산합니다. 이는 통계 생성이나 데이터 전처리[35] 작업을 확장하는 매우 깔끔한 방법입니다.

구글 클라우드 데이터플로의 확장 기능을 사용하려면 빔 구성을 몇 가지 더 제공해야 합니다.

---

35 데이터플로는 구글 클라우드를 통해서만 사용할 수 있습니다. 이를 대체할 수 있는 배포 실행자는 아파치 플링크와 아파치 스파크입니다.

빔 구성은 파이프라인 인스턴스화로 전달됩니다.

```
tmp_file_location = os.path.join(output_bucket, "tmp")
beam_pipeline_args = [
    "--runner=DataflowRunner",
    "--experiments=shuffle_mode=auto",
    "--project={}".format(project_id),
    "--temp_location={}".format(tmp_file_location),
    "--region={}".format(gcp_region),
    "--disk_size_gb=50",
]
```

DataflowRunner를 runner 유형으로 구성하고 shuffle_mode를 auto로 설정합니다. 이는
데이터플로의 흥미로운 기능입니다. 구글 컴퓨팅 엔진의 VM에서 GroupByKey와 같은 변환을
실행하는 대신 데이터플로의 서비스 백엔드에서 작업을 처리합니다. 따라서 컴퓨팅 인스턴스
의 실행 시간과 CPU/메모리 비용이 줄어듭니다.

12.3.3 파이프라인 실행

구글 클라우드 AI 플랫폼으로 파이프라인을 실행하는 것은 12.2절 '쿠브플로 파이프라인을 사
용한 TFX 파이프라인 조정'에서 살펴본 내용과 다르지 않습니다. TFX 스크립트는 Argo 구성
을 생성합니다. 그런 다음 구성을 AI 플랫폼의 쿠브플로 파이프라인 설정에 업로드할 수 있습
니다.

파이프라인 실행 중에는 12.3.2에서 소개한 'AI 플랫폼 작업을 통한 학습 모델'에서 설명한 대
로 학습 작업을 검사할 수 있으며, [그림 12-23]과 같이 데이터플로 작업을 자세히 관찰할 수
있습니다.

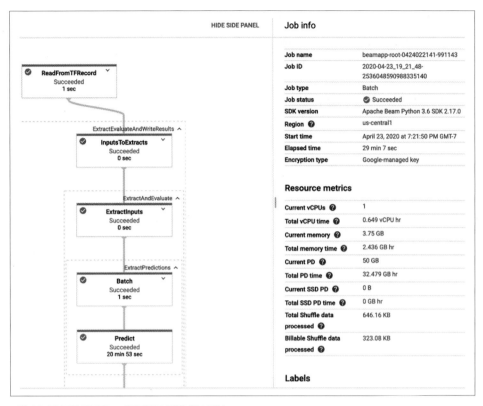

		Job info	
		Job name	beamapp-root-0424022141-991143
		Job ID	2020-04-23_19_21_48-2536048590988335140
		Job type	Batch
		Job status	✅ Succeeded
		SDK version	Apache Beam Python 3.6 SDK 2.17.0
		Region ❓	us-central1
		Start time	April 23, 2020 at 7:21:50 PM GMT-7
		Elapsed time	29 min 7 sec
		Encryption type	Google-managed key

Resource metrics

Current vCPUs ❓	1
Total vCPU time ❓	0.649 vCPU hr
Current memory ❓	3.75 GB
Total memory time ❓	2.436 GB hr
Current PD ❓	50 GB
Total PD time ❓	32.479 GB hr
Current SSD PD ❓	0 B
Total SSD PD time ❓	0 GB hr
Total Shuffle data processed ❓	646.16 KB
Billable Shuffle data processed ❓	323.08 KB

그림 12-23 구글 클라우드 데이터플로 작업 세부 정보

데이터플로 대시보드는 작업 진행률과 확장 요구사항에 관한 중요한 통찰력을 제공합니다.

12.4 요약

쿠브플로 파이프라인을 사용하여 파이프라인을 구동하면 추가 설정 요구 사항을 생략할 수 있다는 큰 이점이 있습니다. 파이프라인 계보 탐색, 텐서보드와의 원활한 통합, 반복 실행 옵션은 파이프라인 오케스트레이터로 쿠브플로 파이프라인을 선택해야 할 이유죠.

앞서 논의한 바와 같이, 현재 쿠브플로 파이프라인과 함께 TFX 파이프라인을 실행하는 워크플로는 11장에서 아파치 빔이나 아파치 에어플로에서 실행되는 파이프라인에 대해 살펴본 워크플로와 다릅니다. 그러나 TFX 컴포넌트의 구성은 이전 장에서 논의한 바와 같습니다.

이 장에서는 두 가지 쿠브플로 파이프라인 설정을 살펴봤습니다: 첫 번째 설정은 아마존 EKS나 마이크로소프트 AKS와 같은 대부분의 관리형 쿠버네티스 서비스와 함께 사용할 수 있습니다. 두 번째 설정은 구글 클라우드의 AI 플랫폼과 함께 사용할 수 있습니다.

다음 장에서는 피드백 루프를 사용하여 파이프라인을 사이클로 전환하는 방법을 설명하겠습니다.

피드백 루프

머신러닝 모델을 생산에 투입할 수 있는 매끄러운 파이프라인을 갖추고서 단 한 번만 가동하고 싶지는 않을 겁니다. 모델은 일단 배포되면 정적이어서는 안 됩니다. 새로운 데이터가 수집되고 데이터 분포가 변경되며(4장 참고), 데이터 드리프트(7장 참고)가 생깁니다. 그리고 파이프라인을 지속해서 개선해야 합니다.

[그림 13-1]과 같이 기계 파이프라인에 어떤 종류의 피드백을 추가하면 생애 주기로 변경됩니다. 모델의 예측은 새 데이터의 수집으로 이어져 모델을 지속해서 개선합니다.

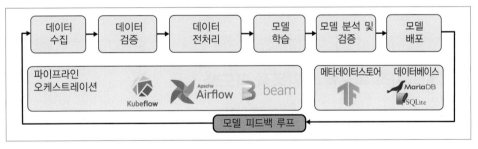

그림 13-1 머신러닝 파이프라인의 일부로서의 모델 피드백

새 데이터가 없으면 시간이 지나면서 입력이 변경되어 모델의 예측 정확도가 감소할 수 있습니다. ML 모델을 배포하면 실제로 사용자 경험이 변경되어서 제공되는 학습 데이터가 변경되기도 합니다. 동영상 추천 시스템을 예로 들어보죠. 모델이 추천한 동영상 목록을 보고 사용자가

평소와는 다른 유형의 동영상을 볼 수 있습니다. 피드백 루프는 모델을 새로 고치는 데 필요한 새로운 데이터를 수집할 때 도움이 됩니다. 추천 시스템이나 예측 텍스트와 같이 개인화된 모델에 특히 유용합니다.

이때, 나머지 파이프라인을 견고하게 설치하는 일이 매우 중요합니다. 새 데이터를 입력하면 새 데이터의 유입 때문에 데이터 통계량이 데이터 검증에 설정된 한계를 벗어나거나 모델 통계량이 모델 분석에서 설정된 경계를 벗어날 때만 파이프라인이 실패하게 됩니다. 그러면 모델 재학습, 새 피처 엔지니어링 등과 같은 이벤트를 트리거할 수 있습니다. 이런 트리거가 발생하면 새 모델은 새 버전 번호를 받습니다.

피드백 루프는 새로운 학습 데이터 수집 외에도 모델의 실제 사용에 관한 정보도 제공할 수 있습니다. 여기에는 활성 사용자 수, 활성 사용자와 상호 작용하는 시간 등 많은 데이터가 포함됩니다. 이런 유형의 데이터는 모델의 가치를 비즈니스 이해 관계자에게 입증하는 데 매우 유용합니다.

> **WARNING_ 위험을 수반하는 피드백 루프**
>
> 피드백 루프도 부정적인 결과를 초래할 수 있으므로 주의하여 접근해야 합니다. 모델의 예측을 사람의 입력 없이 새 학습 데이터에 다시 입력하면, 모델은 정확한 예측뿐만 아니라 실수로부터 학습하게 됩니다. 또한 피드백 루프는 원본 데이터에 존재하는 편향이나 불공정을 증폭시킬 수 있습니다. 모델 분석을 주의 깊게 하면 이런 상황을 파악하는 데 도움이 됩니다.

13.1 명시적 피드백과 암묵적 피드백

피드백은 암묵적implicit 유형과 명시적explicit 유형[36]으로 나눌 수 있습니다. **암묵적** 피드백은 사람들이 제품을 정상으로 사용할 때 하는 행동이 모델 피드백을 주는 경우입니다. 추천 시스템에서 제안하는 제품을 구입하거나 추천 영화를 보는 것처럼 말이죠. 암묵적 피드백을 사용하는 경우 사용자가 수행하는 모든 작업을 추적하고 싶은 유혹을 동반하기에 사용자 개인 정보 보호에 세심한 검토가 필요합니다. **명시적** 피드백은 사용자가 예측에 대한 직접적인 입력을 제공하는 경우입니다. 예를 들어 추천 제품에 '좋아요'나 '싫어요'를 누르거나 예측을 수정하는 것입니다.

---

36 자세한 내용은 구글의 PAIR 설명서(https://oreil.ly/N__j4)를 참조하시기 바랍니다

13.1.1 데이터 플라이휠

때로는 머신러닝에 기반한 새 제품을 만드는 데 필요한 모든 데이터가 갖춰져 있습니다. 그러나 더 많은 데이터를 수집해야 할 때도 있습니다. 이는 지도 학습 문제를 다룰 때 특히 자주 발생합니다. **지도 학습**supervised learning은 **비지도 학습**보다 더 성숙하고 일반적으로 더 강력한 결과를 제공하므로 프로덕션 시스템에 배포된 대부분의 모델은 지도 학습 모델입니다. 데이터는 많지만 레이블이 지정된 데이터가 충분하지 않을 때도 많습니다. 그러나 예제 프로젝트에서 사용했듯이, **전이 학습**transfer learning의 성장은 일부 머신러닝 문제에서 많은 양의 레이블링된 데이터의 필요성을 없애기 시작했습니다.

레이블링되지 않은 데이터가 많고 레이블을 더 많이 수집해야 할 때는 **데이터 플라이휠**flywheel 개념이 매우 유용합니다. 데이터 플라이휠을 사용하면 제품의 기존 데이터, 직접 레이블을 지정한 데이터, 공개 데이터를 사용해서 초기 모델을 설정하여 학습 데이터셋을 확장할 수 있습니다. 사용자에게서 초기 모델에 관한 피드백을 수집하면, 데이터에 레이블을 붙일 수 있습니다. 따라서 모델 예측이 향상되어 더 많은 사용자를 끌어들여서 더 많은 데이터에 레이블을 붙이는 등의 작업을 할 수 있습니다(그림 13-2).

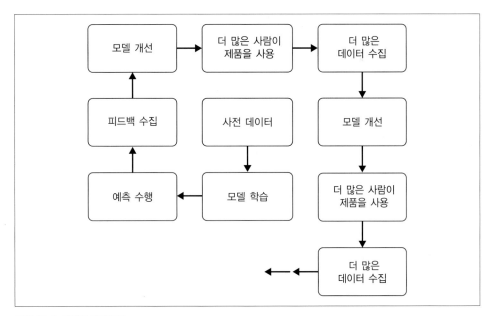

그림 13-2 데이터 플라이휠

13.1.2 실제 세계의 피드백 루프

머신러닝 시스템에서 피드백 루프의 가장 익숙한 예는 모델의 예측이 고객에게 노출될 때 발생합니다. 이는 모델이 특정 사용자와 가장 관련성이 높은 상위 k개 선택 사항을 예측하는 추천 시스템에서 특히 일반적입니다. 보통 제품을 출시하기 전에 추천 시스템의 학습 데이터를 수집하기는 어려워서 이런 시스템은 주로 사용자의 피드백에 크게 의존합니다. 넷플릭스의 영화 추천 시스템(https://oreil.ly/uX9Oo)은 피드백 루프의 전형적인 예입니다. 사용자는 동영상 추천을 받은 다음 예측을 평가하여 피드백을 제공합니다. 사용자가 더 많은 영화를 평가할수록 자신의 취향에 더 가까운 추천을 받습니다.

원래 넷플릭스의 주력 사업은 우편으로 DVD를 배송하는 것이었죠. 그 당시에는 5점 만점의 별점 시스템을 이용해 DVD 등급을 수집했습니다. 이는 고객이 실제로 DVD를 시청했음을 알리는 신호입니다. 이 당시 넷플릭스는 명시적 피드백만 수집할 수 있었습니다. 하지만 온라인 스트리밍 영화 사업에 뛰어든 다음부터는 사용자가 추천받은 영화를 봤는지, 영화 전체를 봤는지에 관한 암묵적 피드백도 모을 수 있었습니다. 넷플릭스는 등급 시스템을 5점 만점의 별점에서 더 단순한 좋아요/싫어요로 전환하여 사용자가 피드백하는 데 걸리는 시간을 줄였습니다. 따라서 더 많은 피드백을 수집할 수 있게 되었습니다. 또한, 세부적인 등급은 그다지 필요하지 않았을지 모릅니다. 모델은 별 3개 등급의 동영상에 어떻게 반응해야 할까요? 별 3개는 예측이 올바르거나 부정확하다는 신호를 표시하지 못하지만, 좋아요/싫어요는 모델에 분명한 신호를 줍니다.[37]

피드백 루프(여기서는 부정적인 피드백)의 또 다른 예는 마이크로소프트의 악명 높은 트위터 봇 테이Tay(https://oreil.ly/YM21r)입니다. 2016년, 테이의 공격적이고 인종 차별적인 트윗 때문에 출시 16시간 만에 운영을 중단해서 화제가 되었습니다. 테이는 운영 중단 전에 9만 6천 개가 넘는 트윗을 올렸습니다. 의도적으로 도발적인 트윗에 대한 회신을 바탕으로 자동으로 재학습이 이뤄졌습니다. 이 상황에서 피드백 루프는 시스템이 초기 트윗에 대한 응답을 학습 데이터에 통합했다는 것입니다. 아마도 봇이 더 인간적으로 느껴지도록 만들려 했겠죠. 하지만 결과적으로 테이는 최악의 응답을 선택해서 극도로 공격적이 되었습니다.

---

37 피드백은 수집하기 쉽고 실행할 수 있는 결과를 제공해야 합니다.

피드백 루프의 세 번째 사례는 온라인 결제 회사[38]인 스트라이프Stripe입니다. 스트라이프는 신용카드 거래에서 부정행위를 예측하는 이진 분류기를 만들었습니다. 모델이 부정 거래를 예상하면 해당 시스템이 거래를 차단합니다. 회사는 과거 거래 데이터에서 학습 세트를 취득하고 이에 관한 모델을 학습하여, 학습 세트에서 좋은 결과를 얻었습니다. 하지만 모델이 부정 거래를 예측하는 즉시 거래를 차단했기 때문에 프로덕션 시스템의 정밀도와 재현율을 알 수 없었습니다. 거래가 실제로 이뤄지지 않았으므로 사기였는지를 확신할 수 없습니다.

모델을 새 데이터로 재학습할 때 더 큰 문제가 발생했습니다. 정확도가 떨어졌죠. 피드백 루프 때문에 원본 유형의 부정 거래가 모두 차단되어 새로운 학습 데이터에 사용하지 못하게 되었습니다. 새 모델은 아직 잡히지 않은 나머지 부정 거래에 유형에 대해 학습받고 있었습니다. 스트라이프의 솔루션은 규칙을 완화하고 모델이 사기일 것으로 예측했더라도 일부 작은 요금이 부과되도록 허용하는 방법이었습니다. 이로써 모델을 평가하고 관련된 새 학습 데이터를 제공할 수 있었습니다.

TIP **피드백 루프의 결과**

피드백 루프는 설계 중에 의도하지 않은 결과를 초래하기도 합니다. 시스템을 배포한 후에도 계속 모니터링해서 피드백 루프가 부정적인 소용돌이가 아닌 긍정적인 변화로 이어지는지 확인해야 합니다. 7장의 기법을 사용하여 시스템을 주의 깊게 관찰하기를 권장합니다.

피드백 루프는 스트라이프 사례에서 모델의 정확도를 떨어뜨렸습니다. 그러나 정확도의 증가는 바람직하지 않은 효과일 수도 있습니다. 유튜브의 추천 시스템(https://oreil.ly/QDCC2)은 사람들이 동영상을 보는 시간을 늘리도록 고안되었습니다. 사용자의 피드백은 모델이 다음에 무엇을 시청할지 정확하게 예측함을 의미합니다. 믿을 수 없을 정도로 성공적이었습니다. 사람들은 매일 유튜브에서 10억 시간 이상 동영상을 봅니다(https://oreil.ly/KVF4M). 하지만, 사람들이 점점 더 극단적인 콘텐츠를 시청하도록 이끈다는 우려가 있습니다

---

38 마이클 마나펫(Michael Manapat)의 2015년 PyData 프리젠테이션 'Counterfactual Evaluation of Machine Learning Models(https://oreil.ly/rGCHo)'를 참고하세요.

(https://oreil.ly/_Iubw). 시스템이 매우 커지면 피드백 루프의 결과를 모두 예측하기가 매우 어렵습니다. 따라서 주의 깊게 진행하고 사용자를 위한 안전장치가 있는지 확인해야 합니다.

이런 사례에서 알 수 있듯이 피드백 루프는 긍정적일 수 있으며, 모델을 개선하고 비즈니스를 구축하는 데 사용할 더 많은 학습 데이터를 얻도록 도와줍니다. 하지만 피드백 루프는 심각한 문제로 이어지기도 합니다. 피드백 루프가 긍정적이도록 모델에 대한 지표를 신중하게 선택했다면, 다음 단계로 피드백을 수집하는 방법을 알아보죠. 다음 절에서 자세히 설명하겠습니다.

13.2 피드백 수집 패턴 설계

이 절에서는 피드백을 수집하는 일반적인 방법을 몇 가지 설명합니다. 다음 사항에 따라 방법을 선택할 수 있습니다.

- 해결하려는 비즈니스 문제
- 앱 또는 제품의 유형 및 디자인
- 머신러닝 모델의 종류(예: 분류 시스템, 추천 시스템)

제품 사용자에게서 피드백을 수집할 계획이라면 사용자에게 현재 상황을 알려 피드백 제공에 동의할 수 있도록 해야 합니다. 이렇게 하면 더 많은 피드백을 수집할 수 있습니다. 사용자가 시스템 개선에 투자하면 피드백을 제공할 가능성이 더 높습니다.

이 장에서는 피드백을 수집하는 다양한 옵션을 세분화합니다. 디자인 패턴의 선택은 머신러닝 파이프라인이 해결하려는 문제에 따라 어느 정도 좌우되며, 선택 결과는 피드백을 추적하는 방식과 머신러닝 파이프라인에 피드백을 다시 통합하는 방식에도 영향을 미칩니다.

13.2.1 예측의 결과에 대한 사용자 피드백

이 방법에서는 모델의 예측을 사용자에게 직접 표시하며, 사용자는 온라인 작업을 수행합니다. 이 작업을 기록해서 모델에 새로운 학습 데이터로 제공합니다.

추천 시스템이 이런 방법을 사용합니다. 예를 들면 아마존에서 사용자에게 다음 구매를 추천할 때 사용하는 시스템이 있습니다. 모델은 관심 있을 것으로 예측한 제품 집합을 사용자에게 표시합니다. 사용자가 이런 제품 중 하나를 클릭하거나 구매한다면 모델의 추천이 좋은 것이겠죠. 그러나 사용자가 클릭하지 않은 다른 제품이 좋은 추천 사항인지에 관한 정보는 없습니다. 이는 암묵적 피드백입니다. 즉, 모델을 학습하는 데 필요한 데이터를 정확하게 제공하지 않습니다(이는 모든 예측의 순위를 매깁니다). 대신, 새로운 학습 데이터를 제공하려면 여러 사용자에 걸쳐 피드백을 수집해야 합니다.

13.2.2 사용자가 평가한 예측 품질

이 방법을 사용하면 모델의 예측이 사용자에게 표시됩니다. 사용자는 예측을 좋아하거나 싫어한다는 신호를 보냅니다. 이는 사용자가 추가 작업을 수행해서 새 데이터를 제공하는 명시적 피드백의 예입니다. 피드백은 별점이나 이진 방식(좋아요/싫어요)일 수 있습니다. 이는 추천 시스템에 적합하며 개인화에 특히 유용합니다. 피드백이 실행 가능한지에 주의해야 합니다. 5점 만점 중 별 3개(예: 앞에서 살펴본 넷플릭스 사례) 등급은 모델의 예측이 유용하거나 정확한지에 관한 많은 정보를 제공하지 않습니다.

이 방법에는 피드백이 간접적이라는 제한 사항이 있습니다. 예를 들어, 추천 시스템에서 사용자는 예측이 마음에 들지 않는다고 알려줄 뿐, 정확한 예측이 무엇인지 알려주지는 않습니다. 또 다른 제한 사항은 피드백을 해석하는 방법이 여러 가지라는 점입니다. 사용자가 '좋아요'를 눌렀다고 해도 더 보고 싶은 대상이 아닐 수 있습니다. 예를 들어, 영화 추천 시스템에서 사용자는 '좋아요'를 눌러 장르가 같거나, 감독이 같거나, 같은 배우가 출연하는 영화를 더 많이 보고 싶다고 표현할 수 있습니다. 이진 피드백만 제공할 수 있을 때는 이 모든 뉘앙스가 사라집니다.

13.2.3 사용자가 수정한 예측

이 방법은 명시적 피드백의 예이며, 다음과 같이 작동합니다.

- 정확도가 낮은 모델의 예측이 사용자에게 표시됩니다.
- 사용자는 예측이 올바르면 승인하고 잘못되었다면 수정합니다.
- 사용자가 확인한 예측을 새 학습 데이터로 사용합니다.

이는 사용자가 결과에 많이 투자할 때 가장 효과적입니다. 수표 입금 기능이 있는 은행 앱을 예로 들어보죠. 이미지 인식 모델이 수표 금액을 자동으로 입력합니다. 사용자는 금액이 올바른지 확인해서 정확하지 않으면 올바른 값을 입력합니다. 이때, 정확한 금액을 입력하여 자신의 계좌에 입금하는 것이 사용자에게도 이득입니다. 사용자가 더 많은 학습 데이터를 생성할수록 앱은 시간이 지남에 따라 더욱 정확해집니다. 피드백 루프에서 이 방법을 사용할 수 있다면 고품질의 새 데이터를 빠르게 수집하는 훌륭한 방법이 되겠죠.

머신러닝 시스템과 사용자의 목표가 강하게 일치할 때만 이 방법을 사용해야 합니다. 사용자가 잘못된 응답을 변경하려고 노력할 이유가 없어서 그냥 수락한다면 학습 데이터가 오류로 가득 차게 되어 모델이 갈수록 부정확해집니다. 또한 잘못된 결과를 제공했을 때 사용자에게 이득이 되는 상황에서 이 방법을 사용하면, 새 학습 데이터가 편향됩니다.

13.2.4 크라우드소싱 주석

이 방법은 레이블이 지정되지 않은 데이터가 많고 제품의 정상적인 사용을 통해 사용자에게서 레이블을 수집할 수 없을 때 특히 유용합니다. NLP와 컴퓨터 비전 도메인의 많은 문제가 이 범주에 속합니다. 즉, 많은 이미지를 수집하기는 쉽지만, 머신러닝 모델의 특정 사용 사례에 대해 데이터의 레이블이 지정되지 않습니다. 예를 들어 휴대폰 이미지를 문서와 비문서로 분류하는 이미지 분류 모델을 학습할 때, 사용자가 많은 사진을 찍지만 레이블은 제공하지 않을 수 있습니다.

이럴 때는 일반적으로 레이블이 부착되지 않은 대규모 데이터 풀을 수집하고, AWS Mechanical Turk나 [그림 8]과 같은 크라우드소싱 플랫폼으로 전달합니다. 그런 다음 인간 주석자annotator에게 데이터 레이블 작업 비용(대개 전문가 주석 비용보다 적음)을 지불합니다. 이는 특별한 학습이 필요하지 않은 작업에 가장 적합합니다.

이 방법을 사용하면 다양한 품질의 레이블 표시를 제어해야 하며, 주석 도구는 일반적으로 여러 사람이 같은 데이터 예제에 레이블을 붙이도록 설정됩니다. 구글 PAIR 가이드(https://oreil.ly/6FMFD)는 주석 도구를 설계할 때 유용한 훌륭하고 상세한 제안을 제공하지만, 주석자의 인센티브가 모델 결과에 맞춰져야 한다는 점을 핵심으로 고려해야 합니다. 이 방법의 가장 큰 장점은 생성된 새 데이터에 대해 매우 구체적이어서 복잡한 모델의 요구에 정확하게 부합할 수 있다는 점입니다.

그러나 이 방법에는 여러 가지 단점이 있습니다. 예를 들어, 개인 데이터나 민감한 데이터에는 적합하지 않을 수 있습니다. 제품과 사회 전체의 사용자를 반영하는 다양한 주석자 풀이 있는지도 확인해야 합니다. 또한, 비용이 많이 발생할 수 있으며 다양한 사용자를 늘리기에 적합하지 않을 수 있습니다.

13.2.5 전문가 주석

전문가 주석은 크라우드소싱과 유사하게 설정되지만 신중하게 선택한 주석자를 사용합니다. 텍스트 데이터에 대해 Prodigy(`https://prodi.gy/`)와 같은 주석 도구를 사용하는 사용자(파이프라인을 작성하는 사용자)일 수 있습니다. 또는 도메인 전문가가 주석을 달 수 있습니다(예: 의료 이미지에서 이미지 분류기를 학습할 때). 이는 특히 다음과 같은 상황에 적합합니다.

- 데이터에 주석을 달려면 전문 지식이 필요할 때
- 개인 정보나 민감한 데이터가 필요할 때
- 적은 수의 레이블만 필요할 때(예: 전이 학습, 준지도 학습semi-supervised learning).
- 주석의 실수가 사람들에게 실제로 많은 영향을 미칠 때

이 방법을 사용하면 고품질 피드백을 수집할 수 있지만 비용이 많이 들고 수동적이며 확장성이 좋지 않습니다.

13.2.6 피드백 자동 생성

일부 머신러닝 파이프라인에서는 피드백 수집에 사람이 필요하지 않습니다. 모델이 예측을 하면, 예측이 정확한지를 알려주는 이벤트가 나중에 발생합니다. 이때 시스템에서 새 학습 데이터를 자동으로 수집합니다. 피드백을 수집하는 별도의 인프라는 필요 없지만, 예측이 시스템을 혼란스럽게 해서 예상치 못한 일이 발생할 수 있으니 주의해야 합니다. 앞에서 살펴본 스트라이프 사례는 모델이 향후 학습 데이터[39]에 영향을 미친다는 사실을 잘 보여줍니다.

---

[39] 자세한 내용은 D. 스컬리(D. Sculley) 등이 쓴 'Hidden Technical Debt in Machine Learning Systems'에서 확인하세요 (`https://oreil.ly/eUyZM`).

13.3 피드백 루프를 추적하는 방법

비즈니스와 모델 유형에 가장 적합한 피드백 루프를 결정했으면 이제 머신러닝 파이프라인에 통합해야 합니다. 여기서 7장에서 논의한 모델 검증이 절대적으로 중요합니다. 새로운 데이터가 시스템을 통해 전파되므로 추적 중인 지표에 비해 시스템 성능이 저하되어서는 안 됩니다.

핵심 개념은 모든 예측이 [그림 13-3]과 같이 추적 ID를 수신해야 한다는 점입니다. 이는 각 예측이 추적 ID와 함께 저장되는 일종의 예측 레지스터를 사용하여 구현할 수 있습니다. 예측과 ID가 응용프로그램에 전달된 후 사용자에게 예측이 표시됩니다. 사용자가 피드백을 제공하면 프로세스가 계속됩니다.

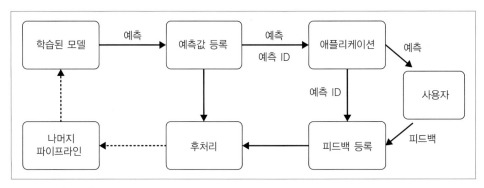

그림 13-3 피드백 추적

수집한 피드백은 해당 예측의 추적 ID와 함께 피드백 레지스터에 저장됩니다. 데이터 처리 단계는 피드백과 원래 예측을 결합합니다. 이로써 데이터와 모델 검증 단계를 통해 피드백을 추적하여 새 모델 버전에 어떤 피드백이 작용하는지 알 수 있습니다.

13.3.1 명시적 피드백 추적

앞에서 설명한 대로 시스템이 명시적 피드백을 수집할 때 추적하는 방법은 두 가지가 있습니다.

- **이진 피드백**

  일반적으로 예측이 올바르다는 피드백만이 연관된 추적 ID가 있는 새 학습 데이터를 제공할 수 있습니다. 예를 들어 다중 클래스 분류 시스템에서 사용자 피드백은 예측 클래스가 올바른지 아닌 지만 알려줌니다. 예측 클래스가 잘못되었다고 표시할 뿐, 다른 클래스 중 올바른 클래스가 무엇인지는 알 수 없습니다. 예측 클래스가 올바르면 데이터와 예측의 쌍이 새로운 학습 예제를 구성합니다. 이진 분류 문제에서만 예측이 잘못되었다는 피드백을 사용할 수 있습니다. 이때 해당 피드백은 예제가 다른 클래스에 속함을 알려줍니다.

- **재분류 또는 수정**
  사용자가 모델에 정답을 입력하면 입력 데이터와 새 분류의 쌍이 새로운 학습 예제를 형성하고 추적 ID를 수신해야 합니다.

13.3.2 암시적 피드백 추적

암시적 피드백은 이진 피드백을 생성합니다. 추천 시스템이 제품을 제안하고 사용자가 해당 제품을 클릭하면 제품과 사용자 데이터의 쌍이 새로운 학습 예제를 형성하고 추적 ID를 수신합니다. 그러나 사용자가 제품을 클릭하지 않았다고 해서 추천이 나쁘다고 할 수는 없습니다. 이런 상황에서는 모델을 재학습하기 전에 각 추천 제품에 대한 많은 이진 피드백 조각을 기다려야 할 수 있습니다.

13.4 요약

피드백 루프는 머신러닝 파이프라인을 사이클로 전환해서 스스로 성장하고 개선하도록 도와줍니다. 새 데이터를 머신러닝 파이프라인에 통합하여 모델이 오래되고 정확도가 떨어지는 상황을 방지하는 것이 중요합니다. 모델 유형 및 모델 성공 지표와 가장 일치하는 피드백 방법을 선택해야 합니다.

피드백 루프에는 세심한 모니터링이 필요합니다. 새 데이터를 수집하기 시작하면 여러 머신러닝 알고리즘의 기본 가정인 '학습 및 검증 데이터를 동일한 분포에서 추출한다'는 점을 위반하기 십상입니다. 이상적으로는 학습 및 검증 데이터가 모두 모델링하는 실제 환경을 대표해야 하지만 실제로는 그렇지 않습니다. 따라서 새 데이터를 수집할 때는 새로운 검증 데이터셋과 학습 데이터셋을 생성해야 합니다.

피드백 루프를 사용하려면 제품에 관련된 디자이너, 개발자, UX 전문가와 긴밀하게 협력해야 합니다. 데이터를 수집하고 모델을 개선할 시스템을 구축해야 합니다. 피드백을 사용자가 볼 수 있는 개선 사항에 연결하고 피드백이 언제 제품을 변화시킬지에 대한 기대치를 설정하면서 그들과 협력하는 것이 중요합니다. 이런 노력을 바탕으로 사용자는 피드백을 제공하는 데 지속해서 투자할 수 있습니다.

한 가지 주의할 점은 피드백 루프가 초기 모델에서 유해한 편향이나 불공정을 강화할 수 있다는 사실입니다. 이 과정의 끝에 사람이 있다는 점을 절대 잊지 마세요! 모델이 사용자에게 피해를 줬다는 피드백을 사용자에게 제공받아 즉시 수정해야 하는 상황을 쉽게 인지하는 방법을 고려하기 바랍니다. 여기에는 5점 만점의 별점 등급보다 훨씬 더 자세한 정보가 필요합니다.

피드백 루프를 설정하고 모델의 예측과 예측에 대한 반응을 추적하는 단계를 마치면 파이프라인의 모든 부분이 완성됩니다.

머신러닝을 위한 데이터 개인 정보 보호

이 장에서는 머신러닝 파이프라인에 적용되는 데이터 개인 정보 보호의 몇 가지 측면을 소개합니다. 개인 정보 보호 머신러닝은 텐서플로 및 기타 프레임워크에 이제 막 통합되기 시작한 매우 활발한 연구 분야입니다. 집필 당시 유망했던 기법들의 원리를 설명하고 머신러닝 파이프라인에 이를 어떻게 활용할지에 관한 몇 가지 실용적인 예를 보여드리겠습니다.

이 장에서는 머신러닝에서의 개인 정보 보호에 도움이 되는 세 가지 주요 방법(차등 개인 정보 보호, 연합 학습, 암호화된 머신러닝)을 살펴보겠습니다.

14.1 데이터 개인 정보 보호 문제

데이터 개인 정보 보호는 신뢰에 관한 것으로, 사람들이 비공개하기를 원하는 데이터의 노출을 제한하는 일입니다. 개인 정보 보호 머신러닝에는 여러 가지 방법이 있으며, 여러분에게 가장 적절한 방법을 선택하려면 다음 질문에 답해야 합니다.

- 누구에게 데이터를 비공개하려 하나요?
- 시스템의 어느 부분을 비공개하고 어느 부분을 공개할 수 있나요?
- 데이터를 볼 수 있는 신뢰할 수 있는 당사자는 누구입니까?

이런 질문에 대한 답변은 이 장에서 설명한 사용 사례에 가장 적합한 방법을 결정하는 데 도움이 됩니다.

14.1.1 데이터 개인 정보 보호에 신경을 써야 하는 이유

데이터 개인 정보 보호는 머신러닝 프로젝트에서 중요한 부분이 되었습니다. 2018년 5월 발효된 EU의 일반 데이터 보호 규칙(GDPR)과 2020년 1월의 캘리포니아 소비자 개인 정보 보호법 등 사용자 개인 정보 보호를 둘러싼 법적 요건이 많습니다. 머신러닝에서의 개인 데이터 사용과 관련한 윤리적 고려사항이 있으며, 머신러닝 기반 제품 사용자는 자신의 데이터에 어떤 일이 일어나는지에 깊은 관심을 두기 시작했습니다. 전통적으로 머신러닝은 데이터에 굶주려 있고 머신러닝 모델 예측은 대부분 사용자에게서 수집한 개인 데이터를 기반으로 하므로 머신러닝은 데이터 개인 정보 보호를 둘러싼 논쟁의 선두에 서 있습니다.

집필 당시를 기준으로 개인 정보 보호에는 항상 비용이 발생합니다. 개인 정보 보호를 추가하면 모델 정확성이나 계산 시간(또는 둘 다) 관련 비용이 수반됩니다. 극단적으로 데이터를 수집하지 않으면 상호작용이 완전히 비공개로 유지되지만, 머신러닝에는 전혀 도움이 되지 않습니다. 반대로 어떤 사람에 관한 모든 세부 사항을 수집하면 그 사람의 사생활이 위태로워질 수 있지만, 머신러닝 모델은 매우 정확해지겠죠. 이제 막 개인 정보 보호형 머신러닝이 개발되기 시작했습니다. 이런 방법은 모델 정확도에 큰 영향을 주지 않고 개인 정보를 보호할 수 있습니다.

때로는 개인 정보 보호 머신러닝을 사용하면 개인 정보 보호 문제 때문에 머신러닝 모델을 학습하는 데 사용하지 못했던 데이터를 사용할 수 있습니다. 그러나 이 장의 방법 중 하나를 사용한다고 해도 데이터로 원하는 작업을 모두 자유롭게 수행할 수 있지는 않습니다. 데이터 소유자, 개인 정보 보호 전문가, 회사의 법률팀과 같은 다른 이해 관계자와 계획을 논의해야 합니다.

14.1.2 개인 정보 보호를 향상하는 가장 간단한 방법

머신러닝으로 제품을 만들 때 되도록 많은 데이터를 수집한 다음 머신러닝 모델을 학습하는 데 유용한 데이터를 나중에 결정할 때가 많습니다. 사용자의 동의하에 이런 작업을 하더라도, 사용자 개인 정보를 보호하는 가장 간단한 방법은 특정 모델의 학습에 필요한 데이터만 수집하는 것입니다. 정형 데이터에서는 이름, 성별, 인종과 같은 필드를 간단히 삭제할 수 있습니다. 데이터를 처리할 때 이미지에서 얼굴을 삭제하거나 텍스트에서 이름을 삭제하는 등 많은 개인 정보를 제거할 수 있습니다. 그러나 때로는 이런 작업이 데이터의 효용을 줄이거나 정확한 모델을 학습할 수 없게 합니다. 그리고 인종과 성별 데이터를 수집하지 않으면 모델이 특정 그룹에 편향되는지를 알 수 없습니다.

사용자가 수집되는 데이터를 제어할 수도 있습니다. 즉, 데이터 수집 동의는 단순한 옵트인 또는 옵트아웃 선택보다 더 세부적으로 이루어질 수 있으며, 제품 사용자는 수집 대상 데이터를 정확하게 지정할 수 있습니다. 따라서 설계 문제가 발생합니다. 더 적은 데이터를 제공하는 사용자가 더 많은 데이터를 제공하는 사용자보다 더 정확한 예측을 받아야 할까요? 머신러닝 파이프라인으로 동의를 어떻게 추적할까요? 모델에서 단일 피처가 개인 정보에 미치는 영향을 어떻게 측정할까요? 이 모든 질문은 머신러닝 커뮤니티에서 더 많은 논의가 필요한 질문입니다.

14.1.3 비공개를 유지해야 하는 데이터 식별

머신러닝 파이프라인에서 데이터는 사람으로부터 수집할 때가 많으며, 그중 일부 데이터에는 개인 정보를 보호하는 머신러닝이 더 필요합니다. 개인 식별 정보(PII)는 이름, 이메일 주소, 집 주소, 주민등록번호 등 한 사람을 직접 식별할 수 있는 데이터이며 비공개로 유지해야 합니다. PII는 사용자에게 해당 데이터를 직접 요청할 때뿐만 아니라 피드백 주석이나 고객 서비스 데이터와 같은 자유 텍스트로 나타나기도 합니다. 사람들의 이미지도 때로는 PII로 간주해야 합니다. 이에 관한 법적 기준이 있을 때가 많습니다. 회사에 개인 정보 보호팀이 있다면 이런 유형의 데이터가 필요한 프로젝트를 시작하기 전에 해당 팀과 상의하는 것이 가장 좋습니다.

민감한 데이터에도 각별히 주의해야 합니다. 이는 의료 데이터나 회사 내부 데이터(예: 재무 데이터)와 같이 공개되면 누군가에게 피해를 줄 수 있는 데이터입니다. 머신러닝 모델의 예측에서 이런 유형의 데이터가 유출되지 않도록 주의해야 합니다.

또 다른 범주는 준식별 데이터입니다. 준식별자는 위치 추적이나 신용 카드 거래 데이터와 같은 데이터로, 충분한 정보가 있다면 사람을 고유하게 식별할 수 있습니다. 한 사용자의 여러 위치 지점이 알려졌다면 다른 데이터셋과 결합하여 해당 사용자를 재식별할 수 있는 고유한 추적을 제공합니다. 2019년 12월, 뉴욕타임스는 휴대폰 데이터를 이용한 재식별에 관한 심층 기사(https://oreil.ly/VPea0)를 실었습니다. 이 기사는 비슷한 의문을 제기하는 여러 목소리 중 하나일 뿐입니다.

14.2 차등 개인 정보 보호

머신러닝 파이프라인에서 개인 정보 보호를 강화해야 할 필요성을 확인했을 때, 가능한 한 많은 데이터 유틸리티를 유지하면서 개인 정보 보호를 강화하는 데 도움이 되는 다양한 방법이 있습니다. 첫 번째로 논의할 방법은 **차등 개인 정보 보호**differential privacy (DP)[40]입니다. DP는 데이터셋의 쿼리나 변환이 해당 데이터셋에 사람이 있는지를 밝혀서는 안 된다는 아이디어를 공식화한 방법입니다. 데이터셋에 포함됨으로써 개인이 경험하는 개인 정보 보호 손실에 관한 수학적 측정값을 제공하고 노이즈 추가에 따른 개인 정보 손실을 최소화합니다.

> 차등 개인 정보 보호에서는 데이터 소유자나 큐레이터가 데이터 주제에 대해 한 약속을 설명합니다.
> "다른 연구, 데이터셋, 정보 출처가 무엇이든 간에 데이터를 어떤 연구 또는 분석에도 사용할 수 있도록 허용함으로써 부정적인 영향을 받지 않습니다."
>
> 신시아 드워크Cynthia Dwork[41]

달리 말하면, 한 사람이 해당 데이터셋에서 제거되더라도 개인 정보를 존중하는 데이터셋의 변환은 변경되지 않아야 합니다. 머신러닝 모델에서 모델이 개인 정보 보호를 염두에 두고 학습을 받았다면, 한 사람을 학습 세트에서 제거하더라도 모델이 만드는 예측이 바뀌지 않아야 합니다. DP는 변환에 노이즈나 무작위성을 추가함으로써 달성됩니다.

좀 더 구체적인 예를 들어보죠. [그림 14-1]과 같은 무작위 응답의 개념은 DP를 달성하는 간단한 방법입니다. 이는 "범죄로 유죄판결을 받은 적이 있습니까?"와 같은 민감한 질문을 던지는 조사에서 유용합니다. 질문을 받는 사람은 이 질문에 답하기 전에 동전을 던집니다. 만약 앞면이 나오면 진실하게 대답합니다. 만약 뒷면이 나오면 다시 동전을 던져서 앞면이 나오면 "예", 뒷면이 나오면 "아니오"라고 대답합니다. 이는 응답자에게 거부할 수 있는 가능성을 줍니다. 이들은 진실한 대답보다는 무작위적인 대답을 했다고 볼 수 있습니다. 우리는 동전 던지기의 확률을 알기 때문에, 많은 사람에게 이 질문을 한다면 합리적인 정확도로 범죄를 저질러 유죄판결을 받은 사람들의 비율을 계산할 수 있습니다. 계산의 정확도는 설문조사에 참여한 사람이 많을수록 높아집니다.

---

40 Cynthia Dwork. (2006). 차등 개인 정보 보호. *Encyclopedia of Cryptography and Security*, ed. Henk C. A. van Tilborg and Sushil Jajodia.

41 Cynthia Dwork & Aaron Roth. (2014). 차등 개인 정보 보호의 알고리즘 기반. *Foundations and Trends in Theoretical Computer Science*, 9, 3-4: 211-407.

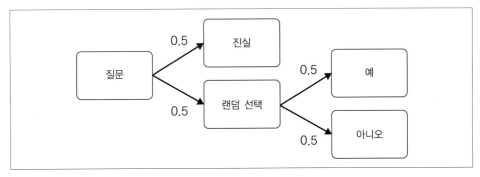

그림 14-1 무작위 응답 흐름도

이런 무작위 변환은 DP의 핵심입니다.

> **NOTE_ 한 사람당 하나의 학습 예제를 가정합니다**
> 이 장에서는 데이터셋의 각 학습 예제가 한 사람과 연관되었거나 한 사람에게서 수집했다고 가정합니다.

14.2.1 로컬 및 글로벌 차등 개인 정보 보호

DP는 두 가지 주요 방식(로컬, 글로벌)으로 나눌 수 있습니다. 로컬 DP에서는 (앞선 무작위 응답 예제에서와 같이) 개별 레벨에서 노이즈나 무작위성을 추가하므로 개인과 데이터 수집자 간의 프라이버시가 유지됩니다. 글로벌 DP에서는 전체 데이터셋의 변환에 노이즈를 추가합니다. 데이터 수집기는 원시 데이터를 신뢰하지만 변환 결과는 개인에 관한 데이터를 드러내지 않습니다.

글로벌 DP에는 로컬 DP보다 노이즈를 적게 추가해야 하므로 유사한 개인 정보 보호 보장을 위한 질의의 효용성이나 정확성이 향상됩니다. 글로벌 DP의 단점은 데이터 수집기를 신뢰해야 한다는 점입니다. 반면, 로컬 DP에서는 개별 사용자만 자신의 원시 데이터를 볼 수 있죠.

14.2.2 엡실론, 델타와 개인 정보 보호 예산

DP를 구현하는 가장 일반적인 방법은 $\epsilon-\delta$(엡실론-델타)를 사용하여 DP ϵ을 만드는 것입니다. 한 특정 사용자를 포함하는 데이터셋의 임의 변환 결과를 해당 사용자를 포함하지 않는 다른 결과와 비교할 때 e^ϵ는 이런 변환의 결과 간의 최대 차이를 설명합니다. 따라서 ϵ가 0일 때 두 변환 모두 정확히 동일한 결과를 반환합니다. ϵ의 값이 더 작을 때는 변환이 동일한 결과를 반환할 확률이 더 커집니다. 즉, ϵ가 개인 정보 보호의 강도를 측정하므로 ϵ가 낮을수록 더 비공개적입니다. 데이터셋을 두 번 이상 쿼리할 때 전체 개인 정보 보호 예산을 얻으려면 각 쿼리의 ϵ을 합해야 합니다.

δ는 ϵ가 성립하지 않을 확률 또는 랜덤 변환의 결과에서 개인의 데이터가 노출될 확률입니다. 일반적으로 모집단 크기의 반비례로 설정합니다. 예를 들어 2,000명이 포함된 데이터셋이라면, δ를 1/1,000[42]로 설정합니다.

ϵ의 값은 얼마로 정해야 하나요? 다양한 알고리즘과 접근 방식의 프라이버시를 비교할 수 있지만 '충분한' 프라이버시를 제공하는 절대적 가치는 사용 사례[43]에 따라 달라집니다.

ϵ에 사용할 값을 결정할 때 감소된 시스템 정확도를 확인하면 도움이 됩니다. 비즈니스 문제에 적합한 데이터 유틸리티를 유지하면서 가능한 가장 개인적인 매개변수를 선택합니다. 또는 데이터 누출의 결과가 매우 높다면 먼저 허용할 수 있는 ϵ와 δ의 값을 설정한 다음 다른 하이퍼파라미터를 조정해서 최상의 모델 정확도를 얻을 수 있습니다. ϵ를 쉽게 해석할 수 없다는 점은 $\epsilon-\delta$ DP의 단점입니다. 이런 단점을 보완하기 위해 모델의 훈련 데이터 내에 비밀을 심고, 모델의 예측[44]에서 노출될 가능성을 측정하는 방법 등 다른 접근법이 개발되고 있습니다.

14.2.3 머신러닝을 위한 차등 개인 정보 보호

DP를 머신러닝 파이프라인의 일부로 사용할 때 추가할 수 있는 위치가 몇 군데 있습니다(앞으로 더 다양해질 것으로 예상합니다). 첫째, DP를 연합 학습 시스템에 포함할 수 있으며(14.4절 '연합 학습' 참조), 글로벌이나 로컬 방식을 사용할 수 있습니다. 둘째, 텐서플로 개인 정보

---

42 자세한 내용은 드워크(Dwork)와 로스(Roth)의 『The Algorithmic Foundations of Differential Privacy』에서 확인할 수 있습니다.

43 자세한 내용은 다음 논문에서 확인하세요. Justin Hsu et al. (2014). 차등 개인 정보 보호: 엡실론 선택을 위한 경제적 방법. (논문 발표, 2014 IEEE 컴퓨터 보안 재단 심포지엄, 오스트리아 빈, 2014년 2월 17일) https://arxiv.org/pdf/1402.3329.pdf

44 Nicholas Carlini et al. (2019). 비밀 공유자. https://arxiv.org/pdf/1802.08232.pdf

라이브러리는 글로벌 DP의 예입니다. 원시 데이터를 모델 학습에 사용할 수 있습니다.

세 번째는 PATE^{Private Aggregation of Teacher Ensembles} 접근법[45]입니다. 데이터 공유 시나리오는 다음과 같습니다. 10명의 사용자가 데이터를 라벨링했지만 여러분은 하지 않은 상황입니다. 여러분의 데이터로 10명이 각자 로컬에서 모델을 학습하고 그리고 각자 여러분의 데이터를 활용하여 예측을 수행합니다. 그런 다음 DP 쿼리가 수행되어 데이터셋의 각 예제에 대한 최종 예측을 생성하므로 여러분은 10개 모델 중 어떤 모델이 예측했는지 알 수 없습니다. 새로운 모델은 이런 예측값을 통해 학습됩니다. 이 모델에는 10개의 숨겨진 데이터셋의 정보가 있으며 숨겨진 데이터셋의 정보를 알 수는 없습니다. PATE 프레임워크는 이 시나리오에서 ϵ를 어떻게 사용하는지 보여줍니다.

14.3 텐서플로 개인 정보 보호 소개

텐서플로 개인 정보 보호^{TensorFlow Privacy}(TFP)(`https://oreil.ly/vlcIy`)는 모델 학습 중 옵티마이저에 DP를 추가합니다. TFP에서 사용하는 DP는 글로벌 DP의 예입니다. 학습 중에 노이즈를 추가하여 모델의 예측에서 개인 데이터가 노출되지 않습니다. 이를 통해 모델 정확도를 극대화하는 동시에 개인의 데이터를 기억하지 않는다는 강력한 DP 보장을 제공합니다. 이때 신뢰할 수 있는 데이터 저장소와 모델 트레이너에서 원시 데이터를 사용할 수 있지만, 최종 예측은 신뢰할 수 없습니다(그림 14-2).

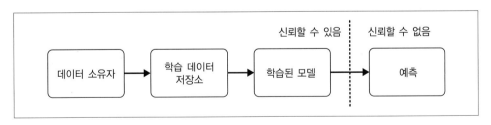

그림 14-2 DP를 위한 신뢰할 수 있는 당사자

---

45 Nicolas Papernot 외 연구진, "2016년 10월, `https://arxiv.org/abs/1610.05755`"에서 "Semi-Supervisioned Knowledge Transfer for Deep Learning from Private Training Data."입니다.

14.3.1 차등 개인 옵티마이저로 학습

옵티마이저 알고리즘은 각 학습 단계에서 그레이디언트에 랜덤 노이즈를 추가하여 수정합니다. 이렇게 하면 각 개별 데이터 지점을 포함하거나 포함하지 않은 그레이디언트의 업데이트를 비교하고 특정 데이터 지점이 그레이디언트 업데이트에 포함되었는지를 알 수 없습니다. 또한 그레이디언트가 너무 커지지 않도록 자릅니다. 따라서 하나의 학습 예제의 기여가 제한됩니다. 과적합을 방지하는 데에도 도움이 됩니다.

TFP는 pip로 설치할 수 있습니다. 이 책을 집필할 당시에는, 텐서플로 1.X를 지원했습니다.

```
$ pip install tensorflow_privacy
```

먼저 간단한 tf.keras 이진 분류 예제를 살펴보겠습니다.

```
import tensorflow as tf

model = tf.keras.models.Sequential([
  tf.keras.layers.Dense(128, activation='relu'),
  tf.keras.layers.Dense(128, activation='relu'),
  tf.keras.layers.Dense(1, activation='sigmoid')
])
```

차등 개인 옵티마이저를 사용하려면 일반 tf.keras 모델보다 추가 하이퍼파라미터를 두 개(노이즈 승수, L2 표준 클립) 더 설정해야 합니다. 이 하이퍼파라미터를 데이터셋에 맞게 조정하고 하이퍼파라미터가 ϵ에 미치는 영향을 측정하는 것이 최선입니다.

```
NOISE_MULTIPLIER = 2
# 배치 크기는 마이크로 배치의 수로 정확히 구분되어야 합니다.
NUM_MICROBATCHES = 32
LEARNING_RATE = 0.01
# 학습 세트의 예제 개수입니다.
POPULATION_SIZE = 5760
L2_NORM_CLIP = 1.5
# 모집단 크기는 배치 크기로 정확하게 구분할 수 있어야 합니다.
BATCH_SIZE = 32
EPOCHS = 70
```

그런 다음 차등 개인 옵티마이저를 초기화합니다.

```
from tensorflow_privacy.privacy.optimizers.dp_optimizer \
    import DPGradientDescentGaussianOptimizer

optimizer = DPGradientDescentGaussianOptimizer(
    l2_norm_clip=L2_NORM_CLIP,
    noise_multiplier=NOISE_MULTIPLIER,
    num_microbatches=NUM_MICROBATCHES,
    learning_rate=LEARNING_RATE)

# 손실은 전체 미니 배치를 통해 계산하지 말고 데이터 전체로 계산해야 합니다.
loss = tf.keras.losses.BinaryCrossentropy(
    from_logits=True, reduction=tf.losses.Reduction.NONE)
```

개인 모델은 일반적인 tf.keras 모델과 똑같이 학습합니다.

```
model.compile(optimizer=optimizer, loss=loss, metrics=['accuracy'])

model.fit(X_train, y_train,
            epochs=EPOCHS,
            validation_data=(X_test, y_test),
            batch_size=BATCH_SIZE)
```

14.3.2 엡실론 계산

이제 모델과 노이즈 승수와 그레이디언트 클립의 차등 개인 정보 매개변수를 계산합니다.

```
from tensorflow_privacy.privacy.analysis import compute_dp_sgd_privacy


# 델타값은 데이터셋의 1/2 크기로 설정되며 가장 가까운 크기의 순서로 반올림됩니다.
compute_dp_sgd_privacy.compute_dp_sgd_privacy(n=POPULATION_SIZE,
                                    batch_size=BATCH_SIZE,
                                    noise_multiplier=NOISE_MULTIPLIER,
                                    epochs=EPOCHS,
                                    delta=1e-4)
```

계산의 최종 결과물인 엡실론값은 특정 모델이 개인 정보 보호를 보장하는 강도를 알려줍니다.
그런 다음 앞에서 설명한 L2 표준 클립과 노이즈 승수 하이퍼파라미터를 변경하면 엡실론과 모
델 정확도에 어떤 영향을 미치는지 살펴볼 수 있습니다. 다른 모든 값을 고정한 상태로 이 두
하이퍼파라미터의 값을 증가시키면 엡실론이 감소합니다(따라서 개인 정보 보호가 강화됩니
다). 어느 시점부터는 정확도가 떨어지기 시작하고 모델이 유용하지 않게 됩니다. 이런 절충을
통해 유용한 모델 정확성을 유지하면서 가능한 한 개인 정보를 가장 강력하게 보호할 수 있습니다.

14.4 연합 학습

연합 학습Federated Learning(FL)은 머신러닝 모델을 여러 기기에 분산해서 학습하고, 훈련된 모델
을 중앙 서버에서 결합하는 프로토콜입니다. 핵심은 원시 데이터가 별도의 장치를 떠나지 않고
한 곳에 풀링되지 않는다는 점입니다. 이는 중앙에서 데이터셋을 수집한 다음 모델을 학습하는
기존 아키텍처와는 매우 다릅니다.

FL은 분산 데이터가 있는 휴대전화나 사용자의 브라우저에서 유용할 때가 많습니다. 여러 데
이터 소유자에게 분산된 중요 데이터를 공유하는 잠재적인 사용 사례도 있습니다. 피부암을 감
지하는 모델을 학습하는 AI 스타트업을 예로 들어보겠습니다. 피부암 이미지는 많은 병원에서
소유하고 있으며, 개인 정보 보호와 법적인 문제 때문에 한 곳에 모을 수 없습니다. FL은 각 병
원에서 데이터를 유출하지 않고 모델을 훈련하도록 합니다.

FL 설정에서 각 클라이언트는 모델 아키텍처와 몇 가지 학습 지침을 수신합니다. 모델은 각 클
라이언트의 장치에서 학습되고 가중치는 중앙 서버로 전달됩니다. 이는 원시 데이터보다 모
델 가중치를 통해 사용자 정보를 얻는 방법이 더 어렵다는 점에서 학습에 사용되는 개인 정보
를 약간 더 보호하지만, 개인 정보 보호를 완전히 보장하지는 않습니다. 그러나 모델 학습을 배
포하는 단계에서는 데이터를 수집하는 회사의 개인 정보 보호 기능이 강화되지 않습니다. 회사

에서 모델 아키텍처와 가중치에 관한 지식으로 원시 데이터가 어떤 상태였는지 파악할 수 있을 때가 많기 때문입니다.

그러나 FL을 사용하여 개인 정보 보호를 강화하는 매우 중요한 단계가 하나 더 있습니다. 중앙 모델에 가중치를 안전하게 통합하는 단계입니다. 이를 수행하는 여러 알고리즘이 있지만, 모두 가중치를 합치기 전에 검사하려고 시도하지 않는, 신뢰할 만한 중앙 조직이 필요합니다.

[그림 14-3]은 FL 설정에서 사용자의 개인 데이터에 액세스할 수 있는 당사자를 보여줍니다. 데이터를 수집하는 회사에서 사용자가 전달하는 모델 가중치를 보지 않도록 보안 평균을 설정할 수 있습니다. 중립적인 제삼자도 보안 집계를 수행할 수 있습니다. 이때 사용자만 데이터를 볼 수 있습니다.

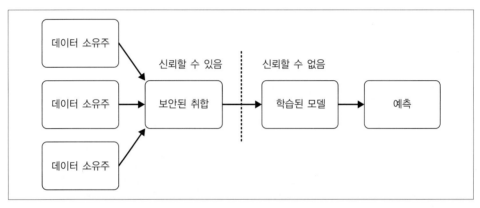

그림 14-3 FL의 신뢰할 수 있는 당사자

FL에 DP를 통합하면 개인 정보 보호를 더 강화할 수 있습니다. 이때 DP는 각 사용자가 최종 모델에 기여하는 정보의 양을 제한합니다. 연구에 따르면 사용자 수가 많을 때[46] 결과 모델이 DP가 아닌 모델과 거의 비슷합니다. 그러나 텐서플로나 파이토치에 대해서는 아직 구현되지 않았습니다.

실무에서 FL을 사용한 예로는 구글의 안드로이드 휴대폰용 지보드Gboard 키보드(`https://oreil.ly/LXtSN`)가 있습니다. 구글은 사용자의 개인 메시지를 사용해 학습하지 않고도 다음

---

46 Robin C Geyer 등, `https://arxiv.org/abs/1712.07557`, "Differently Private Federated Learning: A Client Level Perspective,"입니다.

단어를 더 정확하게 예측하는 모델을 훈련할 수 있습니다. FL은 다음 특성[47]을 공유하는 사용 사례에서 가장 유용합니다.

- 모델에 필요한 데이터는 분산된 소스에서만 수집할 수 있습니다.
- 데이터 소스가 많습니다.
- 데이터에 민감한 측면이 있습니다.
- 데이터에는 추가 레이블이 필요하지 않습니다. 레이블은 사용자가 직접 제공하며 소스를 떠나지 않습니다.
- 데이터는 거의 동일한 분포에서 추출하는 것이 이상적입니다.

FL은 머신러닝 시스템 설계에 새로운 고려 사항을 많이 도입했습니다. 예를 들어, 모든 데이터 소스가 한 번의 학습 실행과 다음 학습 사이에 새로운 데이터를 수집하지는 않으며, 모든 모바일 장치의 전원이 항상 켜져 있지도 않습니다. 수집되는 데이터는 보통 불균형적이며 실제로 장치마다 고유합니다. 장치 풀이 크면 각 학습 실행별로 충분한 데이터를 얻기가 쉽습니다. FL을 사용하는 모든 프로젝트에 새로운 보안 인프라를 개발해야 합니다.[48]

FL 모델을 학습하는 장치에서 성능 문제가 발생하지 않도록 주의해야 합니다. 학습은 모바일 장치의 배터리를 빠르게 소모하거나 대용량 데이터 사용을 유발하여 사용자의 비용으로 이어질 수 있습니다. 휴대전화의 처리 능력이 급속도로 증가하고 있지만, 여전히 소형 모델만 학습할 수 있으므로 더 복잡한 모델은 중앙 서버에서 학습해야 합니다.

14.4.1 텐서플로의 연합 학습

TFF^{TensorFlow Federated}는 FL의 분산 설정을 시뮬레이션하고 분산 데이터에 대한 업데이트를 계산할 수 있는 확률적 경사 하강법^{stochastic gradient descent}(SGD) 버전을 포함합니다. 기존 SGD에서는 업데이트를 중앙 집중식 데이터셋 배치에서 계산해야 하며, 중앙 집중식 데이터셋은 연합 설정에 존재하지 않습니다. 이 책을 집필할 당시, TFF는 주로 새로운 연합 알고리즘에 관한 연구와 실험을 목적으로 했습니다.

---

47 이 내용은 다음 논문에서 자세히 다루었습니다. H. Brendan McMahan et al. (2017). 분산화된 데이터로부터 심층 네트워크의 통신 효율적 학습. 국제 인공지능 및 통계 컨퍼런스의 20차 회의의 진행 과정. PMLR 54: 1273-82. https://arxiv.org/pdf/1602.05629.pdf입니다.

48 FL용 시스템 설계에 대한 자세한 내용은 다음 논문을 참조하시기 바랍니다."Federated Learning at Scale: System Design"(Palo Alto, CA, 2019) https://arxiv.org/pdf/1902.01046.pdf에서 확인할 수 있습니다.

PySyft(`https://oreil.ly/qlAWh`)는 OpenMined 조직에서 개발한 개인 정보 보호 머신 러닝용 오픈 소스 파이썬 플랫폼입니다. 이는 데이터를 집계하기 위해 SMPC(다음 절에서 자세히 설명함)를 사용하여 FL을 구현하는 작업을 포함합니다. 원래는 파이토치 모델을 지원하려고 개발되었지만, 텐서플로 버전도 출시되었습니다(`https://oreil.ly/01yw2`).

14.5 암호화된 머신러닝

암호화된 머신러닝은 개인 정보 보호 머신러닝의 또 다른 영역으로, 현재 연구자와 실무자 모두에게 많은 관심을 받고 있습니다. 암호화 커뮤니티의 기술과 연구를 기반으로 이런 기술을 머신러닝에 적용합니다. 지금까지 채택한 주요 방법은 동형 암호화homomorphic encryption(HE)와 SMPCSecure Multiparty Computing입니다. 이런 기술을 사용하는 방법에는 두 가지가 있습니다. 일반 텍스트 데이터로 이미 학습을 받은 모델을 암호화하는 방법과 전체 시스템을 암호화하는 방법(학습 중에 데이터를 암호화된 상태로 유지해야 할 때)입니다.

HE는 공개 키 암호화와 유사하지만 데이터를 해독할 필요가 없다는 차이가 있습니다. 암호화된 데이터에 대해 계산(예: 머신러닝 모델에서 예측 얻기)을 수행할 수 있습니다. 사용자는 로컬에 저장된 암호화 키를 사용하여 데이터를 암호화된 형식으로 제공한 다음 암호화된 예측을 수신합니다. 그리고 이를 해독하여 모델의 예측을 얻습니다. 모델을 학습시킨 당사자와 데이터를 공유하지 않으므로 사용자의 개인 정보 보호를 보장합니다.

SMPC를 사용하면 여러 당사자가 다른 당사자의 데이터에 대해 전혀 알지 못한 채 데이터를 결합하고, 해당 당사자에 대한 계산을 수행하며, 자체 데이터로 계산 결과를 확인할 수 있습니다. 이는 **비밀 공유**secret sharing를 통해 이루어집니다. 비밀 공유는 단일 값이 개별 당사자에게 전송되는 공유로 분할되는 프로세스입니다. 원래 값은 공유에서 재구성할 수 없지만 각 공유에서 개별적으로 계산을 수행할 수 있습니다. 모든 공유가 재결합될 때까지 계산 결과는 무의미합니다.

이 두 가지 기술 모두 많은 연산이 필요합니다. 이 책을 집필할 당시, HE는 머신러닝 모델을 학습하는 데 거의 사용되지 않았습니다. HE는 훈련과 예측 모두에서 상당한 속도 저하를 야기합니다. 따라서 HE에 대해서는 더 이상 논의하지 않겠습니다. SMPC는 공유 및 결과가 당사자 간에 전달되는 네트워킹 시간 측면에서 오버헤드가 발생하지만, HE보다 훨씬 빠릅니다. 이를 FL과 함께 사용하면 데이터를 한 곳에서 수집할 수 없는 상황에 유용합니다. 그러나, SMPC 와 FL의 조합은 모델이 민감한 데이터를 암기하는 상황을 막지 못합니다. 이 상황에서는 DP가 최선의 해결책입니다.

암호화된 ML은 TFE^{TensorFlow by TensorFlow}(`https://tf-encrypted.io/`)용으로 제공되며, 주로 Cape Privacy(`https://capeprivacy.com/`)에서 개발합니다. 또한 TFE는 FL에 필요한 보안 집계(`https://oreil.ly/VVPJx`)를 제공합니다.

14.5.1 암호화된 모델 학습

암호화된 머신러닝은 암호화된 데이터에 대한 모델을 학습할 때 사용할 수 있습니다. 이 기능은 모델을 학습하는 데이터 과학자에게 원시 데이터를 비공개로 유지해야 할 때 도움이 됩니다. 또한 둘 이상의 당사자가 자신의 원시 데이터를 공유하지는 않은 채 다른 모든 당사자의 데이터를 사용하여 모델을 학습하려 할 때도 유용합니다. [그림 14-4]와 같이 이 시나리오에서는 데이터 소유자만 신뢰할 수 있습니다.

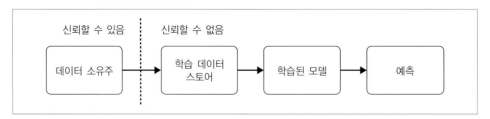

그림14-4 암호화된 모델 학습을 받은 신뢰할 수 있는 당사자

TFE를 사용하여 이 사용 사례의 암호화된 모델을 학습할 수 있습니다. 평소와 같이 `pip`을 사용하여 이를 설치합니다.

```
$ pip install tf_encrypted
```

TFE 모델을 구축하는 첫 번째 단계는 일괄적으로 학습 데이터를 산출하는 클래스를 정의하는 것입니다. 이 클래스는 데이터 소유자가 로컬로 구현합니다. 다음과 같이 데코레이터를 사용하여 데이터를 암호화된 데이터로 변환합니다.

```
@tfe.local_computation
```

TFE에서 모델 학습 코드를 작성하는 작업은 일반 케라스 모델과 거의 동일합니다. tf를 tfe
로 대체하기만 하면 됩니다.

```
import tf_encrypted as tfe

model = tfe.keras.Sequential()
model.add(tfe.keras.layers.Dense(1, batch_input_shape=[batch_size, num_features]))
model.add(tfe.keras.layers.Activation('sigmoid'))
```

인수 batch_input_shape는 Dense가 있는 첫 번째 레이어에 주어져야 한다는 점만 다릅니다.

관련 작업 예제는 TFE 설명서(https://oreil.ly/ghGnu)에 있습니다. 이 책을 집필할 당
시, 일반 케라스의 모든 기능이 TFE에 포함되지 않았기 때문에 본 예제 프로젝트를 이 형식으
로 보여줄 수는 없습니다.

14.5.2 암호화된 예측을 처리하도록 훈련된 모델 변환하기

암호화된 예측을 처리하도록 훈련된 모델 변환 TFE는 일반 텍스트 데이터로 학습을 받은 암호
화된 모델을 서비스할 때도 유용합니다. 이때 [그림 14-5]와 같이 암호화되지 않은 학습 데이
터에 완전히 액세스할 수 있지만 애플리케이션 사용자가 개인 예측을 수신할 수 있기를 원합니
다. 이는 암호화된 데이터를 업로드하고 암호화된 예측을 수신하는 사용자의 개인 정보를 보호
합니다.

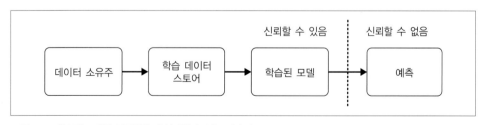

그림 14-5 학습된 모델을 암호화할 때 신뢰할 수 있는 당사자

모델을 정상적으로 학습하고 암호화된 버전으로 변환할 수 있으므로 이 방법은 오늘날의 머신러닝 파이프라인에 가장 적합한 방법일 수 있습니다. 또한 DP를 사용하여 학습을 받은 모델에도 사용할 수 있습니다. 암호화되지 않은 모델과 가장 큰 차이점은 여러 대의 서버가 필요하다는 점입니다. 각 서버는 원래 모델의 공유를 호스팅합니다. 누군가가 한 서버로 보내진 모델이나 데이터의 일부를 본다고 할지라도 아무것도 알 수 없습니다.

케라스 모델은 다음과 같이 TFE 모델로 변환할 수 있습니다.

```
tfe_model = tfe.keras.models.clone_model(model)
```

이 시나리오에서는 다음 단계를 수행해야 합니다.

- 클라이언트의 로컬에서 데이터를 로드하고 전처리합니다.
- 클라이언트의 데이터를 암호화합니다.
- 암호화된 데이터를 서버로 보냅니다.
- 암호화된 데이터에 대해 예측합니다.
- 암호화된 예측값을 클라이언트로 보냅니다.
- 클라이언트에서 암호화된 예측을 해독하고 결과를 사용자에게 표시합니다.

TFE는 개인 정보 보호를 강화한 예측을 수행하는 여러 가지 노트북을 제공합니다(`https://oreil.ly/r0cKP`).

14.6 기타 데이터 개인 정보 보호 방법

머신러닝 모델에 데이터가 있는 사람들의 개인 정보 보호를 강화하는 다른 기술도 많습니다. 이름, 주소, 전화번호 등의 텍스트 데이터를 스크러빙하기만 하면 정규식과 이름-엔티티 인식 모델을 사용하여 매우 쉽게 삭제할 수 있습니다.

14.7 요약

개인 데이터나 민감한 데이터를 사용할 때는 신뢰할 수 있는 사용자, 필요한 모델 성능 수준, 사용자에게서 얻은 동의와 관련하여 사용자의 요구에 가장 적합한 데이터 개인 정보 보호 솔루션을 선택해야 합니다.

이 장에서 설명하는 모든 기술은 아주 새로운 것이며, 프로덕션 용도는 아직 널리 보급되지 않았습니다. 이 장에서 다룬 프레임워크를 사용해서 사용자의 개인 정보를 완벽하게 보호할 수 있다고 가정하지 마세요. 머신러닝 파이프라인에 개인 정보 보호를 추가하는 데는 항상 상당한 추가 엔지니어링 노력이 수반됩니다. 개인 정보 보호 머신러닝 분야는 빠르게 발전하고 있으며, 현재 새로운 연구가 진행되고 있습니다. 이 분야에서 개선점을 찾고 PySyft(https://oreil.ly/rj0_c)나 TFE(https://oreil.ly/L5zik) 같은 데이터 개인 정보 보호 관련 오픈 소스 프로젝트를 지원하기를 권장합니다.

데이터 개인 정보 보호와 머신러닝의 목표가 일치할 때가 많습니다. 한 개인에 대해서만 학습하지 않고, 전체 모집단에 대해 학습하고 모든 사람에게 동등하게 좋은 예측을 한다는 측면에서 말입니다. 개인 정보 보호를 추가하면 모델이 한 사람의 데이터에 과적합하는 상황을 방지할 수 있습니다. 앞으로는 모델이 개인 데이터에 대한 학습을 받을 때 처음부터 개인 정보 보호가 머신러닝 파이프라인으로 설계될 것으로 예상합니다.

---

49 또한 '정화'된 데이터셋의 개인은 외부 정보를 사용하여 다시 식별할 수 있습니다. 다음 논문을 참고하세요. Luc Rocher et al. (2019). 생성 모델을 사용한 불완전한 데이터셋의 재식별 성공 평가. *Nature Communications 10*, 3069. https://www.nature.com/articles/s41467-019-10933-3

파이프라인의 미래와 다음 단계

지금까지 머신러닝 파이프라인의 현황을 파악하고 이를 구축하는 방법에 관한 권고사항을 제시했습니다. 머신러닝 파이프라인은 비교적 새로운 개념이고, 아직 정립해야 할 주제가 많습니다. 이 장에서는 현재 파이프라인이 적합하지 않다고 생각되는 몇 가지 사항과 향후 머신러닝 파이프라인의 단계를 살펴보겠습니다.

15.1 모델 실험 관리

지금까지는 여러분이 이미 실험을 해 보았고 모델 구조가 기본적으로 해결되었다고 가정했습니다. 하지만 여기서는 실험을 추적하고 원활하게 진행하는 방법에 관한 생각을 나누고 싶습니다. 실험 프로세스에는 잠재적인 모델 아키텍처, 하이퍼파라미터, 피처 특징 탐색이 포함될 수 있습니다. 그러나 무엇을 탐색하든, 강조하고 싶은 핵심은 실험 프로세스가 프로덕션에 밀접하게 부합해야 한다는 점입니다.

모델을 수동으로 최적화하든, 모델을 자동으로 튜닝하든, 최적화 프로세스의 결과를 기록하고 공유하는 일은 필수입니다. 팀 구성원은 모델 업데이트 진행률을 신속하게 평가할 수 있습니다. 동시에 모델 제작자는 수행한 실험에 대한 자동 기록을 받을 수 있습니다. 우수한 실험 추적은 데이터 과학팀의 효율성을 높입니다.

또한 실험 추적은 모델의 감사 추적을 추가하며 잠재적인 소송에 대한 보호책이 되기도 합니다. 데이터 과학팀이 모델을 학습하는 동안 예외 케이스를 고려했는지에 대한 문제에 직면해 있다면, 실험 추적을 사용해 모델 매개변수와 반복을 추적할 수 있습니다.

Weight and Bias(`https://www.wandb.com/`)와 Sacred(`https://oreil.ly/6zK3V`)는 실험 추적용 도구입니다. [그림 15-1]은 각 모델 학습 실행에서 발생한 손실과 함께 Weight and Bias의 실제 사례를 보여줍니다. 다양한 시각화가 가능하며 각 모델 실행에 대한 모든 하이퍼파라미터도 저장할 수 있습니다.

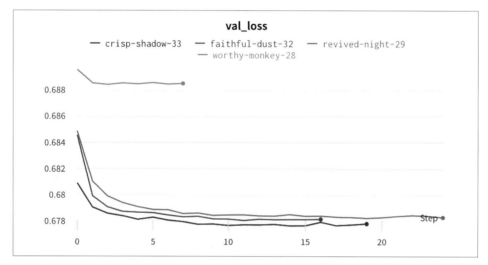

그림 15-1 Weight and Bias에서 수행한 실험 추적

향후에는 실험과 생산 프로세스가 더욱 긴밀하게 연계되어 데이터 과학자가 새로운 모델 아키텍처를 테스트하는 것에서 파이프라인에 추가하는 것으로 원활하게 전환할 수 있을 것으로 기대합니다.

15.2 모델 배포 관리에 관한 생각

소프트웨어 엔지니어링에서는 코드를 버전화하고 배포를 관리하는 절차가 잘 수립되어 있습니다. 이전 버전과 호환되지 않을만한 큰 변경이라면 주요 버전(예: 0.x에서 1.0으로)을 변경합니다. 작은 기능 추가에는 부 버전(1.0 ~ 1.1)을 변경합니다. 머신러닝 세계에서 이는 무엇을 의미할까요? 한 머신러닝 모델에서 다음 모델까지 데이터의 입력 형식은 같을 수 있고 예측의 출력 형식은 동일하게 유지되므로 중단 없이 변경될 수 있습니다. 파이프라인이 계속 실행되므로 오류가 발생하지 않습니다. 하지만 새로운 모델의 성능이 이전 모델과 완전히 다를 수 있습니다. 머신러닝 파이프라인을 표준화하려면 모델 버전 관리 관행이 필요합니다.

모델 배포 관리를 위해 다음과 같은 전략을 제안합니다.

- 입력 데이터가 변경되면 모델 버전이 약간 변경됩니다.
- 하이퍼파라미터가 변경되면 모델 버전이 크게 변경됩니다. 여기에는 네트워크의 계층 수와 계층의 노드 수가 포함됩니다.
- 모델 아키텍처를 완전히 변경하면(예: 순환 신경망recurrent neural network(RNN)에서 Transformer 아키텍처로 변경), 완전히 새로운 파이프라인이 됩니다.

모델 검증 단계는 새 모델의 성능이 이전 모델의 성능을 개선하는지 검증하여 릴리스 여부를 제어합니다. 이 단계에서는 TFX 파이프라인에서 단일 지표만 사용됩니다. 검증 단계는 추론 시간이나 데이터 여러 조각의 정확성과 같은 다른 요인을 포함하도록 향후 더욱 정교해질 것으로 예상합니다.

15.3 미래의 파이프라인 능력

이 책에서는 집필 당시의 머신러닝 파이프라인 상태를 기술했습니다. 하지만 머신러닝 파이프라인은 미래에 어떤 모습일까요? 다음과 같은 기능을 사용할 수 있기를 기대합니다.

- **중요도가 높아진 개인 정보 보호 및 공정성**: 이 책을 작성할 당시, 파이프라인에 개인 정보 보호 머신러닝이 포함되지 않았다고 가정했습니다. 공정성을 위한 분석이 포함되지만 모델 검증 단계는 전체 지표만 사용할 수 있습니다.
- **FL의 통합**: 14장에서 논의한 내용입니다. 데이터 전처리와 모델 학습이 많은 개별 장치에서 수행된다면 머신러닝 파이프라인은 이 책에서 설명한 것과 매우 다르게 변화해야 합니다.
- **파이프라인의 탄소 배출량을 측정하는 능력**: 모델이 커질수록 모델의 에너지 사용량이 많이 증가합니다. 이는 실험 프로세스(특히 모델 아키텍처 검색) 중에 더 목적적합할 때가 많지만, 배출량 추적을 파이프라인에 통합하면 매우 유용할 것입니다.

- **데이터 스트림 수집**: 이 책에서는 데이터 배치에 대해 학습을 받은 파이프라인만 고려했습니다. 그러나 더 정교한 데이터 파이프라인을 통해 머신러닝 파이프라인은 데이터 스트림을 소비할 수 있어야 합니다.

미래의 도구는 이 책에 수록한 일부 프로세스를 더욱 추상화할 수 있으며, 미래의 파이프라인을 더욱 원활히 사용하고 자동화할 것으로 기대합니다.

또한 미래의 파이프라인은 다른 유형의 머신러닝 문제를 해결해야 할 것으로 예상합니다. 우리는 단지 지도 학습과 거의 독점적인 분류 문제를 논의했을 뿐입니다. 분류 문제는 파이프라인을 이해하고 구축하기가 가장 쉬우므로 지도 분류 문제부터 시작하는 것이 타당합니다. 회귀 문제, 이미지 캡션, 텍스트 생성과 같은 다른 유형의 지도 학습은 이 책에서 설명하는 파이프라인의 대부분의 컴포넌트로 대체하기 쉬울 것입니다. 하지만 강화 학습 문제와 비지도 문제는 잘 맞지 않을 수 있습니다. 이런 문제는 여전히 생산 시스템에서는 드물지만, 앞으로는 더 흔해질 것입니다. 파이프라인의 데이터 수집, 검증, 피처 엔지니어링 컴포넌트는 여전히 이런 문제와 함께 작동해야 하지만, 학습, 평가, 검증 부분에는 상당한 변화가 필요합니다. 피드백 루프도 매우 다르게 보일 것입니다.

15.4 다른 머신러닝 프레임워크와 함께 사용하는 TFX

머신러닝 파이프라인의 미래에는 기본 머신러닝 프레임워크에 대한 개방성이 포함될 가능성이 높으므로 데이터 과학자는 텐서플로, 파이토치, 사이킷런 또는 기타 미래의 프레임워크에서 모델을 구축할 필요가 없습니다.

TFX가 순수한 텐서플로 종속성을 제거하는 방향으로 나아가고 있음을 알게 되어 기쁩니다. 4장에서 논의했듯이 일부 TFX 컴포넌트는 다른 머신러닝 프레임워크와 함께 사용할 수 있습니다. 다른 컴포넌트들은 다른 머신러닝 프레임워크와의 통합을 가능하게 하는 전환을 진행 중입니다. 예를 들어, Trainer 컴포넌트는 이제 텐서플로와 독립적으로 모델을 학습할 수 있는 실행자를 제공합니다. 파이토치나 사이킷런과 같은 프레임워크를 통합하는 범용적인 컴포넌트를 앞으로 볼 수 있기를 기대합니다.

15.5 머신러닝 모델 테스트

머신러닝 모델 테스트는 머신러닝 엔지니어링의 새로운 주제입니다. 이는 7장에서 논의한 모델 검증이 아니라 모델 추론 테스트를 의미합니다. 이런 테스트는 모델의 단위 테스트이거나 모델과 앱의 상호작용에 대한 전체 엔드 투 엔드 테스트일 수 있습니다.

또한 다음과 같은 테스트가 중심이 될 수도 있습니다.

- 추론 시간
- 메모리 소비량
- 모바일 장치의 배터리 소모량
- 모델 크기와 정확도 사이의 균형

소프트웨어 엔지니어링의 모범 사례가 데이터 과학 사례와 통합되기를 기대합니다. 모델 테스트도 이에 포함되어야겠죠.

15.6 머신러닝을 위한 CI/CD 시스템

머신러닝 파이프라인은 향후 몇 개월간 더욱 간소화되면서 더 완벽한 CI/CD 워크플로를 향해 나아갈 것입니다. 데이터 과학자와 머신러닝 엔지니어는 소프트웨어 엔지니어링 워크플로에서 배울 수 있습니다. 예를 들어, 머신러닝 모델의 배포 롤백을 용이하게 하는 머신러닝 파이프라인 또는 모범 사례에 데이터 버전 관리를 더 효과적으로 통합할 수 있기를 기대합니다.

15.7 머신러닝 엔지니어링 커뮤니티

머신러닝 엔지니어링 분야가 형성되고 있는 만큼, 주제를 둘러싼 커뮤니티가 매우 중요해질 것입니다. 모범 사례, 사용자 지정 컴포넌트, 워크플로, 사용 사례, 파이프라인 설정을 머신러닝 커뮤니티와 공유하기를 고대합니다. 이 책이 신흥 분야에 작은 공헌을 하기를 바랍니다. 소프트웨어 엔지니어링의 데브옵스와 마찬가지로, 더 많은 데이터 과학자와 소프트웨어 엔지니어가 머신러닝 엔지니어링 분야에 관심을 두기를 바랍니다.

15.8 요약

이 책에는 머신러닝 모델을 매끄러운 파이프라인으로 전환하는 방법에 관한 권장 사항이 있습니다. [그림 15-2]는 우리가 필요하다고 생각하는 모든 단계와 (집필 시점을 기준으로) 가장 적합하다고 생각하는 도구를 보여줍니다. 이 주제에 계속 호기심을 갖고, 새로운 개발을 따르고, 머신러닝 파이프라인과 관련된 다양한 오픈 소스에 기여하기를 권장합니다. 이는 새로운 솔루션이 자주 출시되는 등 매우 활발한 개발 분야입니다.

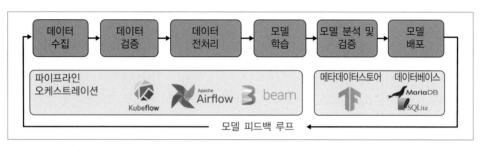

그림 15-2 머신러닝 파이프라인 아키텍처

[그림 15-2]에는 세 가지 매우 중요한 기능(확장성scalable, 재현성reproducible, 자동화automated)이 있습니다. 자동화된 모델이기에 데이터 과학자가 모델을 유지 보수할 필요가 없고 새로운 모델을 실험할 시간을 줍니다. 확장성이 뛰어나서 대량의 데이터를 처리하도록 확장할 수 있습니다. 그리고 재현이 가능해서 한 프로젝트의 인프라에서 설정한 후에는 다음 프로젝트를 쉽게 구축할 수 있습니다. 이는 모두 성공적인 머신러닝 파이프라인에 필수입니다.

머신러닝에 유용한 인프라 소개

부록에서는 머신러닝에 유용한 몇 가지 인프라 도구(컨테이너)를 도커나 쿠버네티스의 형태로 간략히 소개합니다. 이 시점에 소프트웨어 엔지니어링팀에 파이프라인을 넘겨줘도 되지만, 머신러닝 파이프라인을 구축하는 모든 사람이 이런 도구를 알면 더 유용합니다.

A.1 컨테이너 소개

모든 리눅스 운영 체제는 파일 시스템이나 모든 하드 드라이브 및 파티션을 포함하는 디렉터리 구조를 기반으로 합니다. 파일 시스템의 루트(/로 표시함)에서 리눅스 시스템의 거의 모든 부분에 액세스할 수 있습니다. 컨테이너는 더 작은 새 루트를 생성하여 더 큰 호스트 내에서 '더 작은 리눅스'로 사용합니다. 이렇게 하면 특정 컨테이너 전용 라이브러리 세트를 완전히 별도로 만들 수 있습니다. 또한 컨테이너를 사용하여 각 컨테이너의 CPU 시간이나 메모리 같은 리소스를 제어할 수 있습니다.

도커는 컨테이너를 관리하는 사용자 친화적인 API입니다. 컨테이너는 도커를 사용하여 여러 번 빌드, 패키지, 저장, 배포할 수 있습니다. 또한 개발자는 컨테이너를 로컬로 작성한 다음 다른 사용자가 컨테이너에서 가져와 즉시 실행할 수 있는 중앙 레지스트리에 컨테이너를 게시할 수 있습니다.

의존성 관리는 머신러닝과 데이터 과학에서 큰 문제입니다. R로 작성하든, 파이썬으로 작성하든, 대부분 타사 모듈에 의존합니다. 이런 모듈은 자주 업데이트되며 버전이 충돌할 때 파이프라인이 변경될 수 있습니다. 컨테이너를 사용하면 올바른 모듈 버전과 함께 데이터 처리 코드를 미리 패키징하여 이런 문제를 방지할 수 있습니다.

A.2 도커 소개

맥이나 윈도우에 도커를 설치하려면 https://docs.docker.com/get-docker/에 방문하여 운영 체제에 맞는 최신 버전의 도커 데스크톱을 다운로드하세요. 도커는 리눅스 운영 체제에서 몇 가지 명령만으로 편리하게 설치할 수 있는 스크립트를 제공합니다.

```
$ curl -fsSL https://get.docker.com -o get-docker.sh
$ sudo sh get-docker.sh
```

다음 명령을 사용하여 도커 설치가 올바르게 작동하는지 테스트할 수 있습니다.

```
$ docker run hello-world
```

A.2.1 도커 이미지 소개

도커 이미지는 컨테이너의 기본이며, 루트 파일 시스템에 대한 변경 사항 모음과 컨테이너를 실행하는 실행 매개변수로 구성됩니다. 이미지를 실행하려면 먼저 '구축'해야 합니다.

도커 이미지 뒤에 있는 유용한 개념은 스토리지 계층입니다. 이미지를 구축한다는 말은 패키지에 리눅스 운영체제를 포함하여 설치하는 것을 의미합니다. 이 작업이 매번 실행되지 않도록 도커는 계층화된 파일 시스템을 사용합니다. 첫 번째 계층에 파일 A와 B가 있고 두 번째 계층에 파일 C를 추가하면 결과 파일 시스템에는 A, B, C가 표시됩니다. 파일 A, B, D를 사용하는 두 번째 이미지를 생성하려면 파일 D를 추가하도록 두 번째 계층만 변경하면 됩니다. 즉, 기본 패키지를 모두 포함한 기본 이미지를 가질 수 있으며, [그림 A-1]과 같이 이미지별 변경 사항에 초점을 맞출 수 있습니다.

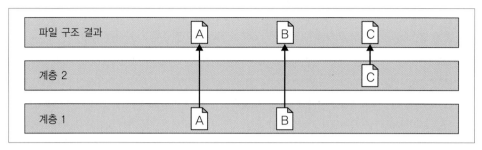

그림 A-1 계층화된 파일 시스템의 예

도커 이미지 이름을 **태그**^{tag}라고 합니다. docker-registry/docker-namespace/image-name:tag 패턴을 따릅니다. 예를 들어 docker.io/tensorflow/tensorflow:nightly는 tensorflow 네임스페이스의 도커 허브^{DockerHub}에서 tensorflow 이미지를 가리킵니다. 태그는 일반적으로 특정 이미지의 버전을 표시하는 데 사용합니다. 이 예에서는 nightly 태그가 텐서플로의 야간 빌드에 예약되어 있습니다.

도커 이미지는 Dockerfile을 기반으로 작성됩니다. Dockerfile의 각 줄은 하나의 절로 시작합니다. 다음과 같은 절이 중요합니다.

- **FROM**
  빌드할 도커 기본 컨테이너를 나타냅니다. 항상 이 절을 사용하고 싶을 것입니다. ubuntu와 같이 다운로드할 수 있는 기본 컨테이너가 많습니다.

- **RUN**
  배시를 실행합니다. 이는 대부분의 도커 이미지의 가장 기본적인 명령입니다. 여기서 패키지 설치, 디렉터리 생성 등을 수행할 수 있습니다. 각 행은 이미지에 레이어를 생성하므로 Dockerfile 의 첫 번째 행 중 하나로 패키지 설치와 기타 긴 작업을 수행하는 것이 좋습니다. 즉, 재구축하는 동안 도커가 캐시에서 레이어를 사용하려고 시도합니다.

- **ARG**
  인수를 전달합니다. 동일한 이미지의 여러 인자(예: dev, production)를 원할 때 유용합니다.

- **COPY**
  콘텍스트에서 파일을 복사합니다. 콘텍스트 경로는 docker build에 사용하는 인수입니다. 콘텍스트는 빌드 중에 도커에 노출되는 로컬 파일 집합이며 프로세스에서만 이 파일을 사용합니다. 이는 컨테이너에 소스 코드를 복사하는 데 사용할 수 있습니다.

- **ENV**

  환경 변수를 설정합니다. 이 변수는 이미지의 일부가 되며 빌드 및 실행 시 표시됩니다.

- **CMD**

  컨테이너의 기본 명령입니다. 도커에서는 컨테이너당 하나의 명령을 실행하는 것이 좋습니다. 그런 다음 도커는 명령을 모니터링하고 명령이 종료될 때 출력된 STDOUT를 docker logs에 게시합니다. 이 명령은 ENTRYPOINT를 사용해서 지정할 수도 있습니다. 이들 사이에는 몇 가지 미묘한 차이점이 있지만, 여기서는 CMD에 초점을 맞추겠습니다.

- **USER**

  컨테이너의 기본 사용자입니다. 이는 호스트 시스템 사용자와 다릅니다. 명령을 하나로 실행하려면 빌드 중에 사용자를 생성해야 합니다.

- **WORKDIR**

  이미지의 기본 디렉터리로, 기본 명령이 실행될 디렉터리입니다.

- **EXPOSE**

  컨테이너에서 사용할 포트를 지정합니다. 예를 들어 HTTP 서비스에는 EXPOSE 80이 있어야 합니다.

A.2.2 첫 번째 도커 이미지 만들기

첫 번째 이미지를 구축해보죠! 먼저 소형 도커 프로젝트용으로 새 디렉터리를 만들어야 합니다.

```
$ mkdir hello-docker
$ cd hello-docker
```

이 디렉터리에서 다음 내용을 사용하여 Dockerfile이라는 파일을 만듭니다.

```
FROM ubuntu
RUN apt-get update
RUN apt-get -y install cowsay
CMD /usr/games/cowsay "Hello Docker"
```

이를 구축하려면 docker build . -t hello-docker 명령을 사용하세요. -t 플래그는 이 이미지의 태그를 지정합니다. 컨테이너에서 실행하는 일련의 명령이 표시됩니다. 이미지에서 각 계층(Dockerfile의 각 명령에 대응함)은 이전 계층을 실행하는 임시 컨테이너에서 호출됩니다. 차이점이 누적되어 저장되고, 결국 완전한 이미지로 끝납니다. 구축하지 않은 첫 번째 계층은 우분투 리눅스를 기반으로 합니다. Dockerfile의 FROM 명령은 레지스트리(여기서는 도커 허브)에서 이 이미지를 가져와 기본 이미지로 사용하도록 도커에게 지시합니다.

빌드가 완료된 후 호출 docker images에 다음과 같은 내용이 표시되어야 합니다.

```
REPOSITORY      TAG        IMAGE ID        CREATED          SIZE
hello-docker    latest     af856e494ed4    2 minutes ago    155MB
ubuntu          latest     94e814e2efa8    5 weeks ago      88.9MB
```

기본 우분투 이미지와 새로운 이미지가 표시되어야 합니다.

우리가 이 이미지를 구축했다고 해서 사용할 준비가 되었다는 뜻은 아닙니다. 다음 단계는 이미지를 실행하는 것입니다. docker run은 도커에서 가장 중요한 명령입니다. 기존 이미지에서 새 컨테이너를 만듭니다(또는 시스템에 이미지가 없으면 레지스트리에서 컨테이너를 꺼냅니다). 이미지를 실행하려면 docker run -it hello-docker를 호출해야 합니다. 이는 cowsay 명령의 결과물을 보여줍니다.

> **NOTE_ 도커 레지스트리**
>
> 빌드 이미지를 쉽게 게시할 수 있다는 점은 도커의 큰 장점입니다. 도커 이미지의 리포지토리를 **레지스트리** registry라고 합니다. 도커 허브라고 하는 기본 도커 레지스트리는 Docker, Inc.에서 지원합니다. 도커 허브 계정은 무료이며 공용 이미지를 이 계정으로 푸시할 수 있습니다.

A.2.3 도커 CLI 살펴보기

도커 CLI는 로컬 시스템의 이미지 및 컨테이너와 상호작용하는 주요 방법입니다. 이 절에서는 가장 중요한 명령과 옵션을 설명합니다. docker run부터 시작하겠습니다.

docker run에 전달할 수 있는 중요한 옵션이 많이 있습니다. 이 기능을 사용하면 Dockerfile 파일에 설정된 대부분의 옵션을 재정의할 수 있습니다. 이는 많은 도커 이미지에 설정된 기본 명령어들이 우리가 원하는 값과 다르기 때문에 중요합니다. cowsay를 예로 들어 보겠습니다.

```
$ docker run -it hello-docker /usr/games/cowsay "Our own message"
```

이미지 태그 다음에 나오는 인수는 Dockerfile에서 설정한 기본 명령을 재정의합니다. 이는 기본 이진 파일에 자체 명령줄 플래그를 지정하는 가장 좋은 방법입니다. 다음 플래그들도 docker run에 유용합니다.

- **-it**

  'interactive(대화형)'와 tty의 약자로, 쉘에서 실행 중인 명령과 상호작용할 수 있도록 합니다.

- **-v**

  데이터셋을 포함하는 디렉터리 등, 도커 볼륨이나 호스트 디렉터리를 컨테이너에 마운트합니다.

- **-e**

  환경 변수를 사용해 구성을 전달합니다. 예를 들어, 도커 docker run -e MYVARNAME=value image는 컨테이너에 MYVARNAME 환경 변수를 생성합니다.

- **-d**

  컨테이너를 분리 모드에서 실행할 수 있으므로 장시간 실행되는 작업에 이상적입니다.

- **-p**

  외부 서비스가 네트워크를 통해 컨테이너와 상호작용할 수 있도록 호스트의 포트를 컨테이너에 전달합니다. 예를 들어, docker run -d -p 8080:8080 imagename은 localhost:8080을 컨테이너의 포트 8080으로 전달합니다.

> **NOTE_ 도커 컴포즈**
> 디렉터리 마운트, 컨테이너 링크 관리 등을 시작하면 docker run이 상당히 복잡해지곤 합니다. **도커 컴포즈**Docker Compose는 이를 돕는 프로젝트입니다. 원하는 수의 컨테이너에 대한 모든 도커 옵션을 지정하는 docker-compose.yaml 파일을 만들 수 있습니다. 그런 다음 네트워크를 사용해 컨테이너를 함께 연결하거나 동일한 디렉터리를 마운트할 수 있습니다.

다음과 같은 도커 명령도 유용합니다

- **docker ps**

  실행 중인 컨테이너를 모두 표시합니다. -a 플래그를 추가하면 종료된 컨테이너도 표시합니다.

- **docker images**

  기기에 있는 모든 이미지를 나열합니다.

- `docker inspect container id`

  컨테이너의 구성을 자세히 검사합니다.

- `docker rm`

  컨테이너를 삭제합니다.

- `docker rmi`

  이미지를 삭제합니다.

- `docker logs`

  컨테이너에서 생성된 STDOUT 및 STDERR 정보를 표시하여 디버깅에 매우 유용합니다.

- `docker exec`

  실행 중인 컨테이너 내에서 명령을 호출할 수 있습니다. 예를 들어, `docker exec -it container id bash`를 사용하면 배시를 사용하여 컨테이너 환경에 들어가서 내부에서 검사할 수 있습니다. `-it` 플래그는 `docker run`에서와 같은 방식으로 작동합니다.

A.3 쿠버네티스 소개

지금까지 단일 머신에서 실행되는 도커 컨테이너에 대해 이야기했습니다. 스케일업하려면 어떻게 해야 할까요? 쿠버네티스는 구글에서 처음 개발한 오픈 소스 프로젝트로, 인프라의 스케줄링과 확장을 관리합니다. 많은 서버에 로드를 동적으로 확장하고 컴퓨팅 리소스를 추적합니다. 또한 쿠버네티스는 하나의 머신에 여러 컨테이너를 장착하여 크기와 요구사항에 따라 효율성을 극대화하고 컨테이너 간의 통신을 관리합니다. AWS, 애저, GCP와 같은 모든 클라우드 플랫폼에서 실행할 수 있습니다.

A.3.1 쿠버네티스 용어 정의

쿠버네티스를 시작할 때 가장 어려운 부분은 용어입니다. 다음은 도움이 될만한 몇 가지 용어 정의입니다.

- **클러스터**cluster

  쿠버네티스 API 서버와 많은 작업자 노드를 제어하는 중앙 노드를 포함하는 시스템 집합입니다.

- **노드**node

  클러스터 내의 단일 시스템(물리적 시스템 또는 가상 시스템)입니다.

- **포드**pod

  동일한 노드에서 함께 실행되는 컨테이너 그룹입니다. 포드는 주로 한 컨테이너만 포함합니다.

- **kubelet**

  각 작업자 노드의 중앙 노드와의 통신을 관리하는 쿠버네티스 에이전트입니다.

- **서비스**service

  포드 및 포드 그룹에 액세스하는 정책 그룹입니다.

- **볼륨**volume

  동일한 포드의 모든 컨테이너가 공유하는 저장소 공간입니다.

- **네임스페이스**namespace

  물리적 클러스터의 공간을 다른 환경으로 나누는 가상 클러스터입니다. 예를 들어, 클러스터를 여러 팀의 개발 및 운영 환경으로 나눌 수 있습니다.

- **ConfigMap**

  쿠버네티스에 기밀이 아닌 구성 정보(환경 변수, 인수 등)를 저장하는 API를 제공합니다. 컨테이너 이미지에서 구성을 분리하는 데 유용합니다.

- **kubectel**

  쿠버네티스의 CLI입니다.

A.3.2 미니쿠베와 kubectl

미니쿠베Minikube라는 도구를 사용하여 단순한 로컬 쿠버네티스 클러스터를 만들 수 있습니다. 미니쿠베를 사용하면 어떤 운영 체제에서든 쿠버네티스를 쉽게 설정할 수 있습니다. 가상 시스템을 생성해서 도커와 쿠버네티스를 설치하고, 연결된 로컬 사용자를 추가합니다.

> **WARNING_ 프로덕션 환경에서 미니쿠베를 사용하지 마세요.**
> 미니쿠베는 빠르고 쉬운 로컬 환경으로 설계되었으므로 프로덕션에 사용해서는 안 됩니다. 프로덕션 품질의 쿠버네티스 클러스터를 이용하려면 주요 퍼블릭 클라우드 공급자에게서 관리형 쿠버네티스를 서비스로 구입하는 방법이 가장 쉽습니다.

먼저, 쿠버네티스 CLI 도구인 Kubectl을 설치합니다.

맥에서는 **brew**를 사용하여 Kubectl을 설치할 수 있습니다.

```
$ brew install kubectl
```

윈도우를 사용한다면 `https://oreil.ly/AhAwc`를 확인하세요.

리눅스에서는 다음 명령어로 설치할 수 있습니다.

```
$ curl -LO https://storage.googleapis.com/kubernetes-release\
/release/v1.14.0/bin/linux/amd64/kubectl
$ chmod +x ./kubectl
$ sudo mv ./kubectl /usr/local/bin/kubectl
```

미니쿠베를 설치하려면 먼저 VirtualBox(`https://oreil.ly/LJgFJ`)와 같은 가상 시스템을 생성하고 실행하는 **하이퍼바이저**hypervisor를 설치해야 합니다.

맥에서 미니쿠베는 **brew**를 사용하여 설치할 수 있습니다.

```
$ brew install minikube
```

윈도우에서는 `https://oreil.ly/awtxY`를 확인하세요.

리눅스 시스템에서는 다음을 수행합니다.

```
$ curl -Lo minikube \
https://storage.googleapis.com/minikube/releases/latest/minikube-linux-amd64
$ chmod +x minikube
$ sudo cp minikube /usr/local/bin && rm minikube
```

설치가 완료되면 다음 명령으로 간단한 쿠버네티스 클러스터를 시작합니다.

```
$ minikube start
```

클러스터에 노드를 나열해서 미니쿠베가 제대로 작동하는지 신속하게 확인해보죠.

```
$ kubectl get nodes
```

A.3.3 쿠버네티스 CLI와 상호작용

쿠버네티스 API는 **리소스**를 기반으로 합니다. 쿠버네티스 세계의 거의 모든 것이 리소스로 표현됩니다. kubectl은 이를 염두에 두고 만들어졌습니다. 그래서 대부분의 리소스 상호작용에 대해 비슷한 패턴을 따르죠.

예를 들어, 모든 포드를 나열하는 전형적인 kubectl 명령어는 다음과 같습니다.

```
$ kubectl get pods
```

이렇게 하면 실행 중인 모든 포드의 목록이 나열되지만, 아직 실행시키지 않았으므로 목록이 비어 있습니다. 그렇다고 해서 현재 클러스터에서 실행 중인 포드가 없다는 뜻은 아닙니다. 쿠버네티스의 리소스는 대부분 네임스페이스에 배치할 수 있으며, 특정 네임스페이스를 쿼리하지 않으면 해당 리소스를 표시하지 않습니다. 쿠버네티스는 kube-system이라는 네임스페이스에서 내부 서비스를 실행합니다. 네임스페이스에 있는 모든 포드를 나열하려면 –n 옵션을 사용하세요.

```
$ kubectl get pods -n kube-system
```

그러면 몇 가지 결과를 반환합니다. 또한 --all-namespaces를 사용하여 네임스페이스와 관계없이 모든 포드를 표시할 수도 있습니다.

이름을 사용하여 하나의 포드를 표시할 수 있습니다.

```
$ kubectl get po mypod
```

레이블로 필터링할 수도 있습니다. 예를 들어, 다음 호출은 kube-system에 값 etcd를 포함한 레이블 component가 있는 모든 포드를 표시합니다.

```
$ kubectl get po -n kube-system -l component=etcd
```

get으로 표시되는 정보도 수정할 수 있습니다. 예를 들어 다음과 같습니다.

```
# 포드의 주소와 노드 표시
$ kubectl get po -n kube-system -o wide
# mypod 포드의 yaml 정의 표시
$ kubectl get po mypod -o yaml
```

kubectl은 새 리소스를 생성하는 명령어를 두 가지 제공합니다. create와 apply입니다. create는 항상 새 리소스를 생성하려고 시도하지만(이미 있으면 생성하지 못함), apply는 새 리소스를 생성하거나 기존 소스를 업데이트한다는 점이 다릅니다.

새 리소스를 생성할 때는 리소스 정의와 함께 YAML(또는 JSON) 파일을 사용하는 방법을 가장 많이 사용합니다(다음 절 참조). 다음 kubectl 명령은 업데이트된 쿠버네티스 리소스(예: 포드)를 만들도록 합니다.

```
# pod.yaml에 정의된 Pod 생성
$ kubectl create -f pod.yaml
# 이는 HTTP를 통해 사용될 수 있음
$ kubectl create -f http://url-to-pod-yaml
# apply 명령으로 리소스에 변경사항을 반영할 수 있음
$ kubectl apply -f pod.yaml
```

리소스를 삭제하려면 kubectl delete를 사용합니다.

```
# foo 포드 삭제
$ kubectl delete pod foo
# pods.yaml에 있는 모든 리소스 삭제
$ kubectl delete -f pods.yaml
```

kubectl edit를 사용하여 기존 리소스를 빠르게 업데이트할 수 있습니다. 다음 명령은 로드된 리소스 정의를 편집할 수 있는 편집기를 엽니다.

```
$ kubectl edit pod foo
```

A.3.4 쿠버네티스 리소스 정의

쿠버네티스 리소스는 대부분 YAML로 정의합니다(JSON도 사용할 수 있습니다). 기본적으로 모든 리소스는 몇 가지 필수 섹션이 있는 데이터 구조입니다.

- **apiVersion**

  모든 리소스는 쿠버네티스 자체 또는 타사에서 제공하는 API의 일부입니다. 버전 번호는 API의 완성도를 나타냅니다.

- **kind**

  리소스의 유형(예: 포드, 볼륨)입니다.

- **metadata**

  모든 리소스에 필요한 데이터입니다.

- **name**

  모든 리소스를 쿼리할 수 있는 키이며 고유해야 합니다.

- **labels**

  각 리소스에는 레이블이라는 키-값 쌍이 여러 개 있을 수 있습니다. 레이블을 선택기에서 사용하거나, 리소스를 쿼리하거나, 정보로 사용할 수 있습니다.

- **annotations**

  정보 제공용 보조 키-값 쌍입니다. 쿼리나 선택기에서 사용할 수 없습니다.

- **namespace**

  리소스를 표시하는 레이블은 특정 네임스페이스나 팀에 속합니다.

- **spec**

  리소스의 구성입니다. 실제 런타임에 필요한 모든 정보는 spec에 있어야 합니다. 각 spec 스키마는 특정 리소스 유형에 따라 바뀝니다.

다음은 이런 정의를 사용하는 `.yaml` 파일의 예입니다.

```yaml
apiVersion: v1
kind: Pod
metadata:
  name: myapp-pod
  labels:
    app: myapp
spec:
  containers:
```

```
  - name: myapp-container
    image: busybox
    command: ['sh', '-c', 'echo Hello Kubernetes! && sleep 3600']
```

이 파일에는 이 리소스가 무엇인지 정의하는 apiVersion과 kind가 있습니다. 이름과 레이블을 지정하는 metadata와 리소스의 본문을 구성하는 spec도 있습니다. 우리 포드는 이미지 busybox에서 sh -c echo Hello Kubernetes! && sleep 3600 명령을 실행하는 하나의 컨테이너로 구성됩니다.

A.4 쿠버네티스에 애플리케이션 배포하기

이 절에서는 미니쿠베를 이용한 주피터 노트북의 전체 배포 프로세스를 살펴보겠습니다. 노트북에 대한 영구 볼륨을 생성하고 노트북에 액세스할 수 있도록 NodePort 서비스를 생성하겠습니다.

먼저 올바른 도커 이미지를 찾아야 합니다. jupyter/tensorflow-notebook 노트북은 주피터 커뮤니티가 관리하는 공식 이미지입니다. 다음으로, 응용 프로그램이 어떤 포트를 수신할지 알아봐야 합니다. 여기서는 8888(주피터 노트북의 기본 포트)입니다.

우리는 노트북이 세션 간에 지속되기를 원하므로 PVC(영구 볼륨 클레임)를 사용해야 합니다. 이를 위해 pvc.yaml 파일을 생성합니다.

```
kind: PersistentVolumeClaim
apiVersion: v1
metadata:
  name: notebooks
spec:
  accessModes:
    - ReadWriteOnce
  resources:
    requests:
      storage: 3Gi
```

다음을 호출하여 리소스를 생성합니다.

```
$ kubectl apply -f pvc.yaml
```

이렇게 하면 볼륨이 생성됩니다. 모든 볼륨과 PVC를 나열해서 확인해봅시다.

```
$ kubectl get pv
$ kubectl get pvc
$ kubectl describe pvc notebooks
```

다음으로는 배포 .yaml 파일을 만듭니다. 볼륨을 마운트하고 포트 8888을 노출하는 포드를 하나 만들어봅시다.

```
apiVersion: apps/v1
kind: Deployment
metadata:
  name: jupyter
  labels:
    app: jupyter
spec:
  selector:
    matchLabels:
      # 이 옵션은 템플릿의 레이블과 일치해야 합니다.
      app: jupyter
  template:
    metadata:
      labels:
        app: jupyter
    spec:
      containers:
        # 우리 이미지
        -- image: jupyter/tensorflow-notebook
        name: jupyter
        ports:
        --   containerPort: 8888
          name: jupyter
        volumeMounts:
        --   name: notebooks
          mountPath: /home/jovyan
      volumes:
```

```
    -- name: notebooks
     persistentVolumeClaim:
       claimName: notebooks
```

PVC와 같은 방식으로 이 리소스를 적용함으로써 주피터 인스턴스가 있는 포드를 만들겠습니다.

```
# 배포 준비가 끝났는지 확인합니다.
$ kubectl get deploy
# 이 앱에 포함된 pod를 리스트업합니다.
$ kubectl get po -l app=jupyter
```

포드가 Running이면 노트북에 연결하는 토큰을 가져와야 합니다. 이 토큰은 다음 로그에 나타
납니다.

```
$ kubectl logs deploy/jupyter
```

포드가 작동 중인지 확인하려면 port-forward를 사용하여 노트북에 액세스합니다.

```
# 우리 Pod의 이름이 필요합니다. 그리고 이름에는 임의의 접미사가 붙습니다.
$ kubectl get po -l app=jupyter
$ kubectl port-forward jupyter-84fd79f5f8-kb7dv 8888:8888
```

이렇게 하면 http://localhost:8888 노트북에 액세스할 수 있습니다. 문제는 로컬 kubectl
을 통해야 하므로 아무도 접근할 수 없다는 점입니다. NodePort 서비스를 만들어 노트북에 액
세스할 수 있도록 하겠습니다.

```
apiVersion: v1
kind: Service
metadata:
  name: jupyter-service
  labels:
    app: jupyter
spec:
  ports:
    -- port: 8888
      nodePort: 30888
  selector:
```

```
    app: jupyter
  type: NodePort
```

NodePort 서비스가 만들어지면, 주피터에 접근할 수 있어야 하겠죠. 하지만 먼저 포드의 IP 주소를 찾아야 합니다. 이 주소와 포트 30888로 주피터에 접속할 수 있을 것입니다.

```
$ minikube ip
# 이 명령은 우리의 kubelet 주소를 보여줍니다.
192.168.99.100:30888
```

이제 획득한 IP 주소와 서비스 포트를 사용하여 주피터 노트북에 액세스할 수 있습니다(그림 A-2 참조). 브라우저로 주소에 액세스하면 주피터 노트북 인스턴스가 표시됩니다.

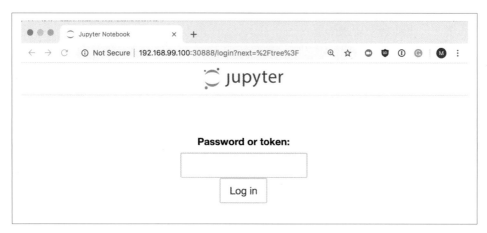

그림 A-2 쿠버네티스에서 실행한 주피터 노트북

지금까지 쿠버네티스의 간략한 개요였습니다. 쿠버네티스 생태계는 매우 광범위하며, 간단한 부록으로는 전체 개요를 제공할 수 없습니다. 쿠브플로의 기반인 쿠버네티스에 관한 더 자세한 정보를 원하시면 『Kubernetes: Up and Running』(오라일리, 2017)을 읽어보기를 추천합니다.

구글 클라우드에 쿠버네티스 클러스터 설정하기

이 부록에서는 예제 프로젝트를 실행할 수 있는 구글 클라우드에 쿠버네티스 클러스터를 생성하는 방법을 간략히 설명합니다. 만약 쿠버네티스를 처음 접한다면, 부록 A와 9장의 끝부분에 있는 추천 도서를 읽어 보세요. 여기에서 다룰 정확한 명령은 구글 클라우드에만 적용되지만, 전체 설정 프로세스는 AWS EKS나 마이크로소프트 애저의 AKS와 같은 다른 관리형 쿠버네티스 서비스와 동일합니다.

B.1 시작하기 전에 수행해야 할 작업

다음 설치 단계에서는 구글 클라우드에 계정이 있다고 가정합니다. 계정이 없다면 새로 만들어 보세요(https://oreil.ly/TFM-4). 또한 로컬 컴퓨터에 쿠버네티스 kubectl(클라이언트 버전 1.18.2 이상)을 설치했으며 구글 클라우드의 SDK gcloud(버전 289.0.0 이상)를 실행할 수 있다고 가정합니다.

> **WARNING_ 클라우드 인프라 비용 살펴보기**
> 쿠버네티스 클러스터를 운영하면 상당한 인프라 비용이 누적될 수 있습니다. 따라서 청구 알림과 예산을 설정하여 인프라 비용을 감시하는 편이 좋습니다. 자세한 내용은 구글 클라우드 설명서(https://oreil.ly/ubjAa)에서 확인하세요. 또한 유휴 상태이고 파이프라인 작업이 계산되지 않을 때도 비용이 발생하므로 유휴 컴퓨팅 인스턴스를 해제하는 편이 바람직합니다.

운영 체제에 kubectl 클라이언트를 설치하는 방법은 쿠버네티스 설명서(https://oreil. ly/syf_v)에서 확인할 수 있습니다. 구글 클라우드 설명서(https://oreil.ly/ZmhG5)에서는 운영 체제에 클라이언트를 설치하는 방법에 관한 단계별 세부 정보를 제공합니다.

B.2 구글 클라우드의 쿠버네티스

이 절에서는 구글 클라우드를 사용하여 처음부터 쿠버네티스 클러스터를 생성하는 단계별 프로세스를 설명합니다.

B.2.1 구글 클라우드 프로젝트 선택

쿠버네티스 클러스터에서는 구글 클라우드 프로젝트를 새로 생성하거나 구글 클라우드 프로젝트 대시보드(https://oreil.ly/LQS99)에서 기존 프로젝트를 선택해야 합니다.

다음 단계의 프로젝트 ID를 기록해 두세요. [그림 B-1]과 같이 ID oreilly-book으로 프로젝트에 클러스터를 배포하겠습니다.

그림 B-1 구글 클라우드 프로젝트 대시보드

B.2.2 구글 클라우드 프로젝트 설정

쿠버네티스 클러스터를 생성하기 전에 구글 클라우드 프로젝트부터 설정하겠습니다. 운영 체제의 터미널에서 구글 클라우드 SDK 클라이언트를 다음과 같이 인증할 수 있습니다.

```
$ gcloud auth login
```

그런 다음 SDK 클라이언트를 업데이트합니다.

```
$ gcloud components update
```

SDK 클라이언트를 성공적으로 인증하고 업데이트한 후 몇 가지 기본 사항을 구성합니다. 먼저 GCP 프로젝트를 기본 프로젝트로 설정하고 컴퓨팅 영역을 기본 영역으로 선택합니다. 이 예에서는 us-central-1을 선택했습니다. 구글 클라우드 설명서(https://oreil. ly/5beJg)에 사용할 수 있는 모든 영역 목록이 있습니다. 실제 위치에서 가장 가까운 영역이나 필요한 구글 클라우드 서비스를 사용할 수 있는 영역(일부 영역에서는 일부 서비스를 사용할 수 없음)을 선택합니다.

이런 기본값을 설정해두면 나중에 다음 명령에서 다시 지정하지 않아도 됩니다. 또한 구글 클라우드의 컨테이너 API를 사용하도록 요청하겠습니다. 마지막 단계는 프로젝트에서 한 번만 실행합니다.

```
# 이전 단계의 프로젝트 ID로 대체합니다.
$ export PROJECT_ID=<GCP 프로젝트 ID>
# 영역이나 지역을 선택합니다.
$ export GCP_REGION=us-central1-c
$ gcloud config set project $PROJECT_ID
$ gcloud config set compute/zone $GCP_REGION
# API를 활성화합니다.
$ gcloud services enable container.googleapis.com
```

B.2.3 쿠버네티스 클러스터 만들기

구글 클라우드 프로젝트를 시작할 준비가 되었으므로 이제 여러 컴퓨팅 노드가 클러스터의 일부로 포함된 쿠버네티스 클러스터를 생성해보죠. kfp-oreilly-book이라는 예제 클러스터에서는 kfp-pool이라는 풀의 특정 시점에 0~5개 노드 사이에서 클러스터를 실행할 수 있으며, 원하는 가용 노드 수는 3개입니다. 또한 클러스터에 서비스 계정을 할당합니다. 서비스 계정을 사용해 클러스터 노드의 요청에 대한 액세스 권한을 제어할 수 있습니다. 구글 클라우드의 서비스 계정에 대해 자세히 알아보려면 다음 온라인 문서(https://oreil.ly/7Ar4X)를 읽어보세요.

```
$ export CLUSTER_NAME=kfp-oreilly-book
$ export POOL_NAME=kfp-pool
$ export MAX_NODES=5
```

```
$ export NUM_NODES=3
$ export MIN_NODES=0
$ export SERVICE_ACCOUNT=service-account@oreilly-book.iam.gserviceaccount.com
```

이제 환경 변수에 정의된 클러스터 매개변수를 사용하여 다음 명령을 실행할 수 있습니다.

```
$ gcloud container clusters create $CLUSTER_NAME \
    --zone $GCP_REGION \
    --machine-type n1-standard-4 \
    --enable-autoscaling \
    --min-nodes=$MIN_NODES \
    --num-nodes=$NUM_NODES \
    --max-nodes=$MAX_NODES \
    --service-account=$SERVICE_ACCOUNT
```

데모 파이프라인에서는 노드당 CPU 4개와 메모리 15GB를 제공하는 **n1-standard-4** 인스턴스 유형을 선택했습니다. 이런 인스턴스는 머신러닝 모델과 데이터셋을 학습하고 평가하기에 충분한 컴퓨팅 리소스를 제공합니다. 다음 SDK 명령을 실행하면 사용할 수 있는 인스턴스 유형의 전체 목록이 나옵니다.

```
$ gcloud compute machine-types list
```

클러스터에 GPU를 추가하려면 다음 예제와 같이 가속기(accelerator) 인수를 추가하여 GPU 유형과 GPU 수를 지정할 수 있습니다.

```
$  gcloud container clusters create $CLUSTER_NAME \
    ...
    --accelerator=type=nvidia-tesla-v100,count=1
```

쿠버네티스 클러스터를 생성할 때 모든 리소스가 프로젝트에 완전히 할당되고 사용할 수 있을 때까지 몇 분 정도 걸릴 수 있습니다. 시간은 요청한 리소스와 노드 수에 따라 다릅니다. 데모 클러스터에서는 모든 리소스를 사용할 수 있을 때까지 약 5분 정도 걸립니다.

B.2.4 Kubectl로 쿠버네티스 클러스터에 접속하기

새로 만든 클러스터를 사용할 수 있을 때, 클러스터에 액세스하도록 kubectl을 설정할 수 있습니다. 구글 클라우드 SDK는 로컬 kubectl 구성에 클러스터를 등록하는 명령을 제공합니다.

```
$ gcloud container clusters get-credentials $CLUSTER_NAME --zone $GCP_REGION
```

kubectl 구성을 업데이트한 후 다음 명령을 실행하여 올바른 클러스터가 선택되었는지 확인할 수 있습니다.

```
$ kubectl config current-context
gke_oreilly-book_us-central1-c_kfp-oreilly-book
```

B.2.5 Kubectl과 함께 쿠버네티스 클러스터 사용하기

여러분의 로컬 kubectl은 원격 쿠버네티스 클러스터와 연결할 수 있으므로 모든 kubectl 명령(예: 다음과 12장에서 언급한 쿠브플로우 파이프라인 단계)은 원격 클러스터상에서 실행됩니다.

```
$ export PIPELINE_VERSION=0.5.0
$ kubectl apply -k "github.com/kubeflow/pipelines/manifests/kustomize/"\
                "cluster-scoped-resources?ref=$PIPELINE_VERSION"
$ kubectl wait --for condition=established \
            --timeout=60s crd/applications.app.k8s.io
$ kubectl apply -k "github.com/kubeflow/pipelines/manifests/kustomize/"\
                "env/dev?ref=$PIPELINE_VERSION"
```

B.3 쿠브플로 파이프라인을 위한 영구 볼륨 설정

부록 C.2절 '영구 볼륨을 사용한 데이터 교환'에서는 쿠브플로 파이프라인 설정에서 영구 볼륨 설정에 대해 설명합니다. 영구 볼륨의 전체 구성과 해당 클레임은 다음 코드 블록에서 확인할 수 있습니다. 제시된 설정은 구글 클라우드 환경에 따라 다릅니다.

[예제 B-1]은 쿠버네티스 클러스터의 영구 볼륨 구성입니다.

예제 B-1 영구 볼륨 구성

```
apiVersion: v1
kind: PersistentVolume
metadata:
  name: tfx-pv
  namespace: kubeflow
  annotations:
    kubernetes.io/createdby: gce-pd-dynamic-provisioner
    pv.kubernetes.io/bound-by-controller: "yes"
    pv.kubernetes.io/provisioned-by: kubernetes.io/gce-pd
spec:
  accessModes:
  - ReadWriteOnce
  capacity:
    storage: 20Gi
  claimRef:
    apiVersion: v1
    kind: PersistentVolumeClaim
    name: tfx-pvc
    namespace: kubeflow
  gcePersistentDisk:
    fsType: ext4
    pdName: tfx-pv-disk
  nodeAffinity:
    required:
      nodeSelectorTerms:
      - matchExpressions:
        - key: failure-domain.beta.kubernetes.io/zone
          operator: In
          values:
          - us-central1-c
        - key: failure-domain.beta.kubernetes.io/region
          operator: In
          values:
          - us-central1
  persistentVolumeReclaimPolicy: Delete
  storageClassName: standard
  volumeMode: Filesystem
```

```
status:
  phase: Bound
```

영구 볼륨이 생성되면 영구 볼륨 클레임을 통해 가용 스토리지의 일부나 전부를 청구할 수 있습니다. 구성 파일은 [예제 B-2]에서 확인하세요.

예제 B-2 영구 볼륨 클레임 구성

```
kind: PersistentVolumeClaim
apiVersion: v1
metadata:
  name: tfx-pvc
  namespace: kubeflow
spec:
  accessModes:
    - ReadWriteOnce
  resources:
    requests:
      storage: 20Gi
```

제시된 구성을 사용해 쿠버네티스 클러스터에서 영구 볼륨과 클레임을 생성했습니다. 이제 볼륨을 12.2.1 '파이프라인 설정'에서 설명한 대로 마운트하거나, 부록 C.2절 '영구 볼륨을 사용한 데이터 교환'에서 설명한 대로 사용할 수 있습니다.

쿠브플로 파이프라인 조작 팁

쿠브플로 파이프라인을 사용하여 TFX 파이프라인을 작동할 때 TFX 구성 요소의 기본 컨테이너 이미지를 사용자 지정할 수 있습니다. 컴포넌트가 텐서플로 및 TFX 패키지 외부의 추가 파이썬 종속성에 의존한다면 사용자 지정 TFX 이미지가 필요합니다. 데모 파이프라인에는 언어 모델에 액세스하기 위한 추가적인 파이썬 의존성인 텐서플로 허브 라이브러리가 있습니다.

이 부록의 두 번째 부분에서는 로컬 컴퓨터와 영구 볼륨 간에 데이터를 전송하는 방법을 보여드리고자 합니다. 지속적인 볼륨 설정은 클라우드 스토리지 제공자(예: 사내 쿠버네티스 클러스터)를 통해 데이터에 액세스할 수 있을 때 유용합니다. 다음 단계에서는 클러스터 간에 데이터를 복사하는 프로세스를 안내합니다.

C.1 사용자 지정 TFX 이미지

본 예제 프로젝트에서는 텐서플로 허브Tensorflow Hub에서 제공하는 언어 모델을 사용합니다. tensorflow_hub 라이브러리를 사용하여 언어 모델을 효율적으로 로드합니다. 이 라이브러리는 원래 TFX 이미지의 일부가 아니므로 필요한 라이브러리를 사용하여 사용자 지정 TFX 이미지를 작성해야 합니다. 10장에서와 같은 사용자 지정 구성 요소를 사용할 계획일 때도 마찬가지입니다.

다행히 부록 A에서 논의한 바와 같이 도커 이미지는 큰 문제 없이 제작할 수 있습니다. 다음 Dockerfile 파일은 사용자 지정 이미지 설정을 보여줍니다.

```
FROM tensorflow/tfx:0.22.0

RUN python3.6 -m pip install "tensorflow-hub" # 필수 패키지를 설치합니다.
RUN ... # 필요하다면 추가 패키지를 설치합니다.

# 컨테이너 진입점을 변경하지 않습니다.
ENTRYPOINT ["python3.6", "/tfx-src/tfx/scripts/run_executor.py"]
```

표준 TFX 이미지를 사용자 지정 이미지의 기준으로 쉽게 상속할 수 있습니다. TFX API의 갑작스러운 변경을 방지하려면 기본 이미지의 버전을 일반적인 latest 태그 대신 특정 빌드(예: tensorflow/tfx:0.22.0)에 고정하기를 권장합니다. TFX 이미지는 우분투 리눅스 배포를 기반으로 구축되며 파이썬이 설치된 상태로 제공됩니다. 우리는 텐서플로 허브 모델용 추가 파이썬 패키지를 설치하기만 하면 됩니다.

기본 이미지에 구성된 것과 동일한 진입점을 제공하는 것이 매우 중요합니다. 쿠브플로 파이프라인은 진입점이 컴포넌트의 실행자를 트리거할 것으로 예상합니다.

도커 이미지를 정의한 다음 이미지를 작성하고 컨테이너 레지스트리에 푸시할 수 있습니다. AWS Elastic, GCP, 애저 컨테이너 레지스트리일 수 있습니다. 실행 중인 쿠버네티스 클러스터가 컨테이너 레지스트리에서 이미지를 가져올 수 있으며 개인 컨테이너에 이 작업을 수행할 수 있는 권한이 있는지 확인해야 합니다. 다음 코드에서는 GCP 컨테이너 레지스트리에 대한 이런 단계를 시연합니다.

```
$ export TFX_VERSION=0.22.0
$ export PROJECT_ID=<GCP 프로젝트 ID>
$ export IMAGE_NAME=ml-pipelines-tfx-custom

$ gcloud auth configure-docker
$ docker build pipelines/kubeflow_pipelines/tfx-docker-image/. \
    -t gcr.io/$PROJECT_ID/$IMAGE_NAME:$TFX_VERSION
$ docker push gcr.io/$PROJECT_ID/$IMAGE_NAME:$TFX_VERSION
```

기본 이미지가 업로드되면 [그림 C-1]과 같이 클라우드 공급자의 컨테이너 레지스트리에서 사용할 수 있는 이미지를 볼 수 있습니다.

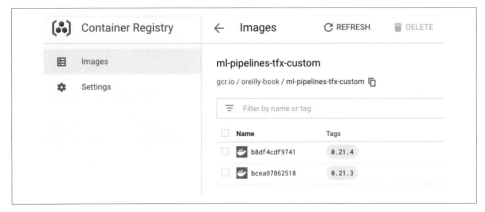

그림 C-1 구글 클라우드의 컨테이너 레지스트리

이제 이 컨테이너 이미지를 쿠브플로 파이프라인 설정에 있는 모든 TFX 컴포넌트에 사용할 수 있습니다.

C.2 영구 볼륨을 사용한 데이터 교환

앞서 설명했듯이 컨테이너 파일 시스템 외부의 위치에서 데이터를 읽고 쓸 수 있도록 파일 시스템을 탑재할 컨테이너를 제공해야 합니다. 쿠버네티스 세계에서는 **영구 볼륨**persistent volumes(PVs) 및 **영구 볼륨 클레임**persistent volume claims(PVCs)을 사용해 파일 시스템을 마운트할 수 있습니다. 간단히 말해, 쿠버네티스 클러스터 내부에서 사용할 수 있도록 드라이브를 프로비전한 후 파일 시스템 전체나 일부로 설정할 수 있습니다.

이런 PV는 부록 B.3절 '쿠브플로 파이프라인을 위한 영구 볼륨 설정'에서 제공하는 쿠버네티스 구성으로 설정할 수 있습니다. 이 설정을 사용하려면 클라우드 공급자(예: AWS Elastic Block Storage, GCP Block Storage)를 사용하여 디스크를 생성해야 합니다. 다음 예에서는 tfx-pv-disk라는 크기가 20GB인 디스크 드라이브를 생성합니다.

```
$ export GCP_REGION=us-central1-c
$ gcloud compute disks create tfx-pv-disk --size=20Gi --zone=$GCP_REGION
```

이제 쿠버네티스 클러스터에서 PV로 사용할 디스크를 프로비전할 수 있습니다. 다음 kubectl 명령은 프로비저닝을 용이하게 합니다.

```
$ kubectl apply -f "https://github.com/Building-ML-Pipelines/"\
    "building-machine-learning-pipelines/blob/master/pipelines/"\
    "kubeflow_pipelines/kubeflow-config/storage.yaml"
$ kubectl apply -f "https://github.com/Building-ML-Pipelines/"\
    "building-machine-learning-pipelines/blob/master/pipelines/"\
    "kubeflow_pipelines/kubeflow-config/storage-claim.yaml"
```

프로비저닝이 완료된 후 다음 예시와 같이 kubectl get pvc를 호출하여 실행이 제대로 수행되었는지 확인해보죠.

```
$ kubectl -n kubeflow get pvc
NAME            STATUS    VOLUME     CAPACITY   ACCESS MODES   STORAGECLASS   AGE
tfx-pvc         Bound     tfx-pvc    20Gi       RWO            manual         2m
```

쿠버네티스의 kubectl은 로컬 머신에서 원격 PV로 데이터를 편리하게 복사하는 cp 명령을 제공합니다. 파이프라인 데이터(예: 변환 및 학습 단계용 파이썬 모듈, 학습 데이터)를 복사하려면 볼륨을 쿠버네티스 포드에 마운트해야 합니다. 복사 작업을 위해 PV에 액세스하는 간단한 앱을 만들었습니다. 다음과 같은 kubectl 명령을 사용하여 포드를 만듭니다.

```
$ kubectl apply -f "https://github.com/Building-ML-Pipelines/"\
    "building-machine-learning-pipelines/blob/master/pipelines/"\
    "kubeflow_pipelines/kubeflow-config/storage-access-pod.yaml"
```

포드 data-access가 PV를 마운트한 다음 필요한 폴더를 생성하고 필요한 데이터를 볼륨에 복사합니다.

```
$ export DATA_POD=`kubectl -n kubeflow get pods -o name | grep data-access`
$ kubectl -n kubeflow exec $DATA_POD -- mkdir /tfx-data/data
$ kubectl -n kubeflow exec $DATA_POD -- mkdir /tfx-data/components
$ kubectl -n kubeflow exec $DATA_POD -- mkdir /tfx-data/output

$ kubectl -n kubeflow cp \
    ../building-machine-learning-pipelines/components/module.py \
    ${DATA_POD#*/}:/tfx-data/components/module.py
$ kubectl -n kubeflow cp \
    ../building-machine-learning-pipelines/data/consumer_complaints.csv \
    ${DATA_POD#*/}:/tfx-data/data/consumer_complaints.csv
```

모든 데이터가 PV로 전송된 후 다음 명령을 실행하여 데이터 액세스 포드를 삭제할 수 있습니다.

```
$ kubectl delete -f \
    pipelines/kubeflow_pipelines/kubeflow-config/storage-access-pod.yaml
```

또한 내보낸 모델을 쿠버네티스 클러스터에서 클러스터 외부의 다른 위치로 복사하려 할 때 cp 명령은 다른 방향으로도 작동합니다.

C.3 TFX 명령줄 인터페이스

TFX는 TFX 프로젝트와 해당 오케스트레이션 실행을 관리하는 CLI를 제공합니다. CLI 도구는 미리 정의된 폴더와 파일 구조인 **TFX 템플릿**을 제공합니다. 제공된 폴더 구조를 사용하는 프로젝트는 웹 UI 대신 CLI 도구를 사용해 관리할 수 있습니다(쿠브플로 및 에어플로의 경우).

또한 Skaffold 라이브러리를 통합하여 사용자 지정 TFX 이미지 생성과 게시를 자동화했습니다.

> **NOTE_ TFX CLI는 현재 개발 중입니다**
> 이 절 작성 시 TFX CLI는 개발 중이었습니다. 명령이 변경되거나 더 많은 기능이 추가될 수 있습니다. 또한 앞으로 더 많은 TFX 템플릿을 사용할 수 있게 될 것입니다.

C.3.1 TFX 및 TFX 종속성

TFX CLI에는 **쿠브플로 파이프라인 SDK**와 Scaffold(`https://skaffold.dev/`)가 필요합니다. Scaffold는 쿠버네티스 애플리케이션을 지속해서 구축하고 배포하는 파이썬 도구입니다.

쿠브플로 파이프라인에서 TFX와 파이썬 SDK를 설치하거나 업데이트하지 않았다면 다음 두 가지 `pip install` 명령을 실행하세요.

```
$ pip install -U tfx
$ pip install -U kfp
```

Skaffold 설치는 운영 체제에 따라 다릅니다.

- **리눅스**
  ```
  $ curl -Lo skaffold \
  https://storage.googleapis.com/\
  skaffold/releases/latest/skaffold-linux-amd64
  $ sudo install skaffold /usr/local/bin/
  ```

- **맥 OS**
  ```
  $ brew install skaffold
  ```

- **윈도우**
  ```
  $ choco install -y skaffold
  ```

Skaffold를 설치한 후 TFX CLI 도구를 실행할 터미널 환경의 PATH에 도구의 실행 경로가 추가되었는지 확인합니다. 다음 배시 예제는 리눅스 사용자가 PATH 배시 변수에 Skaffold 경로를 추가하는 방법입니다.

```
$ export PATH=$PATH:/usr/local/bin/
```

TFX CLI 도구 사용 방법을 알아보기 전에 TFX 템플릿을 간략하게 살펴보겠습니다.

C.3.2 TFX 템플릿

TFX는 머신러닝 파이프라인 프로젝트를 구성하는 프로젝트 템플릿을 제공합니다. 템플릿은 미리 정의된 폴더 구조와 피처, 모델 및 전처리 정의의 청사진을 제공합니다. 다음 `tfx template copy` 명령은 TFX 프로젝트의 `taxi cab` 예제 프로젝트를 다운로드합니다.

```
$ export PIPELINE_NAME="customer_complaint"
$ export PROJECT_DIR=$PWD/$PIPELINE_NAME
$ tfx template copy --pipeline-name=$PIPELINE_NAME \
                    --destination-path=$PROJECT_DIR \
                    --model=taxi
```

복사가 완료되면 다음 배시 출력과 같은 폴더 구조를 찾을 수 있습니다.

```
$ tree .
.
├── __init__.py
├── beam_dag_runner.py
├── data
│   └── data.csv
├── data_validation.ipynb
├── kubeflow_dag_runner.py
├── model_analysis.ipynb
├── models
│   ├── __init__.py
│   ├── features.py
│   ├── features_test.py
│   ├── keras
│   │   ├── __init__.py
│   │   ├── constants.py
│   │   ├── model.py
│   │   └── model_test.py
│   ├── preprocessing.py
│   └── preprocessing_test.py
├── pipeline
│   ├── __init__.py
│   ├── configs.py
│   └── pipeline.py
└── template_pipeline_test.tar.gz
```

taxi cab 템플릿[50]을 가지고 예제 프로젝트를 템플릿에 맞게 조정했습니다. 결과는 책의 깃허브 저장소(https://oreil.ly/bmlp-git)에 있습니다. 이 예제와 함께 진행하려면 CSV 파일 consumer_complaints.csv를 폴더에 복사해 주세요.

----
50 이 책을 집필할 당시 사용할 수 있는 유일한 템플릿이었습니다.

```
$pwd/$PIPELINE_NAME/data
```

또한 GCS 버킷 및 기타 파이프라인 세부 정보를 정의하는 파일 pipelines/config.py를 다시 확인합니다. GCS 버킷 경로를 생성한 버킷으로 업데이트하거나 GCP의 AI 플랫폼을 통해 쿠브플로 파이프라인 설치를 만들 때 생성된 GCS 버킷을 사용합니다. 다음 명령을 사용하여 경로를 찾을 수 있습니다.

```
$ gsutil -l
```

C.3.3 TFX CLI를 사용한 파이프라인 배포

TFX 템플릿을 기반으로 만든 TFX 파이프라인을 쿠브플로 파이프라인 애플리케이션에 배포할 수 있습니다. 쿠브플로 파이프라인 설정에 접근하려면 GCP 프로젝트, TFX 컨테이너 이미지의 경로, 쿠브플로 파이프라인 엔드포인트의 URL을 정의해야 합니다. 12.1.2 '쿠브플로 파이프라인에 접근하기'에서는 엔드포인트 URL을 얻는 방법을 살펴봤습니다. TFX CLI로 파이프라인을 게시하기 전에 다음 예제에 필요한 환경 변수를 설정해 보겠습니다.

```
$ export PIPELINE_NAME="<파이프라인 이름>"
$ export PROJECT_ID="<gcp 프로젝트 id>"
$ export CUSTOM_TFX_IMAGE=gcr.io/$PROJECT_ID/tfx-pipeline
$ export ENDPOINT="<id>-dot-<region>.pipelines.googleusercontent.com"
```

세부 정보를 정의하면 다음 명령을 사용하여 TFX CLI를 통해 파이프라인을 생성할 수 있습니다.

```
$ tfx pipeline create --pipeline-path=kubeflow_dag_runner.py \
                      --endpoint=$ENDPOINT \
                      --build-target-image=$CUSTOM_TFX_IMAGE
```

tfx pipeline create 명령은 다양한 작업을 수행합니다. Skaffold의 도움을 받아 기본 도커 이미지를 생성하고 구글 클라우드 레지스트리로 컨테이너 이미지를 게시합니다. 또한 12장에서 살펴본 대로 쿠브플로 러너를 운영하고, 아르고 구성을 파이프라인 엔드포인트에 업로드합니다. 명령이 실행을 완료하면 템플릿 폴더 구조에서 두 개의 새 파일을 찾을 수 있습니다.

Dockerfile과 build.yaml입니다.

Dockerfile은 부록 C.1절 '사용자 지정 TFX 이미지'에서 설명한 Dockerfile과 유사한 이미지 정의를 포함합니다. build.yaml 파일은 Scaffold를 구성하고 도커 이미지 레지스트리 세부 정보와 태그 정책을 설정합니다.

이제 쿠브플로 파이프라인 UI에 등록된 파이프라인을 볼 수 있습니다. 다음 명령을 사용하여 파이프라인 실행을 시작합니다.

```
$ tfx run create --pipeline-name=$PIPELINE_NAME \
                 --endpoint=$ENDPOINT

Creating a run for pipeline: customer_complaint_tfx
Detected Kubeflow.
Use --engine flag if you intend to use a different orchestrator.
Run created for pipeline: customer_complaint_tfx
+------------------------+-----------+----------+---------------------------+
| pipeline_name          | run_id    | status   | created_at                |
+========================+===========+==========+===========================+
| customer_complaint_tfx | <run-id>  |          | 2020-05-31T21:30:03+00:00 |
+------------------------+-----------+----------+---------------------------+
```

다음 명령으로 파이프라인 실행 상태를 확인할 수 있습니다.

```
$ tfx run status --pipeline-name=$PIPELINE_NAME \
                 --endpoint=$ENDPOINT \
                 --run_id <run_id>

Listing all runs of pipeline: customer_complaint_tfx
+------------------------+-----------+-----------+---------------------------+
| pipeline_name          | run_id    | status    | created_at                |
+========================+===========+===========+===========================+
| customer_complaint_tfx | <run-id>  | Running   | 2020-05-31T21:30:03+00:00 |
+------------------------+-----------+-----------+---------------------------+
```

다음 명령을 사용하여 지정한 파이프라인의 모든 실행 목록을 얻을 수 있습니다.

```
$ tfx run list --pipeline-name=$PIPELINE_NAME \
            --endpoint=$ENDPOINT

Listing all runs of pipeline: customer_complaint_tfx
+-----------------------+----------+------------+---------------------------+
| pipeline_name         | run_id   | status     | created_at                |
+=======================+==========+============+===========================+
| customer_complaint_tfx | <run-id> | Running    | 2020-05-31T21:30:03+00:00 |
+-----------------------+----------+------------+---------------------------+
```

> **NOTE_ 파이프라인 실행의 중지와 삭제**
> 파이프라인 실행은 `tfx run terminate`를 사용하여 중지하고, `tfx run delete`를 사용하여 삭제할 수
> 있습니다.

TFX CLI는 TFX 툴체인에서 매우 유용한 도구입니다. 쿠브플로 파이프라인뿐만 아니라 아파
치 에어플로와 아파치 빔 오케스트레이터도 지원합니다.

INDEX

INDEX